天津历史风貌建筑导游

张弘武　钱亚妍　主编

TIANJIN LISHI FENGMAO JIANZHU DAOYOU

中国建筑工业出版社

图书在版编目（CIP）数据

天津历史风貌建筑导游/张弘武，钱亚妍主编．—北京：中国建筑工业出版社，2015.12
ISBN 978-7-112-18949-6

Ⅰ．①天… Ⅱ．①张… ②钱… Ⅲ．①古建筑—介绍—天津市 Ⅳ．①K928.71

中国版本图书馆CIP数据核字（2016）第004887号

天津作为国家第二批历史文化名城，是中国北方近代最大的工商业港口和最早开放的城市。古今历史与中外文化交相辉映的旧天津，留给今人回忆和品味的唯有一幢幢风采各异、饱含沧桑的历史风貌建筑。它们既有中国传统中式风格的四合院、寺院，也有西洋古典、现代风格的住宅和银行等建筑，形成了独特的城市建筑景观。同时，这些建筑承载了数百年来天津的历史变迁、产业发展、民俗百态，构成了天津独具魅力的城市人文和旅游资源。

《天津历史风貌建筑导游》内容既包括赏楼——从样式、结构、工程技术等角度描述建筑特色和价值，又包括讲史——讲解政、商、文、教等各行各业、各路名人志士在天津的足迹和故事，推荐精讲导游词、提供游程建议。本书内容丰富、详实，可以作为旅游相关专业教材，也可以作为导游人员的工作手册，或为游客、古建爱好者提供指引。

责任编辑：王　跃　张　晶　刘晓翠
责任校对：李欣慰　刘　钰

天津历史风貌建筑导游
张弘武　钱亚妍　主编

*

中国建筑工业出版社出版、发行（北京西郊百万庄）
各地新华书店、建筑书店经销
北京京点图文设计有限公司制版
北京市密东印刷有限公司印刷

*

开本：787×1092毫米　1/16　印张：21　字数：393千字
2016年3月第一版　2016年3月第一次印刷
定价：48.00元
ISBN 978-7-112-18949-6
（28195）

版权所有　翻印必究
如有印装质量问题，可寄本社退换
（邮政编码　100037）

前言

徜徉在海河两岸，映入眼帘的是一座座风格各异的桥梁和一幢幢渗透着各国文化的楼房，它们在向后人倾诉着一段段历史和一桩桩往事。海河儿女不敢将这人类绚丽的瑰宝独享，很想借助图书载体转告世人。我们也知道无论多么华丽的辞藻，都不足以描述出历史风貌建筑自身的魅力。那么，就权将此书作为拉开历史剧幕的楔子，引导着您漂流在历史长河，领略当时的异国风情。

《天津历史风貌建筑导游》共11章，分为导入篇和导游篇两大部分。导入篇为第1、2章，介绍天津历史和历史风貌建筑的形成、特点等基础理论知识。第3至11章为导游篇，按照天津历史风貌建筑的功能用途，结合导游工作岗位，以导游词的形式展示天津历史风貌建筑的丰富内容和文化内涵，具体分为宗教建筑、私人宅邸、公共寓所、办公建筑、近代工业建筑、商业建筑、文化娱乐建筑、军事工程、市政设施。章前有学习目标、本章概要，章后有游程建议、思考题和参考文献，帮助旅游专业学生和从业人员拓展学习和深入思考。

具体编写工作：第1、2章由钱亚妍编写，第3、4、5章由张红编写，第6、8、9章由霍茜编写，第7、10、11章由魏旭武编写，本书由张弘武教授和钱亚妍老师担任主编，感谢天津市历史风貌建筑保护委员会办公室在编写过程中的鼎力相助。

目录

导入篇

第1章　天津的历史和建筑的形成 …………… 001

　1.1　古代天津 ………… 001
　1.2　百年历史看天津 ………… 007
　1.3　天津城区的形成 ………… 015

第2章　天津历史风貌建筑的特点 …………… 031

　2.1　历史久远　古韵犹存 ………… 031
　2.2　海纳百川　兼容并蓄 ………… 041
　2.3　强制保护　合理利用 ………… 051

导游篇

第3章　宗教建筑 …………… 065

　3.1　佛教寺院 ………… 066
　3.2　道教宫观 ………… 076
　3.3　民间民俗庙宇 ………… 080
　3.4　教堂建筑 ………… 084
　3.5　伊斯兰教建筑 ………… 095

第4章　私人宅邸 …………… 101

　4.1　津城名园静园、张园与庆王府 ………… 102
　4.2　北洋政府总统及总理私邸 ………… 110
　4.3　意式风情区及附近私邸 ………… 119

4.4　五大道及附近的名人私邸 ················· 128
　　4.5　原法租界名人私邸 ····················· 137
　　4.6　其他中式风格私人宅邸 ··················· 141

第5章　公共寓所 ························· 149

　　5.1　公寓式住宅 ························· 149
　　5.2　新式里弄式住宅 ······················ 154

第6章　办公建筑 ························· 163

　　6.1　"东方华尔街"——解放北路 ················ 164
　　6.2　商务楼宇鳞次栉比 ····················· 180
　　6.3　洋行遍布天津卫 ······················ 186

第7章　近代工业建筑 ······················· 191

　　7.1　官办工业及外国投资工业 ·················· 191
　　7.2　近代民族资本工业 ····················· 199

第8章　商业建筑 ························· 213

　　8.1　"金街"商业街——近代商业中心 ·············· 213
　　8.2　估衣街、劝业会场——近代中式商业中心 ··········· 221
　　8.3　餐饮住宿在天津 ······················ 226

第9章　文化娱乐建筑 ······················· 239

　　9.1　文化建筑 ·························· 240
　　9.2　娱乐建筑 ·························· 250

第 10 章 　军事工程 ·············· 273

10.1 　天津现存著名军事工程 ·············· 273
10.2 　天津近代军工厂和军事学校 ·············· 286
10.3 　天津原租界现存外国兵营 ·············· 291

第 11 章 　市政设施 ·············· 301

11.1 　海河桥梁 ·············· 301
11.2 　旧天津的交通设施 ·············· 311
11.3 　旧天津的水、电与邮政 ·············· 320

参考文献 ·············· 327

导入篇

第1章 天津的历史和建筑的形成

本章学习目标

知识目标：
1. 了解天津简史；
2. 熟悉天津城市建设历程和城市总体规划；
3. 掌握天津老城、租界、河北新区的位置、布局、功能等。

能力目标：
1. 能够介绍天津城市建设总体布局；
2. 能够简单介绍天津的重要历史建筑物年代、位置、功能等。

本章概要

本章作为全书的导入部分，首先在简单介绍天津古代和明清时期历史的基础上，将天津古代建筑做归类简介；其次结合清朝末年历史，着重介绍在天津开埠和洋务运动两大历史事件中，天津租界的设立和城市建设的发展；而民国期间，天津政权四度更迭，北洋政府、国民政府都在天津建设了大量建筑，用于商业、工业、金融和教育等行业的发展。最后，本章综合介绍天津城市布局，包括天津老城、租界、河北新区及南市，并精选部分天津老地图，供读者参考。

1.1 古代天津

1.1.1 天津地区的古老岁月

今日的天津平原，在六七千年以前，还是一片茫茫的浅海。随着大自然的几度沧桑变迁，海水渐渐退去。到了距今三千多年前的商周时期，一条奔腾咆哮的大河——黄河，夹带着大量泥沙，迁徙到这里入海，并在入海处淤积成几十公里宽的陆地。这样，海岸线便不断向东推移，并逐渐形成了现在的走向。长期以来，人们传说天津是"退海之地"。近些年，考古学家在天津平原陆续发掘出鲸鱼、海豚的骨骼，以及种类繁多的贝壳，这说明，长期流传在民间的故事，并不是无稽之谈。

由于黄河的冲积作用，使天津平原成为了宜于耕种的农垦区。所以到了二千多年前的战国时期，因为铁工具的普遍使用，天津平原进入了全面开发的阶段。近30多年来，考古工作者陆续在天津郊区发现了50多处战国遗址和墓葬。每个遗址几乎都有各式铁制农具，像镢、锄、铲、镰等，形状与现在农村使用的非常相似。经过战国时期200多年的开发，天津平原一天天富庶起来。西汉初年，在这里设置了五个县，这就是属于渔阳郡的泉州、雍奴，属于渤海郡的东平舒、章武和文安。现在，天津市武清区的城上村，就是当年的泉州遗址；宝坻区的秦城，就是当年雍奴的遗址；而静海县的钓台村，则是当年东平舒的遗址。

隋朝开通了贯穿中国南北的大运河，把长江、淮河、黄河与今天的海河连接起来。这样，便使地处运河北端，兼有河、海联运之便的天津平原地位一天天重要起来。所以从唐朝时起，这里有了正式名称，这就是"三会海口"，所指的大约就是当年大运河与海河及渤海交汇的地方。

宋朝没有能够统一中国，以致在北方形成了宋、辽两朝对峙的局面。今天的海河以北属辽，以南属宋，海河成为双方天然分界线，当时被称为"界河"。双方在"界河"两岸戒备森严，设置了众多的"寨"、"铺"等军事据点，分兵把守。其中，武清、独流、当城、沙窝、小南河、双港、泥沽等寨名沿用至今；当地老百姓关于"杨家将"抗辽的故事至今流传不衰。

就在北宋与辽对峙期间，东北地区的女真族逐渐强盛起来，建立了金政权。金相继灭了辽和北宋，统治了淮河以北的半个中国。后来，金海陵王把首都迁至中都（今北京附近），每年就需要把大批粮食用漕船由河南、山东、河北通过运河送到中都。这样地处南北运河与海河交汇处的三岔河口一代的"海壖"地区，便成为金朝漕运的重要枢纽。为保证漕船运粮能够安全抵达中都，大约在12世纪末到13世纪初，金朝在武清（今天津武清区杨村镇西北城关镇）和柳口（今天津西青区杨柳青镇）派驻了"巡检"（中级武官），又在三岔河口一带的"海壖"地区设立了"直沽寨"，派有正、副"都统"（高级武官）率兵戍守。

中都成为首都和直沽寨的出现，使天津地区的战略地位发生了深刻变化，奠定了日后天津发展的基础。由于沟通直沽南北的大运河成为国家的经济命脉，所以天津地区依河傍海的交通枢纽地位，开始与国家首都的安危与繁荣密切联系在一起了。尽管"直沽寨"在当时还是个军事聚落，但"直沽"两个字作为天津城市发展史上第一次出现的正式名称，一直沿用到今天。

元朝灭金后，把中都改为大都，仍然作为首都。为了保障大都粮食和日用品的供应，元朝首先设法恢复了大运河的全线通航。不久因为运河淤塞，又实行海运。但无论河运还是海运，漕船在进入河身狭窄、河床淤浅的北运河前，都必须在三岔河口换载船身小、吃水浅的平底驳船，然后才能北上运到大都。这样，直沽变成了元朝漕运中转的枢纽。元朝的海运漕粮，分春、秋两季乘季候风北上，每次的运量都在170～180万石上下。这样多的粮食，差不多要用两个月的时间在直沽办理交接、中转和换驳，因此元朝选定了距离三岔河口不远、地势高敞的大直沽作为漕粮转运的管理中心。在大直沽设立了接运厅、广通仓、直沽海运米仓。为保卫交接和转运的安全，又在大直沽设立了临清御河运粮万户府，及所属的镇抚司。在直沽的四周，还调来了大批屯戍士兵，由镇守海口屯储亲军都指挥使司管理。

1316年（元延祐三年）复在直沽设海津镇，命副都指挥使伯颜率兵镇守，海津镇的设置，说明当时已经对直沽"河海通津"的重要地位有了深刻的认识。

为祈求海神对往来于江南刘家港与直沽间漕船安全的保佑，大约在1314—1320年之间（延祐年间，或更早），首先在接运漕船的管理中心大直沽修建了天妃宫，但不久即毁于大火；接着又在三岔河口西南的海河右岸，也就是漕船换驳最集中的地方，修建了另一座天妃宫。1326年（元泰定三年）又对大直沽的天妃宫重新修建，从此沿海的妈祖文化来到天津。这两座天妃宫是北方建立最早，规模最大的天妃宫；后来，大直沽天妃宫虽然被八国联军破坏，但三岔河口西南的天妃宫遗址完整保存，与福建莆田湄洲家庙、台湾港北朝天宫，并称为世界三大妈祖庙。每逢天妃诞辰，天津人民都要举行盛大的庆祝活动，这在中国沿海大城市中是十分罕见的。除了繁荣的漕运，这时，天津一带的制盐业也发达起来了，在天津附近的渤海湾沿岸一带共设有22个盐场，其中"三汊沽"和"丰财"两个盐场就在今日的天津市区之中。伴随着漕运和制盐业的发展，直沽人口不断增加，经济也开始繁荣，河海通津地位进一步得到加强。这就为明清时期天津城市的形成，创造了不可缺少的条件。

1.1.2 明清时期天津的发展

明朝定都南京，大都被改为北平府，由燕王朱棣镇守。1398年朱棣与他的侄子建文帝朱允炆展开了一场争夺皇位的斗争，1400年10月（建文二年九月）朱棣率兵由北平沿运河南下，"渡直沽，昼夜兼行"，攻破沧州，取得了首战胜利；不久即占领南京，夺得帝位，改年号为永乐。

永乐初年仍建都南京，但朱棣为燕王时久居北平，深知直沽作为"海运商舶往来之冲"，地位十分重要，因此决定在直沽设卫筑城，派兵把守。又考虑到直沽是自己当年率兵渡河、取得胜利，并成为"天子"的地方，因此把在直沽所设之卫赐名"天津"。于是，在1404年12月23日（永乐二年十一月二十一日），在直沽设立了天津卫（"卫"是明代的一种军事建置，每卫有驻军5600人）。1405年1月9日（永乐二年十二月九日），添设天津左卫，同时命工部尚书黄福、平江伯陈瑄等筑城浚池；当时所筑之卫城，周长九里十三步，高三丈五尺，设"镇东"、"定南"、"安西"、"拱北"四门，城外有濠。天津筑城设卫后，除派兵驻守外，又调配官军两籍前来居住，从而人口骤增。1406年12月18日再添设天津右卫，这就是天津老城、天津卫、天津三卫和三津等名称的由来。在直沽设卫的目的就是保卫北京的安全以及漕粮储存、运输的正常进行。

　　1421年（永乐十九年）明朝正式迁都北京。这时，大运河已全线贯通，每年要有五六百万石漕粮经直沽运抵北京，因此陆续在卫城内外建立大量屯仓，并在卫城内设立户部分司，以加强管理。为减少漕运投入，朝廷准许漕船上的运夫附载南北方的土特产品，免征税钞，这样每年至少有200万石以上的土特产品通过运河北上或南下，运河遂成为变相的商路，漕船和运军也就成了变相的商队。天津也因为水路交通便利，成为各地物资的集散中心，南北商家纷至沓来。广东、福建的蔗糖、纸张、木材，江苏、浙江的丝绸、布匹、茶叶，江西的瓷器，东北的豆类等，都是先集中到天津，再转运到北方各地销售的。遂造就了天津"通舟楫之利，聚天下之粟，致天下之货，以利京师"的特殊地位。

　　入清以后，军事建制上不再实行卫所制，所以在1725年（雍正三年）先将天津卫改为天津州，不久又升为直隶州。六年后，也就是1731年（雍正九年），又因天津是"水陆通衢，五方杂处，事务繁多，办理不易"，升天津州为天津府，附郭置天津县，并将静海、青县、南皮、盐山、庆云及沧州一并归入天津府管辖。地方管理体制的变更有利于天津城市的进一步发展。清代的天津是"府、县同城"，天津府属"冲、繁、疲、难"（地处冲要，事务繁杂，民力疲惫，难于治理）的四字"请旨缺"（天津府缺出，要由皇帝钦定），天津县属"冲、繁、疲、难"的四字"最要缺"，这在全国也是不多见的。由此可见，清代天津城市地位的重要。

　　清朝的漕运规模不比明朝小，与此同时，闽粤航线开通，广东、福建、江苏、浙江一带经商的海船纷纷来到天津，其中以广东和福建船队规模最大，每次要有200艘左右的大船来到天津，停靠在北门以外。大量的南北物资、洋广杂货以及各地特产，通过运河与海船，源源不断地来到天津，各地的商贩也纷纷涌入，结果大大促进了天津与江、浙、闽、粤，以及与华北、东北、西北地区商业贸易的增长，天津的商业中心作用一天天明显起来。明清时期，天津一带的制盐业发展非常快，日光晒盐使盐的产量和质量大大增加，天津逐渐成为北方最大的海盐集散市场。随着城市经济的繁荣，天津与各地的商品流通大大加快，天津的金融业也快速发展起来。乾隆年间，山西人在天津开办的日升昌颜料店，首先在国内创办起天津和四川之间的银钱汇兑业务，大大便利了商人的贸易活动。其他商人也纷纷效仿，汇兑业在天津得到迅速发展。

明清时期，由于天津的城市地位和经济地位越来越重要，天津城内的官府衙署不断增多，以经营盐务、海运和粮食而发家的地方豪富之家不可胜数。行商坐贾，蜂拥而至；运丁车夫，充街塞巷。天津城以东、以北的沿河码头发展成繁华的商业区，著名的宫南、宫北大街，以及估衣街、锅店街、针市街、茶店口、鱼市、肉市、竹竿巷、洋货街等处，都是非常热闹的市廛。河中船舶往来，路上车马杂沓，街旁店铺林立，市中熙熙攘攘。这一繁华景象被当时的诗人誉为"小扬州"、"蓟北繁华第一城"。天津的地位在当时已受到各方面的注意，人们评论说"天津地处各河相汇的要津，可以沟通南北七省舟车。各国进贡的船只，以及达官显贵出入北京的船只，商贩往来的船只，都要在这里停靠，江淮一带的赋税要经过这儿才能运到首都，华北地区所需的鱼、盐要由这儿发送到各地。天津地处众多河流通往渤海的要冲，是北京的重要门户，虽然是府属的县城，但是如同大都市一样啊！"

1.1.3 天津开埠前的城市建筑概览

清道光年间，天津人口已达二十万人，近半数居民住在城内，另有八万人分布在东北城外狭长沿河地带，其余者散居于各门外。由此可见，天津在开埠以前的聚落情况，基本上仅分布在旧三岔河口上下的沿河两岸和旧城区以内。

天津城区的规划具有北方城市的特色，街道十字正交，中建鼓楼。在清代，城里建有镇、道、府、县衙门，还有文庙、城隍庙等祠庙建筑。所有衙门都设在贯通东西的中轴线以北，包括道署、盐运使署、镇署、府署。城的西北角边有城隍庙，这也是一般中国封建城市的惯例。在南面除少数会馆建筑外，都是居民区。城内的小道路北面多是沿着大小衙门的前后左右开辟，南面多为南北走向。旧城之外，在清咸丰八年（1858年），僧格林沁曾筑墙子一道，即后来墙子河沿岸旧址（今南京路的一部分）。

天津开埠前的城市建筑归类简介如下：

（1）楼阁建筑

著名的有鼓楼、望海楼、环水楼和县阁等。鼓楼在旧城中心——东西南北四大街相交处，下起方城，上建重层歇山式楼屋，登临可俯视全城。鼓楼上原有津门诗人梅小树撰对联一副："高敞快登临，看七十二沽往来帆影；繁华谁唤醒，听一百八杵早晚钟声。"鼓楼初建于明弘治年间，后几次重修，新中国成立后因妨碍交通于1952年拆除。望海楼、崇禧观、望海寺在东城外三岔河口北岸。崇禧观在清咸丰十一年（1861年）被法帝国主义强租，改建为天主教堂；后望海楼亦为法国教会攫取。1918年海河裁弯取直，望海寺被划入河心，被拆除。环水楼建于清康熙初年。县阁相传建于清雍正十二年（1734年），下有砖座一层，中有门道贯通前后，座山建歇山式重楼，楼屋三间，外有回廊。

（2）祠宇寺庙建筑

清代天津是屏藩京师的重镇，后期又是直隶总督衙门的所在地，清王朝的一些"重臣"被派驻天津，因而立有许多祠宇，如曾公祠、僧王祠、丁公祠、聂公祠、李公祠等。其中以李鸿章祠较具规模。

寺庙建筑以铃铛阁最古老，在城西北稽古寺中，传说建自唐代，清初重修，光绪年间被焚毁，后改为稽古书院，原建筑已不存。天后宫（俗称娘娘宫）在东门外，始建于元泰定三年（1326年），明代以后几次重修，是天津市区现存最老的一座木建筑。玉皇阁在东门外天后宫北，始建于明万历五年（1577年）。海光寺建于清康熙四十四年（1705年），初名普陀寺，殿宇宏敞，环境幽雅，八国联军入侵后为日本人占据，原建筑今均已不存。大悲院在河北西窑洼，始建于明末清初，康熙八年（1669年）重建，已毁（现在的大悲院建于1940年）。伊斯兰教的清真寺建筑，最著名的是穆庄子清真大寺、河北金家窑清真寺和西北城角附近的四大寺——北寺、南寺、大寺和西寺，其中以穆庄子清真大寺最古老，建于明永乐年间，金家窑清真寺建于明万历年间。

（3）学署庄园建筑

在旧城东门内有府学、县学和学署建筑。府学始建于明正统年间，后于景泰、正德年间重修，当时称卫学。清雍正年间改为府学，又于乾隆、嘉庆、同治年间几次重修。县学在府学西，清雍正十二年（1734年）建，而后多次重修。府、县两学与文庙平面大略相同，皆自庙门而北为泮池、棂星门、殿门、大成殿、崇圣祠，殿东西为两庑。学署有明伦堂、文昌祠。

天津的地主庄园也有不少，最著名的是清雍正朝大盐商查日乾家的花园，名水西庄，在旧城西三里多，位于南运河之南，占地约百亩，乾隆皇帝东巡过津时曾寓居水西庄，并赐名为芥园。园中有揽翠轩、枕溪廊、数帆台、藕香榭、花影巷、碧海浮螺亭、泊月舫、一犁春雨诸景。水西庄废于清同治年间，至庚子年间又有兵卒驻扎该园，毁坏殆尽。该址现为芥园自来水厂。

以上是天津开埠前一些较大的建筑，可以想见当时天津旧城的规模和布局。在外国资本主义势力入侵之后，天津逐渐演变为半殖民地城市，在城区布局及建筑形式上逐渐发生变化。

1.2 百年历史看天津

1.2.1 清朝末年

清朝经历了"康乾盛世"后政治日渐腐败，1840年，英国悍然发动了侵略中国的鸦片战争。清政府被迫同英国侵略者签订了中国近代史上第一个不平等条约——《南京条约》。1856年，英国借口"亚罗号事件"、法国借口"马神甫事件"共同发动侵略中国的第二次鸦片战争。《南京条约》签订后，西方资本主义侵略者不满足于开放长江等五个通商口岸和相应特权，纷纷要求修改《南京条约》，加开"天津卫通商贸易港口，派领事官驻扎。"

（1）天津开埠与租界开辟

1）三次大沽口之战与天津开埠

1858年，英法联军第一次将军舰开至天津大沽口，并向炮台发起武力进攻，清朝守将临阵脱逃，而守台士兵奋起迎战，但最终炮台陷落。英法侵略军沿海河驶入，闯到天津城外。清王朝急派钦差大臣驰往天津与英法侵略者谈判，与英、法、俄、美四国在海光寺签订了《天津条约》，侵略者得到了许多好处，但是没有把天津列为通商口岸。而清王朝鉴于侵略者兵临天津城下的教训，加强了大沽口炮台的防务。

1859年，英法军舰第二次开到大沽口外，发炮猛轰。遭到清朝守卫炮台官兵的强烈反击，重创和击毁英法军舰四艘，英法联军的登陆部队死伤大半，联军舰队司令贺布也受重伤。这次大沽口战役的胜利是鸦片战争以来中国军队抗击外来侵略中取得的第一次大胜仗。

1860年6月，英法侵略者不甘心在大沽口的失败，调集了两万多名海陆军，第三次开赴天津。清王朝下令统署军事全局的僧格林沁继续加强大沽口和天津城的防务。僧格林沁在天津城周围挖壕筑墙，设立了11座营门，但是对于北塘却没有布防，英法舰队在北塘登陆，占领了北塘镇，又分兵攻占新河与军粮城，然后用密集的炮火将塘沽清军工事摧毁，占领塘沽。与此同时，英法军舰冲到北炮台前，这样大沽北炮台便处在腹背受敌的不利处境。侵略军向北炮台发起进攻，清军提督乐善阵亡，炮台失陷。大沽南炮台清军见状自动弃守。炮台失守，天津门户洞开，英法侵略军轻而易举地占领了天津。9月8日英法侵略军由天津向北京进犯，清军节节败退，咸丰帝带领后妃逃亡热河，圆明园遭到大肆抢掠并焚烧，北京城陷落。清王朝与英法两国签订了中英、中法《北京条约》（正式名称叫中英《续增条约》，意思是中英《天津条约》的续增部分）。依照条约规定，天津被开辟为通商口岸，从此天津成为外国列强在中国倾销商品、掠夺原料、输出资本的重要基地。

2）开辟租界

《北京条约》中专门有一条规定就是开放天津为通商口岸，这意味着签约国可以设立租界。此时，上海的租界已经存在了将近20年，西方人从中尝到了甜头。就在英法联军占领天津期间，两国擅自划分了各自的租界。租界选址在距离天津老城大约2公里的海河岸边，东临海河，西界陆路连接渤海的大沽路。参与划分租界的除了英国领事卜鲁斯，还有后来以镇压太平天国而闻名的戈登。他当时还只是一名工兵上尉，勘测土地是他的本行。上海租界的划分是外国领事与清政府海关道谈判的结果，而天津租界的划分，却是西方列强趁军队占领的机会擅自划分的。英国人只是用一纸照会将租界划分的结果通知了清政府，连合同都没有订立。几年后，在英租界的南面又出现了一块美国租界，面积比英法租界小，租界的划分同样也没有订立任何条约或合同。

1895年中日甲午战争后，日本借战争胜利之机，也在天津划分了他们的租界。他们可能以为与中国人的关系更近，所以租界选在法租界与天津老城之间。随后，德国人借口他们和法、俄两国一起"干涉还辽"有功，也要求在天津划分一块租界。于是，在美租界的南面又出现了德租界。这四国租界都分布在海河的西岸。

1900年爆发义和团运动，八国联军再次占领天津。参加联军的各西方国家又趁机纷纷在天津划分本国租界。此前在天津没有租界的国家，都将本国军队占领的地方划为租界。俄国军队占领了老龙头火车站（今天的天津东站），就在车站周围划分了很大一片地区设立俄租界。意大利和奥匈帝国（当时还没有奥地利）则把他们的租界设在俄租界的北面。比利时并没有参加八国联军，该国驻华公使也提出在天津设立租界，清政府竟然同意了。于是，在海河东岸，日法英德四国租界的河对岸，又出现了奥意俄比四国租界。而日法英德四国也都借机扩大了各自的租界。只有美国，因为政府主张"门户开放"政策，放弃了本国租界，美租界便有条件地并入了英租界。这片被称作"英租界南扩充界"的原美租界，就是现在天津的"小白楼"商业区。

天津开埠之后的1860年至1945年期间，各国列强争先恐后地抢占地盘，强划租界。英国、法国、美国、德国、日本、奥地利、意大利、俄国、比利时等9国先后在天津强设了近15平方公里的租界地。国家之多，面积之大，在全国首屈一指。一大批外国冒险家、传教士、富豪纷至沓来，营建洋行、银号、商店、花园、娱乐场、办公楼，开办仓储、航运、进出口贸易，建立医院、学校，盖洋房，造别墅。各帝国主义列强在租界里设立领事馆、警察、武装部队。租界里的市政建设、公用事业、财政事务等全由租界当局任意施行，成为完全独立于中国行政和法律之外的"国中之国"，成为侵略中国、欺压中国百姓的据点和桥头堡。

(2) 洋务运动中天津的发展与建设

1861年(咸丰十年底开始)至1894年,清朝政府内的洋务派在全国各地掀起的"师夷之长技以自强"的改良运动,又称自强运动、洋务运动。1870年,清政府让李鸿章担任直隶总督兼北洋大臣,主持北洋防务。为了筹办北洋防务,李鸿章在天津大规模发展以军用工业为主的近代工业,并建造铁路,创设电报,开办各种新式学堂。在他的主持下,天津成为北方洋务运动的中心。

洋务运动对近代天津的发展有着重要的影响。在洋务运动期间,天津第一次出现了大规模的早期近代工业。特别是由天津机器局和大沽船坞为主的官办军用工业,装备着比较先进的机器设备,拥有金属冶炼、材料加工、机器制造、船舶修造等多种生产能力,并且培养了大批的技术工人,不仅为天津近代工业的发展提供了重要的物质和技术基础,而且对北方近代工业的发展也有一定的影响。由于天津机器局和大沽船坞需用大量的原料和燃料,促使清政府在华北开发矿产和修筑铁路。此外,在天津开办的各种新式学堂,对打破封建文化的桎梏,传播近代科学文化知识,培养我国最早的科学技术人员,也起了一定的积极作用。

1) 军事工业

1866年,清政府派大臣筹建天津机器局,"专制外洋各种军火机器"。从次年起,开始在天津城南海光寺兴建枪炮厂,在城东贾家沽兴建火药厂。1870年,清政府派李鸿章接办天津机器局。李鸿章对机器局大加整顿和扩充。他辞退一些不精技艺的洋匠,另从香港等地募来工匠,并增建厂房,添置设备,把机器局扩大为东西两局,东局在贾家沽道,西局在海光寺。经过多次扩建,机器局的规模越来越大,设有火药厂、洋枪厂等十几个分厂。为了提高军火生产,天津机器局不断从外国引进当时比较先进的技术装备。1887年,机器局在东局兴建了一座制造栗色火药的工厂。据当时外国记者报道:这个工厂将成为"世界上最大最好的火药厂,能以最新式的机器制造最新式的炸药"。1888年,为了制造新式钢制炮弹,机器局决定在东局建立一座炼钢厂,安装了从英国购买的全套炼钢设备以及铸钢炉等。炼钢厂于1892年建成,这是我国北方第一座近代炼钢厂。

除了生产军火,机器局还负责修理北洋海军和轮船招商局的舰船,并能制造一些军用或民用船只。天津机器局经常雇用的工人有2000～2500人。在1900年以前,天津机器局一直是北方最大的近代工业企业。

1877年,李鸿章设立开平矿务局,开采唐山煤矿,供应天津机器局、北洋水师、轮船招商局等用煤。

2）电报

1879 年，李鸿章在大沽北塘海口炮台与天津之间架设电线，发送电报，"号令各营，顷刻响应"。这是中国最早试办成功的电报。不久，清政府批准在天津设立电报总局，这是我国第一家电报局。天津电报总局在紫竹林、大沽口、济宁、清江、镇江、苏州、上海七处各设电报分局，并与丹麦大北电报公司订立架设津沪电线的合同。自 1881 年 4 月至 12 月，津沪之间的架设工程全部竣工，共用银 17 万 8 千多两。

3）铁路

1880 年，李鸿章聘用英国工程师修建运煤铁路。铁路原定从唐山矿区一直修至北塘海口，但由于清政府中顽固派的反对，结果只从唐山修到胥各庄，全长 11 公里，这是我国自办的第一条铁路。不久，李鸿章又向清廷建议，把唐山芦台铁路继续修到大沽和天津，以便利北洋海防"调兵运军火之用"。清廷同意后，李鸿章就把开平铁路公司改名为天津铁路公司。1888 年 4 月铁路从芦台修至塘沽，8 月继续修到天津。这条从唐山到天津的铁路，就是当时所谓的北洋铁路。

光绪二十三年（1897 年）京津铁路通车，光绪十八年（1892 年）在天津河东老龙头建筑新车站，也就是现在的天津东站。

4）桥梁

天津早期建造的桥梁多为木结构浮桥。光绪八年（1882 年），李鸿章首先将大胡同巡盐使署东的浮桥改为铁桥，由英国技师设计，是天津最早的铁桥，光绪十四年（1888 年）改为开启式铁桥。光绪十三年（1887 年），位于子牙河、北运河汇流处的大红桥也改为铁桥，是单券结构，1924 年大水灾时被冲塌。1900 年以后，各浮桥陆续改建为开启式铁桥。

5）学堂

洋务运动期间，为了适应发展近代工业和建立北洋海陆军的需要，洋务派还在天津开办了许多新式学堂。

最早开办的是水雷学堂，培养制造和使用水雷的技术人员。1880 年，李鸿章又在东局设立电报学堂，聘请丹麦技师，教授电学和收发电报等。从这两所学堂出来的学生，都派赴大沽、北塘等海口，"各司电报、水雷等事"，成为我国最早的一批水雷和电报技术人员。

为了给北洋海陆军培养军事技术骨干，李鸿章还在天津创办了北洋水师学堂和武备学堂。光绪二十一年（1895 年）设立北洋大学堂，是近代中国第一所大学，地址在海大道大营门外梁家园。八国联军入侵后校舍为德国军队占据，乃将学校迁到西沽武库旧址。

为了培养洋务人才，洋务派还派遣留学生出国学习。1871 年，李鸿章在天津同美国公使镂斐迪商定派遣中国学生赴美国学习。第二年，清政府派陈兰彬、容闳二人带领 30 名幼童前往美国留学。这是近代中国政府派遣到外国去的第一批留学生。

1.2.2 民国时期的天津

1911年，辛亥革命爆发，清朝被推翻，"中华民国"建立。

（1）民国时期天津行政管理权的更迭

北洋政府时期（1912—1928）。北洋政府撤销天津府，只保留了天津县。这一阶段也是中国的民国初年，天津在政治舞台上扮演重要角色，数以百计的下野官僚政客以及清朝遗老进入天津租界避难，并图谋复辟。其中包括民国总统黎元洪和前清废帝溥仪。1917年，在第一次世界大战中国向德奥宣战，收回德租界和奥租界。

南京国民政府时期（1928—1937）。南京国民政府设立"天津特别市"。1930年6月，天津特别市改为南京国民政府行政院直辖的天津市。11月，因河北省省会由北平迁至天津，天津直辖市改为省辖市。1935年6月，河北省省会迁往保定，天津又改为直辖市。

日本侵略军占领时期（1937—1945）。日本对天津基本上实行的是武力统治。日本军人对天津肆意烧杀抢掠，加上当时天津水灾，使天津成为名副其实的人间地狱。被抓走的"劳工"达5万人。由于天津曾于清朝大量开辟租界，所以日本侵略军占领初期，租界内还算比较安全。但后来太平洋战争爆发了，日本强行占领其他国家租借地之后天津再无宁日。1945年，日本投降，中国政府同时正式收回各国在天津的租界。

解放战争时期（1946—1949）。1948年11月29日，中国人民解放军东北野战军和华北军区第2、第3兵团及地方武装一部在北平（今北京）、天津、张家口地区，对国民党军进行了战略性决战，即"平津战役"。1949年1月15日凌晨5时，人民解放军东西突击集团在金汤桥上胜利会师。1月17日，人民解放军解放塘沽，天津全境解放。

（2）北洋政府与国民政府时期天津的发展与建设

天津的开埠和租界的设立，极大地改变了天津的城市地位，传统城市所蕴藏的经济火花很快迸发出来，并迅速燃烧，在不到半个世纪的时间里便取代了北京的经济地位，一跃而成为中国北方的经济中心。

这一时期，新兴的资产阶级在爱国主义思想的推动下，在一定程度上排除帝国主义和买办官僚资本的压迫，取得一些成就；教育事业也有了进一步的发展，科学技术知识水平也大大地提高了。这反映在建筑物的构造上，由于建筑的容量和持久性要求的增加，出现了多层建筑和大跨度建筑。结构要求也随之改变，在前一阶段中几乎以砖木结构为主的方式，已经不能符合当时社会生活的发展；百货公司、商场等要求建筑多层楼房；娱乐建筑要求解决音响、视线及扩大容量的问题；工业建筑要求大跨度的车间和耐久性的结构等。基于以上的要求和科学技术本身的发展，增建了大量钢筋混凝土结构或混合结构的建筑物，因此也刺激了建筑材料的生产。由于高层建筑的出现，在建筑设备上也发生了新的变化，如电梯的装置，最早是应用在洋行建筑中，用来运送货物；20世纪30年代的建筑物，已经大量地应用了电梯设备。

1）商业

20世纪30年代，天津8个区共有商贸行业128个，商店1.7万家，从业人员居全市各行业之首。当时，天津的腹地是华北、西北和东北三个地区，同时也是这三个地区的物资集散中心。而作为传统的水旱码头城市，这一时期，天津港的进出口总额已占到华北地区的69％，成为中国北方最大的进出口贸易港。

与此同时，天津城市新的繁华区也开始出现。开埠前，天津城市的繁华区集中在北门外的北大关一带，和以天后宫为中心的宫南、宫北大街。进入20世纪之后，由于以内河港为依托的英、法、日等租界相继发展起来，租界内人口激增，结果天津的繁华中心开始向日租界、法租界和英租界扩展。

到了20世纪20年代初，法租界的梨栈地区开始崛起，大型建筑不断出现。1923年国民饭店建成；1926年天祥市场（1993年拆建为劝业新厦）建成开业，压倒了当时天津最大的商场北海楼；同年，基泰大楼（今滨江旅馆）落成，天津最豪华大浴池华清池开张纳客。1927年泰康商场也建成开业。在梨栈大街十字路口，1925年浙江兴业银行落成，翌年惠中饭店落成，1928年交通旅馆和华北地区规模最大的综合性商场劝业场同时落成开业，劝业场地居法租界的中心，楼高七层，场地宽阔，场内高悬著名书法家华世奎的榜书匾额。1935年天津市最高的建筑物渤海大楼建成。1936年中国大戏院建成。中国大戏院是当时华北地区规模最大、设备最新的大戏院，开幕时许多京剧名家来这里演出，场场爆满。劝业场附近的光明电影院，则是当时华北地区规模最大、最先进的电影院。这时，梨栈一带除著名的商场和旅店之外，还集中了近60家剧院、饭馆、舞厅和浴池，每天车水马龙，热闹非凡，这种景象在国内其他城市是少见的。

2）工业

天津的近代工业出现在19世纪60年代，但在1900年的八国联军侵华战争中几乎全部遭到破坏。经过20世纪初期的重建，发展很快，到30年代已经形成完整的工业体系，并达到前所未有的高度。当时全市除租界以外，共有工厂1200多家，产业工人达20多万。其中纺织厂680多家，机器制造厂170多家，其次为化学、食品、建筑、造纸、印刷等，年工业总产值达到7400余万元，工业投资总额低于上海，居全国第二位。

民族资本在这一时期天津的工业建设中获得了长足发展，如裕元、恒源等天津六大纱厂、东亚毛纺厂、华彰织造厂等形成的天津纺织业；以久大盐业公司、永利碱厂、渤海化学公司等形成的天津盐、碱业；三津、大丰等11家面粉厂形成的面粉工业等。其中，天津的三条石地区地处子牙河、南运河汇入海河的三角地带，这里水、陆交通便利，在20世纪30年代发展成为天津乃至华北地区颇具影响的机械制造及铸铁业的聚集地。福聚兴机器厂是在三条石地区鼎盛时期创办的，它是目前天津市乃至华北地区唯一保留较为完好的机器制造业的一处工厂旧址，也是到目前全国较为少见的民族工业的一处旧厂址。

而欧美各国和日本的资本家在这一时期也加紧对天津工业的投资，20世纪30年代末，纺纱、钢铁、橡胶、卷烟、面粉等皆成为外国资本热衷投资的行业。他们开办了英美烟草公司天津工厂、华慎氏汽水厂、法国电灯房制冰厂、裕丰纺织股份公司天津工厂等。

3）金融

进出口贸易和工商业的发展，又拉动了天津金融业的发展。从19世纪80年代开始，为方便洋行倾销商品和掠夺中国的廉价原料，著名的外国银行，如汇丰银行、华俄道胜银行、横滨正金银行等纷纷在天津设立分行。不久，华资银行，如中国通商银行天律分行也建立了。到了20世纪20年代，天津在全国的经济地位显著提高，华资银行在天津大规模发展起来，资金雄厚的金城银行、大陆银行、盐业银行、中南银行、中孚银行、大中银行等先后在天津开业。盐业和中南两家的总行虽然分别设在北京和上海，但两家银行的股东多半是居住在天津的官僚和军阀，而且经营重点也在天津。所以盐业、中南、金城、大陆并称为"北四行"，他们的金融实力可与上海的浙江实业银行、兴业银行和商业储蓄银行等"南三行"相比照，因此并称为中国南北两大金融集团。

1931年"九一八"事变以后，租界外的银号和金店纷纷向租界转移，中街（解放北路）遂有"银行街"之称。今解放北路、和平路、滨江道、哈尔滨道这一井字形地区，不仅成为天津的金融中心，也成为中国北方最大的金融中心。在这个中心地带，不仅银行集中，而且设有白银、外币、京钞、申汇、黄金、证券、外汇和同业拆借等各类金融市场。

1934年末，天津有华商银行29家，银号269家，典当88家，外国银行17家。其中，华商银行、银号资力36500万元，外商银行资力43612万元（均按民国时期法币计算）。与此同时，外商保险机构新增100余家，华商保险公司也发展到50余家。天津金融机构无论是数量、资力，还是经营规模，以及业务辐射范围，都仅次于上海，居全国各大城市第二位，成为名副其实的中国北方金融中心。

4）教育

天津的教育经过洋务运动中的大发展，在各级各类学校的调整、改革中稳步前进。据 1936 年统计，全市有公立、私立中学 25 所，在校生 6963 人，其他中等学校 7 所，在校生 1416 人。小学达 421 所，入学儿童 70852 人。高等学校 8 所，其中公立 6 所，私立 2 所。这一时期的学校建筑，属于新创办的多半是中小学，也有个别的高等学校，如天津工商学院，而旧有的高等学校如北洋、南开等在这一时期则有不少的增建。

北洋大学在"五四"运动以后新建的校舍，首先是新宿舍大楼，使学生离开住了近二十年的武库旧房，而迁入较新的宿舍建筑内。1929 年，早期建筑四面钟大楼被焚后，至 1932—1933 年间，新建了工程学馆（南大楼），1935 年新建工程实验馆（北大楼）。

南开学校在 1918 年前还是中等学校，在此时期创办了大学。首先于 1919 年在原有大楼之南建造了一座二层的办公楼，还是砖木的结构；1923 年学校又移到八里台新址，占地约 400 余亩，而改原址为中学。1930 年由校友集资在当时南开中学校内建校楼一座，用来纪念该校创办人严范孙，高三层，钢筋混凝土结构，外形应用了古典柱式的处理。

工商学院（今马场道 117 号天津外国语学院）由法国人设计，外观是法国后期文艺复兴式样，与周围的北疆博物馆、教员宿舍、预科楼、图书馆等形成高等学院的建筑群体。

中等学校在这时期有很大的发展。公立中学校舍新建的有市立师范学校，校址在当时的特二区（奥租界），建于 1930 年。各资本主义国家及教会所办之中等学校规模比较大，如法租界的新学中学、法汉中学，还有在营口道的圣路易学校；在日租界附近的中日中学，天津日本第二寻常小学校，天津日本商业学校，以及日高等女学校和幼儿园等建筑；在英租界内的学校建筑，原有今营口道东的惜阴学校和今湖北路的英国学校等。1927 年墙子河沿又建筑了耀华中学，耀华学校（今南京路 105 号耀华中学）是英国学院式建筑群，包括大礼堂、体育馆、健身房和教学楼，采用简化古典的英国学校形式。

（3）抗日战争和解放战争时期天津的建设

1）日军占领时期的军事建设

日军占领天津期间，生灵涂炭，工商凋敝，占领军集中建筑力量于军事设施的兴建，如修筑营房、增建军医院、建立兵工厂及钢铁厂，扩充电信、道路等设施，把天津变成了军事侵略的基地。

1940 年春，伪建设总署天津建设工程局发表了一个把天津建成华北的贸易港的工程计划，把塘沽划入天津，修筑塘沽新港，设想在 30 年后天津人口达到 300 万。1941 年初改由所谓"塘沽新港港湾局"进行建筑。原计划建成后能从这里输出 2750 万吨的物资，以支持其不断扩大的侵略战争。当时日本帝国主义曾派来不少工程技术人员，并在华北强征我国工人一万多人，预定 5 年完成全部工程。计划中的主要工程为修筑南北防波堤、煤炭码头及杂货旅客码头以及船闸、船坞、电气等工程。但由于中国人民英勇的抗日斗争，日本侵略者不断遭到沉重打击，筑港计划不得不一再缩小，直到1945年8月15日本投降时，即以一再缩小后的建筑工程计划来说，完成部分还不及一半。

在市政工程建设方面，主要也是为日本军事侵略目的服务的。由于帝国主义国家之间的利害冲突，日军从1938年12月开始对英、法租界实行封锁，直至1941年12月太平洋战争爆发日军进驻并接管英、法租界之后，才解除封锁。在太平洋战争发生以前，日本沿英、法租界西端开辟了一条新兴路，以解决由于封锁租界而带来的不便，从新兴路可以绕过法、英租界通向南部郊区。另外在日租界与意租界之间的海河上，架设了一座木桥（今北安桥旧址），过桥后可以循意租界大马路前往东站，以便于不通过当时法租界的万国桥而与铁路相通。

2）解放战争时期天津建设停滞

1945年日本投降后，国民党借助于美国的支持，恢复了对天津的统治。不久，国民党即挑起了内战，造成市面萧条，物价飞涨，工厂倒闭，民不聊生，除用于军事工程而外，一切建筑活动均濒于停顿。

在整理都市分区规划方面，国民党政府拟定的原则是以河北大经路一带为行政中心区；沿海河两岸辟为大商业区；市区西北部及东南部划为工业区；在旧英、法、日各租界以西及河北、河东一带划为住宅区；将环境最混乱的旧城西北及北站铁路以东地区划成所谓"混合区"，给手工业、小商业及城市贫民居住。

1.3　天津城区的形成

补充阅读　九河下梢天津卫，三座浮桥两道关

自古以来，人类依水而居，修田筑城，历史上天津的起源也是如此，人们在三岔河口以下的海河西岸经商往来，天津因此得到繁荣发展。天津地处华北平原的东北部，海河流域下游，东临渤海，北依燕山，华北平原众多的河流要流到天津汇入海河入海，而河上的渡口浮桥也与天津人的生活息息相关，因此有了"九河下梢天津卫，三座浮桥两道关"的说法。实际上经天津海河入海的主要河流有5条，这就是南运河、北运河、大清河、子牙河与永定河。

南运河与北运河，实际上，这两条河加起来就是举世闻名的京杭大运河。从前，南、北运河在天津老三岔河口与海河相交，往上驶，直通北京，叫北运河；往下行，可抵江南，叫南运河。可见当年南、北运河就是以天津为坐标区分出来的。

大清河古称清水河，上游支流遍布，淀泊众多，河水经过洼淀沉沙，再往下走自然清澈多了。大清河在天津静海县独流镇北，先汇入子牙河，再流入海河。历史上的大清河，每逢汛期水势凶猛无比，所以新中国成立后从大清河汇入子牙河的独流镇，开挖了一条减水河，到塘沽入海，以减轻洪水对天津的压力，这就是有名的独流减河。

子牙河也叫西河，发源山西。乍一听，这条河一定和姜子牙有点什么关系，其实是因流经河北献县的子牙镇而得名。子牙河在静海县有大清河汇入，在天津市红桥区的西沽汇入北运河。由于子牙河上游各支流坡陡流急，下游排水不畅，经常发生水灾。所以在1963年大水之后，根据毛泽东主席"一定要根治海河"的指示，自献县起开挖了一条子牙新河，到天津大港区流入渤海。

永定河古称无定河，因为河水混浊，也叫浑河或小黄河，跨越内蒙古、山西、河北、北京、天津五省区市，是海河水系中最大的一条河流，但经常泛滥成灾。过去，只能采取筑堤束水的办法。1698年康熙皇帝命人在上游筑堤，赐名永定河，但也无济于事。

"九河下梢"，有人说所谓"九河下梢"，是包括了五大干流的支流。但细数一下，五大干流的支流又何止九条？如果从地图上看，整个海河水系的分布就像一把大蒲扇，海河正是这把蒲扇的柄，而天津市区正好处在这个扇面的顶端，在扇柄两侧展开。华北平原众多的河流正是通过各条支流辗转流入五大干流，最后又汇入海河。中国传统观念中"九"为极数，即最大、最多的数，因此把海河水系大大小小的支流汇总在一起，用一个"九"字来表达，正是代表多的意思，所以，"九河"并非真的是九条河，而是海河水系所有支流、干流的总称。当然，也有人说"五河下梢天津卫"，这是一种很实在的说法，但似乎不如"九河下梢"更动听。

"三座浮桥两道关"，九条河都要往天津流，想过河就得靠浮桥。三座浮桥是海河盐关浮桥（东浮桥，金汤桥的前身）、南运河钞关浮桥（北浮桥、北大关浮桥）和北运河窑洼浮桥。这些浮桥的前身是摆渡，记得大悲院世高和尚组织的《草堂诗社》要定期活动，城里城外的诗人都要到大悲院址作诗唱和。有一首诗写道"穿树行三里，呼船渡二河。"这"呼船渡二河"说的就是出北门要坐两次摆渡才能到河北地界。指的就是南运河上的钞关摆渡和潞河上的窑洼摆渡。后来发展了，摆渡都改成了浮桥。两道"关"，指的就是北门外的钞关（北大关）和东门外的盐关（海河关）。

海河

历史上海河水系曾给人们带来过不少灾难，天津平原每年都面临着洪水泛滥的威胁。据不完全统计，从元代到天津解放前夕的580年间，海河流域共发生水灾387次，平均不到两年就发生一次，因此这也成为天津开发相对较晚的原因之一。自清康熙三十四年（1695年）以后，清政府开始组织人力修河、疏浚，大大降低了水害对天津一带的威胁。在治理水害的同时，清政府还组织人力屯田垦荒，使九河下梢渐成良田。新中国成立后，党和政府对海河水系的治理也非常重视，从20世纪50年代初就开始整治海河，疏浚、排沙、建闸等。1963年天津发生特大洪水后，毛泽东主席发出"一定要根治海河"的号召，此后经过几年的奋战，海河水害在"人定胜天"的思想指导下被彻底治服了。海河作为天津的母亲河，虽在历史上曾给天津带来过灾难，但也为天津的繁荣发展做出了巨大的贡献。海河水养育了天津人，天津人应更加珍视自己的母亲河——海河。

这些年，凡是流经市区的大小河流，全都进行了治理和绿化、美化，特别是竣工不久的津河、卫津河、北运河、复兴河、月牙河，成为天津的新水景。

1.3.1 开埠前布局

天津老城建于明永乐二年（1404年）（图1-1），初建时是一座土城，城墙是一道简陋的土围子，周垣九里十三步，高三丈五尺，广二丈五尺，四面开门，上建城楼，东西长1570米，南北宽900米，面积1.55平方公里。天津老城因为东西长，南北短，形状如算盘，又被老百姓称为"算盘城"。那么，这个城到底是多大的一副"算盘"呢？据了解，明代的计量单位与公制基本相仿，一里相当于今日的500～510米，按照我国目前的换算惯例，明清时代的丈相当于今日的3.2米，而"步"即"步弓"，是一种丈量地亩的器具，用木头制成，形状略像弓，两端距离为5尺，约合1.67米。据此推算，这是一座周长4.6公里、高11.2米的城围，也就是说，高度大体是现在4层楼的样子，面积差不多合174个民园体育场大小。由于卫城建得整齐雄伟，因此有"赛淮安"的美称。

城里的规划格局，一如中国传统的县城，如城内以鼓楼为中心设东、西、南、北四条主干街道，形成十字街，沟通东西南北四城门，沿十字街向外延伸可通四乡大道。城内用地被十字街切分为均等的四个地块，每个地块里的胡同坊巷多为南北走向。道署、盐运史署、镇署、府署等衙门均建在横贯东西的干道以北。城厢西北角建城隍庙一座，城南属居民区，与旧城连成一片，统称旧城区。老城里南门内大街有建于光绪三十三年（1907年）的广东会馆；西北角有建于康熙四十二年（1703年）的伊斯兰教的清真大寺；东北角则有建于元泰定三年（1326年）创建的用来祭祀航海守护神的天后宫以及建于明宣德二年（1427年）的玉皇阁。狮子林桥的一旁，有建于光绪三十年（1904年）的基督教会、望海楼教堂。

城中心十字街口建有一座以钟代鼓的鼓楼（图1-2），以司晨昏。

为了不影响交通，钟鼓楼的基座为十字穿心。明代建筑，高三层，四面穿心，上筑歇山顶楼阁，楼台下四面辟拱券门道，通东、南、西、北四条大街，四面门楼分别名曰"镇东"、"定南"、"安西"、"拱北"，有天津名士梅宝璐题楹联："高敞快登临，看七十二沽往来帆影；繁华谁唤醒，听一百八杵早晚钟声"。是天津老城的标志性建筑。

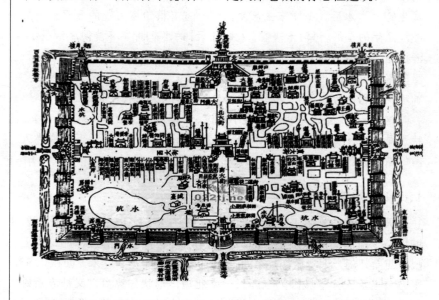

图 1-1
《津门保甲图说》之天津老城

城厢外，自北门外往东，有环城随河弯曲至东门以东的估衣街、锅店街、宫南大街、宫北大街；北门以西有竹竿巷、针市街、太平街等，北门往北的河北大街及东北角三岔河口以西向北的大胡同都是店铺林立，比较热闹的市井。

1900年，八国联军攻破天津城，1901年，由联军组成的天津都统衙门下令拆除天津城墙，在原址建成东南西北四条环形马路，从那时起，具有496年历史的天津城垣不复存在，墙基残存于地面以下。各方投资者纷纷在这里兴建门脸房，商业日渐繁荣。现在的人们提起天津老城，其范围一般就是指东、西、南、北四条马路之内，即俗称的老城里。

图 1-2 20世纪初的天津鼓楼（拱券门道、歇山顶楼阁）

图 1-3
天津老城民居——徐家大院（四合院）

 补充阅读　天津老城厢博物馆

天津老城厢博物馆是我国首家捐赠的博物馆。老城厢是天津城市发展的摇篮，蕴藏着天津浓郁的民俗民风和文化艺术精华，素有天津城"活化石"之称。老城博物馆坐落在鼓楼东大街的徐家大院（图1-3），原为英麦加利银行买办徐朴庵的家宅，建于民国年间，坐北朝南，大院由中部三进四合院、东西两侧箭道和多组跨院组成，建筑面积2400平方米（图1-4）。老城博物馆的二道院和三道院的两间正房是存放老城厢沙盘的展室，老城厢沙盘按照1∶200的比例还原了老城厢原貌。如果你是出生或生长在那里的"原住民"，都可以在沙盘中找到当年儿时玩乐的地方。老城博物馆展出民间捐赠的各种老城文物，有清代"官砖"、红木"灯盒子"、江苏会馆界碑、民国时期的木皮"冰箱"、天津产的第一批缝纫机，记录津门民俗的线装书、老唱片、木壶套、木幌子、支炉以及珍藏百年的老铜床、座钟、手摇唱片机、收音机等等。不管你是久居此地的"原住民"还是远道而来的旅客，都能在此回味起那些历史长河中的市井百态。

图 1-4　天津老城内砖雕照壁

1.3.2　租界形成

租界，是指两个国家议定租地或租界章程后，在其中一国的领土上为拥有行政自治权和治外法权的另一国设立的合法的外国人居住地，租界多位于港口城市。通俗地说就是门前的院子虽然是我的，但是别的人（国家）在我院子里干什么我没权力管。租界是民族耻辱的代称。中国历史上的第一块租界是1845年英国人根据《上海租界章程》

在上海设立的,到1902年奥匈帝国在天津设立租界止,共有十四个国家在中国设立了二十七块租界,其中以英国在华的租界地势力最大,在上海天津、汉口、广州、九江、厦门、镇江六个城市设有租界。各国租界都是内部自治,有独立的市政管理机构,这个机构被称作工部局(Municipal Committee)。工部局拥有市政、税务、警务、工务、交通、卫生、公共事业、教育、宣传等职能,就像一个完备的市政府。

近代中国有10个城市曾设立过外国租界,其中只有上海和天津的租界发展最快,对城市影响较大。1860年以后,天津租界地开始形成,位于天津老城的东南方向,最早出现的是英、法、美租界,在紫竹林一带。1894年以后德、日、俄、奥、意、比也先后得到租界,英、法租界又进一步扩大。天津租界的总面积不及上海,只有2.3万多亩,但是却先后有英、法、美、德、日、俄、意、奥、比9个国家划分过租界。只是美租界在1902年并入英租界,所以人们常说天津有八国租界。

自咸丰十年(1860年)至光绪二十八年(1902年)的四十二年间,天津出现了九个国家的租界(图1-5)。租界的设立都发生在列强的军事行动之后,其过程可分为三个阶段:一、1860年英法联军攻占天津、北京之后,英、法、美三国率先胁迫清政府认可在天津划定租界;二、1894年中日甲午战争之后,德、日两国乘中国处于战败的不利地位,在天津圈占土地,设立租界;三、1900年八国联军入侵之后,俄、意、奥三国各以其在天津的军事占领区划为租界,比利时也趁机攫取了一块土地。沦为半殖民地城市的天津,形成任凭列强宰割的局面。

(1)英国租界

英国租界在天津存在的时间是1860年—1943年。1860年12月17日英租界开辟,位置在海河西岸,以紫竹林村(在今吉林路一带)为中心,向南北两侧延伸。英租界的地界范围:东临海河,西至今大法路,北界今营口道,南界今彰德道。面积约460亩。1897年3月31日,天津英租界向西扩展到墙子河。这个扩充界有1630亩。1902年10月

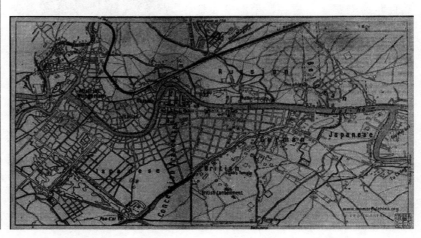

图1-5 天津租界的地图

23 日，面积 131 亩的天津美租界并入，成为天津英租界的南扩充界。1903 年，由天津海关道与英国领事会衔发布告示，天津英租界再度向墙子河以西扩展至海光寺大道（今西康路），占地 3928 亩，称为推广界。

英租界经历了三次发展，大体分为解放路银行街、小白楼商业区、五大道住宅区。租界街道比较自由，略带弯曲，建筑置于绿化之中，这可能与当时英国人的乡村城市思潮有关。租界东部邻近海河的维多利亚道是一条著名的金融街，集中了汇丰银行、花旗银行、华俄道胜银行、横滨正金银行和金城银行等中外各大银行，以及怡和洋行和太古洋行等洋行；西部的推广界部分，在 20 世纪初形成天津最大的一片高级住宅区，今日通称为"五大道"。在民国初期，曾有大批前清遗老和下野政客定居天津英租界。1923 年 6 月，黎元洪曾宣布将民国政府迁往天津，实际是天津英租界，并在当地发布总统指令和总统任命，并设立议员招待所，使天津英租界一度成为民国大总统的驻地以及没有内阁的政府所在地。

1942 年 2 月，日本与汪精卫狼狈为奸，伪善地声称"为完成中国近百年夙愿之收回租界与撤销领事裁判权之实现"，将英租界"移让"汪伪政权，并于 3 月 28 日举行"移交"仪式。"收回"后将"特管区"改名"特别行政区"。

（2）法国租界

法国租界在天津存在的时间是 1861 年—1943 年（图 1-6）。1861 年 6 月 2 日，法国政府和清政府签订《天津紫竹林法国租地条款》，划定法国租界，在英租界北邻确定了位置，地界范围：东、北皆临海河，西至今大沽路以东，南界今营口道与英租界接壤。占地面积 360 亩。开辟初期的天津法租界并不兴盛，租界内甚至没有任何法国机构，只有 1 个供英美侨民使用的宗教建筑合众会堂，法国在天津的主要活动就是位于三岔河口的望海楼天主堂，连法国领事馆都设在临近的宫北大街。1870 年 6 月发生了天津教案，外国侨民纷纷移居租界，天津英租界首先得到开发经营。由于法国在普法战争中失败，国力不振，致使天津法租界在早期的一段时间内不见起色，直到 1880 年代才开始着手进行市政建设。到 20 世纪初，由于海河航道得到疏浚，挖出的泥沙用于填平租界西部新拓展区的沼泽，在中国北方传教的天主教会以及英、法和比利时等国房地产公司纷纷在此区域造房出租，同时，由于天津老城遭到兵变的破坏，大批商户迁入，使法租界迅速繁华起来。不久，这一区域就取代了天津老城，形成天津最繁盛的商业中心，陆续建成天津劝业场等众多商业设施。

法租界街区规划反映了欧洲传统古典主义手法，轴线和街心公园控制着重要地点。笔直的街道尽端都有高大的建筑作对景，注重街区的豪华、宏伟气氛。劝业场是法国租界的中心，惠中饭店、交通旅馆、东莱银行成为当时天津的高层密集区，西开教堂则是这个地区的收尾。布置景观焦点建筑是法租界的特色，中心公园是由原来的垃圾场改建的，圆形的花园像一个轮轴，自然地把许多街道转了一个角度，其规划布局效果非常出色。

图 1-6（左）
天津法租界街景图

图 1-7（右）
藏于天津博物馆的天津日租界与德租界界碑

1943年2月23日法国维希政府发表声明，将租界"交还"中国，并于同年5月18日与汪伪政权签订协定，6月5日在天津举行"移交"仪式。

（3）美国租界

美国租界在天津存在的时间是1860年—1902年。1860年，美国也在英租界南面相邻设立一个租界。但美租界因为美国南北战争一直无法获得政府的批准，1880年美国领事以日后有权恢复行政管理为前提，归还租界，并由天津海关代管。1895年美国再次声明放弃租界管理权，但是清政府没有回应。1902年，天津海关道黄花农发出布告，认可美租界并入英租界。但是，美国人对美租界行使行政管辖权的时间十分短暂，因此直至其并入英租界都是鲜为人知的。

（4）德国租界

德国租界在天津存在的时间是1895年—1917年。1895年，德国驻华公使绅柯向清廷总理衙门提出照会，借口德国在中日甲午战争中"迫日还辽"有"功"，向清政府索取租界，要求享受与英法等国同等特殊待遇。清政府饬令天津海关道同驻津德国领事商谈划定租界事宜。同年天津海关道盛宣怀、天津道李岷琛与德国领事司艮德签订《天津条约港租界协定》，允许德国在天津设立租界。天津德租界东临海河，北接原来的美租界，西至今大沽路，南界今琼州道，面积为1034亩。

（5）日本租界

日本租界在天津存在的时间是1898年—1943年。1898年8月29日，清政府和日本政府签订《天津日本租界条款》与《另立文凭》，划定日本租界范围，位于老天津老城东南（图1-7）。1903年，天津海关道唐绍仪与日本总领事伊集院彦吉折冲，签订《天津日本租界推广条约》，扩张后的日租界，总面积达2150亩。其四至为：东临海河，西至墙子河（今南京路）；南界今锦州道与法租界接壤；北界自闸口起沿今和平路向南至多伦道再向西直抵南门外大街。开发天津日租界的所在地域，原是位于天津城东南方的一片沼泽地，1860年英法在天津开辟租界时，避开了这片不易开发的地区。1903年以后，进行了浩大的填筑工程。由于它位于英法租界与天津老城之间，不久发展成天津的娱乐商业区，日本政府允许在租界地吸毒，使得毒品行业合法化，因此当时在天津日租界成为烟馆和妓院云集的地方，曾引起国际舆论的关注。

日本租界沿袭日本式传统井字街区布局，体形规整，尺度较小，方格形街区。建筑为"和风"与"洋风"的混合体，一般室内是"和风"式，室外是"洋风"式。旭街——现在的和平路是日租界的商业区，百货大楼是日本租界的中心。

1943年1月9日，汪伪政府与日本"大使"重光葵在南京签订《关于交还租界及撤废治外法权协定》。同年1月30日，在天津日租界公会堂举行"交还"日租界仪式。

（6）俄国租界

俄国租界在天津存在的时间是1901年—1924年。1901年签订《天津俄租界合同》，正式划定俄租界。俄国划定租界时占据老龙头火车站，引起了英国的不满，后来通过英俄两国在俄国首都圣彼得堡直接谈判，由德美两国居间调停，俄国才将车站及通往车站的大道让出，归还中国。因此俄国租界分成东西两块地区。俄租界的界址范围：西区西界今五马路，东至车站，南临海河，北至铁道；东区从海河转弯处向南，北起车站向东沿铁道南侧，西临海河至今十五经路。东西两区共占地面积5474亩。面积超过当时的天津英租界，居天津各国租界之首。天津俄租界在当时是南方各省所产茶砖的集散地和被其他外国人用于建货栈和储油罐的地点。

1924年5月31日，中国北京政府外交部长顾维钧与加拉罕签订《中俄解决悬案大纲协定》等文件，中、苏两国恢复邦交，苏联政府放弃旧俄政府"在中国境内任何地方根据各种公约、条约、协定等所得之一切租界等等之特权及特许"。同年8月6日，天津地方当局正式接管俄租界。

（7）意大利租界

意大利租界在天津存在的时间是1902年—1943年。1902年6月7日，天津海关道唐绍仪与新任意大利驻华公使嘎里纳签订了《天津意租界章程合同》。划定意国租界的范围。南临海河，北到津山铁路，距离老龙头火车站不远，介于奥租界与俄租界之间，与市中心的法租界和日租界隔河相望，面积771亩。天津意租界，是意大利在境外的唯一的一处租界，亦是亚洲唯一一处具有意大利风格的大型建筑群。

意租界在今河北区第一工人文化宫一带设有意式的街心广场，中心是一个雕塑，附近有回力球场和小花园。当时要求建筑设计不可互相抄袭，所以建筑面貌千姿百态，但其基本风格是意大利式的，共用同一种建筑细部而使区内有较强的统一感。

1943年9月10日，意租界代表与汉奸市长张仁蠡举行"接收"仪式，并于当日改称为"特管区"。

（8）奥匈帝国租界

奥匈帝国租界在天津存在的时间是1902年—1917年。1900年八国联军占领天津时，德国军队占领了天津城东海河东浮桥对岸的一片市区，当这支部队调防北京时，改由奥国军队驻守。当俄国、意大利和比利时陆续在天津开辟租界后，奥匈帝国也要求援例设立专管租界。第一次世界大战期间，1917年8月14日，北京政府向德、奥两国宣战。同日，天津警察厅派军警进驻奥租界，接管奥工部局的行政权。

（9）比利时租界

比利时租界在天津存在的时间是1902年—1931年。1900年八国联军入侵天津和北京时，比利时并没有派兵参战，但是在11月17日，比利时驻天津领事梅禄德向天津领事团宣布，他奉比利时驻华公使之命，占领海河东岸俄国占领区以下长1公里的地段。1902年2月6日，清政府天津道台张莲芬与比利时驻天津代理领事嘎德斯签订《天津比租界合同》。位置在俄租界以南，海河与大直沽村之间，直到小孙庄，面积740亩。同时，还规定，如果日后比租界商务兴旺，可以开辟由比租界到京山铁路的通道，作为比租界的预备租界，这片土地不得卖与别国。虽然比利时商人在天津大量兴办工商事业，但大多不愿意前往比租界。

经过谈判，中、比两国于1929年8月31日在天津签订《比利时交还比国租界协定》，并经中比双方互换协定批准书后，于1931年1月15日在天津举行比租界交接仪式。

 补充阅读　北京是前台，天津是后台

天津的八国租界都有各自的市政制度和市政机构，也有各自的警察（当时称巡捕）。租界之间有明确的界线，大都形成一条街道。人们平日可以在各租界之间穿行，但是在法律和行政管理上，各租界是独立的。黄包车在不同租界之间拉客，要在每个租界都缴纳车捐。租界巡捕或华界警察不得越界抓人，罪犯逃入租界需要通过引渡程序才能抓捕。于是，就出现了两种现象。其一是，利用租界的特殊环境从事刑事犯罪，作案后跑过一条街就进入另一国租界，巡捕很难及时抓捕。另外一种现象，就是租界成为"政治犯"的避难所。

民国以后，被打败遭通缉的军阀、北洋政府下台的官僚，以及主张复辟的清廷亲贵、遗老遗少们，跑进天津租界，如同到了外国，不仅人身安全，更可以恣意享乐，还可以策划阴谋，伺机重新上台。所以，便有了"北京是前台，天津是后台"的说法。民国北洋政府时期的五大总统、国务总理以及许多总长们、各派军阀头目，大都在天津租界购置房产，甚至不止一处，以备随时进住。当时，北京政局一发生变故，前门火车站就热闹起来，下台的大人物赶紧往火车站跑。如果来不及上火车，就先躲进外国使馆区（东交民巷，离前门火车站很近），再寻机乘火车逃走。乘上火车，两个小时到了天津位于租界地区的老龙头车站，就保证安全了。同时，会有另一些官僚从租界豪宅走出来，从老龙头车站登车扬眉吐气地到北京上任。

近年来从电视剧《潜伏》到《借枪》，天津的租界引起了人们的兴趣。余则成在《潜伏》中历经风雨、久经考验的主要战场，就是在当时天津的林森路（今新华路）的国民党军统局天津站。按小说中的说法，余则成当时住在英租界爱丁堡道上的一座公寓，而爱丁堡道如今就叫做重庆道。军统天津情报站吴建中站长虽然在本地安了好几处家，但始终与原配太太住在旧英租界科伦坡道1号那所大宅子里。

《借枪》主要事件的发生地，设计在法、日租界的交界处。巴尔扎克公寓是虚拟的，日侨俱乐部，按照作者的说法，是假设在位于日租界宫岛街（今称鞍山道）上的"大和公园"。当然，即便从法日租界交界的秋山街（今称锦州道）到"大和公园"，也要隔着四个街区。当然，虚虚实实的文学创作，使历史充满了乐趣。

实际上，那个年代在天津曾经发生过多次成功的刺杀事件，刺杀的对象多是汉奸，事件发生地都在租界。最著名的就是刺杀伪华北联合准备银行天津支行经理程锡庚，刺杀地点在英租界的大光明电影院。这个刺杀案引发了英日之间的外交交涉，案件本身却扑朔迷离，成为历史的疑案。[1]

1.3.3 河北新区建设

1901年，在清末"洋务运动"的大潮中，时任直隶总督兼北洋大臣的袁世凯，为加强自己的政治地位和实力，靠着天津得天独厚的地理位置，曾以天津为基地试行他的"新政"，使天津成为北方的"洋务"中心。其中"开辟新市区"就是"新政"的内容之一。

---

1 刘海岩. 从《借枪》看八国租界真相. 甘肃日报，2011-4-12（11）.

"河北新区"特指东起海河、子牙河,西至京山铁路线,南从金钟河故道,北到津浦铁路线一带,约6.534平方公里的区域(图1-8)。此前,这里除沿河分布着一些村落外,大部分是坑塘苇草。因为1882年在南运河上建造了金华桥,方便了行旅,使窑洼一带结邻而居者逐年增多,开始改变昔日荒僻的旧貌。加上当时的租界区肆意扩张,旧城区已经没有发展的余地,袁世凯就决定在新开河一带开发中国街区(即当时的河北新区)。19世纪末,天津至山海关和北京的铁路先后通车,但老龙头车站(今天津站)却在俄、意、奥三国租界的包围之中,致使中国人出入不便。

为摆脱这种局面,袁世凯于光绪二十九年(1903年)下令在河北新区建造新火车站(今天津北站),拟为总站。并在新车站至北洋通商衙门(大胡同北端)之间,开辟大经路(今中山路)与旧城相连,又自南至北开辟若干条与经路垂直交叉的纬路,并以天、地、元、黄、宇、宙、日、月、辰、宿、律、吕等为这些街道命名,因这些街道宽广正直,尽有空地可以利用,沿这些道路两侧建立了不少工厂、学校、住宅、行政机关、商业娱乐、车站、祠堂等建筑,使这一带成为租界以外的繁盛地区。辛亥革命后,因河北新区是中国政府所在地,加上铁路交通等事业的发展,居住在河北新区的政府机关职员与其他行业职工逐渐增多,军阀官僚也纷纷前往购地建房,使河北新区从20世纪初至20年代末得以迅速发展,对形成今天的河北这一重要区域起到了促进作用。

河北新区较为突出的建筑有北洋女子师范学堂(今天纬路4号,天津美术学院)、劝业会场(今中山公园一带)、李鸿章祠堂、天津北站等。

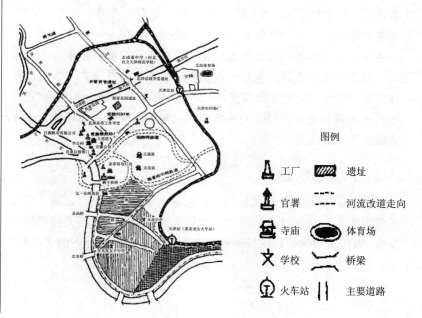

图1-8 河北新区位置图

补充阅读　南市"三不管"地区

旧天津的南市原为芦苇丛生无人居住的荒凉之地。只有一个赵家冰窖和一些坟地,当时称"城南洼",是位于天津旧城与日租界之间的地段。1903年各帝国主义侵略者划定租界时,日本帝国主义声称该地区为日本"预备居留地"。腐败的中国政府也长期不敢管理,而日、法租界也不加管理,故有"三不管"地带之称。直至1912年,中国政府才开始在南市地区派驻巡警,实施管理。1901年在各帝国主义势力的迫使下,天津旧城墙被迫拆除,改造成环城马路。南马路的开辟和日租界旭街(今和平路)的建成,又使南市一带成为继天津旧城繁华期以后兴盛起来的重要商业地带。

1.3.4　早期的城市规划

天津开埠以后,因为市区范围的扩大,地方当局为加强行政管理,决定把租界以外的整个市区划分为东、西、南、北、中五个区。东区东起海河沿岸,西至鼓楼,南接日租界,北至金家窑;西区东起堤头,西至西于庄,南至红桥,北到西站;中区东起大胡同,西至赵家场,南沿北马路,北至北运河;南区东起鼓楼南大街,西至双庙,南到南关,北沿北马路;北区即由直隶总督衙门到北站一带。其中以中、东两区最为繁盛。

1937年日本帝国主义全面占领天津后,在天津进行了大规模的经济掠夺,并将天津作为掠夺整个华北的基地。

抗日战争胜利后,天津已成为人口众多,轻、重工业齐备,商业发达的港口大城市,也是连接华北、东北和西北的交通枢纽。国民政府曾对天津的城市发展做过一个纸上谈兵的规划:其中主要有建在市区周围的"都市乡村化"的若干卫星城镇;将主要河流两侧分段建设,形成带状都市;辟海河下游及市区西北、东南部为工业区,河北大经路一带作行政中心区,海河西岸作大型商业区;旧英、法、日租界与河北、河东一带划成了住宅区,而将手工业、小商业及城市贫民居住的旧城西北和北站铁路以东的地区定为"混合区"。但在日暮途穷的国民党政权的统治下,这是根本无法实现的空洞计划。所以,从天津近代城市的发展来看,租界区与河北地区的开辟以及塘沽新港的建设,奠定了天津半殖民地城市的基本规模。直到1949年1月天津解放以前,天津市区范围基本没发生显著变化。

附:中国近代百项第一在天津[1]

　　当年亚洲军工厂之冠——北洋机器局

1　王述祖,航鹰. 近代中国看天津——百项中国第一. 天津:天津人民出版社,2007.

中国首家近代化面粉厂——天津贻来牟火轮磨坊
中国首家近代化采煤企业——开平矿务局
中国首家水泥销量夺魁的企业——天津启新洋灰公司
中国最早引进卷烟机的企业——天津老晋隆洋行卷烟厂
中国首家近代化制革厂——天津北洋硝皮公司
中国首家官商合办的卷烟企业——天津北洋烟草公司
中国近代首座国家造币厂——户部造币总厂
中国首家行销世界的制帽企业——天津盛锡福帽厂
中国首家精盐生产企业——天津久大精盐厂
中国首个猪鬃出口领先的厂家——天津永丰洋行
中国首家大型火柴企业——天津丹华火柴公司
中国首家皮革制球企业——天津利生体育用品厂
中国首家制碱生产企业——天津永利碱厂
中国首个荣获万国博览会金奖的化工产品——"红三角"纯碱
中国油漆界首家以创新闻名的企业——天津永明漆厂
中国首个以工艺先进著称的地毯产品——天津地毯
中国首家"开创国产毛线光明"的企业——天津东亚毛呢纺织公司
中国首家生产自动电话机的企业——天津中天电机厂
中国首家生产汽车的企业——天津汽车制配厂
中国自制的第一台蒸汽机车——龙号机车
中国首家铁路管理机构——开平铁路公司
中国铁路最早建立的材料处——天津塘沽材料处
中国大商埠最早建成的火车站——天津火车站
中国第一条复线铁路——津芦铁路
中国最早的民用航线——京津航段
中国最早在城市运行的有轨电车——天津环城白牌电车

中国首家近代邮政机构——天津海关书信馆
中国首家近代邮政代办机构——天津华洋书信馆
中国近代邮政首次发布的公告——"五一"《邮政公告》
中国首次发行的邮票——大龙邮票
中国近代最早开辟的陆运邮路——京津骑差邮路
中国火车运送邮件之始——津榆段铁路运邮
中国最长的旱班邮路——天(津)迪(化)万里邮路
中国首次航空邮运——京津空运试邮
中国首家大陆第一条军用电报线——津沽电报线
中国首家电报局——津沽电报局
中国自办的第一条长途电话线——京津长途电话线

中国自建的首座自动电话局——天津电话东局

中国首家培养水雷制造人才的学校——水雷学堂
中国近代首家工业技术学校——北洋电报学堂
中国首家西医学校——北洋医学堂
中国首家新式海军军官学校——北洋水师学堂
中国首家近代陆军军官学校——北洋武备学堂
中国近代首座新型大学——北洋大学堂
中国首所新式公立中学——西学学堂之二等学堂
中国首张大学毕业文凭——北洋大学"钦字第一号"考凭
中国近代首家新式小学——天津民立第一小学堂
中国首家新式幼儿师范学校——天津严式保姆讲习所
中国首家女子师范学校——北洋女师学堂
中国首家法政专门学校——北洋法政学堂
中国首家培训音体教师的学校——天津音乐体操传习所
中国首家水产学校——直隶水产讲习所
中国首家铁路中学——天津扶轮中学
中国近代首家体系办学的典范——天津"南开教学体系"

中国最早试制的潜水艇——动力驱动潜水艇
中国首家从事北方水稻研究的机构——天津开源公司军粮城工作站
中国最早建成的大型自然博物馆——北疆博物院
中国首家私立化工研究机构——黄海社
中国首台航空发动机制造单位——北洋工学院机械系
中国首家水工试验研究机构——中国第一水工试验所
中国首创世界领先的制碱工艺——侯氏制碱法

中国金融史上首家票号——天津日升昌票号
中国首家涉外饭店——天津利顺德大饭店
中国第一个市政机构——天津工程局
中国都市钢桥的第一景观——天津开启式钢桥群
中国首座大型工业商品展览馆——天津劝工陈列所
中国近代最早的城市警察机构——天津巡警总局
中国晚清近代化治军的首项重大举措——天津小站练兵
中国首个地方司法分立机构——天津府、县审判厅
中国首次由地方选举产生的机构——天津县议事会
中国讨袁护国运动的最初策源地——津门"饮冰室"
中国首家创办有奖储蓄的银行——实业银行

曾居全国首位的金融中心——天津金融街

中国年画之首——天津杨柳青年画
中国首家基督教青年会——天津基督教青年会
中国首家报龄超百年的报纸——大公报
中国首家政府报纸——北洋官报
中国首家电影院——天津权仙电戏院
中国首支六次蝉联全国冠军的篮球劲旅——天津男子篮球队
中国最早组建的学生话剧团体——天津南开新剧团
中国首部篮球专著——篮球术
中国首份私营企业杂志——海王旬刊
中国首座铁路公园——天津宁园

中国第一只载人气球设计制造者——华蘅芳
中国首位传播西方政治学说的启蒙思想家——严复
中国首部拼音字母创编者——王照
中国开创地学研究的首位学者——张相文
中国首位鉴识甲骨文的学者——王襄
中国首位赴日学习西洋艺术的留学生——李叔同
中国首部公共电话机发明者——朱彭寿
中国首位工科中文教科书编写者——刘仙洲
中国首位英文话剧作家——张彭春
中国首位研究近代外交史的学者——蒋廷黻
中国首位攀上钙磷代谢知识巅峰的专家——朱宪彝
中国首位化工学界"扩散原理"研究专家——张克忠
世界"光合作用瞬间效应"首次发现者——李继侗和殷宏章
中国首位现代话剧作家——曹禺

 思考题

1. 请在天津地图上指出天津老城、九国租界、河北新区以及南市的地理位置，并简述各自形成的过程及建筑布局、特色等。
2. 请在天津地图上指出"九河下梢"中的九条河，并简介海河。
3. 请通过图书或网络查询"吹泥垫地"的工程方法，并介绍天津近代史上的"吹泥垫地"工程。

第 2 章　天津历史风貌建筑的特点

本章学习目标

知识目标：
　　1. 在了解古建筑修缮与保护基本方法的基础上，熟悉天津重要的古代建筑修缮项目；
　　2. 在了解西方建筑历史沿革的同时，熟悉西方建筑艺术风格在天津近代建筑中的体现；
　　3. 了解天津历史风貌建筑保护条例，熟悉天津历史风貌建筑保护利用的重要项目。

能力目标：
　　1. 能够总括性地介绍天津近代历史风貌建筑特色；
　　2. 能够简单介绍天津重要历史风貌建筑修缮和利用的项目。

本章概要

　　本章作为全书的导入部分，继续为读者介绍关于历史性建筑的基础知识，包括古建筑修缮与保护的基本方法，西方建筑历史沿革，及历史风貌建筑保护法规、条例等。结合基础知识，本章介绍了天津市重要的历史性建筑修缮、利用，如独乐寺观音阁修复、文庙重建、老城厢改造、北京庄王府移建天津李纯祠堂、西站老站房平移工程、静园整体腾迁建 3A 级景点、民园西里改造建文化创意产业街区等。最后，本章对被损毁的天津历史性建筑略拾一二，做一些回顾。

　　为了全面介绍历史性建筑相关基础知识，本章中出现的部分建筑不在已经认定的《天津历史风貌建筑明细》中，同时，估衣街、老城厢改造时天津历史风貌建筑的法定名词尚未出现，移建和异地重建的案例则选取能体现建筑方法的历史性建筑。

2.1　历史久远　古韵犹存

　　天津市政府自 2005～2013 年分 6 批确认了历史风貌建筑 877 幢，其中中式古代建筑主要分布在：天津市区以宫南宫北大街为中心，包括天后宫、玉皇阁、文庙、广东会馆和大悲院等，形成一组具有浓厚地方特色的古建筑文物区；蓟县县城内有独乐寺、鼓楼、鲁班庙、文庙等；蓟县盘山古建筑天成寺舍利塔、万松寺塔、定光佛舍利塔、多宝佛塔和静寄山庄、"蓟北雄关"黄崖关长城等；塘沽则有大沽口炮台。

多年来，天津历史风貌建筑保护机构对这些古建筑进行保护、维修，部分建筑保留了古代建筑原貌，部分在继承古代建筑风格的基础上进一步保护利用，另有部分建筑作迁移或异地重建。

2.1.1 保留古代建筑原貌

古建筑应按照"修旧如旧"的维修原则，依传统方法进行科学维修，从而有效地延长古建筑的使用寿命。在维修过程中，如果违背古建筑修缮的基本方法，一味追求新材料，则会对古建筑造成毁灭性的破坏，这种历史价值、文物价值的缺失是不可再生的。为了保留古代建筑原貌，修缮中可以考虑使其恢复原状或保持现状两种方法。

恢复原状，即指维修古建筑时，将历史上被改变和已经残缺的部分，在有充分科学依据的条件下予以恢复，再现古建筑在历史上的真实面貌。原状是指一座古建筑开始建造时（以现存主体结构的时代为准）的面貌，整组建筑群的原状应包括它原来的总平面布局、空间组合及其内部环境的绿化，单体建筑则包括原来的造型、原来的结构、原来的材料和原来的工艺，各项内容缺一不可。恢复原状时必须以古建筑现存主体结构的时代为背景依据，将历代修理中被歪曲、变形、增添或者去除的部分予以复原，恢复它原来建筑时期的面貌。工作中不仅要对残毁部分如何修理进行研究，而且还要对原状进行科学的细致分析，因而这是一种技术复杂、要求标准很高的修缮工程。在有充分的科学依据，材料、经费又有可能的情况下，可以是结构复原，其他附属部分保存现状，也可以是全部恢复原状。

保存现状，即指维修古建筑时以现存的面貌为准，保留历代修理中被改变的部分，保留古建筑的历史信息与可读性。但是保存现状并不是指现存破烂的状况，而应该是指一座建筑物的健康面貌。仅就木结构建筑来看，它的形态是由木骨架支撑而成，再附以各种围护结构共同组成一座完整的建筑物，它必须符合一定的力学原理，才能达到坚固、稳定、安全，能为人们所用。如果有某一部分残毁，发生力的不平衡现象，从而影响建筑物的局部或整体安全时，就必须加以修缮才能维护它本身的安全。那种残毁的面貌是不能保持长久的，要保存的现状是要能够保持长久的，有安全感的健康面貌。工作中按保存现状的原则进行修缮时，现在是什么时代的结构，就按什么时代的样子修缮，不改变现存时代的结构和构件。

实践证明，现状与原状常有些内在联系。现状是研究原状必不可少的参考资料，在原状已无可考或是一时还难以考证出原状的时候，修缮往往只能采取保持现状的原则。在同一建筑中被改变和残缺部分的恢复，一般只限于建筑结构部分，对于塑像、壁画、雕刻品等艺术品，一般应保存现状。以恢复原状的原则修缮古建筑有利于我国文物建筑修缮系统的发展和完善，但是在依据不充分的情况下盲目修复，造成文物本体的本来面目遭到严重破坏，甚至湮没大量珍贵的历史信息也是非常可惜的。

近年来，天津各界对独乐寺、文庙、天后宫、广东会馆等众多古代建筑进行修复，以下详述独乐寺观音阁与文庙的修复工程。

（1）蓟县独乐寺观音阁修复

独乐寺是中国仅存的三大辽代寺院之一，为国务院 1961 年首批公布的全国重点文物保护单位。独乐寺观音阁维修工程于 1990 年立项，对观音阁一层后檐柱歪闪变形、上转角斗栱普遍存在断裂和下沉现象，国家文物局多次组织古建、结构、地震等方面的专家亲临现场考查，反复研究论证维修方法，从拨正的可行性和尽量减少扰动方面考虑，最终选择了中国文物研究所设计的局部落架拨正、加固维修方案（部分落架可使一层室内元代壁画，暗层东、西、南三面的夹泥墙仍然保持现存状态）。

为了对观音阁的现状有更深的了解，明确其中所包含的历史考证价值，工程设计人员进行了现状勘测，运用考古学的概念，对各种"迹象"，包括材料和加工方式的不同、以及上下层搭接的关系、修补拼接层的关系等做了认真仔细的分析和判断，同时结合碳十四断代测定，对材料的年代进行判断，对年代信息与各"迹象"之间可能存在的一定关联进行分析，使设计人员在维修过程中慎重对待特殊构件的处理，并有目的地加以保护（图 2-1）。

为了提高维修质量，工程设计人员对树种做了鉴定，对材性、木材含水率和屋面材料进行了检测，为维修选材、木材的防腐、防虫处理等提供了依据。木材防腐是木结构建筑维修中常见的问题，对新旧构件的防腐处理，缓解了腐朽的程度，延长了构件的使用寿命。观音像内部也根据不同部位、腐朽程度，采用不同药剂和不同方法进行杀菌灭虫处理。

维修中有大量旧瓦件、屋面兽件和木构件破损，为此，设计人员用环氧树脂的现代粘结技术进行局部裁补处理、旧瓦件的粘接处理和对栱眼壁的现状加固处理，达到修旧如旧的维修效果。

图 2-1 独乐寺观音阁建筑剖面图

在观音阁木构架拨正过程中，利用弹簧原理，改善局部构造联系，对工程的顺利进展起了很好的作用，避免了由此可能造成的对高16米的观音像的牵动，改善了观音像与建筑的拉接关系。

在维修过程中和维修完成之后，中国兵器工业部第五设计研究院两次对观音阁进行脉动测试，确定建筑振型，为观音阁环境保护提供了科学依据。同时为建筑结构计算、研究和抗震计算、研究提供了有价值的参考。

观音阁修缮工程中将大量传统技术和相当多的现代技术结合起来，通过八年的时间，既保持了观音阁的原貌，又对建筑进行了有效的保护。

（2）文庙的复原重建工程

文庙类古建筑所追求的建筑效果是通过建筑群整体所造成的环境来完成烘托孔子的丰功伟绩和其完整理论的高深博大。同时，它又是中国传统思想文化的集中体现载体。自2007年8月开始，经过严谨的规划设计和紧张的施工，本着"修旧如旧"的原则，天津市文物局对天津文庙进行全面维修，主体建筑府庙大成殿进行落架大修，仍使用原有的木料及石料，依传统方法进行修复。经科学考证，九座建筑依历史上照片、现存建筑物柱础及柱头榫痕迹、廊心墙痕迹、廊榫痕迹以及县庙崇圣祠前廊实例等，做"退厅还廊"。整体院落恢复原有地标，地面下降30厘米。

依照《天津县新志》记载，天津文庙历史上共有13通石碑，因历史原因，这些石碑大多散佚，碑文皆存。此次天津文庙利用原有出土赑屃、碑额和碎碑，首次完整复原了13通石碑，详实地展示了天津文庙从创建到历朝修葺的历史信息。历史上天津文庙祭祀可以分为四个层次。一为祭孔子，二为祭四配，三为祭十二哲，四为祭先贤、先儒。此次天津文庙府庙一线进行的复原陈列，完全是按照历史上排列位次进行，在原有孔子像的基础上，增塑"四配"和"十二哲"塑像，复制先贤先儒156位，名宦、乡贤37位牌位，添置供桌等系列祭孔青铜礼器。复原陈列以文庙博物馆馆藏图录等相关材料为依据，以馆藏清晚期祭器、乐器等文物为样本进行实物复制，完整复原府庙各建筑的祭祀场景。府庙大成殿的复原陈列中，所展示的瑟、鼓、编磬等乐器多为原物，较大地提升了陈列水平，向观众传达的历史信息也更为真实、准确（图2-2）。

天津文庙复原重

图2-2 祭孔乐器"建鼓"是文庙"镇馆之宝"

建工程中也有一些新增的建设，如首置露天《论语》墙，为全国文庙中第一次在露天围墙上刻制全篇论语。论语墙位于府庙第一进院落围墙上，全长九十余米，通篇一万六千余字；首刻天津文庙《圣迹图》，描绘孔子一生坎坷经历的图录。天津文庙将《圣迹图》增刻于县庙第一进院落东侧围墙上，选取版本为明正统版本结合山东曲阜珍藏石刻版本，供观众研读，全长 46 米，共计 104 帧，首植曲阜圣地侧柏。天津文庙此次更换非孔庙应有树木，其中县庙种植的侧柏全部来自孔子祖地曲阜。

2.1.2 继承古代建筑风格

因为建筑物本身状况、新时代居民生活需要等各种各样的原因，古建筑并不能全部得以保留原貌，因此在继承古代建筑风格的基础上，对古代建筑进行翻修、扩建也是现今常见的古建筑改造保护方法。

翻修。随着时间的推移，古建筑不可避免的由盛而衰。除建筑材料的自然质变之外，建筑的某些功能布局也变得不合时宜。甚至建筑结构出现严重的紊乱，诸如：墙壁出现裂痕、梁柱歪斜、地基渗水、表面墙砖剥落等。年久失修的建筑物需要"翻新"才能再次使用。一般翻修改造需要达到三个目的：一是恢复原始建筑的所有优点；二是为建筑赢得额外空间，这里需要注意的是，"翻新"与"扩建"获得额外空间的方式不同，前者是改变原有空间布局提高利用率，后者通过修建新的建筑来获得更多使用空间；三是建筑内部的现代化。世界上巴黎小宫翻新工程是一项值得关注的古建筑翻新工程。

扩建。古建筑扩建时在旧建筑相邻、相接或附近处修建新的建筑物，与旧建筑构成整体，达到补充、改善、扩展功能的目的。这是当旧的建筑不能满足适应新的使用要求时，较常用的解决方案。古建筑扩建中的制约因素较多，需要解决风格、环境、功能、新旧取舍等问题。法国巴黎的卢浮宫入口扩建改造、英国伦敦的大英博物馆扩建改造都是世界闻名的成功古建筑扩建工程。

新旧对比。新旧对比的古建筑改造方法，目前在国外较为盛行，强调新旧对比的可识别性与协调性。例如上文提到的大英博物馆扩建的玻璃顶大中庭，与博物馆原有的古罗马式建筑，不论是材料还是建筑形式语言都形成鲜明对比，但在空间结构和功能方面又互相弥补、相互依存，其本质仍然是追求协调的。

这种改造方法本身是一条很好的改造思路，值得学习研究。只是在实际运用中，并不是所有对比强烈的建筑形式都是具有美感的，如何把握新与旧之间对比协调的关系，还需要投入更多的时间与精力去研究。相似的东西容易协调，相异的东西协调起来就会有难度，因此新旧对比是一种比较不容易的改造手法。我国是外源的现代化国家，本土的传统风格与外来的现代风格之间的相异性更难协调，在中国采用"新旧对比"的古建筑改造设计手法时，需要付出远超于欧洲国家的努力，进行更加细致认真的设计研究，才能保证设计作品既有新意又不那么突兀。

 补充阅读　意大利 Nembro 市的图书馆新旧对比建筑

位于意大利 Nembro 市的图书馆的扩建改造也是采用新旧对比的手法（图 2-3）。它原本是一栋始建于 1897 年的古老建筑，有着佛罗伦萨传统的白墙与红色屋顶，带着圆拱形的窗户。为了满足新增的设施需要，设计事务所为它新设计了一栋独立的侧楼，与老建筑形成四合露天院落。新建筑地上的四面墙与老建筑完全分离，然而这两个相对独立的空间又通过地下室的沟通整合为一个整体。这种安排在于强调较为陈旧和全新之间的建筑差异。

图 2-3 意大利 Nembro 图书馆

（1）估衣街改造工程

天津作为历史文化名城，有自己独特的城市风貌。但具体到旧城改造问题上，为了保护好这些历史街区、历史建筑，就应该采取有所为和有所不为的政策。其目的是使这些建筑能够继续存在，为子孙后代留下更多的历史文化遗迹，而不是将其一段段割裂开来，使我们的后代能够从中体味出历史和文化的连续性。如天津估衣街保护性改造方案的确定就是"扬弃"的实例。该方案本着既尊重历史又考虑现实，既加以保护又重视发展的原则，完全保留了估衣街原街道位置、空间尺度。市级文物谦祥益、瑞蚨祥、青云栈、山西会馆、瑞昌祥等具有代表性的建筑则恢复重建立面。同时对估衣街两侧没有保留价值的一般性建筑，通过改造形成相应风格，使该街旧貌换新颜，为天津的经济发展做出新的贡献。这种有所为和有所不为的办法，既延续了历史性街区的传统特色，又完善了现代化设施，是街道保护与城市改造相结合的范例。

（2）老城厢改造工程

旧城的更新与利用策略，一直是当今学术界不断探讨的课题。对天津城市而言，老城厢地区是天津建城的肇始之地，是津味传统文化集中体现的区域（图 2-4）。该区域的更新改造以大规模拆迁工程为起始，于 2003 年 6 月全面启动。半年时间，累计拆除各类房屋 69 万平方米，涉及居民 2.88 万户、7.88 万人口。整体地产建设于随后的 2004 年全面展开。这次改造工程涉及范围广、规模大、力度强、速度快、影响深刻。虽然有所争议，但从下面节选的《2004—2005 年老城厢地区详细规划》中，还是可以看到改造工程关注对古代建筑风格的继承。

《2004—2005 年老城厢地区详细规划》（节选）

……

二、规划构思

……

2. 老城厢作为历史文化名城的重点风貌保护区，是天津城的发源地和历史上军事、政治、文化和经济的中心，是天津最重要的历史遗迹和发展见证。规划重点是处理好改造利用与旧城保护的关系，对老城厢内的文物、具有传统文化特征的典型建筑进行调查，提出保护要求。

3. 老城厢整体建筑风格应体现传统风格与现代发展、地方特色与时代特征的融合。

4. 重点保护老城厢的传统十字街格局，鼓楼地区的建设应尽量延续老城厢传统风貌，建成体现历史民俗文化特色的旅游购物街区。

5. 沿东马路、南马路、西马路、北马路四条道路以公建为主，保持建筑的连续性，突出原有的城墙的轮廓。

6. 处在老城厢东南西北四个出入口位置的建筑应在风格上体现出老城"门"的韵味。

7. 老城厢地区建筑高度以鼓楼地区及十字街为最低，有规律地向外提升，四周较高、四角最高。沿东、南、西、北四条马路的建筑面宽较大，以象征性地重现昔日城墙的风采。

图 2-4
天津老城厢改造工程

三、规划布局
……
4. 风貌建筑规划
1) 街道格局：

老城厢的四至范围和街道格局保存完整，1901年天津旧城墙拆除后的城墙旧址被辟为东、南、西、北四条马路。城墙拆除近100年，但旧城的四至范围、街道格局、环境风貌和空间认知感觉仍保存完整。

2) 文物古迹：

老城厢的文物古迹和革命遗址保存众多，对规划片内文物保护建筑在利用时应予以保护和修缮，其中：

不可移动保护建筑：官立两等模范小学旧址（现中营小学）、广东会馆、问津书院旧址文庙、蓝万字会旧址为不可移动保护建筑，在规划中应严格控制；

卞家大院、杨家大院和徐家大院等典型四合院，在规划实施中要求保留，也可以集中易地恢复重建；天津基督教青年会（市少年宫）作为文保单位，采取迁移或异地重建方式予以保护；基督教仓门口教堂要求保留，也可以易地恢复重建；其他文物古迹如必须拆除，则可移址保留其字号或在原址挂牌建纪念性标志。

……

（3）局部的新旧对比

天津历史建筑的修缮与利用中尚未见整体建筑的新旧对比方式，但在建筑物局部的修缮、装饰中不乏新旧对比的做法。如，静园主楼门厅内的壁泉前方地面铺设1920年代马赛克地砖部分缺损，在21世纪的整修中无法找到材质、色泽完全相同的马赛克，于是在缺损处补入尺寸相同的当代马赛克地砖，在鲜明的新旧对比中引发人们对古建筑的深入观察和思考；位于重庆道的清庆王府在修缮改造中，虽然不能完全保留原建筑面貌，但在屋内墙壁、楼梯、顶棚、大梁等诸多部位小面积保留了原彩画墙面、对联等，并加框装饰，突出与周围新做仿旧墙面的对比，给游客和古建爱好者留下深刻印象。

2.1.3 移建古代建筑

在现代化的浪潮中，城市中那些孤立的古建筑，往往被周围新的环境所淹没。有时候为了城市修建环路，或者重大国家利益不得不将其拆除。城市建筑专家们提出，与其让它们自生自灭，不如将它们迁移重建，既保护了古建筑，又不阻碍城市的发展。

具体实施过程中，移建古代建筑有异地重建和平移两种方法。

异地重建。异地重建工程要求在古建筑拆除前，严格测绘建筑原貌记录在案，并且对古建筑的构件和材料进行编号，在拆除时把一砖、一木、一瓦都保留，最后另择适宜长期使用的地块，复原组装。使用异地重建古代建筑的方法，维持建筑原貌是至关重要的，它是对历史的传承，其次复建后妥善使用，让这些建筑焕发新的生命力，也是对古建筑一种最好的保护。

平移。移建还有一种保护思路也很实用，即将建筑物平移。平移建筑物是一项技术含量颇高的技术，它把建筑结构力学与岩土工程技术紧密结合起来，其基本原理与起重搬运中的重物水平移动相似，其主要的技术处理为：将建筑物在某一水平面切断，使其与基础分离变成一个可搬动的"重物"；在建筑物切断处设置托换梁，形成一个可移动托梁；在就位处设置新基础；在新旧基础间设置行走轨道梁；安装行走机构，施加外加动力将建筑物移动；就位后拆除行走机构进行上下结构连接，至此平移完成。

（1）北京庄王府异地重建天津李纯祠堂

目前的零散史料都可以证明天津的李纯祠堂是北京庄亲王府整体搬迁而来的。庄亲王府原址坐落在北京西直门外，最早是明朝大宦官刘瑾的旧宅，算起来也有三百年以上的历史，清军入关后便成为了庄亲王的府邸。在清朝的各个王府中，庄亲王府的规模最大。光绪二十六年秋（1900年8月），八国联军攻陷天津大沽口后，先后占领天津和北京。他们进北京后对庄亲王府进行了报复性破坏。实际上，王府的大半部分建筑被毁，只有后院等少部分建筑得以保存。在清末到民国的时代更替中，随着所辖土地和贵族特权的消失，王爷子孙也开始关心生计问题，落魄王爷家缺钱卖王府，正是在这种情形下，庄亲王的第十一代孙载功以20万现大洋的价格将府邸卖给了军阀李纯。当时的一种说法是：李纯买房是为了扒房刨地，想从地下挖出黄金，在扒房刨地之后，李纯就在庄亲王府的原址上修建了平安里、志兴里等民宅用于出租。人们以为庄亲王府已不复存在，实际上李纯买房"扒房刨地"是假，搬运梁柱砖瓦是真，他命人将保存完好的王府部分全部拆除，借冬天河水结冰，通过冰面运输，原样运抵天津，历时10年，最终在1923年重建而成。其建筑为砖木结构，青砖绿瓦，朱漆门窗，装饰多镏金彩绘，墙体磨砖对缝，影壁、石狮、石坊、华表、御河、拱桥、戏楼、月台建制整齐。因其建筑、布局与紫禁城相似，所以人称"小故宫"。为掩人耳目，称为"李纯祠堂"。

1958年，这里进行复原修建。1960年竣工后改为"南开人民文化宫"，由郭沫若题字。1981年再次整修，1982年被列入天津市文物保护单位。 南开文化宫在1982年和2000年两次大修时，专家对古建筑群（李纯祠堂）大殿发掘发现，大殿部分琉璃瓦有"雍正九年"、"内廷"、"王府"等字样，戏台上的蟠龙藻井系王府旧物，这些都证明了李纯祠堂并非普通民居，而是由北京庄王府部分建筑材料搬迁修建而成，这些史料和民间传说都佐证了其"津门庄王府"美誉的由来。

我国传统建筑一般以木材框架为结构主体，本身就有很好的重复利用价值，因此历史上一直有利用原有建筑构件建设新建筑的传统。加上随着历史发展，越大的木材越发难以得到，建设成本变高，采用原有大建筑的构件，不仅解决了材料问题，而且减轻了工作量。李纯祠堂的修建就是遵循了这一原则，将庄亲王府的部分建筑材料直接用于祠堂的修建中。迁建前的庄王府大部分被毁坏，成为废墟，利用有用之材进行异地再建，李纯祠堂对庄王府的迁建从某种程度上保护了庄王府。

（2）天津西站老站房平移工程

天津西站老站房虽然不是中式古代建筑，但它的平移开创了天津历史性建筑保护的又一先河，本书在此一并介绍。

天津西站老站房（候车楼）是一座砖木混合结构的3层建筑，建筑面积2058平方米，占地930平方米，总重量约5500吨，2009年10月进行平移施工。在进行楼体平移之前，施工人员先对二楼大厅等薄弱环节进行加固，对拱券部分进行封堵。经过地基托换、管线切割、新址地基施工、移动轨道、铺设滚动支座等几个步骤，天津西站候车楼顺利向南移动135米（图2-5）。

在向南平移的过程中，11条轨道下方是条形混凝土基础，其中跨地铁通道部分是筏板基础。在向南平移的过程中，施工人员用11个特制千斤顶从后向前顶，沿途穿过了电力、自来水、燃气、排水、通信等多条管线，还穿越了天津地铁1号线人行通道。

图2-5 天津西站老站房平移工程

天津西站候车楼成功向南平移135米后，又向东平移40米，之后再整体抬升2.5米，最终到达目的地。在向东平移的过程中，移动轨道变为8组。候车楼平移速度约每分钟0.23厘米，每天可向东移动5～6米。在平移过程中，施工人员利用行进标尺、移动显示指示针和终点限位装置对移动过程进行控制。待楼体整体移动175米后，整体抬升候车楼，并连接候车楼下部结构与地面基础，使这座百年候车楼得到有效保护。

建筑物平移对延续古建筑的生命有积极意义。建筑物整体迁移技术具有工程造价低、工期短、对人们的生活和工作影响小、能够减少建筑垃圾对环境的污染等优点。天津西站老站房在采取整体迁移、异地保护的改造工程后，将作为铁路博物馆永久保留下来，未来将收集并收藏百年铁路发展的相关实物、照片等珍贵历史资料，成为西站副中心的永久历史地标。

2.2 海纳百川　兼容并蓄

2.2.1 西方建筑历史沿革

（1）奴隶制社会的建筑

1）古代埃及建筑

古代埃及建筑历史可以分为古王国时期、中王国时期和新王国时期三个阶段，即约公元前 27 世纪—公元前 11 世纪，代表性建筑有多层金字塔、方锥形金字塔、石窟陵墓、太阳神庙等。哈夫拉金字塔前有著名的狮身人面像。

古代埃及工匠高超的石材加工制作技术创造出体量巨大，形体简洁的纪念性建筑，这是人类第一批巨大的纪念性建筑。它们雄伟、庄严、神秘，具有震撼人心的艺术效果。

2）古代西亚建筑

约在公元前 3500 年至公元前 4 世纪。包括早期的阿卡德—苏马连文化、以后依次建立的奴隶制国家古巴比伦王国、亚述帝国、新巴比伦王国和波斯帝国。

两河流域缺石少木，故从夯土墙开始，至土坯砖、烧砖的筑墙技术，并以沥青、陶钉石板贴面及琉璃砖保护墙面，使材料、结构、构造与造型有机结合，创造以土作为基本材料的结构体系和墙体饰面装饰方法。

在这个区域内，世俗建筑占着主导地位。虽然皇帝们也被神化，但宗教基本是原始拜物教，因此这里没有发展古埃及那种神秘、威压人的建筑形制和艺术风格，而是产生了多种世俗建筑形制和丰富多彩的装饰手法，并达到了很高的水平，对古代和中世纪的建筑文化作出了很大贡献。两河下游的高台建筑，叙利亚和波斯的宫殿，尤其是壮丽的新巴比伦城都是该区域的代表性建筑。

3）古希腊建筑

古希腊是欧洲文化的发源地，古希腊建筑是欧洲建筑的先河，范围包括巴尔干半岛南部、爱琴海诸岛屿、小亚细亚西海岸，以及东至黑海，西至西西里的广大地区。公元前 8 世纪～公元前 6 世纪，称为古风时期，是纪念性建筑形成期。公元前 5 世纪是古典时期，为纪念性建筑成熟期，古希腊本土建筑繁荣昌盛期。公元前 4 世纪—公元前 1 世纪是希腊化时期，希腊文化传播到西亚、北非，并同当地传统相结合。

古代希腊建筑较显著的特点是石梁柱结构体系及其神庙形制。早期是木构架结构，利用陶器进行保护，形成稳定的檐部形式。以后用石材代替柱子、檐部，从木构过渡到石梁柱结构。形制脱胎于贵族宫殿的正厅，以狭面为正面并形成三角形山墙，为保护墙面而形成了柱廊。庙宇布局形制有端墙列柱式、端柱式、围柱式等。古希腊庙宇除屋架外，全部用石材建造。柱子、额枋和檐部的艺术处理基本上决定了庙宇的外貌。希腊建筑在长期的推敲改进中主要集中在这些构件的形式、比例及其相互组合上，这套做法稳定后即形成不同的柱式。古代希腊建筑兴盛时期的两大柱式是多立克柱式和爱奥尼柱式。

多立克柱式起始于意大利、西西里一带，后在希腊各地庙宇所使用，柱子比例粗壮，高度约为底径的 4～6 倍。柱身有凹槽，槽背呈尖形，没有柱础。檐部高度约为整个柱式高度的 1/4，柱距约为底径的 1.2～1.5 倍。多立克柱式克服沉重、粗笨感，力求刚劲、质朴有力、和谐，具有男性性格。

爱奥尼柱式产生于小亚细亚地区，柱子比例修长，高度约为底径的 9～10 倍。柱身有凹槽，槽背呈带形。檐部高度约为整个柱式高度的 1/5，柱距约为底径的 2 倍。爱奥尼柱式风格秀美、华丽，开间宽阔，在使用中调整了柱头雕饰和柱身凹槽，具有女性的体态与性格。

晚期成熟的科林斯柱式，柱头由毛茛叶组成，宛如一个花篮，其柱身、柱础与整体比例与爱奥尼柱式相似。

4）古罗马建筑

古罗马建筑在公元 1～3 世纪为极盛时期，它直接继承并大大推进了古希腊建筑成就，开拓了新的建筑领域，丰富了建筑艺术手法，在建筑形制、技术和艺术方面的广泛成就达到了奴隶制时代建筑的最高峰。古罗马建筑用材除砖、木、石外，还使用了火山灰制的天然混凝土，并发明了相应的支模、混凝土浇灌及大理石饰面技术。

在结构方面发展了梁柱与拱券结构技术，利用穹隆（半球）、筒拱、交叉拱、十字拱和拱券平衡技术，创造出拱券覆盖的单一空间，单向纵深空间，序列式组合空间等。拱券结构是古罗马建筑最大成就之一，其建筑布局方式、空间组合、艺术形式都与拱券结构技术、复杂的拱顶体系密不可分。

古罗马建筑继承古希腊柱式并发展为五种柱式：塔司干柱式、罗马多立克柱式、罗马爱奥尼柱式、科林斯柱式、混合柱式。解决拱券结构同柱式的矛盾，创造了券柱式；解决柱式与多层建筑的矛盾，发展了叠柱式，创造水平立面划分构图形式；适应高大建筑体量构图，创造了巨柱式的垂直式构图形式；创造拱券与柱列的结合，将券脚立在柱式檐部上的连续券。解决柱式线脚与巨大建筑体积的矛盾，用一组线脚或复合线脚代替简单的线脚。

古罗马建筑的类型很多。有罗马万神庙、维纳斯和罗马庙，以及巴尔贝克太阳神庙等宗教建筑；也有皇宫、剧场、角斗场、浴场以及广场和巴西利卡（长方形会堂）等公共建筑。居住建筑有内庭式住宅、内庭式与围柱式院相结合的住宅，还有四、五层公寓式住宅等。

5）美洲古代建筑

在16世纪欧洲人闯进美洲之前，中美和南美的一些土著人民正处在从原始社会向奴隶社会过渡的时期。虽然人们的窝棚很简陋，但由于阶级的分化，规模巨大的宫殿和宗教建筑已经开始建造了。这些建筑使用了大量的巨石、有丰富的装饰，而施工工具却大都是石头的，只有少量的青铜工具。

美洲古代建筑包括玛雅人建筑、托尔特克人建筑、阿兹特克人建筑和印加人的建筑等。

（2）欧洲中世纪建筑

1）拜占庭建筑

公元330年罗马皇帝迁都于帝国东部的拜占庭，改名君士坦丁堡。公元395年罗马帝国分裂为东西两部分。东罗马帝国又称拜占庭帝国，也是东正教的中心。拜占庭帝国存在于公元330～1453年，其中公元4～6世纪为建筑繁荣期。拜占庭建筑发展了古罗马的穹顶结构和集中式形制，创造了穹顶支在四个或更多的独立柱上的结构方法和穹顶统率下的集中式形制建筑，以及彩色镶嵌和粉画装饰艺术。拜占庭建筑继承了古希腊和古罗马的遗产，同时也向其他国家和民族汲取经验，在相当短的时间内，就创造了卓越的建筑体系。

2）西欧中世纪建筑

早期基督教建筑。5～10世纪，西欧在战乱中逐渐形成了封建制度。早期教堂建筑继承了古罗马的巴西利卡形制。拉丁十字巴西利卡是在罗马巴西利卡的东端建半圆形圣坛，用半穹顶覆盖，其前为祭坛，坛前是歌坛。由于宗教仪式日渐复杂，在祭坛前增建一道横向空间，形成了十字形的平面，纵向比横向长得多，即为拉丁十字平面。其形式象征着基督受难，适合仪式需要，成为天主教堂的正统形制。其典型代表是罗马的圣保罗教堂。

罗马风建筑，又叫罗曼建筑。10～12世纪欧洲基督教地区的一种建筑风格，以教堂为代表。其造型承袭早期基督教建筑，平面仍为拉丁十字，西面有一、二座钟楼。为减轻建筑形体的封闭沉重感，除钟塔、采光塔、圣坛和小礼拜室等形成变化的体量轮廓外，采用古罗马建筑的一些传统做法如半圆拱、十字拱等，以及简化的柱式和装饰。其墙体巨大而厚实，墙面除露出扶壁外，在檐下、腰线用连续小券，门窗洞口用同心多层小圆券，窗口窄小，朴素的中厅与华丽的圣坛形成对比，中厅与侧廊有较大的空间变化，内部空间阴暗，有神秘气氛。

哥特式建筑。12～15世纪，罗马风建筑进一步发展，这就是以法国的主教堂为代表的哥特式建筑。这时的手工业行会进入鼎盛时期，教堂不再是纯粹的宗教建筑，它们成了城市公共生活的中心。专业建筑师的产生也有力地推进了建筑水平的提高。

哥特式建筑在结构上以框架式骨架券作拱顶承重构件，其余填充围护部分减薄，使拱顶减轻；独立的飞扶壁在中厅十字拱的起脚处抵住其侧推力，和骨架券共同组成框架式结构，侧廊拱顶高度降低，使中厅高侧窗加大；使用二圆心的尖拱、尖券，侧推力减小，使不同跨度拱可以一样高。建筑内部的中厅一般不宽但很长，两侧支柱的间距不大，形成自入口导向祭坛的强烈动势。中厅高度很高，两侧束柱柱头弱化消退，垂直线控制室内划分，尖尖的拱券在拱顶相交，如同自地下生长出来的挺拔枝干，形成很强的向上升腾的动势。两个动势体现对神的崇敬和对天国向往的暗示。建筑外部的扶壁、塔、墙面都是垂直向上的垂直划分，局部和细节的顶部为尖顶，整个外形充满着向天空的升腾感。在装饰方面，几乎没有墙面可做壁画或雕塑。祭坛是装饰重点，两柱间的大窗做成彩色玻璃，极富装饰效果。

其代表性建筑有法国的巴黎圣母院、德国的科隆大教堂等。

（3）中世纪的伊斯兰建筑

中古伊斯兰建筑包括7～13世纪的阿拉伯帝国的建筑、14世纪以后的奥斯曼帝国建筑和16～18世纪的波斯萨非王朝、印度、中亚等国家建筑。

伊斯兰建筑的代表建筑类型是清真寺、陵墓和宫殿。清真寺与住宅形制相似，普遍使用拱券结构，其式样富有装饰性。清真寺采用封闭式庭院，周围有柱廊，院落中有洗池，朝向麦加方向加宽做成礼拜殿。西亚的清真寺大都采用横向的巴西利卡形制。中亚一带引进了集中式形制。寺内建有数量不等的光塔，成为外部体量构图的重要因素。结构多使用多种拱券，采用大小穹顶覆盖主要空间。纪念性建筑的穹顶位于中央主体上，为求高耸，在其下加筑一个高高的鼓座，起统率整体的作用，为使内部空间完整，在里面鼓座之下另砌穹顶。

各地的代表性建筑有耶路撒冷的圣石庙、大马士革的大礼拜寺、西班牙的科尔多瓦大清真寺、印度的泰姬陵等。

（4）欧洲资本主义萌芽和绝对君权时期的建筑

西欧资本主义萌芽，14世纪从意大利开始，15世纪以后遍及大多数地区。15～16世纪意大利的文艺复兴建筑成就最高，文艺复兴运动到16世纪后半期渐衰，产生了巴洛克建筑。法国的宫廷文化也于此时形成，它与巴洛克建筑在互相影响中发展。英国这时进行了农业的资本主义化，农庄府邸领导了建筑潮流。法国于18世纪的资产阶级革命启蒙运动又开辟了文化和建筑的新时期，影响遍及全欧洲，直达20世纪。

1）意大利文艺复兴建筑和巴洛克建筑

文艺复兴建筑。以15世纪意大利文艺复兴为起点，广义的指到18世纪末近400年都为文艺复兴时期；狭义的指到17世纪初结束的文艺复兴，后来传至欧洲其他地区形成各自的文艺复兴建筑。

文艺复兴建筑最明显的特征是抛弃中世纪哥特式建筑风格，认为哥特式建筑是基督教神权统治的象征，转而采用古代希腊、罗马柱式构图要素。认为古典柱式构图体现和谐与理性，同人体美有相通之处，符合文艺复兴运动的人文主义观念。

文艺复兴时期建筑创作空前繁荣，世俗建筑类型增加，造型设计出现灵活多样的处理办法，有许多创新。梁柱系统与拱券技术混合应用，墙体砌筑技术多样，穹顶采用内外壳和肋骨建造，施工技术提高。城市广场恢复了古典的传统，克服了中世纪广场的封闭、狭隘，注意广场建筑群的完整性。晚期出现了手法主义，包括教条式地模仿过去大师的创造手法，为柱式制定繁琐而死板的规则；追求新颖尖巧，堆砌建筑装饰构件，致力于追求光影变化，不安定的体形和意外的起伏转折。

其代表性建筑有罗马的圣彼得大教堂，威尼斯的圣马可广场被誉为"欧洲最漂亮的客厅"。

巴洛克建筑。17世纪至18世纪在意大利文艺复兴建筑基础上发展起来的一种建筑和装饰风格，直至19～20世纪在欧洲各国都有它的影响。"巴洛克"一词的原意是奇异古怪，古典主义者用它来称呼这种被认为是离经叛道的建筑风格。

以天主教堂为代表的巴洛克建筑十分复杂。它形式上是文艺复兴的支流与变形，但其思想出发点与人文主义截然不同，它反映天主教的思想意识和奢侈的欲望，包含着矛盾的倾向，它敢于破旧立新，创造出不少富有生命力的新形式和新手法，被长期广泛地流传；但它又有非理性的、反常的、违反建筑艺术的一些基本法则，一些形式主义的倾向曾起着消极的作用。所以，对它的评价褒贬不一。

巴洛克建筑的风格特征是追求新奇，建筑处理手法打破古典形式，建筑外形自由，有时不顾结构逻辑，采用非理性组合以取得反常效果。追求建筑形体和空间的动态，常用穿插的曲面和椭圆形空间。喜好富丽的装饰，强烈的色彩，打破建筑与雕刻绘画的界限，使其相互渗透。

趋向自然，追求自由奔放的格调，表达世俗情趣，具有欢乐气氛。

其代表性建筑有罗马耶稣会教堂、圣彼得大教堂广场等。

2）法国古典主义建筑与洛可可风格

古典主义建筑。17世纪，法国的古典主义建筑成了欧洲建筑发展的又一个主流。古典主义建筑是法国绝对君权时期的宫廷建筑潮流。

认为客观世界是可以认识的，理性是方法论的唯一依据，不承认感觉经验的真实性；几何学和数学是适用于一切知识领域的理性方法。君主制与等级制是理性的体现。推崇古典柱式，排斥民族传统与地方特色。在建筑平面布局、立面造型中以古典柱式为构图基础，强调轴线对称。注意比例，讲求主从关系，突出中心与规则的几何形体。运用三段式构图手法，追求外形端庄与雄伟、完整统一和稳定感，而内部空间与装饰上常有巴洛克特征。创造了大型纪念性建筑的壮丽形象，其建筑理论有一定的进步意义；但也有局限性甚至也有过消极的影响。1671年，法国建立了欧洲最早的建筑学院培养建筑师，制定严格的规范，形成了欧洲建筑教学的体系。

其代表性建筑有卢浮宫东立面、凡尔赛宫、旺道姆广场等。

洛可可风格。是18世纪20年代产生于法国的一种建筑装饰风格。主要表现在室内装饰上，应用明快鲜艳的色彩，偏于繁琐，具有妖媚柔靡的贵族气味和浓厚的脂粉气装饰特点。细腻柔媚，常用不对称手法，喜用弧线和S形线，爱用自然物做装饰题材，有时流于矫揉造作。色彩喜用鲜艳的浅色调的嫩绿、粉红等，线脚多用金色，反映了法国路易十五时代贵族生活趣味。而本时期的法国广场特点由封闭性的单一空间变为较开敞的组合式广场。

（5）资产阶级革命至20世纪初的西方建筑

浪漫主义建筑。18世纪下半叶到19世纪下半叶，欧美一些国家在文学艺术的浪漫主义思潮影响下流行的一种建筑风格。强调个性，提倡自然主义，主张用中世纪的艺术风格与学院派的古典主义艺术相抗衡。这种思潮在建筑上表现为追求超尘脱俗的趣味和异国情调。其代表性建筑有英国国会大厦等。

古典复兴建筑。18世纪60年代到19世纪流行于欧美一些国家的建筑风格，人们受启蒙运动的思想影响，采用严谨的古希腊、古罗马形式的建筑。采用古典复兴建筑风格的主要是国会、法院、银行、交易所、博物馆、剧院等公共建筑和一些纪念性建筑。法国是古典复兴建筑活动的中心，建有万神庙、雄师凯旋门、马德兰教堂等古典建筑翻版。英国以复兴希腊建筑形式为主，典型实例为爱丁堡中学、伦敦的不列颠博物馆等。德国柏林的勃兰登堡门，以雅典卫城的山门为蓝本。美国国会大厦仿照巴黎万神庙，极力表现雄伟，强调纪念性，华盛顿的林肯纪念堂则为希腊建筑形式。

折中主义建筑。19世纪上半叶至20世纪初，在欧美一些国家流行的一种建筑风格。折中主义建筑师任意模仿历史上各种建筑风格，或自由组合各种建筑形式，他们不讲求固定的法式，只讲求比例均衡，注重纯形式美。出现了希腊、罗马、拜占庭、中世纪、文艺复兴和东方情调的建筑在许多城市中纷然杂陈的局面。其代表性建筑有巴黎歌剧院、圣心教堂等。

2.2.2 西方建筑艺术在天津历史建筑的体现

天津开埠以后，随着租借地的建立和洋务运动的兴起，带来了大量的西方文化，也包括西方建筑文化。一大批欧洲建筑师穿洋渡海相继来到天津，不同国家和地区的建造者，把他们的民族传统、风俗习惯、个人喜好等交织在一起，在天津租界大兴土木，建成了一大批具有西方建筑艺术特色的房屋，被称为天津的"小洋楼"。

天津"小洋楼"的西方建筑特色包括：

（1）体现不同时期的西方建筑艺术风格

1）新古典主义特征

天津近代西洋风的建筑装饰中，西式古典主义风格的延续及其变体占据了一定比例，尤其是在金融、教堂、商业类等公共建筑中更是如此。建筑多是以古希腊、古罗马及文艺复兴时期的建筑范式为摹本，将古典的外衣加在现代功能的建筑外面，其建筑形式格调清新、典雅，比例适度，体现着和谐、完美与崇高的特点。如汤玉麟住宅就是典型的意大利古典复兴建筑，在公建中则以汇丰银行天津分行为代表。

2）折中主义特征

近代天津的房主多种多样，从逊位的清朝皇亲国戚到落魄的军阀、官僚，乃至文人雅士，新兴的工商业家，真所谓三教九流样样俱全，这些人欣赏口味也雅俗悬殊，对建筑的使用要求也各不相同，建筑师自然要多方迁就，在设计上也就偏离了正统、典型的方法和形式。因此，形成于这一时期的天津历史风貌建筑往往在一个建筑中集中多种建筑风格，往好处说即所谓的折中主义，往坏处说便是不伦不类，形成了天津近代建筑奇异的风貌。

折中主义，也称为集仿主义，就是将各式古典建筑的部分、构件、装饰等依据设计者的爱好拼合组织在一起，天津租界区内大多数的历史风貌建筑属于此类，如孙殿英住宅在外观上罗列了巴洛克的柱子和花饰，意大利文艺复兴时期府邸常见的挑檐，简洁的金属栏杆等。众所周知的英国俱乐部，是一栋砖混结构的二层楼房，台基上立有十多根高大的爱奥尼式石柱，使整个建筑的立面显得比例协调而秀美。在大楼的内部，各厅内都设有希腊式的立柱和欧式古典吊灯，屋顶、走廊和护栏上也有精美的雕花，这种豪华的内部装修风格属于典型的巴洛克建筑风格。就其整体风格而言，属于文艺复兴后期集仿主义的代表作。

3) 现代主义特征

20世纪30年代后期，现代主义建筑以其简洁的形式、实用的功能得到普遍认可，如王占元旧宅、香港大楼、民园大楼、茂根大楼等，高层建筑如渤海大楼、利华大楼等。

(2) 异国地方传统建筑情趣

天津的租界区曾有九国之多，这就为西方各民族建筑的展示创造了条件。由于来自不同国度的设计师，带来不同地方特色风格的传统建筑，往往使人感受到异国情调。在天津"小洋楼"建筑中我们不乏见到英式的露明骨架、德式的扁拱及牛眼窗、西班牙式的粉墙筒瓦及铁活，以及日式的简朴灵活的木构架。天津"小洋楼"建筑中的异国地方传统建筑形式，大多数为民用居住建筑。

1) 仿英式建筑

该类建筑仿照英国民居风格建筑，为砖木结构的楼房，主要特点是具有陡峭的侧三角形屋顶，屋顶几乎无装饰；木板大门，斜网格窗户。五大道上的英式建筑是数量较多的一类。

如位于天河医院旁边的徐世章旧宅，修建于1922年，为三层砖木结构楼房。张作霖三姨太许氏故居，位于香港路，采用都铎式的双坡屋顶，在陡峭的屋顶下可以看到突出的木质梁，整体风格朴素、大方。

2) 西班牙式建筑

西班牙建筑通常以远高近低的层级方式排布，高低错落，符合人的空间尺度感。外立面设计着重突出整体的层次感和空间表情，通过空间层次的转变，打破传统立面的单一和呆板，其节奏、比例、尺度符合数学美。西班牙建筑采用的建筑材料一般都会给人斑驳的、手工的、比较旧的感觉，但却非常有视觉感和生态性，像陶瓦，泥土烧制、环保吸水，可以保持屋内温度。无论是在地形处理还是铁艺、门窗及外墙施工工艺方面，西班牙风格建筑能体现出手工打造的典型特征。位于大理道66号的和平宾馆（孙氏旧宅）可以反映出西班牙式建筑的一些特点（图2-6）。其屋顶以红瓦覆盖，黄墙水泥拉毛，屋顶有铁质风向标，给人以温和、古朴的感觉。

图2-6 原孙氏旧宅围墙

3）德式建筑

德式建筑的建筑平面布置不规整，没有内院，体形自由。底层采用砖石，楼层采用木构架，构件外露，安排得疏密有致，装饰效果很强。屋顶特别陡，里面有阁楼，开着老虎窗。以棕红、褚石为主的墙体配以白色相间的线条，构成方格立面，色彩鲜艳。

睦南道94号的李勉之故居，整体上可以看作是德式建筑。

 补充阅读 天津历史建筑局部体现西方艺术特征

西方建筑艺术特征体现在天津近代历史风貌建筑的主要部位处理上，如：

1. 建筑物的屋顶

既有源于欧洲中世纪拜占庭建筑的穹隆顶，又有源于欧洲中世纪哥特式教堂的屋顶；既有源于德意志古堡式的屋顶，也有源于法国的孟莎式屋顶；另外还有日本风格的四坡屋顶。所有这些屋顶为天津建筑增加了神韵。建筑屋顶是构成街道、广场以至城市面貌的轮廓线主体，因而它往往被各个城市作为展示本地区建筑风格与特征的象征之一。长期的历史积淀，各式各样的屋顶已为天津所特有。

2. 建筑物的墙面

近代的建筑物具有由各种古典柱式组成的柱廊，如科林斯式、爱奥尼式、塔司干式等，或设山花或为水平檐口；建筑立面一般为古典建筑的分段，如垂直方向的三段分割，水平方向的三段或五段分割；有各式各样的拱券窗，如平拱、半圆拱、二心尖拱、三心圆拱等。主要用于银行建筑和办公楼，如解放路上众多的银行和开滦矿务局办公楼等。有趣的是，在不同时期柱式被做了多种方式的简化、变形、隐喻，以及东、西方构件杂交。还有些墙面是仅仅凸起柱头与柱基，而柱身则和墙面平齐、融在一起。各种各样的细部处理，形成了丰富复杂的立面效果，取得了较为活跃的建筑效果，常用于娱乐、商业建筑，如劝业场大楼等。

3. 入口、大门

建筑细部有源于巴洛克风格的断山花，有各式植物花瓣枝叶装饰的墙面，有源于古罗马或古希腊的柱式的廊，有钟乳式下垂的券脚，有带有拱心石的窗和各式经简化、加工、变形的拱券。为了强调主入口部位，有许多近代建筑物在屋顶上设有塔楼，如劝业场、惠中饭店、回力球场、正兴德茶庄等。塔楼给人以识别性，同时可以丰富入口部位的立面造型。角楼虽低于塔楼，但对建筑立面处理的作用也是很有特点的，如西开教堂、戈登堂等。天津近代建筑中装饰纹样也有很明显的特点。出于商业和民俗的原因，许多建筑的内外都有纹样，如盐业银行及许多住宅中彩色玻璃花饰。在某些建筑的檐口、门头甚至墙身都有花纹，这种做法是市民趣味在天津建筑中的反映。

2.2.3 中西合璧——建筑艺术的创新

天津近代"小洋楼"建筑形成时期，西方各国的建筑师们，将各自不同的建筑文化、风格和理念，带入小洋楼的建设中。但由于建在中国土地上，而且有相当数量的建造者和居住者为华人，所以天津的历史风貌建筑中、西风格并存，即使在租界地带也绝非西洋风格建筑一统天下，中国式的传统建筑往往和西洋建筑并列。如开滦矿务局大楼位于现在的和平区泰安道，原英租界，其建筑具有希腊古典复兴特征。而大楼旁边的开滦矿务局老公事房，却是青砖筒瓦卷棚式屋顶的四合院建筑。

而单体建筑中的中西合璧更是大量存在，成为中国近代建筑的艺术创新，其特征体现为：

（1）建筑布局的中西合璧

建筑的平面布局采取何种方式，这是对建筑基本理念的理解与认同，空间是建筑核心内容，它可直接真实地反映建筑理念和风格。不同民族所处地域不同，文化背景、生存环境存在着差异，其对空间的需求与使用有着自身的特点。所以天津"小洋楼"建筑中，具有中西合璧式的建筑风格就不足为奇了。

中国传统民居四合院的开间形式最能代表中华民族的生存与时空观念。设计师依据传统四合院平面布局方式，结合西洋建筑风格，是天津建筑界人接受外来文化，并与传统文化碰撞的一种结果。例如位于重庆道55号原英租界的庆王府，外观为西式，但楼内房间按周边式设计，"明三暗五"对称排列，实际上为四合院的变形；而四面住房中间合围的是大厅，又借鉴了西式建筑特征。主楼外一、二楼有西式爱奥尼式列柱回廊，围栏一律用黄、绿、紫色琉璃装饰，门厅上方为采光罩棚，门厅、客厅、藻井及断间等，完全用中国传统的装饰手法，花园的布局，以及太湖石、凉亭基本都是中国传统园林设计手法。

又如，始建于1913年的通庆里，坐落在南开区古文化街北端东侧，建筑面积为2600平方米，为十个独立的院落串联成的中式里巷。这里的每座建筑在里巷的出入口处均建有过街楼，楼口上端镶有蝴蝶状的镂空木雕寓意"通达吉庆"。每个院落内均建有两座二层砖木结构青砖楼房，屋顶为坡状，建筑首层和二层均设有开敞式外廊。建筑融合了中国传统建筑元素中的里巷式布局和西洋建筑中的单体建筑结构，是一座具有中西合璧建筑风格的大型民居式住宅。

(2) 建筑装饰的中西合璧

在天津"小洋楼"建筑中，由于多数是西式建筑风格，其装饰题材必然以西式为主，但是在不影响建筑主体风格的前提下，一些局部构件的装饰上保留了多种多样的中国古建筑装饰题材，出现了龙、凤、蝙蝠和麒麟等动物造型，还有松、竹、梅、兰、菊等植物雕刻，以及福、禄、寿、喜和祥云等吉祥物。它们大多富有浓厚的哲理、伦理色彩，还有利用汉语的语言文化，运用谐音、假借等形声手法（如"鱼"和"余"、"鲤"和"利"、"金鱼"和"金玉"等）。

(3) 建筑技术的中西合璧

近代建筑的砌砖工程，全部是手工操作，天津建筑工人以谙熟的砌砖技巧赢得了砌砖质量高超的声誉。许多工程以砌砖工整、券形准确、灰缝均匀美观而著称。不仅如此，他们还将中国的传统建筑技术应用于西洋建筑之中，如门窗和檐头采用砌砖来代替做灰线，有的建筑又以青砖砌墙红砖做券口，形成色彩上的对比，还有的在券面搪头上运用天津的刻砖技巧等，使得西洋建筑技术与形式在这里发生某些新的变化，带有一定的地方色彩。

如大清邮政津局，坐落于原天津法租界的主要街道大法国路和圣路易路交口处（今和平区解放北路和营口道交口的解放北路103—111号）。大楼外立面采用清一色的中国青砖砌筑并配有精美砖雕和拱形门窗，立柱采用罗马券柱式设计，扁券门窗加壁柱的连续使用使整个建筑具有较强的韵律感。窗间墙采用精细的青砖雕饰，以中国传统的砖雕技术雕刻西洋的古典花饰如毛茛草叶、甘菊花、珠饰等。在建筑南端拐角处设有一座八角楼，是整个建筑的点睛之笔，是欧洲古典主义建筑风格和中国传统砖雕工艺相结合的仿罗马式建筑物。

2.3　强制保护　合理利用

2.3.1　天津历史风貌建筑的保护

天津市政府于2005年至2013年分6批确认了天津市历史风貌建筑877幢、126万平方米。其中全国文物保护单位22处（82幢）、天津市文物保护单位142处（162幢）、区县文物保护单位及不可移动文物点379处（455幢），已完成修缮510幢、84万平方米。2006年3月，国务院批准天津市城市总体规划，明确了14片历史文化风貌保护区，其中有6片被确认为历史风貌建筑区，即一宫花园、中心花园、五大道、解放北路、劝业场、古文化街历史风貌建筑区，共计125万平方米。

(1) 天津市历史风貌建筑保护条例

天津作为国家第二批历史文化名城，是近代我国北方最早最大的沿海开放城市，拥有一大批珍贵的历史风貌建筑。天津市委、市政府一贯高度重视对这些历史风貌建筑的保护，2005年9月1日，天津市人大正式颁布了《天津市历史风貌建筑保护条例》（以下简称《条例》），使保护工作走上了法制化、规范化的轨道。《条例》包括总则、确定、保护和利用、管理、法律责任和附则等六章，以下简介一些受到社会各界热议的内容。

概念与范围。《条例》根据天津的实际，首先明确规定了历史风貌建筑的概念，即指建成五十年以上，具有历史、文化、科学、艺术、人文价值，反映时代特色和地域特色的建筑。其次明确列入保护范围的历史风貌建筑标准是：1）建筑样式、结构、材料、施工工艺和工程技术具有建筑艺术特色和科学价值；2）反映本市历史文化和民俗传统，具有时代特色和地域特色；3）具有异国建筑风格特点；4）著名建筑师的代表作品；5）在革命发展史上具有特殊纪念意义；6）在产业发展史上具有代表性的作坊、商铺、厂房和仓库等；7）名人故居；8）具有其他特殊历史意义的建筑。对上述符合规定但已灭失的建筑，按原貌恢复重建的，也可以确定为历史风貌建筑。人民群众可以依据历史风貌建筑的这些标准，推荐需要保护的历史风貌建筑，也使历史风貌建筑保护范围更加清晰明确。

确定。《条例》规定了在社会推荐基础上，实行专家评审、政府确定的制度。建筑的所有人、经营管理人和使用人，以及其他单位和个人，都可以向主管部门推荐历史风貌建筑。主管部门根据社会推荐和历史资料，提出历史风貌建筑的建议名单和建议保护等级，向社会公开征求意见，然后提请专家咨询委员会评审。天津市历史风貌建筑保护专家咨询委员会成员由天津、北京、上海、香港等地的著名规划、建筑、文物、历史、经济社会、法律等方面的专家学者组成，既有两院院士，也有资深建筑师、规划师、艺术家、社会学家、法律专家。历史风貌建筑的建议名单和建议保护等级经专家委员会评审后，由市人民政府确定，向社会公布。

保护。《条例》对历史风貌建筑划分为特殊、重点和一般三个保护等级。特殊保护的，不得改变建筑的外部造型、饰面材料和色彩，不得改变内部的主体结构、平面布局和重要装饰。重点保护的，不得改变建筑的外部造型、饰面材料和色彩，不得改变内部的重点结构和重要装饰。一般保护的，不得改变建筑的外部造型、色彩和重要饰面材料。每幢历史风貌建筑的保护要求，通过保护图则加以明确规范。

腾迁。许多历史风貌建筑原是私人宅第，但现状是多户居民共同居住使用，有的甚至三四十户共同居住一幢住宅小楼，远远超过了建筑当初设计的承载力。这不仅严重破坏了建筑的历史风貌，而且存在严重的安全隐患。实现对历史风貌建筑的有效保护，必须妥善解决这些居民的腾迁安置。《条例》本着以人为本、立法为民的宗旨,对执行政府租金标准的历史风貌建筑腾迁,从四个方面作出规定:一是腾迁必须符合历史风貌建筑的保护规划,并提出妥善安置方案。二是实施腾迁必须事先经过许可,由主管部门对安置方案进行严格审查。三是安置方式包括货币安置和异地房屋安置两种,由被腾迁人任选一种。四是对货币安置的,安置补偿费标准应当高于被腾迁房屋的市场评估价格;对异地房屋安置的,安置标准应当高于原居住水平。

历史风貌建筑区。天津不仅有大量单体历史风貌建筑,还有许多集中成片、街区景观比较完整协调的历史风貌建筑群。为了保护这些成片的历史风貌建筑,《条例》规定了历史风貌建筑区保护制度。在历史风貌建筑区内新建建筑时,应当在高度、造型、材料、色调等方面与该地区的风貌相协调。在历史风貌建筑区内与原有历史风貌不协调的,或者影响、破坏历史风貌建筑区景观的,要按照保护规划逐步拆除。在这些地区内不得新建生产型企业,现有生产型企业也要按照保护规划逐步迁移。《条例》还规定,历史风貌建筑区的周边地区为建设控制区。在控制区范围内,新建、扩建、改建建筑物或者构筑物的,其高度、体量、用途、色调、建筑风格应当与历史风貌建筑区相协调,保持景观和谐。

补充阅读 关于历史建筑保护的国际、国内法规概述

20 世纪 30 年代起,世界各国及各类国际组织开始立法保护历史建筑,《雅典宪章》《威尼斯宪章》《世界遗产公约》《关于原真性的奈良文件》等一批国际法规都对历史建筑保护做出了很好的规范。在中国,1982 年颁布的《文物保护法》、2008 年颁布的《历史文化名城名镇名村保护条例》、国际古迹遗址理事会在古城西安通过的《西安宣言——关于古建筑、古遗址和历史区域周边环境的保护》等法规、条例、宣言,都为历史建筑的保护规定了适当的理念、方法和措施,而天津、上海、苏州、杭州、四川等省市更颁布了适用于本地区历史建筑、历史街区或历史城市保护和利用的条例。

(2)夯实保护基础,建立健全三大保护体系

天津市建立起了以《条例》为核心的历史风貌建筑三大保护体系。一是依法行政,建立健全了保护法规政策体系。在《条例》出台后,依据其规定,经过深入调查研究,制定了《天津市历史风貌建筑和历史风貌建筑区确定程序》、《天津市历史风貌建筑使用管理办法》、《天津市历史风貌建筑保护腾迁管理办法》等一系列规范性文件。二是明

确责任，建立了完整的保护管理体系。成立了由市长任主任，主管副市长任副主任，各相关委局、区政府主要领导为成员的天津市历史风貌建筑保护委员会，作为保护工作的领导机构。在天津市国土房管局设立了管理机构——天津市保护风貌建筑办公室，主要负责历史风貌建筑的保护利用、腾迁整理、综合整修、装饰装修和改变用途的行政管理；为进一步加强历史风貌建筑保护工作，推动与局内外相关部门和单位之间的沟通、协调，天津市国土房管局于2012年4月成立了历史风貌建筑保护处，负责保护工作的相关政策制定及管理工作。建立了咨询机构——天津市历史风貌建筑保护专家咨询委员会，其成员由全国范围（包括香港特别行政区）内的规划、建筑、文史、社会、经济、法律等方面专家学者组成，为保护工作的各种决策提供了强大的智力支持。2005年10月，成立了整理机构——天津市历史风貌建筑整理有限责任公司，专门负责历史风貌建筑腾迁、整理，起到了良好的保护效果。三是依靠科技，构建了保护技术体系。建立了历史风貌建筑地理信息系统，为各项管理工作提供了操作平台；编制了《天津市历史风貌建筑保护图则》，为每幢历史风貌建筑"量身定做"了保护整修、使用的技术指南；编制了《天津市历史风貌建筑保护修缮技术规程》，为历史风貌建筑保护提供了技术依据，填补了天津市技术领域的空白。

（3）依法履行职责，加强历史风貌建筑保护监管

一是严厉查处各类历史风貌建筑违法案件。从市局到各区县局成立了专门的执法队伍，落实执法职责；建立起执法档案，为每幢历史风貌建筑拍摄了各角度共计一万五千多张照片，作为历史风貌建筑执法的原始依据。组织各区县房管局严格开展历史风貌建筑日常巡查工作，确保全市历史风貌建筑每月巡查一次，重点地区、繁华地段每月巡查两次，做到巡查率100%，发现擅自拆改、违规装修等各类历史风貌建筑违法行为，坚决查处。二是逐户签订《历史风貌建筑保护责任书》。先后于2007年、2009年、2013年三次对全市历史风貌建筑产权人、经营管理人、使用人进行走访，逐户签订《历史风貌建筑保护责任书》，明确了各方面的权利和义务，强化各个责任人的保护意识，有效遏制了各类历史风貌建筑违法行为的发生。三是认真做好历史风貌建筑行政审批工作。近年来共办理历史风貌建筑修缮和装饰装修设计、施工方案审定227件，均做到了事前审批、事中监管、事后检验；同时，下达历史风貌建筑保护腾迁计划19批，核发腾迁许可证33件，启动了82幢、7.7万平方米历史风貌建筑的腾迁工作。四是建立历史风貌建筑保护精细化管理模式。为从源头上最大限度地预防各类损害建筑主体的行为，从2011年起，在《天津市历史风貌建筑保护图则》的基础上，逐幢编制细化到建筑重点保护部位的历史风貌建筑修缮、

使用要求,并以签订《历史风貌建筑修缮、使用保护要求告知书》的形式告知相关历史风貌建筑产权人、经营管理人和使用人,为今后的历史风貌建筑巡查执法、行政审批等工作提供更为科学的依据。五是逐步建立起了"政府主导、专家咨询、公众参与"的天津模式。重大项目开工前、进行中,均召开专家评审会,并邀请公众代表参加,充分听取各方面的意见,确保设计、实施方案的科学合理;项目完成后,由管理部门、有关专家、公众代表三方共同进行验收。2012 年 6 月,天津市国土房管局还聘任了首批历史风貌建筑社会监督员,并召开了社会监督员座谈会,建立起历史风貌建筑社会监督机制。六是建立各相关管理部门协作共管的保护模式。规划部门侧重历史文化名城、名镇、名村的保护,国土房管部门主管历史风貌建筑的保护,文物部门负责文物保护单位的保护。具体操作中,规划部门在划定历史街区的时候须征求国土房管、文物部门的意见;国土房管部门将拟确认历史风貌建筑报批市政府前须经过规划部门的复核;对于具有历史风貌建筑和文物保护单位双重身份的建筑,由国土房管、文物部门对其修缮设计方案共同进行审批。

(4)精心组织安排,有序开展综合整修与安全查勘

近年来天津历史风貌建筑整修和安全查勘主要有以下四个方面的内容:一是历史街区环境综合治理。1999~2008 年,对五大道历史街区持续开展了长达十年的综合治理工作,整体改善了街区环境,恢复了昔日历史风貌,极大地提高了该区的文化、经济价值,得到了国内外各界人士和广大人民群众的赞誉。在此基础上组织开展了一宫花园、解放北路等历史街区的综合治理工作,整体提升了城市文化品位。二是历史风貌建筑外檐整修。整修工作逐步由环境治理向恢复建筑外檐原貌方向发展。依据多方查找的珍贵历史图纸与历史照片,逐步对 225 幢、51.61 万平方米历史风貌建筑实施了外檐整修,其中原大清邮政津局、静园、原金城银行、原东方汇理银行、原俄国领事馆、孙传芳旧宅等一大批在天津近代史上具有重要地位的著名历史风貌建筑,进行了复原整修,重点恢复和复建了被损毁的塔楼、角亭、女儿墙等关键部位。整修后的历史风貌建筑成为城市景观的亮点,凸显了城市风貌特色。三是历史风貌建筑结构加固维修。长期以来,历史风貌建筑存在的各种结构安全问题凸显,已非单纯的外檐整修工作所能解决,因此对建筑内部结构的修缮将逐步成为天津市历史风貌建筑整修工作的重点。2009 年对未经加固整修的 510 幢、84 万平方米历史风貌建筑的基础、墙体、楼板、屋顶等部位,进行了全面、细致的安全查勘,为建筑评定了完损等级,初步建立起全市历史风貌建筑的安全档案。在此基础上,推动了新一轮的严重损坏历史风貌建筑维修工作,使历史风貌建筑整修实现"由表及里、层层深入",确保建筑的

安全使用。截至目前，已有平津战役前线司令部旧址、原东莱银行等91幢、16.6万平方米历史风貌建筑完成加固修缮。四是进行历史风貌建筑消防安全查勘。为杜绝历史风貌建筑的消防安全隐患，2012年3月到6月，天津市国土房管局和公安消防局联合对656幢历史风貌建筑，进行了全面深入的消防安全查勘。查勘中，向各相关保护责任人发送了1500份《历史风貌建筑消防安全告知书》，强化了承租人和使用人的消防安全责任意识。根据查勘结果，与公安消防局编制了独具天津特色的《历史保护建筑防火技术措施（讨论稿）》。

（5）合理有效利用，展示城市历史文化底蕴

自2005年10月以来，依据《条例》，按照"政府引导，市场运作"的方式，陆续对82幢、7.7万平方米的历史风貌建筑进行整理。整理共分保护腾迁、整修建筑、挖掘历史、合理利用等四个环节。目前已完成了溥仪旧居——静园、五大道民园西里、庆王府以及一宫花园等建筑和地区的整理工作。几年来，全市共有115幢历史风貌建筑得到有效保护和利用，成为天津市新的旅游亮点和人文地标。

（6）加强宣传交流和多方参与，营造浓厚的保护氛围

一是充分发挥主流媒体的宣传作用。《条例》颁布实施以来，累计在各大主流媒体刊发各类报道1200多篇条。其中，中央电视台《新闻联播》栏目先后于2006年和2009年两次对天津市历史风貌建筑保护工作成果予以报道。二是加强与国内外同行之间的业务交流学习，不断拓宽国内外合作渠道。于2007年11月和2010年9月两次举办了"历史建筑遗产保护与可持续发展国际会议"，其中，国家文物局单霁翔局长出席第二届会议并作重要讲话。2012年7月7日，天津市国土房管局又和中国文物学会、天津大学共同主办了"首届20世纪中国建筑文化遗产保护研讨会"。三是面向大众普及历史风貌建筑知识。自2007年起，陆续编辑出版了《天津历史风貌建筑总览》、《天津历史风貌建筑》等系列丛书，深入介绍天津市著名历史风貌建筑的人文背景及建筑知识。2009年起在《今晚报》副刊连载刊登天津历史风貌建筑集萃，在《环球游报》（杂志）上连载历史风貌建筑及历史人物和历史事迹。同时大力开展保护工作进校园、进社区的活动。2006年8月，天津市保护专家咨询委员会专家和耀华中学学生代表共同为天津市第一块历史风貌建筑保护标志牌揭幕；2010年开始，国土房管局领导深入中小学校园，作了丰富多彩的历史风貌建筑保护知识讲座；2011年5月，国家文物局单霁翔局长在天津市作了历史文化遗产保护的知识讲座。

（7）运用先进理念和技术，妥善保护历史文化遗产

一是引进学习国内外先进的保护利用理念和技术。通过国际合作、国外考察、国际交流等多种形式，引进意大利、法国、英国、美国等国

家和北京、上海、青岛、香港等城市和地区的保护经验和技术。二是挖掘天津传统建筑技术和工艺。组织人员进行资料搜集和调查研究，在大量总结经验的基础上完成了《天津市历史风貌建筑修缮工艺技术手册》初稿的编写工作；同时开始拍摄历史风貌建筑传统施工技术资料片，用于从业技术人员的教育和培训。三是针对保护难题进行科研攻关。在消防与历史建筑保护、结构防震体系与历史建筑保护、历史建筑的风格研究、历史建筑中人文历史史料的挖掘等方面开展了一系列、共计17项课题研究。其中，科技部和住房和城乡建设部重点课题2项，天津市科委重点课题5项，并有3项成果获得天津市科技进步奖。

2.3.2 天津历史风貌建筑的保护利用

许多历史学家与建筑学家认为，对历史风貌建筑的修整与利用，不仅是对文化遗产的拯救，更是对子孙后代的贡献。为此，既要提倡利用历史风貌建筑积极发展旅游业，在发展中提高城市品位，又要强调在资源开发中坚持保护与利用并重，实现"生态、经济、社会"系统整体的良性互动和可持续发展。

在对历史风貌建筑强制、科学保护的基础上，根据不同建筑的自身特点，与城市建设相结合，可以采取以下具体保护利用模式：

整体腾迁整理模式。对人文资源丰厚、建筑特征明显、配套设施齐全、具有较高旅游价值的单体建筑或历史建筑集中的区域，进行整体腾迁整理，适当整修环境，对有碍观瞻的非历史风貌建筑进行拆除或整形，并制定相应的保护性利用导则，形成景点、文博馆等。

改造后再利用的修复利用模式。历史建筑改造后既保持原有外貌特征和主要结构，内部改造后又赋予其新的功能，不仅增加了这些建筑本身生存的活力，而且还可以获得一定的效益。改造再利用的模式可以减少大量的建筑垃圾及其对城市环境的污染，同时减轻对城市交通、能源（用水和耗电等）的压力，符合可持续发展的时代潮流。

"捆绑"修复利用模式。"捆绑"修复利用模式是将历史风貌建筑保护工程和旧城改造、房地产开发、市场开发和路桥建设"捆绑"在一起，提炼、包装成招商引资项目，对外推介。

天津市按照"保护优先、合理利用、修旧如故、安全适用"的原则，先后建立了历史风貌建筑法规、管理、技术三大体系，对五大道、一宫花园、解放北路、中心花园等历史风貌建筑区进行了大规模的综合治理，同时整修了200余幢历史风貌建筑，并使静园、民园西里、庆王府、曹禺故居纪念馆、梁启超旧居、电力博物馆等90幢历史风貌建筑得到有效保护和利用，成为全市新的旅游亮点和人文地标。在历年的保护实践中，逐步探索出一条"政府主导、专家咨询、公众参与"的天津保护模式。

（1）静园整体腾迁，建 AAA 级景点

末代皇帝溥仪的旧居——静园，在溥仪离津之后几番易主，历经变迁，至 21 世纪初，静园已住有居民 45 户，院内、楼内搭建违章建筑 600 余平方米，成了名副其实的大杂院，空间状况十分拥挤，存在严重的自然损坏和人为损坏现象。

2005 年 10 月，天津市历史风貌建筑整理有限责任公司对静园进行整体腾迁、整理。2007 年 7 月，整理后的静园作为国家 AAA 级景点对公众开放，成为集中国旅游品牌魅力景区、天津市爱国主义教育基地、天津市科普教育基地、"近代中国看天津"精品文化旅游景点和商务展示为一体的特色历史风貌建筑。

为了最大程度地挖掘、保护、利用静园的历史人文价值，静园复原和仿制了部分室内家具及生活用品，并与吉林省社会科学院开展了课题研究工作，对上千幅历史图片和 120 万字的文史资料进行分析整理，完成了"末代皇帝溥仪在天津"展览资料的编撰工作，建成了爱新觉罗·溥仪展览馆。

静园还专门设立了整修展览馆，以新旧对比的形式，结合部分实物资料的展示，全面翔实地记录了静园整理前后的状况、整理理念和整理内容，既有对历史的回顾，也有对功能的定位和现代科技的应用，完整地诠释了"修旧如故，安全适用"的整理原则，其整理的经验将对天津市历史风貌建筑的保护利用产生深远的影响。

（2）民园西里的改造后再利用

民园西里始建于 1939 年，位于天津五大道原英租界高档住宅区，为二层砖木结构，局部三层，分为 17 个门，各门自成院落又连成一体，为当时天津知名房地产商济安公司所建，主要面向社会中层及部分高级职员、知识分子租赁使用。时过境迁，五大道那些高级公寓里面的老住户们搬的搬，走的走，但民园西里的很多居民还是保留了下来，这片老宅依然是中产阶级的聚集区，许多当时银行的职员都居住于此。

由于年久失修、过度使用，加之 20 世纪 70 年代地震的破坏，民园西里的建筑结构存在安全隐患，原有配套设施不能满足居民基本生活需求，整修、改造势在必行。对民园西里的整修工作严格遵守《天津市历史风貌建筑保护图则》的有关规定，并结合房屋技术鉴定、现场查勘以及专家论证意见等，在整修过程中保留了外檐琉缸砖、内外檐门窗式样、多坡屋顶、内檐灰线式样、条形地板、趋脚板式样以及木楼梯等历史风貌特征（图 2-7）。

2009 年 5 月，经过精心改造修复的民园西里，作为五大道上的文化创意产业街区正式对社会开放。纽约 Storefront 建筑艺术画廊、POP UP 立体画廊、蕙垅沉香艺术博物馆、51 精品酒店、31cups 咖啡馆、

Cave d'Emma 红酒雪茄吧、LOMO 相机展示体验馆、《环球游报》等商家相继落成。从"我对天津有信心"系列公益活动、"Storefront 建筑艺术画廊海报回顾展"和"Patrice Butler 三地艺术家联展",到"爱上这座城"图片展和"走近沉香"——沉香艺术鉴赏展,数以万计的中外游客走进老街区、老房子,以触手可及的方式,亲身体验着五大道地区文化脉络传承、发展的勃勃生机。

图 2-7
民园西里改造前后对比

在历史文化遗产保护被空前重视的今天,如何处理好城市发展与建筑遗产保护、历史文脉传承的关系,逐渐成为人们热议的话题。如果开发过度,历史街区变成了商业街,居民全部搬走,随之也带走了生活气息,自然文化气息也荡然无存,失去了老街巷的魂。民园西里的改造和利用,不但整修了破败的房屋,重现了小洋楼的风貌,还保持了旧有的生活气息,一本喜爱的书,一杯醇香的咖啡,一缕午后的阳光,一段舒心的音乐,停下匆匆脚步,坐在五大道远离喧嚣的老公寓二层,可以尽情回味这座城市文化的脉络和历史的变迁。改造后的民园西里提升了街区的文化价值,探索了历史街区保护利用的新模式，成为"近代中国看天津"旅游的新亮点，其保护理念和实践经验对天津历史风貌建筑的保护与合理利用具有较高的参考价值。

（3）庆王府的保护利用

2011年10月，庆王府修竣运营，在五大道保护利用试验区项目上取得阶段性成果。整修后的庆王府，很好地恢复了历史原貌，充分体现出设计高水平、整修高标准、文化高品位、服务高端化，得到了市委、市政府和国家文物局的高度肯定，累计接待消费和旅游人数突破5万人次，成为天津市历史风貌建筑保护利用新亮点和高端服务业新坐标，取得了良好的经济效益和社会效益。2012年5月，山益里联排住宅整修后作为精品酒店，恢复了居住功能，展示了当时中产阶级的居住状况。

（4）意大利风情区的整修

整修后的意大利风情区酒吧餐饮区，成为市民休闲娱乐和品读城市历史的重要街区。利用历史风貌建筑设置的梁启超纪念馆、曹禺故居纪念馆、电力博物馆等文化设施，吸引了大量海内外慕名而来的游客。一宫花园地区历史风貌建筑保护项目获得了2011年住房和城乡建设部"中国人居环境范例奖"。

2.3.3　天津历史建筑拾遗

历史建筑见证了城市的变迁、社会的发展，具有文化意义，也承载人们的情感寄托。古往今来，虽然有社会各界有识之士的着力保护，仍不免存在建筑物被毁的现象。本书在此对被损毁的天津历史建筑略拾一二，作一些回顾。

（1）水西庄

水西庄乃是清代盐商查日乾、查为仁父子建造的一处别墅，始建于雍正元年（1723年），位于天津城西5里，占地大约百亩，以在南运河之西，因而名字中冠以"水西"二字。

水西庄在清初以"景幽"、"文盛"、"人名"而称于世，蜚声南北。该园当时水木清丽，风景幽雅，有枕溪廊、数帆台、藕香榭、揽翠轩、花影庵、泊月舫、碧海浮螺亭等胜迹，是文人雅士吟诗酬唱的佳境。清人袁枚《随园诗话》中，将天津水西庄、扬州小玲珑山馆、杭州小山堂并称为清代三大私家园林。乾隆皇帝曾先后四次下榻于水西庄，并赐名"芥园"。道光后该园逐渐衰败，庚子之后被战火所毁，昔日楼台亭榭已荡然无存。

1930年代，天津文化界名人曾发起组织"水西庄遗址保管委员会"，意在呼吁重建，但由于时局不靖，没有结果。而今，水西庄遗物只有建设路天津自来水公司门前的一对石狮子了。

补充阅读　水西庄与大观园的渊源

1. 大观园原型应具备的条件，水西庄全都具备

《红楼梦》的大观园应该有一所或几所清初园林作为原型，经过艺术加工而成。这个原型应该具备四个特点：一是规模宏大，"三里半大"的范围；二是以水面取胜；三是要与皇帝皇后巡幸等活动有关联；四是这座园林还必须有使曹雪芹熟悉和体验的机会。大观园之谜，前人曾提出南京"随园"说、北京"恭王府"说和"圆明园"说，著名红学家周汝昌先生1986年撰文提出"藕香名榭在津门"的课题。经过多年研究，发现大观园原型应具备的条件，水西庄全都具备（图2-8）。而且据记载，曹家当时与查家都曾显赫一时且交往甚密，雍正五年(1727年)曹家被抄，家人将曹雪芹托付给水西庄的查家，因而拥有繁华胜境的水西庄给曹雪芹留下了深刻的印象。

2. 大观园和水西庄都有一个藕香榭

水西庄中有一胜景"藕香榭"，而大观园中恰好也有一"藕香榭"。在水西庄中，"藕香榭"占有重要地位，它四面环水，景色幽静，菱藕香深。与藕香榭联系紧密的，是另一胜景枕溪廊。枕溪廊建于水面之上，曲曲折折，通往藕香榭，是一个很有特色的景点。《红楼梦》第38回，写众少女组织菊花诗社，地点选在藕香榭。又引出贾母的一段美好回忆，少女时代娘家也有相似的一个池榭，叫"枕霞阁"，于是史湘云取号"枕霞旧友"。因此，大观园里的"藕香榭"，极可能源自水西庄"藕香榭"；而贾母念念

图2-8
画作《水西庄》（天津著名书画家爱新觉罗·毓半云、张运河等作）

不忘的"枕霞阁"，恰是水西庄中"枕溪廊"之谐音，"枕溪"稍一拉长声即成"枕霞"，至于"阁"和"廊"，不过是不同结构的建筑。

另一个重要旁证就是"红菱"。据《天津府志》记载，红菱原产江南，引种到水西庄，成为独特的美味特产。《红楼梦》第37回贾宝玉以送礼物为由，向史湘云传递"海棠诗社"消息，袭人揭开小摄丝盒子，装的是"红菱"和"鸡头"，又说"这是今年咱们园子里新结的果子"。大观园里出现水西庄中独有的红菱，这该不会是无意的巧合。

此外，水西庄有"秋白斋"，大观园有"秋爽斋"（白与爽是同义词）；水西庄有"揽翠轩"，大观园有"拢翠庵"（拢和揽是同义词）；水西庄还有一处"农田"景点"一犁春雨"，而元妃省亲时给大观园题匾额，头一个就是"梨花春雨"，从字面上和含义上也是很相似的。大观园中有个"逗蜂轩"，而水西庄恰好有一景点"来蝶亭"，"逗蜂"与"来蝶"互相对仗。大观园轩馆的名称至少有10个与水西庄景点名称相同或相似，这一点在其他私家园林中是没有的。

3. 只在大观园和水西庄出现集景式的单身宿舍集群"天上人间诸景备"的大观园，内部建筑布局实在古怪奇特，它既是一个观赏园林，又是少男少女的单身宿舍集群，这在中国园林史上是极为罕见的。因此有红学家指出："如果生活中确有的话，只能是古今园林中一个仅有的特例。"清代北京诸多王府中，住人宅院与后花园泾渭分明，绝不混淆。像恭王府，前面四十余亩宅地住人，后面三十余亩花园，是散心游赏之处。江南也没有大观园那类布局的园林，一般都不很大，以玲珑剔透见称。

天津运河边的水西庄，却正好是这罕见的集景式的单身宿舍型园林。水西庄占地"百亩强"，其基本建筑特点就是分成数十个景点，查家的小姐或公子就居住在这些景点里。有时外来的贵客嘉宾，也在其中一个景点居住。有趣的是，大观园中众少女以所居景点名称取别号，林黛玉称"潇湘妃子"、薛宝钗称"蘅芜君"。这种以居处取号的做法，在水西庄的女诗人中也早就存在。《兰闺清韵》是水西庄诸女诗人留下的诗词集。其中有《水西庄诸姑送香初阁主人于归吴门小诗呈政》一诗。其中"香初阁主人"即查调凤，查为仁之二女。

4. 大观园和水西庄都曾接待过皇后

大观园中曾提到过"元妃省亲"，红学家考证："元妃"的艺术原型是乾隆皇后孝贤。有趣的是，她于乾隆十三年（1748年），随皇帝东巡时到过水西庄。为了迎接帝后驻跸，乾隆十二年（1747年）水西庄进行了扩建。曹雪芹创作《红楼梦》时，这次皇室活动可谓是"元妃省亲"的绝好素材。[1]

2001年夏天在北戴河召开的"新世纪海峡两岸红楼梦学术研讨会"上，来自海内外的红学家对"水西庄与大观园"的研究成果很感兴趣。周汝昌先生题诗一首："藕花香散水西庄，说到红楼意味长。独有痴人心最挚，夜深考索待朝阳。"随着史料的挖掘逐渐浮出水面，这对于世界名著《红楼梦》的研究，对于历史文化名城天津文化品位的提高，都有着重要意义。

---

1 韩吉辰. 天津水西庄与大观园溯源. 红楼，2004（3）.

(2) 五大道损毁的洋房花园

五大道为原英国租界高级住宅区，是天津保存较为完好的近代历史风貌建筑区，这里汇聚着英、法、意、德、西班牙等国各式风貌建筑和名人故居 300 余座，此外也不乏洋房花园和租界公园，可以说，五大道的洋房离不开花园，花园也离不开洋房。洋房花园在形成时大多数是租界当局高官、清王朝遗老遗少、北洋政府要员、富商显贵等的宅第花园。它们的出现，带来了先进的西方造园理念。潘复故居修建于 1919 年，徐世章花园修建于 1922 年，义路金花园修建于 1925 年。这一时期五四爱国运动爆发，民国建立，百废待兴，在新思想和新文化的影响下，洋房花园有着明显的西方特点，规则式的花坛与绿地，公共花园的概念引入，都对这一时期的造园产生了影响。剑桥大楼修建于 1936 年，民园大楼修建于 1936—1937 年，皇后花园和久不利花园均建于 1937 年，林修竹故居建于 1938 年，这一时期是抗日战争时期，社会的动荡不安，战火不断，租界成为上层社会各界名流最好的避难所，租界内洋房花园的建造仍未停止。

但是在 20 世纪末至 21 世纪初对历史建筑的保护、规划中，大多以单体的文物建筑或单一的历史街区作为对象，割裂了建筑与花园的关系，造成了很大损失。近年来，有天津市相关专家和权威人士进行现场调研、走访原住户，总结五大道已损毁的洋房花园包括：潘复故居花园、德璀琳别墅花园、义路金花园、徐世章花园、安乐村花园、剑桥大楼花园、林修竹故居花园、民园大楼花园、晓园等。此外，还有五大道周边英租界内已毁的两座花园：皇后花园和久不利花园。这些洋房花园损毁的情况包括：

(1) 潘复故居目前建筑保存完好，但花园已消失，原因是 2006 年，这里实施改造，有一部分变成了天津第二十中学。

(2) 德璀琳别墅内原有洋楼十余栋，1900 年义和团烧毁主城堡楼。1997 年又拆除四栋，其余建筑及园中大树至今保存较为完好。

(3) 义路金花园，1974 年，因城市建设需要对南京路进行拓宽，占去花园大部，面积减为不到 3 亩，成了一处封闭式街心绿地，又称小白楼三角绿地。2003 年，三角绿地再次由于城市建设被牺牲，被"音乐厅文化广场"所代替，成为一处具有现代气息的城市公共绿地。

(4) 徐世章花园在解放初变为天和医院，园内经过数十年改建扩建，只能依稀辨认出昔日的辉煌片段。

(5) 安乐村是人文环境良好的公寓式社区，原本绿树成荫，但绿地和花园在 20 世纪 90 年代被停车场所代替。

(6) 剑桥大楼现在为居住建筑，因为现代生活停车需要，花坛绿地也变成了水泥地面的停车场。

(7) 林修竹故居现为和平区第四幼儿园使用，儿童活动场地和活动设施占据了花园的大部。

（8）民园大楼现为公寓，因现代生活停车需要，绿地变为停车场。

（9）晓园是杨文恺故居，位于大理道西头，因为现代生活停车需要，原本较好的园林绿化变为水泥地面的停车场。

经过归纳总结，五大道已毁花园的毁损原因可分为四类：第一类是毁于战火，例如德璀琳别墅主城堡楼；第二类是用途变更，例如潘复故居，徐世章花园，林修竹故居；第三类是城市改扩建，例如德璀琳别墅1997年拆除的四栋洋楼，义路金花园；第四类是被停车场或硬质地面侵占，例如安乐村，睦南道120号，剑桥大楼，民园大楼，晓园。

 思考题

1. 请列表总结西方建筑历史沿革经历了那几个阶段，各阶段的建筑特色及其代表作品。

2. 请通过图书或网络查询国内外历史风貌建筑保护利用的范例，选择2～3处建筑（群）做简介，并关注特色比较。

导游篇

第 3 章 宗教建筑

本章学习目标

知识目标：
1. 了解天津佛教、道教、民间民俗庙宇、基督教、伊斯兰教的建筑分布情况；
2. 熟悉不同宗教建筑的建筑特点和维修保护现状；
3. 掌握重点宗教建筑如独乐寺、天后宫、望海楼教堂、西开教堂、清真大寺的建筑年代、建筑特色等。

能力目标：
1. 能够讲出天津的天主教和基督教的历史及重点建筑特色；
2. 能够设计宗教建筑参观线路，并能够实地进行讲解。

本章概要

本章的历史建筑游览主题是天津市的宗教建筑。在天津留下印记的宗教既有世界三大宗教的佛教、伊斯兰教和基督教，又有产生于我国本土的道教等。中国人习惯上称中国有五大宗教，即天主教、基督教（指基督教新教）、伊斯兰教、佛教和道教。在天津，佛教建筑主要有独乐寺、大悲禅院、莲宗寺、挂甲寺、荐福观音寺、潮音寺等等；道教建筑有玉皇阁、天尊阁、吕祖堂等；民间民俗庙宇（既非佛教也非道教，供奉神像多与民间信仰和天津地方风俗有关）有天后宫、文庙、关帝庙、鲁班庙等；基督教和天主教都是鸦片战争后传入的，天主教教堂有老西开教堂、望海楼教堂、紫竹林教堂等；基督教教堂有仓门口教堂、山西路教堂、冈纬路教堂等；伊斯兰教主要有天津清真大寺、金家窑清真寺、天穆清真寺等等。这些宗教建筑中既有古代木结构楼阁建筑的精华，也有欧洲罗曼式、哥特式、文艺复兴风格建筑的经典之作，它们都向我们展示了天津历史建筑的独特艺术魅力。

为了全面介绍宗教建筑的相关知识，本章中出现部分建筑如挂甲寺、山西路教堂不在已经认定的《天津历史风貌建筑明细》中。为更详细地了解天津宗教建筑及其发展情况，特将相关历史建筑进行罗列，以便读者对该主题有更为全面的了解。

本章独乐寺、天后宫、望海楼教堂和西开教堂为精讲导游词。

3.1 佛教寺院

3.1.1 独乐寺

各位游客大家好，我们今天要游览的就是位于天津蓟县的独乐寺。独乐寺俗称大佛寺，坐落于天津蓟县城西门内武定街41号，始建于唐代，辽统和二年（984年）重建，是我国古代木结构建筑的代表作。它集古建、壁画、塑像三大艺术于一体，拥有九个"全国之最"的桂冠，是国务院1961年第一批公布的全国重点文物保护单位，古时以"独乐晨灯"列为渔阳八景之一，1990年以"独乐晨光"入选津门十景，现为国家级4A级景区，现已列为申报世界历史文化遗产预备清单名录。在独乐寺的寺南300米，有一座建于辽代的白塔，古时与独乐寺同为一个整体，又名独乐寺塔，融合了中印佛塔的建筑风格，为塔中之罕见。

关于独乐寺名称的由来，有三种说法。一种说法是唐玄宗时，安禄山起兵叛唐，在此誓师，因他一心想做皇帝，"思独乐而不与民同乐"故而命名；另一种说法是观音塑像内部支架是由一棵大杜梨树切削而成，以谐音而取名；还有一种说法是佛家清新寡欲，独以普度众生为乐，取其首尾得名"独乐寺"。

现在我们到了独乐寺（图3-1）。独乐寺占地面积16500平方米。整个建筑坐北朝南，依次由山门、观音阁、韦驮亭、报恩院、乾隆行宫及附属建筑构成一套完整的建筑群。现在大家请随我走进独乐寺。眼前的这座建筑就是独乐寺的山门（图3-2）。山门正中匾额楷书"独乐寺"，字体苍劲雄浑，为明朝武英殿大学士、太子太师严嵩所书。山门面阔三间，进深两间，中间做穿堂。山门两稍间是两尊辽代彩色泥塑金刚力士站像，民间俗称他们为"哼哈二将"（图3-3），东侧的是哼将，高4.5米；西侧的为哈将，高4.45米。我们看这两尊金刚力士，上身袒露，肌肉隆起，下身着裙，右手握剑，赤足站立，身材高大，气势威严，加之身体前倾近20度，居高临下，虎视眈眈，令人生畏。上下肢体凸现出的肌肉，显示出浑身都是力量，给人一种威猛的武士形象。20世纪80年代，相声大师侯宝林来独乐寺参观时，高度评价这两尊塑像，造型生动，形象逼真，不但塑出了骨骼，而且塑出了肌肉，是形神兼备的艺术佳作。

图3-1 独乐寺大门

图 3-2（左）
辽代山门（从观音阁处看）

图 3-3（右）
山门内的哼哈二将

山门内金柱间原有大门，现在只剩下门框和门槛。这道门槛也是观音阁的视野分界线。站在门槛外，只能看见观音阁局部；迈过门槛，则大阁全貌尽收眼底，犹如画中，令人称奇。实际上，这种建筑手法是借用了中国古代园林构景手段中的"框景"的手法。迈过门槛，我们看到山门的后稍间东西两侧墙壁上是清代绘制的"四大天王"的彩色壁画。他们各个手持法器，怒目而视，东西南北各护一方，取其法器寓意为"风、调、雨、顺"，反映出古代人民希望好年景，企盼五谷丰登的美好愿望。

穿过山门，眼前一座巍峨挺拔的楼阁平地崛起，这就是独乐寺的主体建筑——观音阁（图 3-4），是我国现存最古老的木结构楼阁式建筑。观音阁为九脊歇山顶，它的高度比山门高一倍多，和山门相比，更为雄伟壮观。最为引人注目的还是"观音之阁"四个大字的镏金方匾额（图 3-5），它是唐代大诗人李白北游幽蓟时所题，已被列入"全国名匾大全"。

图 3-4（左）
观音阁全貌

图 3-5（右上）
名匾"观音之阁"

图 3-6（右下）
檐下斗栱

观音阁通高 23 米，东西面阔五间，宽 26.7 米，南北进深四间，长 20.6 米。从外表看，大阁为上下两层，实为三层，中间夹一暗层，在暗层中，内圈柱间使用斜撑柱、夹泥墙做法，内外圈柱间施以斜戗柱，加强了整体结构的刚度，达到实用与功能的统一。观音阁的暗层是我国最古老的结构层。整座观音阁全部结构是围绕中间的巨型观音像设计，用28根立柱，做横六竖五排列，中间空出两根供塑像之用，结果使全部立柱形成内外两周，外檐柱18根，内檐柱10根，外圈柱头之间施阑额，连成外圈柱框，内柱间施内额，并在柱头上施"普柏枋"，与内额上下呈"T"字形，类似现代建筑中的圈梁，起稳定、加固整体建筑的作用。在地盘分槽类型中，把它称为"金箱斗底槽"。1932年，我国著名建筑学家梁思成考察独乐寺时说："此建筑乃我国木结构建筑中发现之最古者……是罕见之宝物也"。大家看，观音阁和山门四角的柱头明显向内倾斜，而且比中柱稍高，这种做法称为"侧脚"，是我国古代建筑的特点，可以起到稳定整个建筑的作用。我们再看一下柱头上一朵一朵的木构件，这就是斗栱（图3-6）。"斗"为方形木块、形似古代量具中的"斗"，弓形的短木为"栱"，斜置长木为"昂"，组在一起为斗栱。我们看观音阁的几个檐角出檐深远，最远处长达5.2米，主要靠斗栱支撑的。观音阁根据功能和位置的不同，共使用了24种、152朵斗栱，外檐柱头的斗栱出四挑。这些粗壮硕大的斗栱，承接着柱头和出挑的屋檐，分解了柱头的压力，同时也起到装饰作用。如翼的屋檐，阁顶和缓的坡度，以及古朴壮观的建筑风格，无不让现代人为之叹服。

现在大家回过头来再看看山门。刚才我们讲了它的内部构造、塑像和壁画，现在我们来看一下它的外部造型。独乐寺的山门高约10米，面阔三间，进深两间，由台基、屋身、瓦顶三部分组成。台基上有直径50厘米的木柱十二根，呈横四竖三排列，按宋朝李仲明的《营造法式》属"分心斗底槽"殿堂类型，是我国古代建筑中该地盘类型的最早实例，这是独乐寺的全国之最。山门的屋顶呈五条脊、四面坡，建筑学上称为庑殿顶，在古代建筑中，庑殿顶属于最高等级，只有宫殿庙宇中最尊贵的建筑物才使用庑殿顶，说明当时在重修独乐寺的时候等级是非常高的，独乐寺的山门是我国现存最早的庑殿顶山门。我们看山门正脊两端各有一个张口吞脊、长尾翘转向内的饰物，在古建中叫作鸱吻，这对鸱吻是我国保存在建筑屋顶上年代最早的鸱吻。山门的檐角出檐平缓深远，如大鹏展翅，如翼如飞，给人一种升腾飞跃之美。

好，大家现在转过身来，再看观音阁，我们看到观音阁间内槽正中悬挂一块长匾，上书"普门香界"四个楷书大字，为清代乾隆皇帝御笔。寓意阁内观音以广大神力普度众生,供奉菩萨，常烧香可入佛国，概括为"普度众生、香及佛国"之意。

走进观音阁，就如同进入一座神圣的艺术殿堂，集古建、泥塑、壁画三大艺术瑰宝于一处，请各位细细品味。请大家向上仰视，这就是独乐寺的主像"十一面观音"。这尊巨像站在须弥座上，穿过暗层直达阁顶，呈顶天立地之势，通高16米，居高临下，威严壮观，是

图 3-7（左）
十一面观音塑像

图 3-8（右）
十一面观音头像

我国现存最高大的彩色泥塑站像（图 3-7）。观音像身姿优美，仪态端庄，历千载而傲然屹立，实为稀世珍品，因其头上还有十个小头像，所以又称十一面观音。观音本面弯眉直鼻，目视远方，嘴角微微上翘，面部、胸部、手均敷金色，给人一种肃穆慈祥之感（图 3-8）。整个观音塑像微向前倾斜，右臂上举，左臂下垂，手作"接引"状，居高临下，威严壮观。观音像前边有两尊高约 3.2 米、随时听遣的胁侍菩萨像，她们与主像形成巨大反差，更加突出主像的威严与高大。两位胁侍衣着华丽，表情温恭，脚作"稍息"状，头、身、足呈现一条优美的"S"形曲线。她们步履轻盈，婀娜多姿，宛若两个柔情似水的少女，生动活泼，亲切感人。山门的两尊金刚力士，观音阁内的十一面观音及两侧的胁侍菩萨，这五尊塑像均为独乐寺保存完好的辽代泥塑。塑像优美的身姿，生动的表情和协调的服饰，承袭了唐代风格，又具有辽代早期的佛教艺术特征，为中国古代雕塑艺术之精品佳作。

　　我们看一下大阁的内部构造，整座大阁上下贯通，里面为三层空井，中间是暗层。第一层上端为矩形空井；第二层上端增加了抹角和斜撑，变矩形为六角形空井；大阁顶部为斗八藻井。这些空井虽然形式不同，但在艺术上错落有致，更重要的是能防御侧压力，加强观音阁的稳定性。由此我们可以看到，观音阁的构架由下而上排列，一三五为柱框层，具有刚性，二四六为斗栱层，具有柔性，使建筑刚柔并蓄。另外，观音阁的木构架结合，全部采用榫卯结构勾连吻合，未用一个铁钉。榫卯虽然严实，但它们都是活动的，富有弹性。当地震来时，就如同一个巨大的减振器，将震力吞噬掉，使大阁动而不损，摇而不坠。

　　观音阁不愧为建筑史上的杰作，处处闪耀着中华民族智慧之光。它历经 28 次地震，仍巍然屹立，堪称建筑史上的奇迹。

大家请看，阁内四周墙壁上，是元代绘制、明代重描的壁画珍品（图3-9），高3.15米，全长45.35米，总面积142.85平方米。这组壁画原来被一层厚达1厘米的白灰覆盖，1972年修整观音阁时偶然发现，立时引起文物界、美术考古等多方面的关注，当年即被揭出，使此隐没了二百多年的艺术瑰宝重现于世。壁画的制法，是用细砂土、稻草、麻和泥抹墙面，压平后刷白粉绘制。由于使用了红、白、绿、紫、蓝、黄、粉、黑等多种色调的矿物质颜料，画面至今色泽艳丽，保存基本完好。壁

图3-9 观音阁内四壁佛教题材壁画

画以佛教十六罗汉和两明王为主题，间以佛教有关的神话故事、世俗题材和重修信士像，构成一组组各有独立内容、但又彼此相连的巨幅画卷。罗汉像依次分布在东、西、北三壁，皆有姓名、住址和赞语，记录了各罗汉的主要活动内容，但有些已难以认清。壁画的表现形式和构图方法十分罕见，是研究佛教历史、古代绘画的珍贵实物。不仅为独乐寺艺术宝库增添了光彩，还为历史、艺术、宗教等各个研究领域提供了一笔珍贵资料。

走出观音阁，我们看到一座八角小亭，小巧别致，独成一体，它是明代建造的韦驮亭。韦驮原为古印度婆罗门教天部神，在佛涅槃时，捷疾鬼盗取佛牙一双，韦驮急追取回，后来便成为佛教中的护卫天神。亭内韦驮身着铠甲，表情肃穆，双手合十，怀抱金刚杵。我们以往看到的韦驮像一般都在天王殿或大雄宝殿里，而单独给韦驮设亭的寺院在中国还是十分罕见的。

绕过了韦驮亭，我们就来到了报恩院。

报恩院始建于明代，清乾隆年间重建，它位于独乐寺中轴线最北端，布局严谨，独立成局，又与寺院融为一体，为明、清两代僧人重要的礼佛场所，形成一道独特的"寺中寺"景观。报恩院前殿为弥勒殿，正中供奉一尊铜制弥勒菩萨像，两侧为我国历史上有名的四大疯僧塑像，分别是寒山、普化、风波和济公，这种布局在全国寺院中实属罕见。报恩院的后殿是三世佛殿，里面供奉着"横三世佛"，即东方净琉璃世界的药师佛、娑婆世界的释迦牟尼佛、西方极乐世界的阿弥陀佛。

走出报恩院，我们现在来到独乐寺院内的乾隆行宫，建于乾隆十八年。你可能会有疑问，在这里怎么会有皇帝行宫呢？我们知道蓟

县山清水秀，又是清代皇帝到河北、沈阳祭祖谒陵的必经之路，因此在蓟县境内共留下四座行宫和一处静寂山庄，现在只有独乐寺内的行宫保存完好。这座行宫面阔三间，进深两间，有回廊和垂花门环绕，主体建筑后面是一座小花园。各位请看，回廊墙壁上镶嵌的是乾隆皇帝的御笔碑刻（图3-10），共28块，有诗文107篇，收存乾隆御笔石刻之多，在全国范围内亦属罕见。

独乐寺建筑堪称是我国古代木结构建筑的杰作，也是实施重点保护的对象。1966年中国的政治形势已经发生变化，梁思成先生依旧冒着风险，抵达蓟县，提出要为观音阁"装避

图3-10 乾隆皇帝的御笔碑刻

雷针、安门窗；为防止鸟类落在观音头像上，要为观音头像上罩铁丝网"，于是文化部当年就拨款9000元人民币，由河北省古建队施工安装完毕，使独乐寺受到了妥善保护。

我们今天所见独乐寺是改革开放后经过重新维修的，项目起源于1984年，1990年正式立项，由天津市文物局委托天津大学和天津房屋鉴定勘测设计院分别担任前期的实测和残损勘察，委托中国文物研究所负责维修工程的方案设计。1993年，局部落架的第二维修方案得到国家文物局批准。1995年，开始瓦顶揭除工程。鉴于观音阁的特殊价值，为了郑重起见，瓦顶拆落后，国家文物局又再次邀请多方专家到现场考察，重审第二方案，最终同意实施局部落架做法。1996年8月开始木构架的局部落架工程。1997年，进行大木拨正、木构件修配归安和防腐等。1998年，完成内外装修、地面、墙体、瓦顶维修、油饰断白和观音像拉接改造以及避雷设施安装，同时对山门进行了瓦顶揭瓦、槛墙剔补、柱根防腐、油饰保护等工程。1998年10月，独乐寺维修工程全部竣工，并通过国家文物局的现场验收。

相信通过今天的游览我们对佛教和古建筑有了更深刻的认识，希望我们今后共同为保护我们民族的文物贡献自己的力量。

 补充阅读　天津挂甲寺

天津挂甲寺古称庆国寺，挂甲寺是津沽大地最古老的一座佛

教寺院,在天津的历史上可谓年代久远,虽已找不到具体的修建年代,可以肯定的是,明朝该寺已存在。按照民间传说,修建于距今1300多年以前的隋唐时期,但在史册中并未找到确切的年代记载。

传说公元698年,唐太宗御驾征辽奏捷,大将军尉迟恭率军在此地修整。尉迟恭与许多官兵将身上的甲胄脱下来放在寺院周围晾晒,一连数日。在此之后,周围的住户便将寺名改叫挂甲寺,而寺院的和尚也只好按照乡邻的意思更名成挂甲寺。由于寺院历史悠久,素负盛名。历代文人墨客,文官武将,不辞艰辛,来寺朝拜。

挂甲寺随着岁月流逝,古寺亦历尽沧桑,几度盛衰,寺院部分被毁,佛事一度消沉。明万历二十八年(1600年),游击将军张良相奉命征讨倭寇途经此地,爱慕其挂甲之名,曾祝誓说:"余将凯旋而亦挂甲于此焉。"抗倭援朝胜利后,张良相与部下按照当初许下的誓言,将盔甲挂在挂甲寺以示还愿,并开始集资重修挂甲寺。一时间,武将们在出征讨伐之前要到挂甲寺拜祭成为当时的一种流行时尚,而挂甲寺的灵气也愈发得到传扬。从此以后,寺院香火旺盛。当地一位文人为此特意撰写了《重建挂甲寺碑记》,记载当时挂甲寺的繁荣景象,可惜的是,这块碑不知流落到什么地方,但碑文还可以从现存的天津志书查找到。

挂甲寺历史上第二次重建在清朝末年,第三次是在1944年,至新中国成立前禅寺已倾圮。1993年7月,天津市河西区主管部门开始调研挂甲寺重修方案,1994年2月决策,拨地筹资,在遗址重建新寺(图3-11)。经过数年努力,1997年,一座规模恢宏、形制严整、建筑精美、古朴幽静的挂甲寺重现在人们面前。

图3-11 今日挂甲寺

新寺占地15亩,几乎6倍于旧寺。中国佛教协会会长赵朴初、田蕴章等名人为挂甲寺题写了匾额和碑记等。重建后挂甲寺面临海河,背倚中环,坐北朝南,视野开阔,得地利之胜。新寺由庙前广场、牌楼、天王殿、大雄宝殿、藏经楼、禅堂、千佛塔、东西配殿、钟鼓楼等组成。楼阁殿宇错落有致,布局协调,浑然一体,再现了千年古刹当年的辉煌。

3.1.2 大悲禅院

各位游客，我们将要参观的是坐落在天津市河北区天纬路 38-40 号的大悲禅院。大悲禅院因供奉大慈大悲观世音菩萨（即千手观音）而得名，是天津市保存完好、规模最大的一座佛教寺院，也是天津市佛教协会所在地，天津市的重点文物保护单位。1984 年，被国务院确定为全国重点佛教寺院，现为国家 AAAA 级旅游景区。

大悲禅院始建于清顺治年间，当时的建筑规模、样式和风格已不得而知。清康熙八年（1669 年）经重新修建，目前仅存西院建筑。1940 年进行扩建，历时五年，于寺东侧即现在的东院，修建起天王殿、大雄宝殿、大悲殿、地藏殿、讲经堂等新庙建筑群，形成了以东院为寺院主体，西院为寺院附属部分的建筑格局。新中国成立后曾重新修整，在 1976 年遭地震破坏。1980 年修葺，2000 年又建新大殿。2002 年又重建山门。

大悲院于 1982 年重新恢复佛事活动。1984 年被列为全国重点佛教寺庙之一。1986 年正式向社会开放，年平均接待 10 万人次，每天都有国内外善男信女和游客前来朝佛观光。

现在的大悲禅院以新庙（东院）为主体，由天王殿、大雄宝殿、大悲殿、新大殿、地藏殿、玄奘法师纪念堂、弘一法师纪念堂以及讲经堂组成。西院为旧庙，是寺院的附属部分，由文物殿、方丈殿和中国佛教协会天津分会办公室组成。

我们现在来到的是大悲禅院的大门（图 3-12）。大悲院门前数百米之内，是一条繁华的宗教文化市场。街道两旁售货摊位云集，宗教文化商品琳琅满目。我们看到大悲院门前有石狮一对，门额上有赵朴初先生所书"真如觉场"四个大字。

图 3-12　大悲禅院大门

走进大门，迎面即是天王殿。天王殿原为寺院的山门，按山门与天王殿合一的形式建造。门前立有两只黄绿相间的系铃抓珠的琉璃狮子。门券砖雕是"九狮云珠"图案。砖雕花窗呈现出"八蝠捧寿"图样。殿堂面阔 3 间，进深 2 间。由青瓦铺成的殿顶为传统庙堂的"歇山式"。在屋顶正脊两端饰有"鸱吻"，图样如鱼似虬，华丽生动，内饰流云游龙，造型庄重静雅。在屋顶四条垂脊上设置灵兽和仙人等饰物，形状各异，数量对等。殿宇山墙两际的屋檐四角均有曲线，亦称"出山"或"挑山"。屋脊高耸陡峻，屋檐趋于平缓，四面设置飞檐，不仅使建筑物轻快舒展，而且将雨水抛得很远，也减少了"大屋顶"对室内采光的遮挡，给人以深邃变幻的审美感受。

我们走进天王殿内，中央供着笑面大肚的"南无当来下生弥勒尊佛"，弥勒尊佛背后是手执宝杵的护法天尊韦驮菩萨。殿内左右两侧为"持国"、"增长"、"广目"、"多闻"四大天王塑像。

穿过天王殿，巍然屹立在我们面前的就是大雄宝殿，这是寺院内最宏伟的殿堂（图 3-13）。宝殿坐落在五尺多高的硕大青砖垒砌的台基上。大殿迎面有六根红柱隔窗分门，面阔 5 间，进深 3 间。从建筑外观来看，与天王殿大同小异，但气势更为宏大。大殿屋顶全部以湛绿色的琉璃瓦覆盖，青碧色的斗栱支撑着巨大屋顶的飞檐，3 米多长悬挑而出的殿檐将整体建筑托举得神圣而又舒展。四方倾斜屋面与两侧屋面上部转折成垂直三角形的墙面，这正是歇山式殿顶最为精彩的典型形式。运用青绿黄红等浓艳色彩在梁、枋、椽、天花、斗栱、柱头等部位描绘的各

图 3-13　大悲禅院的大雄宝殿

种云蔓图纹（亦称"旋子彩绘"），与大面积的红墙碧瓦构成了强烈的色彩呼应与烘托，充分体现出我国传统建筑的鲜明特色。

殿内正中供着铜镏金释迦牟尼像，1982 年由静海县曹村大佛寺移来，为明代所铸。铜像线条清晰和谐，铸工精细，堪称佛门奇宝。连同千佛莲座，铜佛高 5.2 米，重 6 吨。莲花座上有上千尊小佛，经书称"千佛莲座"。主佛两边站立阿难、迦叶两弟子像。释迦牟尼铜像前，是一尊 1994 年开光安放的玉质释迦牟尼佛造像，高 1.6 米，重 888 公斤，是由新加坡郑国川居士捐赠，经香港转运而来。我们看殿内两侧有十八罗汉坐像，高 2 米，神态逼真。左后屋角供"文殊菩萨"，右后屋角供"普贤菩萨"。释迦牟尼佛祖像背面供奉的是观世音菩萨，善财童子和龙女各侍左右。

沿着大雄宝殿向前走，即是大悲殿。大殿台基高约 3 尺，面阔 5 间，进深 3 间。殿顶以青瓦铺成，呈人字形结构，两侧山墙与屋面齐平，边际砌以方大薄砖博风板，近屋角处则用砖叠砌作成墀头花饰。沿四面山墙设置垂脊，脊上配有走兽和仙人等装饰。殿前是砌砖走廊。殿内供奉泥塑千手观音像，高 3.6 米，表层贴金，神态庄严，姿容动人，这尊塑像是天津美术学院王家斌和其助手用了两年的时间精心雕塑而成。殿内三面墙壁绘有反映释迦牟尼一生事迹的壁画。

大悲殿西侧是地藏殿，正中供奉的是地藏菩萨，右侧供奉本院圆寂的历代住持和尚及十方僧众觉灵等众莲位，左侧是一些居士信徒众

莲位。大悲殿东侧是讲经堂，内供观世音菩萨、南无消灾延寿药师佛、南海观音石刻像。地藏殿和讲经堂皆面阔3间；青瓦铺成的硬山屋顶，正脊做成圆弧形曲线，在建筑学上称为"卷棚硬山"，使整个寺院的殿堂呈现出多样统一的效果。

大悲殿的两侧设有弘一法师纪念堂和玄奘法师纪念堂。

穿过题额为"悲愿宏深"的门洞，便是弘一法师纪念堂了。弘一法师纪念堂为1956年由著名居士龚望先生向当时寺主惠文法师提议而专设的，原有展件多幅，都是大师真迹，可惜在"文革"期间尽数丢失，现展示作品皆为影印件；堂内供奉弘一法师（图3-14）盘膝端坐铜像，高约一米，神情安逸，满面慈祥。纪念堂设立与复建以来，乡人多前来瞻仰参拜以作怀念。

图3-14　弘一法师

穿过题额为"慈航普渡"的门洞，便来到了玄奘法师纪念堂。玄奘法师纪念堂供有复制的明代绝版的玄奘画像及玄奘生平和事迹介绍，还陈列了他的部分经书和著作。原大悲殿的镇寺之宝就是唐代高僧玄奘法师顶骨舍利，系1945年由南京请来专设纪念堂供奉。1956年应印度政府请求，经周恩来总理批示，将顶骨送往印度昔日玄奘法师求法地那烂陀寺遗址供奉，成为中印两国人民友好交往的一段佳话。现在纪念堂内，还设有一个供奉玄奘顶骨的模拟塔，塔内供着顶骨照片。尽管顶骨不在了，但纪念堂及模拟塔永远铭记着大悲禅院与玄奘法师的千古因缘。

我们现在看到的是新大殿，是2000年底建成的，建筑面积为1000多平方米，台基近1.5米高，月台宽阔，踏跺10级。大殿通高21米。殿内汉白玉须弥座上从左至右依次为阿弥陀佛、释迦牟尼佛和药师佛，重量分别为32吨、29吨和26吨，为北方玉佛之最。大殿两侧诸天像，为铜制鎏金。三尊佛像的背面是千手千眼观音像，两角分别为普贤菩萨和文殊菩萨像。

现在，旧庙（西院）文物殿珍藏有魏晋南北朝至明、清各代的铜、铁、石、木佛像数百尊。这些都是云冈、龙门石窟等地被盗窃而被海关扣留的千年以上的文物，具有较高的艺术价值和考古价值。

　补充阅读　天津旧时寺庙宫观

寺庙宫观在我国古代建筑中，数量很多，天津地区亦然。据清光绪十年（1884年）《律门杂记》载：城内东南隅、西北隅、西南隅、东北隅有草厂庵、观音寺、小双庙、三义庙等28座;城东门外、西门外、南门外、北门外有崇仁宫、稽古寺、大悲庵、海光寺等67座,河北和河东有先登寺、望海寺、大佛寺等41座,总计天津城及其左近的庙宇达136座。清末民初"废庙兴学",庙宇多改作他用,此类建筑也保存不多了。天津现存佛教寺院有独乐寺、大悲院、挂甲寺、居士林、莲宗寺、大觉禅寺、慈航禅林、慈云寺、朝阳庵等;道教宫观有玉皇阁、天尊阁、无梁阁等;民间民俗庙宇天后宫、药王庙、潮音寺、城隍庙、杨柳青文昌阁、蓟县关帝庙、文庙等。

3.2 道教宫观

3.2.1 玉皇阁

各位游客,我们现在位于南开区东北角,狮子林桥畔。在我们面前的这座古色古香的木结构楼阁建筑就是清虚阁(图3-15)。在这个地方明朝时原本是有一座规模较大的道教建筑群——玉皇阁,它坐西朝东,面向海河,从东向西,原有旗杆、牌楼、山门、前殿、清虚阁、三清殿等建筑。而现在仅存只有这座清虚阁,它也是目前天津市区年代最早的木结构楼阁。

图3-15 清虚阁——仅存的玉皇阁主体建筑

玉皇阁在清末民初时,由于废庙兴学,1907年直隶工艺总局由老城东南角草厂庵迁到此地,后还曾为官立小学。天津市政府于1954年公布玉皇阁为第一批市级文物保护单位。2004年秋完成全揭瓦加固大修,面向海河开辟景观绿地,供游人观赏。

现在大家通过我的讲解感受一下昔日玉皇阁的盛况。玉皇阁始建于明朝初年,明清两代皆有重建。它濒临三岔河口,距天后宫仅半亩多地,是一处天津城外的民俗活动地区。在民间,据说在玉皇大帝诞辰之日的前一天,每年的农历正月初八,善男信女都要到玉皇阁祭星。重阳节时登高多在鼓楼等几处楼阁,玉皇阁周围地域开阔,因此也就成为旧时天津百姓重阳登高的理想之地。清人鲁之裕咏《玉皇阁》诗:"直在云霄上,蓬瀛望可通,万帆风汇午,一镜水涵空。"

玉皇阁的山门匾额上书"玉皇阁"三字。门前立牌楼,前额书"惟天为大",背额题"昊天圣主",明代始建,1956年被拆除。牌楼前置铁狻猊一对，是公元 1644 年铸造的。牌楼外竖高大的旗杆。山门内建钟鼓楼，钟鼓楼两旁分别有财神殿和灶君殿。山门后面是前殿，前殿院内还有一座"八卦亭"。

清虚阁是庙内的主体建筑，也叫玉皇阁。大阁分上下两层，建在砖石台基上，底层面阔 5 间，进深 4 间。上层周围有回廊环抱，可登临凭栏远眺。屋顶为九脊歇山顶，檐心为黄琉璃瓦，脊、兽和檐头瓦件是绿琉璃，称为"剪边"做法。正脊中央置两层琉璃小楼阁，骑跨在扣脊瓦上。门簪雕成爬虎形，为外地罕见。阁顶前檐下悬有康熙四十年（1701 年）秋月恭亲王书"清虚阁"匾额一方。阁内二楼尚存明代玉皇大帝朝像一尊。玉皇在天上总管三界、十方、四生、六道一切祸福，职权最大，地位最高，号称"昊天金阙至尊玉皇上帝"，是神仙世界的大帝。传统玉帝诞辰之日是农历正月初九。

在清虚阁的两侧，原有北斗楼，供奉天、地、水三官；南斗楼，供奉文昌帝君。阁后有三清殿，供奉道教尊神三清，今俱无存。

3.2.2 天尊阁

各位游客，在天津有座天尊阁，又名太乙观，是一座道教供奉原始天尊、西天王母和紫微大帝等神祇的庙宇。它是天津历史上道教三大阁之一，位于宁河县丰台镇北 35 公里的丰台镇南村，占地 6000 平方米，建筑面积 240 平方米。该阁始建年代已不可考，据《丰润县志》记载，清康熙年间（1622—1722）重修，咸丰八年进行过油漆、重修。清末废庙兴学时，该阁改为学堂，后为丰台镇中学所在地。

在 1976 年唐山大地震中，附近民房倒塌甚多，天尊阁两旁的两排配殿也坍塌了，唯独大阁安然无恙，这就证实了我国古代木结构建筑有着良好的抗震性能。据专家和地质部门考察鉴定，认为该建筑对研究津塘地区 300 年来的地震灾害及房屋建筑抗震等方面极具研究价值。从 1976 年至 1986 年，国家陆续拨款 13 万元，重修、彩绘、增添消防设施、避雷装置、并重建围墙。1982 年，天尊阁被列为天津市级文物保护单位。1996 年，该阁及文昌宫等建筑再获修葺。2001 年，民间人士又出资重建阁前广场和配殿等，使其格局得以完善，异彩重现。

天尊阁为道教建筑，原由山门、配殿和大阁组成，曾供奉原始天尊和西王母等神像。大阁建于高大的砖石台阶上，为三层木结构楼阁式建筑，阁通高 17.4 米。其下层称天尊阁，面阔五间，进深四间，前有出廊；中层为王母殿，面阔五间，进深四间；上层为紫微殿，面阔五间，进深二间，前檐楼板伸出作露台木栏，可凭栏远眺。阁顶为青瓦九脊歇山式，正脊砖雕二龙戏珠，大吻及小兽均刻工精细。此外，每层檐角下还悬挂铁铎一只，每当微风吹拂，方圆数里均声震悦耳。

阁内的木构梁架为抬梁式，内槽共用 8 根、直径 0.6 米、长 12 米通柱为支撑，纵贯两层楼板，直达阁顶五架梁下。通柱外又铺以檐柱、廊柱和山柱，并与纵横梁枋、龙骨构成一套完整的木框架。此外，外槽柱和外墙皮的纵横方向，从上到下又是层层递减的，使整个建筑物呈下大上小的造型，随之重心降低，稳定性增强。外檐柱、檩、枋之间，采用三种类型的斗拱榫卯相接。下层是一斗三升，中层为一斗三升交麻叶；上层为三踩单下昂，斗口 7 厘米。这些斗栱除了富于装饰效果外，还可以递减横梁与立柱之间的"切力"。据说，建阁时，为加固地基，地下打入不少柏木桩。这些都是大阁能够经受强烈地震的主要原因。

2006 年按照国家文物保护法"修旧如旧、恢复原状"的古建筑修缮原则，投资 30 多万元，历时 3 个多月的精心设计和精心施工，完成了对天尊阁的阁顶前后坡揭瓦重修、主体框架拨正、整体木结构、地仗油饰、东西山柱卯接共四部分的修缮。修缮后的天尊阁，巍峨挺拔，气势恢弘，风采重现（图 3-16）。

图 3-16　天尊阁

3.2.3　吕祖堂（天津义和团纪念馆）

各位游客，我们现在到了天津市红桥区芥园道南侧的如意庵大街，今天要参观的是吕祖堂（图 3-17）。吕祖堂原是供奉仙人吕洞宾的道观，始建于明德宣德八年（1433 年），当时为永丰屯屯中祠堂。清朝康熙五十八年（1719 年）修葺后，改为吕祖庙观，定名为"吕祖堂"。后于乾隆六十年（1795 年）、道光十九年（1839 年）和民国九年（1920 年）三次修葺，占地 1300 平方米，建筑面积 600 平方米。主要建筑有山门、前殿、后殿和五仙堂组成。前殿中央供奉纯阳吕祖，两侧供药王、药圣，后殿供奉道教北斗七星，西跨院供奉道教五仙，称五仙堂，是明、清时代天津著名道观。

清光绪廿六年（1900 年），义和团运动兴起，各地义和团纷纷进入天津。著名的乾字团首领曹福田率领各路义和团战士抵津，将总坛口设在了吕祖堂内，将五仙堂作为拳场，大家日夜在月台上练拳习武。因吕祖堂

图 3-17　吕祖堂正门

濒临南运河，津西各县义和团大多在此落脚。义和团著名的首领刘呈祥、林黑儿、张德成等经常到此聚义拜坛，并与曹福田共商对敌策略，一些重大决策如：攻打紫竹林租界、天津城保卫战和攻打老龙头火车站都是在这里决定的。吕祖堂坛口在天津义和团运动中发挥了很大作用，成为这一运动的重要遗址，也是目前唯一的保存完整的坛口遗址。

新中国成立后，义和团吕祖堂坛口遗址受到各级人民政府的保护。1962年被列为天津市市级文物保护单位。1982年被列为全国重点文物保护单位。1985年初，由国家文物局拨款进行修缮，共搬迁了居民25户，对前殿、后殿、五仙堂、回廊等进行了全面翻修，并重新设计、修建了山门，于当年10月竣工。在紧张的筹备后，经市人民政府批准，1986年1月1日"天津义和团纪念馆"正式对外开放。目前，这是国内唯一反映义和团运动的纪念馆。

义和团纪念馆自开馆以来，大力开发资料、文献、照片和文物的征集工作。目前，纪念馆的基本陈列分为前殿、后殿以及五仙堂复原陈列三个部分。

前殿原是供奉吕洞宾的大殿。吕洞宾像在"文革"期间被毁，1992年重塑了吕洞宾和他的两个弟子济小塘、柳树精的塑像，前殿主要介绍吕祖堂的历史沿革、道教知识和八仙简历，并陈设了钟鼓和幔帐，恢复了1900年时的旧貌。在前院右侧的回廊还集列了碑刻十余方，形成了一个小小的碑林。

穿过连接前、后殿的甬道，就来到了后殿。后殿原是供奉北斗元君、药王和药圣的大殿，重新维修后，现在主要陈列《全国义和团运动史》展。通过大量照片、文献、图表和文物，介绍了义和团运动发生、发展和消亡的全过程，尤其对义和团运动在天津的斗争情况也进行了详尽的介绍。

五仙堂陈列厅在西小院北侧，这里原是供奉道教北五祖的大殿，现在均按1900年义和团运动时期的景况进行了复原陈列。屋内家具和陈设均以黄布作围靠，1985年制作完成的四位义和团首领曹福田、张德成、林黑儿和刘呈祥塑像分列屋内，并再现了他们当年拜坛议事的场景。在五仙堂前方的西小院内还有一座义和团群塑像，是一尊红灯照女战士和三尊义和团战士英勇战斗的雄姿。

天津义和团纪念馆自开馆以来，悉心征集史料，收集文物。目前，已有藏品2000余件，其中不乏珍贵之品，如义和团首领赵三多使用过的刀、剑、标枪头；廊坊军卢村义和团使用的兵器等。同时，这里还是对青少年进行爱国主义和历史唯物主义教育的第二课堂。1994年5月，吕祖堂被中共天津市委、市政府命名为"天津市爱国主义教育基地"（图3-18）。

图3-18 吕祖堂——义和团坛口遗址

3.3 民间民俗庙宇

3.3.1 天后宫

各位游客,我们要参观的是位于南开区古文化街的天后宫(图3-19),天津市特殊保护等级历史风貌建筑。天后宫,原名天妃宫,俗称娘娘宫。它位于海河老三岔河口西岸,始建于元泰定三年(1326年),是天津市区最古老的建筑群,也是中国现存年代最早的妈祖庙之一。它与台湾北港朝天宫、福建湄洲妈祖庙并称为世界三大妈祖庙。

图3-19 天后宫正门

天后宫始建于元代,迄今已经有七百多年的历史,在明清两代先后经十多次重修和重建。为什么在天津的三岔河口会出现一座天后宫呢?元朝在天津地区设海津镇后,漕运发达,南来北往的船工们聚集于三岔河口附近,形成了天津特有的码头文化,而妈祖文化就属于码头文化的重要组成部分,于是在三岔河口就出现了供往来船工朝拜的天后宫,当时叫"天妃灵慈宫"(民间俗称"娘娘宫"),因其地处海河西岸,故民间也称其为"西庙",也是历史上第一座受皇封的妈祖庙。明清时期因为漕运繁忙,加之天后宫香火兴旺,宫南、宫北大街逐渐繁华起来,许多著名商家在那里聚集,每到妈祖诞辰之日,天后宫前更是热闹非凡,除了上演"皇会"、盛大的酬神演出,年会、庙会也汇聚于此,真是万民欢腾,热闹非凡,渐渐地就以天后宫为中心形成了天津最早的经济和文化中心。因此在天津也就有了"先有天后宫,后有天津城"的说法。

新中国成立后,对天后宫曾进行过局部加固与维修,直到1985年天津市人民政府修建古文化街时,天后宫才得以重新修复,并以天津民俗文化发祥地的地位成为天津市民俗博物馆的所在地。天津市民俗博物馆是在天津天后宫古建筑群体基础上建立的,以征集、整理、收藏、展示、研究民俗文物和民俗学理论、民俗形象为宗旨的专业性博物馆,于1985年开始筹建,1986年1月1日正式对外开放,是中国最早建立的民俗学类博物馆之一。该馆通过举办以展示天津民俗民风为基础内容的陈列展览,较系统地介绍了漕运、皇会、人生礼仪、商业、民间生活、民间艺术、民间信仰等方面的习俗内容,向人们展示了一幅幅极具个性的地域文化的历史风俗画卷,成为中外人士观光游览的胜地和中国北方妈祖文化的研究中心。

天后宫坐西朝东,面向海河,自东至西,有戏楼、幡杆、山门、牌楼、前殿、大殿、藏经阁、启圣祠，以及分列南北的钟鼓楼、配殿和张仙阁等建筑。

我们现在看到的是宫前广场上的戏楼（图3-20），它与天后宫山门遥遥相对，为酬神演出之所，是天津最早的露天舞台，也是天津最早的群众自娱自乐场所。戏楼系木结构楼台式建筑，上为戏台，下为通道，1966年被拆除，1985年重修。

图3-20 戏楼

抱柱上书有"望海阔天空千帆迎晓日，喜风清云淡百戏祝丰年"楹联，上悬"乐奏钧天"横匾。

请看，山门前的两棵幡杆直插云霄，南杆高26.3米，北杆高25.94米，由若干根铜糙木和铁糙木接成，外层缠麻抹灰，涂以油漆。幡杆的顶端是一个桃形的馏金宝顶。旧时每逢天后诞辰期间举行皇会及有关大型庆典活动，上面都会悬起两幅幡旗。

山门为砖木混合结构，九脊歇山青瓦顶。面阔6.3米，进深3.04米，有三门，中为圆形拱门，两旁为长方形便门，门额以整砖镌刻"敕建天后宫"五字，于清乾隆十四年（1749年）重建。

走进山门，迎面是木结构的两柱一楼式牌坊，前檐正中竖悬"天后宫"三字木匾，斗拱下前后分别书有"海门慈筏"、"百谷朝宗"。

再看牌坊的两侧，北为鼓楼，南为钟楼。

这是前殿，也是天后宫最早的山门，为面阔三间，进深二间的过堂殿，殿内供奉护法神灵王灵官和加善、加恶、千里眼、顺风耳，均为传说中的天后娘娘驾前仙班神灵。

正殿是天后宫的主体建筑，建于高大的台基之上，整个建筑平面呈"凸"字形，前接抱厦，后接凤尾殿，由三座建筑勾连搭建组成，进深19.5米，通高9.2米，殿内供奉天后娘娘，前后分列四位侍女（图3-21）。天后娘娘，南方人称为"妈祖"。历史上确有其人，她生于福建莆田湄洲岛，传说其生而神异，熟清水性，常渡海救助遇险的船工和渔民，还能降妖御寇，造福于民间，年仅27岁，即羽化升天，被当地人推崇为"海神"，加以崇拜。后来随着漕运的发展，妈祖信仰被传到天津。随着历史的变迁，妈祖逐渐演化成了护佑天津城市的、无所不能的女神，形成了天津地方特色的妈祖文化现象。

图3-21 天后宫正殿中供奉的天后娘娘

大殿神龛庄严古朴，雕有精美的双凤朝阳及葫芦万代图案。幔帐金碧辉煌，更衬托出天后雍容华贵凝重慈祥之仪态。大殿两侧墙上绘有大型壁画"天后胜迹图"，描绘的是天后娘娘的生平事迹以及羽化升仙后在海上降妖伏怪救助遇难船只的传说故事；大殿顶部为明代彩绘团鹤彩云，艳丽辉煌；大殿外悬挂的匾额为"护国护民"、"宇宙精灵"、"资生锡类"，都是对天后娘娘的赞美及歌颂。在大殿内还有数块来自台湾各天后宫所赠的匾额，其中"四海同光"为北港朝天宫所赠。

与大殿相连的凤尾殿内供奉的是观音菩萨。

南北两侧分别是文武财神殿，北侧殿内供奉的是武财神汉寿亭侯关羽，两侧站立提刀的周仓和持印的关平。南侧配殿供奉文财神赵公明。

这是圣启祠即后殿，为供奉圣公、圣母（即天后娘娘的父母）之所，还曾是存放皇会期间天后娘娘出巡木雕神像的处所。

还有北侧元辰殿，又称六十甲子殿，中间供奉北斗姥母，两侧分立了60尊神像。

这里是第一展室，即南配殿，建于元代，明代重修，殿内现供奉王三奶奶，白老太太，挑水哥哥，送药天师及施药天官，均为天津民间供奉的神祇。在天津的民间，王三奶奶是祛病大师，俗语讲"摸摸王三奶奶手，嘛病全没有；摸摸王三奶奶脚，嘛病全都跑"。

这里是第二展室，即北配殿，建于元代，明代重修，殿内现供奉药王和四海龙王，均系天后圣母的驾前仙班。

大家看这个展室展出的是"台湾妈祖文化交流展"。

我们又回到了钟楼和鼓楼，它们均始建于元代，1966年被破坏，我们面前的钟鼓楼是1985年在原址上重建的。

各位游客，天后宫的游览到此结束。

3.3.2 文昌阁

各位游客，在天津市西青区杨柳青镇东南隅，南运河畔，耸立着一座六角三层的木构楼阁（图3-22），这就是京杭大运河上著名古迹——文昌阁。京杭大运河地跨京、津、冀、鲁、皖、苏、浙七省，是世界上最长的人工河，与长城并列为中华民族创造的两大工程奇迹。运河两岸风景秀丽，历史内涵深厚。文昌阁是天津境内仅存的运河文物建筑，1991年被列为市级文物保护单位。

文昌原为我国古代对北斗七星中魁星以上六个星的总称，传说文昌星主宰文化、功名、禄位。元代加封为"文昌帝君"。在文昌阁内还供奉

图3-22 运河畔的文昌阁

有孔子、魁星，都是古代文人学士崇祀的人物和神星。

杨柳青的这座文昌阁建于1576年（明万历四年），由津门锦衣卫高姓集资兴建，1634年士庶梁宝珍重建，1860年（清咸丰十年）和1941年又经重修。

文昌阁平面六角形，下层砌高大的砖石基座，前出月台。第一层砌筑封闭型砖墙，正面开设券门，阁内供奉孔子像。第二层正面作木构槅扇门，其他五面以砖墙维护，开圆形或八角形透窗，外檐作木构栏杆一周，阁内供奉主像文昌帝君。

三层开敞，六面均开设槅扇门窗。中间设有一口井，井口处探出一只鳌头。鳌头上塑着一个青面獠牙、虎目圆睁、单腿站立、手握朱笔的魁星。魁星，是主管文运的神星，与文昌帝君一样，备受文人崇拜。"魁"有"首"和"第一"之意。进士第一名称状元，又称"魁甲"。进士们要站在皇宫大殿的台阶下"迎榜"。台阶中部的御路石上雕刻龙和鳌图案，状元要站在鳌头之上，这就是"独占鳌头"典故的由来。阁顶还悬有铜钟。三层外檐作木构回廊，可登临远眺运河风光。

阁顶为六角攒尖式，顶装宝珠，六角垂脊的下端置垂兽、小兽和仙人。上端与宝珠结合部均安装吞脊兽，造型别具一格，为外地少见。

文昌阁是明、清时代杨柳青的文化、民俗活动中心。清光绪四年（1878年），本镇刘光先、石元俊等人在文昌阁院内创立崇文书院，每月两课，生童近百人。每年农历二月二龙抬头、孔子诞辰日和九月初九重阳节，文昌阁要举办庙会、祭奠和登高活动。人们登阁眺望运河风光，吟诵着"家家绿柳在门前，门外乌篷小小船"的竹枝词曲。

 补充阅读　中国的宗教流派

世界性三大宗教为基督教、伊斯兰教和佛教，而其他宗教则主要为民族性宗教或地域性宗教。中国人习惯上称中国有五大宗教，即天主教、基督教（指基督新教）、伊斯兰教、佛教和道教，而实际上只是在世界三大宗教基础上加上了中国传统宗教——道教。天主教与新教（中国人俗称基督教）乃基督教三大教派中的两大教派，另一大派是东正教。这三大教派虽各自独立、自成体系，但仍被视为同属一教。当然，社会上也流行有世界七大宗教或十大宗教之说，但分法不一，大体包括有基督教、伊斯兰教、佛教、道教、犹太教、印度教（及其前身婆罗门教）、神道教、摩尼教、锡克教等。西方人还将中国人传统信仰儒教也算作一大宗教。

3.4 教堂建筑

基督教是世界上信仰人数最多的宗教之一，它产生于公元 1 世纪上半叶的亚洲西部，是以信仰耶稣基督为救世主各教派宗教的总称，经典是《圣经》。它的主要教派有天主教、新教、东正教、基督教马龙派等。基督教在历史上曾多次传入我国，但都没有成功。在第二次鸦片战争以前，天津并没有常驻的传教士。第二次鸦片战争后，借助不平等条约基督教强行传入天津。1860 年天津开埠，最先登陆天津的外国人除了官员、商人外，还有传教士。西方资本主义国家在向天津倾销工业商品的同时，也输入了精神产品——西方的宗教（包括天主教、基督教、东正教及犹太教），成为殖民主义的工具，再加上西方宗教所宣扬的教义与中国传统信仰与道德观念相悖，因此传入天津后，就受到天津人民的抵制，以后逐渐升级演变为声势浩大的"反洋教"斗争，最为代表性的就是天津近代史上发生的"天津教案"、"老西开事件"。近代的屈辱与硝烟已离我们远去，如今留下的是一座座风格各异的教堂建筑。目前天津有代表性的天主教派教堂有望海楼教堂、紫竹林教堂、西开教堂等。基督教教派教堂主要有仓门口基督教堂、冈纬路基督教堂、山西路基督教教堂等。需要弄明白的是，在中国的基督教教派，实际上是基督教三大主要教派之一、西方的新教教派，而传入我国后，习惯上把它称为基督教或耶稣教。此外，在天津还有目前中国保存较好的犹太教教堂。

 补充阅读　教堂的建筑风格

教堂的建筑风格主要有罗马式、拜占庭式和哥特式三种。罗马式教堂是基督教成为罗马帝国的国教以后，一些大教堂普遍采用的建筑式样。它是仿照古罗马长方形会堂式样及早期基督教"巴西利卡"教堂形式的建筑。巴西利卡是长方形的大厅，内有两排柱子分隔的长廊，中廊较宽称中厅，两侧窄称侧廊。大厅东西向，西端有一半圆形拱顶，下有半圆形圣坛，前为祭坛，是传教士主持仪式地方。后来，拱顶建在东端，教堂门开在西端。高耸的圣坛代表耶稣被钉十字架的骷髅地的山丘，放在东边以免每次祷念耶稣受难时要重新改换方向。随着宗教仪式日趋复杂，在祭坛前扩大南北的横向空间，其高度与宽度都与正厅对应，因此，就形成一个十字形平面，横向短，竖向长，交点靠近东端。这叫作拉丁十字架，以象征耶稣钉死的十字架，更加强了宗教的意义。

现在最主要常见的教堂，多是哥特式风格建筑，因为哥特式的整体建筑形态非常高大，哥特式教堂的尖顶直入云霄，而且墙壁上刻有华丽的雕花，用此建筑来表达"造物主的至高无上的权利与威能"。世界上最大的教堂在梵蒂冈，是典型的罗马式建筑风格，而哥特式中最有名气的，是巴黎圣母院和圣米兰大教堂，是哥特式中的经典作品。

3.4.1 天主教教堂

（1）望海楼教堂

各位游客，我们现在处在河北区狮子林大街西端。这里曾经是天津的老三岔河口地区，是天津最早的居民点，又是天津文化的发祥地。我们看在狮子林桥旁有一座哥特式教堂，那就是望海楼教堂（图3-23），是天主教传入天津后建立的最早的一座教堂。这座教堂在我国的近代史上非常有名，那是因为1870年声势浩大、震惊中外"天津教案"，民间所称的"火烧望海楼事件"就发生于此。

望海楼教堂始建于1869年，位于三岔河口北岸。其原址建有望海楼行宫、崇禧观、望海寺等庙宇，为车船交汇，商贩云集的水陆要冲。望海楼建于清代康熙年间，曾为皇帝行宫。第二次鸦片战争后，法国天主教传教士来到天津。他们以每亩一千文的租金，先后取得了坐落在三岔河口北岸崇禧观和望海楼一带15亩土地的"永租权"。天主教传教士谢福音来津传教后，拆除了附近的道观香林院，于1869年底建成这座望海楼教堂，教堂建成后，名为"圣母得胜堂"。不久法国驻津领事丰大业又拆毁了教堂附近的望海楼行宫，盖起了法国领事馆。同时，谢福音还以"传经讲道的地方必须肃静"为借口，拆除了教堂附近的民房，致使三岔河口一带大批居民流离失所。

教堂建成后次年即在天津教案中被焚毁。1897年重建，1900年义和团运动中又被焚毁，1904年再次重建。这座教堂虽经几次重建，其基本形象无大变化。建筑为砖木结构，平面为长方形，全楼除塔楼外大部分为二层，青砖墙面。始建时堂身长30米，宽10米，第二次重建时，前脸照原样修复，堂身加长至55米，加宽至16米，建筑面积812平方米。

我们看现在的教堂堂身高10米，正面有三座塔楼，远看呈笔架形，中间塔楼高12米。整个建筑古朴宏伟，属于哥特式建筑风格。外檐青砖壁柱雕刻十分精美，且每柱雕刻、装饰各异。窗户比较高大，除壁柱外，占满了整个墙面，几乎所有外檐门窗皆为二圆心尖券，并嵌有圆形玻璃窗。教堂的外表造成很强的向上的动势，轻灵的垂直线条统治着整个造型。它的大大小小的尖券仿佛争先恐后地往上钻，给人一种超凡脱俗之感。

堂内正厅两侧各有8根圆柱，支撑着拱形大顶，顶与壁均彩绘。

大厅正中为圣母玛利亚的主祭台，对面是唱经楼。室内装饰宗教气氛比较浓厚，由于采用了尖券、尖拱和飞扶壁，内部空间空旷，祭坛、歌台及屏风都是精雕细刻。门窗均为尖拱型，窗上安装彩色玻璃，地面为瓷砖雕砌，可容纳千人（图3-24）。

图3-23（左）
望海楼教堂外景

图3-24（右）
望海楼教堂现址堂内

1976年教堂在地震中被严重震损，后由天津市建筑设计院高级建筑师柏金城重新设计复原，1988年修复。同年被国务院公布为全国重点文物保护单位，作为"天津教案"的重要遗址。

天津教案发生在1870年6月，导火线是与望海楼隔河相望的"仁慈堂"里发生了瘟疫，几十名儿童相继死亡，被草草掩埋。消息传开后，群众对此非常愤怒，纷纷要求地方官府查办天主堂。三口通商大臣崇厚等人不得不与法国领事丰大业交涉，但丰大业矢口否认教堂的罪行。6月21日，当天津知县刘杰将拐卖犯押往教堂对质时，大批群众也从四面八方涌向教堂。谢福音见状气急败坏，放出恶犬行凶，并指使教民手持棍棒驱赶聚集在教堂周围的群众。群众忍无可忍，将教堂的门窗砸毁。法国领事丰大业竟伙同秘书西蒙，向天津知县刘杰开枪，击中刘杰的家人高升。周围群众见丰大业竟敢在光天化日之下开枪杀人，忍无可忍，将丰大业和秘书西蒙打死。接着又涌向教堂，打死了横行不法的神甫谢福音，最后一把火烧了教堂和领事馆。

事件发生后，清廷先后命曾国藩和李鸿章赶到天津处理教案，三口通商大臣崇厚出使法国"赔礼道歉"。最后教案处理结果是马宏亮等16名爱国志士在西关外刑场被杀，天津知府、知县发配至黑龙江，赔付了法国白银46万两。

天津人民的这场反洋教斗争虽然被镇压了，但天津人民并没有被吓倒。当义士们被绑赴刑场时，成千上万名群众拥上街头，为他们送行；义士被杀后，募款要为他们举行公葬，进行悼念活动。"天津教案"对近代中国人民反对洋教斗争的影响非常之大，很快，江西、福建、四川等省也都爆发了此起彼伏的反洋教斗争，在19世纪70年代，竟在全国形成了一个范围广大的反洋教斗争的高潮。

第 3 章 宗教建筑

补充阅读　中国教堂建筑发展

中国最初的教堂多沿用民宅、寺庙，只是内部的宗教陈设不同；或者按中国传统建筑样式建造，稍加西洋装饰，简单的仅立十字架为象征。后来，一些西方传教士开始自行设计，基督教堂作为西方传入中国的一种建筑类型在中国普遍出现。

1860 年以后，西方列强通过不平等条约，获得了在中国内地自由传教的权利。从此，基督教传教士大规模进入中国。在教堂建筑上，主要以模仿或照搬西方教堂建筑的样式为特征，是 19 世纪末 20 世纪初世界建筑历史上出现的"折中主义"在中国的反映。传教士把西方建筑文化的影响从北京、上海、天津等近代主要城市向中国广大内地散播开来，甚至在偏远的城镇、乡村，也常常可以看到矗立在众多中国传统建筑中的西式教堂。不过修筑在这些地方的教堂在建筑形式上更为灵活，中国传统建筑中的塔、屋顶、牌坊、垂花门等构成要素，与西方教堂建筑中的塔楼、穹顶、柱式、拱券、玫瑰窗、十字架等随意组合，形成各种生动活泼、充满趣味的建筑形式，构成中国近代中西建筑文化交融史上一道独特的风景线。

（2）西开教堂

各位游客，我们现在要参观的是处于天津最繁华的滨江道南端、天津市区最大的天主教堂——西开教堂（图 3-25）。西开教堂全称天主教天津教区西开总堂，又称老西开教堂，法国教堂。教堂位于和平区西宁道 11 号，原墙子河外老西开一带，故名西开教堂。它是 1916 年由法国传教士杜保禄主持修建的。抗日战争时期，老西开近 34 公顷的中国土地被法租界鲸吞。教堂因临近法租界，又是法国人所建，故旧时天津人民亦称之为法国教堂。

西开教堂长 60 米、宽 30 米，建筑面积 1891 平方米；它的建筑布局为南北轴向、东西对称，平面呈"十"字形，顶部是三个绿色穹顶高大塔楼，呈"品"字形，每个塔楼高达 40 多米，后塔楼最高处达 47.3 米。每座穹顶上有一个青铜十字架。穹隆顶为木结构，外表覆盖铜板，因年久生锈呈绿色。在阳光的照射下，闪烁着独特的光彩，几十年过去了，塔楼历经岁月的冲刷，绿色锈迹不仅丝毫没有影响它

图 3-25　西开教堂正门

的魅力，相反却产生了另一种美感（图 3-26）。

教堂采用法国罗曼式建筑造型，门窗是西方中世纪建筑中的半圆形拱券，它给人以向上无限延伸的视觉感受，也反映出特有的信仰涵义。外檐墙全部采用红色与黄色相间的砖体砌筑，既华丽又不失典雅，阳光下浓淡虚实相生，色彩明丽，表现了材料本身的质感美。教堂内部（图 3-27）从正门两侧到底部祭台，有两排 14 根方柱支撑堂顶，使教堂内部形成三通廊式。中殿以叠式复合方柱廊，支撑大小半圆券顶。中央高大的穹隆顶，通过八角形鼓座支撑拱架券顶。室内八角形的穹隆顶及侧窗均以彩色玻璃嵌作画，可惜在"文革"中被破坏，现在为白色的玻璃。内墙彩绘壁画，图案以黄、蓝、绿、紫色为主，色彩斑斓，装饰华丽，充满宗教神秘气息。前面院中有圣水坛，有左右两道大门，信徒分男女从不同的门入内。

图 3-26（左）西开教堂鸟瞰

图 3-27（右）西开教堂内部

整座教堂外檐以圆形窗和列柱券形窗组成的叠砌拱窗为主，正面两侧和两翼山墙设有绣花形窗，烘托出了它的典型的罗马式建筑风格、特色，即称为罗曼式，这种建筑风格至今在国内都是罕见的。同时，这个教堂正对着街道设置，是旧天津考虑到城市规划的为数不多的建筑之一。

西开教堂也是近代史上法国殖民者强占老西开地区的历史见证。1913 年法国当局不顾中国商民和一些教民的反对，强行在老西开地区修建教堂。1916 年教堂竣工，同时还修建了修道院、教会医院、法汉中学，从而西开教堂就成了天津天主教会的中心。1916 年 4 月法国领事以"保护教堂"为名向直隶交涉署发出最后通牒，限 48 小时内在老西开地区驻地的警察全部撤出。48 小时之后法国领事带着巡警、军队进驻老西开，随之又将驻老西开的中国警察全部缴械，拘禁，并公然武装强行占领了老西开，这种借机扩张租界的行为，立即引起天津各界民众的震动，当即举行数千人的集会，游行示威，要求北洋政府向法国进行严正交涉。当时在法租界内各银行、洋行、工部局工作的全体中国职工参加了罢工活动，他们当中大多是教友，法国电灯房的工人罢工，使整个法租界陷入了瘫痪。这就是天津历史上著名的"老西开事件"。

半个多世纪以来，历经沧桑的西开教堂不仅是为我们记录了一段中国人民饱受帝国主义侵略的辛酸历史，同时见证的也是天津人民英勇不屈，反帝抗争的历史。

如今的西开教堂内每日早晨举行宗教活动。逢星期日及天主教节日，早晚皆有宗教活动。尤其是每年的圣诞节、复活节，教堂内灯烛辉煌，高悬的水晶吊灯发出熠熠光辉。教众们在管风琴的伴奏下，高唱圣咏，整个教堂一派庄严肃穆。特别是每年到了圣诞节前夕，参与圣事的教徒和进入教堂参观的国内外各界人士就多达数万人次。如今的西开教堂已经成为天津"五大道"辐射路上的一个亮点，是天津市"万国建筑博览会"中的一件经典展品。

（3）紫竹林教堂

各位游客，旧时天津的教堂，若以品位而论，莫过于法租界海河岸边的紫竹林教堂。当时，出入教堂的人大多为有身份的外国教徒和中国教徒中有地位的人，一般教徒难以跻身其中。这座天主教教堂，建于1872年。它位于今营口道东端海河岸边，地点在原圣路易路，因而又名圣路易教堂。

我们看到的眼前这座教堂就是紫竹林教堂（图3-28），据史料记载，该教堂因坐落在法租界的紫竹林村而得名。紫竹林在租界早期开发中非常重要，为英法美等国最先占据的地方。旧天津扶轮俱乐部董事长威尔弗雷德·彭内尔在《天津紫竹林》一文中记述道："紫竹林，一个中国村庄的名字，先前位于一片烂泥和沼泽之中，外国租界就源于此。"强划租界以后，法国人对界内进行规划开发，

图3-28　昔日的紫竹林教堂

在海河沿岸修建码头、仓库、银行，修路植树，建法国大市场等，紫竹林地区就成了租界内最早繁荣起来的地区。

对于紫竹林教堂建造的原委，有不同的说法。一般认为，天津教案后，心有余悸的法国传教士慑于天津民众的声势，把教会活动中心开始向租界地内转移。据说，在紫竹林教堂的建筑费用中，有9万两白银来自中方的"谢罪"赔款。

我们抬头看一下这座教堂，整体为青砖木结构，局部饰以中华传统的砖雕。教堂造型具有文艺复兴晚期建筑的典型风格，吸收了古希腊、古罗马建筑艺术的积极因素，建筑风格和谐开朗，布局条理次序，不仅雄伟有力，而且活泼轻松，给人以亲切悦目之感。提及文艺复兴风格建筑，在欧洲著名的当属意大利佛罗伦萨主教堂（被誉为"文艺复兴的报春花"）和罗马圣彼得大教堂，其中后者堪称是文艺复兴建筑的代表作，也是世界上最伟大的教堂。

旧时到紫竹林教堂进行宗教活动的多为欧美各国侨民，因此堂内陈设高雅别致。祭台两侧供奉着两尊圣像，一为法王路易九世，一为法国女英雄圣女贞德。祭台西侧的墙壁上镶嵌有一块白色大理石，用法文镌刻着为教堂建筑捐资者的名字。堂两侧的半圆形拱窗，由菱形彩色玻璃拼成，阳光透过赤橙黄绿青蓝紫的玻璃投射在大堂内，使人们仿佛进入了一个五彩缤纷的奇异世界。沿螺旋式楼梯攀上唱经楼，西洋古典管风琴赫然耸立，演奏时，声音圆浑和谐，音域宽广，加上唱诗班的歌声更显得神圣而庄严。据说在夜深人静的时候演奏，方圆十几里以外都可以清晰地听到。相传这是当时天津仅有的两台管风琴之一。

在近代义和团运动中，西方教堂成为首当其冲的打击目标。紫竹林因坐落于租界内，而幸免仅存，并成为各地教徒、难民的避难所，一时间收容的教徒有一两千人之多。随着天津渐渐成为重要的涉外口岸城市，来津的外国商民增多。由于紫竹林教堂地处租界要冲地段，不仅侨居天津的外籍教徒，就连一些在外商工厂、洋行做事的中国教徒也来此过宗教生活，因此，成为异国情调浓郁的宗教活动场所。如今的紫竹林教堂已被列入特殊保护等级的历史风貌建筑。

3.4.2 基督教教堂

各位游客，除天主教外，还有基督教、东正教、犹太教、印度锡克教等也在天津设立了教堂，至1949年建国前夕，市区教堂已达68座。1860年天津开埠后，在天津最早建成的是基督教堂，即1862年美国传教士在东门里仓门口建立的公理会教堂，接着1864年英国传教士在海大道（今大沽路）建立了合众会堂。而天主教教堂建立最早的是在1869年，法国天主教会在三岔河口建成的望海楼教堂。基督教教堂与天主教教堂在外观上就有大的不同。天主教堂高大、威严，象征着无尽的权威，建筑式样也有规可循。而基督教教堂的建筑则形式多样，承载着新教的革新精神。在天津众多的由外国人创办的基督教教堂中，最著名、最有影响力的当属维斯理教堂和冈纬路教堂。

补充阅读　维斯理堂与山西路教堂

维斯理堂由美国人达吉瑞创办于1872年，因纪念卫理公会创始人英国人约翰·维斯理而得名。它曾是天津最大的基督教堂。该堂初创时，借住紫竹林圣道堂，后来迁到海大道，1903年，卫理公会把海大道旧有的维斯理堂出售，在梨栈（今滨江道）购地，1913年新的维斯理堂建成，占地365亩，建筑面积2249平方米，由美国牧师达吉瑞主持。

直到1932年该堂才有了第一位华人主任牧师刘广庆，之后继任者为郝德安、王锡之和徐树松。1958年，基督教会实行联合礼拜，维斯理堂成为四座联合教堂之一，更名为天津基督教滨江道教会。1996年，在山西路与哈密道交口处重建新堂，即现在的"山西路堂"（图3-29）。

图3-29 今山西路教堂

当年维斯理基督教堂的主要建筑大礼拜堂为砖木结构，铁棱瓦顶，内圆外方，堂内矗立八根圆柱，柱顶圆形，形成了自然的八角形体。旧时的"八角楼"就是维斯理基督教堂的代称。大堂共分为三层，一楼、二楼和地下室，大堂高15米。钟楼约18米，内置美国造西洋钟，这口钟目前就保存在山西路教堂钟楼内。钟楼顶端是一米多高的包铜十字架。教堂内设有800多个铁腿木折椅。维斯理堂不仅建筑式样新颖，对信念各异的社会名人也能兼收并蓄。此堂堪称天津最大的基督教教堂。

维斯理教堂是基督教卫理公会的教务活动中心，同时也见证了天津近代的历史风云。1919年"五四运动"期间，周恩来为躲避北洋军阀政府的迫害，就在教堂的地下室进行革命活动，主持进步社团"觉悟社"成员会议。1932年秋，天津基督教联合会约请上海布道团宋尚杰博士主领布道奋兴大会，大会期间十天内座无虚席，连过道里也站满了听众。1946年秋，新任美国驻华大使司徒雷登到天津，应邀到此演讲。

今山西路教堂建筑面积约4000平方米，主要建筑为大礼拜堂、小礼拜堂和办公楼。大礼拜堂分为两层，顶部为八角形，悬挂9盏大吊灯。大礼拜堂和小礼拜堂共有1500多个座位。礼拜堂内宽敞明亮，面积比以前扩大了一倍，环境也得到了明显的改善。

教堂主建筑为圣殿楼，东侧为办公楼。圣殿楼为钢混结构三层，转角处设钟楼，共五层。圣殿楼是宗教活动的中心部分，有大小礼拜堂、圣诗班室、儿童班室等。礼拜堂仍保留原维斯理礼堂的造型，平面为八边形，周边外檐亦保留老堂的风格，并增建一个造型美观的钟楼，楼顶耸立十字架。大礼拜堂设1120个席位，小堂有350个席位，并在小堂配备两架闭路电视，播放大堂崇拜仪礼，以供小堂的信众之用（图3-30）。办公楼为砖混结构四层。办公楼西端楼梯间屋顶建四面型顶亭，与钟楼协调呼应。大堂门窗与办公楼上层窗户均采用圆形拱状，增添了基督宗教的气氛。

目前山西路教堂是全国各地教堂中，规模较大，功

图3-30 山西路教堂大礼拜堂

能设备较齐全的会堂。同时也是天津最大的基督教活动场所，系天津市基督教三自爱国会、基督教教务委员会驻地。

（1）冈纬路教堂

我们今天要参观的是位于河北区冈纬路27号的冈纬路教堂（图3-31）。始建于1917年，原属美国公理会教堂。天津基督教公理会隶属天津基督教联合会。天津公理会的活动中心最早在老城东门仓门口，1867年由仓门口迁至紫竹林，1906年移至西沽龙王庙，因西沽偏僻，于1917年在河北区冈纬路6号购买地基，建立教堂。1935年由冈纬路6号迁至现址。

初建的冈纬路教堂及附属建筑共占地3.9亩，除教堂外，建有牧师住宅。教堂为砖木结构，建筑平面呈矩形，在主入口一侧建有方形塔楼。礼拜堂为两坡屋顶，外檐为琉缸砖清水墙，突显了天津地方材料。外檐有尖拱、圆拱、方形等多种外窗。

图3-31　冈纬路教堂

教堂建筑精巧华美。在正面最为醒目之处，高高摆放着一枚巨型十字架。这是天主教和基督教共同的标识，相传源于古罗马帝国的一种极刑。基督教认为，圣灵感孕童贞女玛利亚，使耶稣降生在以色列的伯利恒，他后来被罗马帝国钉死在十字架上，为世人担当罪孽。十字架不仅是教堂的标志，也成为信徒佩戴的信物。

冈纬路教堂曾为天津中华基督教公理会的中心，原称天津基督教公理会众议会（教区）。隶属华北基督联合会和天津基督教联合会。在教务活动方面，曾设有执事会（每两周一次），还有晨更会、查经会和主日学。此外，还有妇女会，儿童补习班和青年学习生产班等活动。1949年霍培修为主任牧师，执事会主席为舒炳震。二十世纪四十年代有信徒120人，五十年代初有信徒50余人。1958年天津教会实行联合礼拜，冈纬路堂成为当时四座教会之一。1966年"文化大革命"中，教会被迫停止活动，教堂受到损坏，被街办工厂占用。1991年教堂被收回修复，1993年圣诞节恢复聚会。

（2）原安里甘教堂（天津诸圣堂）

各位游客，在今天的天津市和平区浙江路上有一座造型独特的教堂，这就是天津史书上多有记载的安里甘教堂（图3-32），也称诸圣堂，由基督教圣公会创办的。安里甘宗是新教主要宗派之一，与信义宗、归正宗合称新教三大流派，中国常称圣公会。该宗在英格兰为国教，称英国国教会。

安里甘教堂专为英国侨民所建，在历史上又有"天津的英国教会"之称。这座教堂建造要从一位圣公会的传教士史嘉乐谈起。1879年，基督教英国圣公会大主教指派史嘉乐为华北地区主教，活动中心在山东泰安，1874年移驻北京。此后，他常从北京到天津来为英国侨民举行礼拜，地点在合众会堂。当看到大批英国军人、官吏、商人涌入天津租界，史嘉乐决定为天津的英国侨民修建一座教堂。圣公会天津教会成立后，1893年，英租界工部局将咪哆士道（今泰安道）与马场道（今浙江路）拐角的这一块空地赠予教会，以供建设教堂。当时，这一带还是一片水乡，安里甘教会仅推泥垫平池塘便花费白银1500两。安里甘教堂的建筑过程共历经10年，到1903年才正式落成，维多利亚女王曾亲赠铜钟以示庆贺。教堂的历任牧师均为英国人，1935年5月，礼拜堂遭到严重火灾，教堂建筑大部分被烧毁，1936年6月，重建工程始告完毕。

图3-32　原安里甘教堂

大家看整座建筑为砖木结构，红色的坡顶，尖券拱门窗，钟楼耸立，颇具哥特式建筑风格。整座建筑虽已历经沧桑岁月，建筑表面已显斑驳，但依然掩盖不住它当年的独特魅力。它曾位于英租界的中心地带，每当礼拜天，界内的英国侨民便纷纷走向这所教堂去祈祷。目前该教堂已被列入为特殊保护等级的文物。由于建筑有下沉现象，尚未恢复宗教活动，但却引来络绎不绝的游客和影视剧组。今日的诸圣堂，唯有默然伫立，她也许在期待钟楼中的那口御赐铜钟能够再次敲响。

　补充阅读　天津基督教青年会

保留至今的天津基督教建筑包括仓门口基督教堂、紫竹林天主教堂、冈纬路基督教堂、天主教修女院、圣路易教堂、公理会堂、基督教青年会、海大道基督教堂、安里甘教堂等，许多建筑年久失修。

其中，天津中华基督教青年会（简称：天津青年会），成立于1895年12月，是中国第一个城市青年会，迄今已有100多年的历史。天津青年会成立初期，会址几经迁徙，后来，天津青年会在南开区内创办多所学堂。为了方便工作，1909年，天津青年会举行了新会所募捐活动，着手在东马路兴建新会所；1913年5月23日，举行奠基礼；1914年10月16日，天津中华基督教青年会东马路会所（以下简称"东马路会所")落成,该会所坐落于天津市南开区东马路94号,是曾经的天津市中心。东马路会所内设体育馆、室内篮球馆、电影院、教室、健身房、办公室、图书馆、宿舍等206个房间,占地2.2亩,四层砖木结构,建筑面积4300平方米。

天津基督教青年会在现代体育的引进(东马路会所内曾拥有中国第一个室内篮球馆、中国第一张乒乓球台,东马路会所还为中国奥林匹克运动的发起和推动起到了积极的作用,著名的"奥运三问"就是在这所建筑中运筹和提出的),在天津近代爱国运动(周恩来、邓颖超、张伯苓等诸多爱国人士曾在此参与活动),新中国的对外交流和构建和谐社会中有突出贡献。2011年6月,天津基督教青年会被中国国家宗教事务局授予宗教界第一批爱国主义教育基地称号。

3.4.3 犹太会堂

各位游客,我们看到位于南京路和郑州道口的这座白色建筑,造型新颖别致,大家知道它是什么建筑吗?它是一座犹太会堂,建成于1940年,为天津特殊保护等级历史风貌建筑。

中国的犹太教堂屈指可数,由北至南,哈尔滨、天津、上海各领风骚。该教堂原所属天津俄租界犹太宗教公会,这里曾是二十世纪初犹太侨民在天津的活动中心。在二十世纪二三十年代,天津一度成为继上海和哈尔滨之后,犹太人在中国的第三大聚居城市。第一次世界大战爆发后,大量犹太人逃往天津生活,他们聚集在今小白楼一带,形成了一个相对独立的生活社交圈子。他们拥有自己的住宅区、学校、公会、养老院、医院、俱乐部、公墓。

犹太人最早的宗教活动是在犹太教公会进行的。1905年,犹太宗教公会(天津希伯来公会),创办人是犹太人吉利舍维奇。当年天津犹太宗教公会下辖有犹太医院、犹太养老院、犹太饭堂和犹太公墓等福利救济机构。在天津的犹太人还出版报纸,创办犹太学校,成立天津希伯来协会,开展宗教文化活动。二战爆发后,天津的犹太人数量再次猛增,在知名犹太活动家格尔舍维奇的带领下,该犹太会堂建成,随后成为犹太教的活动中心。以色列建国后,大批犹太人离开天津。1955年,由天津市市政府出资,天主教爱国会出面将犹太教堂买下,改为天主教小营门教堂。数年前,又成为粤菜馆潮州轩。整修后,现为天图堡中法会馆(图3-33)。

这座犹太会堂是由北欧建筑师设计,是一座具有犹太教风格的教堂,原建筑屋顶立有

图3-33 天津犹太会堂

一金属质六芒星，建筑正面顶端亦镶嵌有六芒星，虽已拆除但依稀可见六芒星的痕迹；原教堂铁门上有六芒星形状围栏，正门玻璃彩窗有七烛台标志等等。虽然教堂往日的光辉不再，但是它却永远的见证着天津人民与犹太人民的那段激情燃烧的岁月。

3.5 伊斯兰教建筑

3.5.1 清真大寺

各位游客，我们要参观的是位于红桥区小伙巷的天津清真大寺。它是天津现存清真寺中年代较早、规模最大的一处。它又称清真大寺或清真北寺。始建于清顺治元年（1664 年），嘉庆六年（1801 年）重修，已有 360 余年历史。大寺占地面积 5000 平方米，建筑面积 2200 平方米。寺内外悬有阿拉伯文、汉文匾额与楹联，共计 61 幅，是全国保存古传匾联最多的清真寺。此外在寺藏典籍中有两本袖珍本《古兰经》，仅有普通火柴盒的 1/3 和 1/2 大小，《古兰经》114 章，32 万余字，缩印得如此精巧，实为珍贵文物。

天津清真大寺是根据伊斯兰教制度，以我国古代木结构宫殿样式建造的，由照壁、门厅、礼拜殿、阿訇讲堂和沐浴室等建筑组成。

我们现在看到的是大寺门前大照壁，照壁是中国传统四合院建筑中常见的元素。这座照壁位于建筑主轴东端，长 14.6 米、高 8.5 米、厚 1.4 米，用大条石作基，特大青砖砌成。该照壁为清光绪二十一年（1905 年）建成。照壁上方镶嵌着一块汉白玉石刻匾额，上书"化肇无极"。

这是大寺的大门，也称门厅、前厅。面阔 3 间，进深 3 间，屋顶为青瓦硬山顶。前檐以青砖墙封闭，明、次间各开砖券门一座，拱眉上饰有砖雕。后檐接出卷棚顶廊厦，廊柱间设有坐凳栏杆，因与礼拜殿相对，故称对厅。在门厅两侧的门楼上，镶嵌着大型砖雕，由七块青砖组成，长 3.07 米，高 23.5 厘米，上刻天津鼓楼、白骨塔、天津文庙牌楼、天津老城门楼等名景，为清同治四年回族刻砖艺人马少清所制，反映了天津刻砖的高超技艺。

我们现在看到的是主体建筑礼拜殿，礼拜殿和前厦，可同时容纳千人进行礼拜。大殿修建在砖石砌筑的台基之上，坐西朝东，以使穆斯林在礼拜时能够面向阿拉伯麦加的"克尔白"天房。

为了扩大建筑面积，礼拜殿采用"勾连搭"式，将四组单体建筑连成一个整体。前脸为卷棚顶抱厦。抱厦后接二座庑殿顶大殿（图 3-34）。前檐的各间均施隔扇门，稍间隔扇门外置青石望柱栏板。我们看到的南北、两侧庑殿顶看似是重檐的，但实际上是南北两侧出檐

图 3-34 天津清真大寺殿顶、亭式楼阁

廊的这种做法造成的。在殿顶上并排耸立着五座六角或八角式楼阁，中间的最高，八角攒尖青瓦顶，上有黄色琉璃瓦宝珠。两旁四个稍低，是六角形。在南北两端的阁楼檐下，高悬"望月"和"喧时"匾额，说明这两座楼阁是用来观看"新月出没"和喧报"斋戒时日"的地方。西亚各国的清真寺，多做砖石结构的穹隆顶礼拜殿和"光塔"型邦克楼。传入我国内地后，多用汉族木结构殿堂形式做礼拜殿。并在院内独立建造亭阁式邦克楼。清真大寺的邦克楼与礼拜殿浑然一体，为外地仅见，也是清真寺独具的特点。

礼拜殿的殿内后墙设龛，龛前置木雕天宫罩，左右设喧喻台，平柱上悬挂十八幅阿文匾额和四幅阿文楹联，地板之上夏铺凉席，冬置白毡，显得格外深邃肃穆。整座大殿建筑面积有890平方米，可供千人同时做礼拜。

走出大殿，我们看到大殿两侧的南北厢房，这是阿訇讲堂。均为面阔三间，进深一间，青瓦硬山顶，前出卷棚抱厦，廊柱下施坐凳栏杆，与礼拜殿和对厅的廊厦相连，构成院内的周围回廊。讲堂以西均间耳房三间，供接待、休息使用。

在北跨院，为一般砖瓦房，又称水房，是穆斯林礼拜前，沐浴、洗手进行"大净"的地方。

清真大寺的砖木装修颇具特色，无论是瓦饰，还是木刻砖雕，都严格遵循伊斯兰教教义，无偶像，不做任何动物的写实纹样，同时又保持了中国古代木结构建筑装修的造型和风格。在礼拜殿两侧开设的六角形、长方形和矩形窗户上，按照菱花、冰裂、锦地等级和图案纹饰，正脊、垂脊花饰改为花卉图案。此外，清真大寺殿堂内外，名匾荟萃，是全国保存匾额最多的清真寺（图3-35）。其中阿文匾17块，楹联1副；汉文匾额35块，楹联8幅，共计61幅。捐献、撰写人有伊斯兰教教长、阿訇和教众，也有满汉贵亲、官吏和社会名流。书体颜、柳、欧、赵无所不包，十分珍贵，被学者赞为清代书法的展览厅，并构成其享誉国内外的一大亮点。

为了保护这座天津最大的伊斯兰教建筑，保证穆斯林的正常宗教活动，2009年天津市开

图 3-35 天津清真大寺抱厦的匾额、楹联

始对清真大寺进行落架大修,2011年春天,落架大修结束,三百多年历史的清真大寺重有新貌。天津市伊斯兰教协会的新楼也将与清真大寺庞居而立。在天津清真大寺原址北侧的大丰路2号,还有2005年建成的阿拉伯建筑风格的红桥清真大寺作为原清真北寺、杨庄、洋楼、女寺的合建寺。

3.5.2 其他清真寺建筑

各位游客,在天津红桥区除了规模最大的小伙巷清真大寺,还有穆家寨清真寺、清真里清真寺、洋楼清真寺等。此外在天津还有很多清真寺建筑。比如位于河北区金家窑海潮寺胡同的金家窑清真寺(图3-36),它始建于明万历二年(1574年),由"皖省安庆回教运输皇粮船帮"集资兴建,后经清光绪及民国年间重修,是天津地区年代最早的清真寺。寺坐西朝东,由正门、水房子、讲堂和礼拜殿组成,建筑面积500平方米。主体建筑礼拜殿由三个单体建筑勾连搭构成,平面呈"凸"形。前为卷棚顶抱厦,面阔三间,进深一间,中为硬山顶,后为九脊歇山顶,面阔五间,进深一间,在正脊中部建六角攒尖式亭阁,称望月楼,用以代替庭院中另建的邦克楼,为外地清真寺少见。

图 3-36(左) 金家窑清真寺

图 3-37(右) 天穆村清真寺

天穆村清真寺(图3-37)位于北郊区天穆村北,北运河畔,传为明永乐初年始建,光绪二十六年(1900年),被八国联军烧毁,光绪三十三年重建,1948年被国民党为"清扫视野"烧毁,1951年重建。寺坐西朝东,由正门、男女沐浴室、藏经室、讲堂和礼拜殿组成。礼拜殿长25米,宽42米,建筑面积1050平方米。殿顶正中亦建亭阁式望月楼,通高25米。

河西区三义庄清真寺,始建于1922年,1988年重建,寺坐西朝东,由门楼、礼拜殿和左右群房构成。门楼的尖形拱券和礼拜殿的大穹顶,均别具特色,是天津市唯一的一座阿拉伯风格的清真寺。

 补充阅读 中国清真寺建筑的类型

清真寺是伊斯兰教建筑的主要类型,清真寺在阿拉伯语中称为"玛斯基德",是朝向圣地麦加方向的礼拜场所,选址的自由度很大,不受城乡限制。另一方面,由于伊斯兰教对洁净的要求非常严格,因此修建清真寺必须选择清洁干爽的地方。因宗教需要,一般礼拜寺由礼拜殿(祈祷堂)、唤醒楼(拜克楼)、浴室、教长室、经学校、大门等建筑组成。唤醒楼即中亚礼拜寺中的密那楼,原是塔形,为呼唤教民做礼拜的建筑,因为体形高耸,也成了伊斯兰教特有的标志。寺内礼拜殿一定要坐西朝东,这是为使教民做礼拜时面向西方的麦加。寺内装饰不用动物题材,而用几何形、植物花纹及阿拉伯文字的图案。

中国的伊斯兰教建筑可以分为两类:一类是分布在全国内地各省区市的回族清真寺和教长墓,基本上是汉族建筑依伊斯兰教宗教活动需要改造而成(图3-38);另一类是盛行于新疆地区带有浓郁维吾尔族风格的清真寺和陵墓(麻扎),这类伊斯兰教建筑接近中亚文化传统,建筑和装饰风格(图3-39)较为独特。在天津伊斯兰教建筑主要有天津清真大寺、金家窑清真寺、天穆清真北寺、河西区三义庄清真寺等。

图 3-38(左)
杭州凤凰清真寺(中、伊融合)

图 3-39(右)
新疆和田大清真寺(中亚风格)

 游程建议 宗教建筑主题游览建议

团队一日游:

线路行程1:早集合发车至蓟县,上午参观盘山风景名胜区,附近农家院就餐,下午参观蓟县城内独乐寺、白塔寺、鲁班庙等,然后返程回市内。

线路行程2:早集合发车前往河北区大悲禅院参观,车游冈纬路教堂;赴古文化街,参观古文化街、天后宫、玉皇阁及狮子林桥畔望海楼教堂;中午在食品街就餐,然后下午赴和平区滨江道参观西开教堂、安立甘教堂。

线路行程3:早集合发车前往红桥区参观吕祖堂、天津清真大寺,下午赴鼓楼步行街参观老城厢博物馆、广东会馆、仓门口基督教堂等,后赴古文化街购物休闲。

自助游线路介绍：

对宗教文化兴趣浓厚的游客也可以自助游览天津宗教场所，考虑行程交通便利，可以安排地理位置相近的宗教建筑在同一天行程中，如按照天津市行政区划，分区安排自助游线路，景点间交通乘车和步行结合，省时省力。游程线路建议：

①和平区：西开天主教堂——山西路基督教堂——安立甘基督教堂——紫竹林天主教堂。乘坐公交50、845、643、600、904、652路等到滨江道站下车，或乘坐地铁到营口道站下，其后步行即可。

②河北区：望海楼天主教堂——大悲禅院——冈纬路基督教堂，乘坐公交27、861、863、901、903路等到狮子林大街或望海楼站下车，其后步行即可。

③南开区：鼓楼（老城厢博物馆、仓门口基督教堂）——古文化街（天后宫）——文庙。乘坐公交24、161、635、657、652、855、863路等到鼓楼站下车，其后步行即可。

④河西、河东区：荐福观音寺——圣心堂——三义庄清真寺——挂甲寺。乘坐公交17、92、860、805路至大直沽后台或河东体育场（荐福观音寺、圣心堂）。乘坐公交676、808、186路至挂甲寺站。

⑤红桥区：清真大寺——吕祖堂（道教）——天穆大清真寺。乘坐公交5、10、658、801、855、859、906路至西于庄或红桥北大街下车，其后步行即可。

 思考题

1. 除课本上介绍的外，你还知道哪些天津市的佛教、道教、基督教和伊斯兰教建筑？
2. 请自行设计宗教游览线路，并进行参观游览。

第4章 私人宅邸

> **本章学习目标**
>
> **知识目标：**
> 1. 了解天津的私人宅邸的建筑特色及分布区域；
> 2. 熟悉五大道、意式风情区、法式风情区中历史风貌建筑的风格及特色；
> 3. 熟悉在天津的近代名人及名人旧居地点与建筑情况；
> 4. 掌握静园、庆王府建筑的特点及导游词。
>
> **能力目标：**
> 1. 能够讲解静园、庆王府等天津重点历史风貌建筑；
> 2. 能够设计反映天津历史建筑特色的参观游览线，并进行导游讲解。

本章概要

本章的历史建筑游览主题是天津市的私人宅邸。在天津这类建筑可谓最多，就以五大道地区的私人宅邸来说，有代表性的建筑230所，设计风格各异，堪称万国建筑博览会。在昔日的意、俄、德、法等租界，汇聚的私人洋楼建筑更是各具特色，魅力非凡。从古希腊、罗马风格建筑，到古典式、文艺复兴式、哥特式、巴洛克式、罗曼式、拜占庭式、集仿式，各式小洋楼应有尽有，令人目不暇接。

在天津汇聚的私人宅邸还有另一特点就是名人众多。外国人、清廷遗老遗少、军阀买办和下野政客等等，数不胜数。本章共分为六节内容，前两节介绍的是在众多的名人私邸中最有知名度和影响力的历史人物私邸，包括清廷的遗老遗少在天津的旧居，如溥仪居住的静园、张园和天津的庆王府；北洋政府时期的大总统和总理私邸如袁世凯、冯国璋、徐世昌、段祺瑞、曹锟等宅邸。第三、四、五节分别介绍的是意式风情区、五大道风情区、原法租界风情区的私人宅邸；最后一节介绍的是天津的中式风格的私人宅邸。

为了全面介绍宗教建筑的相关知识，本章中出现部分建筑如徐世昌宅邸、李叔同故居、华世奎故居、潘复故居，不在已经认定的《天津历史风貌建筑明细》中。为更系统介绍天津近代名人宅邸的特色和整体情况，特将相关历史建筑进行罗列，以便读者对该主题有更为全面的了解。

本章静园、庆王府为精讲导游词。

4.1 津城名园静园、张园与庆王府

 补充阅读　北京四合院，天津小洋楼

"北京四合院、天津小洋楼"，对于天津人来说，小洋楼已经成为一张展示天津近代历史文化底蕴的城市名片。自1860年开埠后，在半个多世纪内，天津迅速发展，一跃成为中国北方最大的工商业港口城市，在近代中国的经济、文化、社会发展等方面都走在全国前列。多少近代史上的重大历史事件在这里发生，或与天津有着密切的关系；多少近现代名人在这里留下了他们的足迹，或从这里走向全国乃至世界。可以说天津是近代中国名人荟萃最多的城市之一，这里留下了大量的近现代名人宅邸。在那动荡的乱世，在昔日天津旧租界里，形态各异、精彩纷呈的西式小洋楼里演绎了太多仁人志士、军阀买办、遗老遗少、三教九流的人生故事。

众多名人旧居汇聚天津的原因，首先是天津的经济文化优势突出。"地当九河津要，路通七省舟车"，商贾辐辏、南北交流优势明显。近代开埠以来，西风东渐，天津在政治、经济、文化、外交诸多领域开北方风气之先。中西文化强烈碰撞的天津，逐渐形成开放性、包容性和多元性的文化特点，交通的便利和高度的对外开放，吸引了大批投资者在这里驻足。其次是天津毗邻北京，成为政治后台。近代中国政局动荡，特别是辛亥革命以后，天津更成为北京政治后台，大批下野政客、失意军阀、遗老遗少纷纷避居天津各租界内，以求庇护和享乐；也有许多追求进步、探索救国之道的思想家、革命家、科学家、实业家等纷纷来津或暂居或久住，形成天津名人旧居较为集中的主要原因之一。

天津名人旧居据不完全统计，目前尚存近千座建筑。其中，较有代表性的历史名人旧居约有二百多处，其中著名的如梁启超故居和饮冰室；清逊帝溥仪的静园、张园，北洋政要曹锟、冯国璋、顾维钧、张绍曾等人的旧居，军阀张勋、孙传芳、孙殿英、王占元等人的旧居等。可以说天津名人旧居，军政人物、遗老遗少为最多，其次是工商界人士，这是天津名人旧居一个最主要特点。而且绝大多数是形式多样的西式洋房。在天津中式四合院的名人旧居也有一些，保存较好的有石家大院、庄王府、徐家大院等。

近年来随着城市经济发展的需要，在大规模的城市建设中，一些名人旧居及历史建筑被拆除了，这不能不说是一种很大的损失和遗憾。所幸的是，天津市委、市政府及早地意识到了这个问题，在城市建设中非常注意名人旧居和历史建筑的保护。大力实施文化品牌战略，培育一批文化名人，修复一批名人故居，创造一批文化名品。据统计，目前现存天津名人旧居中有26处已被列为市级文物保护单位，其余90%以上均被列为区级文物保护单位，尚未被列入文物保护单位的名人旧居也被登记造册，成为文物监控点。有特色的历史建筑也相应采取了保护措施。现在，凡被纳入文物保护单位，已经挂上了文物保护标志；尚未批准的文保单位的名人旧居也挂上了保护标志和石质说明牌，有效地保护名人旧居，同时又向人们介绍了其简况及建筑来历和特点。

4.1.1 静园

各位游客，天津的名人旧居众多，到天津寓居的仁人志士、军阀买办、遗老遗少不在少数。清王朝灭亡后，那些清遗老遗少们都纷纷跑到天津的租界当起了寓公。其中地位最显赫的莫过于逊帝溥仪了，其他贵胄人物如溥仪的父亲载沣、庆亲王载振，以及满汉臣僚载涛、那桐、铁良、荣庆、李淮、张鸣岐、马玉昆乃至太监小德张等，都在天津置有房产。市中心鞍山道旧时属原日租界宫岛街，在这条街的中段，相距不远，有两幢豪华气派的花园楼房，一为张园，一为静园。这两座旧时日租界规模最大的私家花园，本身就是名人名宅，因1925至1931年清朝末代皇帝爱新觉罗·溥仪曾先后居住过，更增添了几分历史沧桑感。今天我就带领大家走进鞍山道70号的静园。

静园为末代皇帝溥仪的故居，建于1921年，原名"乾园"，乃"乾坤正气，汇聚一园，人杰地灵，颐养天年"之意。曾为北洋政府驻日本国公使陆宗舆的私邸。1924年底，清逊帝溥仪被赶出紫禁城，来到天津，先居日租界宫岛街张彪的张园，后1929年7月9日，携皇后婉容、淑妃文绣迁居于此。溥仪住进后，将乾园改为"静园"，取"静以养吾浩然之气"之意。溥仪在静园"静观变化、静待时机"，图谋复辟。溥仪在静园居住了两年多，于1931年11月10日夜由日本特务头子土肥原挟持出静园，乘夜色取道塘沽，乘日本商船逃到旅顺，后来当了伪"满洲国"的傀儡皇帝。日本投降，抗战胜利后，该房由国民党政府接收。

1949年后，静园曾作为办公用房，后成为多户居民居住的大杂院，随着庭院内陆续私搭乱盖和"文化大革命"时期、地震的破坏，建筑拆改较多，原有的建筑风貌几近不存。2005年10月，天津市历史风貌建筑整理有限责任公司对静园进行腾迁，拆除了院内的违章建筑，

图 4-1 今日静园

依照"修旧如故、安全适用"的原则，对静园进行复原整修。2007年7月20日，静园复原整修工程全部竣工，恢复了它原有的光彩，成为天津市特殊级别的历史风貌建筑和天津市文物保护单位（图4-1）。

现在请大家走进这座富有魅力的建筑，穿越时光的隧道，浏览和感受二十世纪的那段岁月。

静园占地面积约3016平方米，建筑面积约1900平方米，院内间有西班牙式砖木结构楼房一座，为主楼，东侧配有平房，原为请求"觐见"溥仪者坐侯传唤之处。曾经到过的人有武人、政客、遗老、各式"时新"人物、骚人墨客乃至医卜星相。如少帅张学良、日本军阀土肥原贤二、蒋介石密使、蒙古公德穆楚克栋路普和阳仓扎布，北洋政府高官章士钊、著名现代书法家启功，康有为的学生徐良，与蜀人张大千并称"南张北溥"的现代国画大师溥儒和溥伒、日本大画家渡边晨亩等。现为影像资料室和爱新觉罗·溥仪展览馆。爱新觉罗·溥仪展览馆以"紫禁城的黄昏"、"津门寓公"、"出关以后"为主题，分三部分展出了有关溥仪的百余张珍贵图片。现在请您一边听讲解，一边观看墙上的图文资料。看完展览，我们一起到影像资料室观看影片《静园春秋——溥仪的一生》。

静园前庭院中有水池喷泉、藤萝架、湖山叠石和竹林景观。除了这处大喷泉，静园主楼内和西跨院还另有两处壁泉。一座庭院内有三处喷泉，在天津乃至全国历史风貌建筑中都是极为罕见的。大家可以在庭院的西南角看到一片湖山叠石和竹林景观。叠石皆为整修时从地下挖掘出的太湖石。太湖石为我国古代四大玩石之一，因产于太湖而得名。

现在，我就带领大家一起参观静园主体建筑——主楼。

主楼的门窗等细部构件和室内装饰呈现典型的日本木构建筑特征，朴素自然；而屋顶舒缓，利用红色筒瓦，点缀的拱券，都具有明显的西班牙中世纪建筑特征。

这里是主楼的门厅。地面的瓷砖是20世纪20年代流行的建筑装饰材料，现在大家仍然可以看到上面的图案。壁泉石材的保留，小马赛克元素的新旧交替，增强了历史与现实的比对。大家现在看到鱼形壁泉为留存下来的历史原件，壁泉也是静园装饰的一大特色。

左边这幅画卷为故宫博物院所藏"明朝四大家"之一唐寅的《溪山隐渔图》，它给人一种坚实厚重感，笔调十分洗练，有一种与众不同的典雅风韵，与《山路风声图》合为双壁，成为清朝乾隆皇帝和宣统皇帝的挚爱。在静园展出的书画是故宫博物院和台北故宫博物院授权日本二玄社所仿制的精品，以及从民间征集来的仿制精品。

这里是原来的大餐厅。门口的这幅卷轴是北宋画家郭熙的《早春图》；厅内的画卷是宋代画家马远的《华灯侍宴图》，画上有乾隆御题的长诗一首。

这里是原来的小餐厅。屋顶采用了"和玺彩画"。和玺彩画是我国明清建筑中等级最高的彩画，为皇家建筑或与皇家有关的建筑专用，画面全部沥粉贴金。小餐厅内的酒柜及护墙板保存相当完好，现在大家看到的，就是从前的样貌。

这里是静园当初的议事厅，是溥仪与清室驻津办事处顾问的遗老们讨论大事的地方。大家请看议事厅门前的这副对联："静坐观众妙，端居味天和"，由遗臣袁大化敬书。由此可看出溥仪居住于"静园"之真意，即静观其变，静待时机，以图东山再起。请抬头看议事厅门上方悬挂的乾坤正气匾。溥仪以复辟大清为毕生奋斗的事业，认为是"乾坤正气"，遂提笔写此四字。

这里是溥仪的会客厅。是溥仪会见各地"遗老"、军阀首领、各国驻津领事及司令官等中外来宾的地方。"九一八事变"后，坚决反对溥仪出关的"帝师"陈宝琛，作为"主拒"派领袖，与"主迎"派领袖郑孝胥之间那场历史性辩论，就发生在这里。

这里是原来的文绣卧室。由于在天津期间，文绣的地位已经远不如婉容，文绣当年就居住在这间房间。1931年，震惊全国的史上第一例"妃革命"就是在这里发生。1931年8月25日文绣从静园出走，直至10月22日与溥仪签订离婚协议。

请大家随我走上二楼，二层有原祠堂、婉容书房、卧室，溥仪书房、卧室等房间。在二楼您可以清楚地看到原来屋架结构和上面的席纹式样，您刚刚走过的楼梯，摸过的扶手是原样留存。

这间房间是当年的祠堂，乃溥仪祭拜先祖之处。因1928年孙殿英盗掘清东陵，溥仪迁居静园后就天天和遗老们在此祭拜先人，以示其报仇雪恨的决心。在清室世系图上，我们可以看到清朝的12位皇帝，也可以看到康乾盛世的繁盛和最后气息将尽的衰落。

这边是末代皇后婉容的房间。婉容房间的所有家具，包括字台、字台椅、落地灯、梳妆台、梳妆台椅、沙发都是清末民初的老家具，非常具有当时的时代特征。

现在我们来到了此行的核心人物"溥仪"的房间。首先是书房，这里的博古架、云龙字台、书柜以及椅子都是按照历史照片的真实影像和故宫博物院以及伪满皇宫的样式制作，材质为红木，雕花为纯手工雕刻。大家请看墙上的这幅溥仪的小楷。1931年冬天，溥仪亲书一段话，此即在旅顺"明志"的御笔，是溥仪对七年天津生活及政治活动的自我总结。这里是溥仪的卧室。卧室壁橱是精心留存下来的,床、字台、梳妆台均为民国时期的老家具。

三层回廊则为溥仪随侍待命之处。

走出主楼,我们最后来到静园的后院,这里建有二层砖木结构小楼一座,原来是仆人居住的地方。西侧连廊(图 4-2)相接的平房原为溥仪的图书馆,用于存放溥仪的藏书。溥仪的二妹韫和、三妹韫颖每日来此上课,二弟溥杰和婉容弟郭布罗·润麒也常常来此读书。这里现用作游客中心和静园修复展。以新旧对比的形式,结合部分实物资料的展示,演绎了静园的今与昔。

图 4-2 主楼右侧的长廊

游客中心是我们此次游览的最后一站,您可以在休息的同时选购您喜爱的纪念品。希望静园之旅能给您留下难忘、美好的回忆,谢谢大家。

4.1.2 张园

我们现在到了和平区鞍山道 59 号的张园。张园也叫"露香园",建于 1915 年至 1916 年,是晚清曾任清军湖北标统、陆军第八镇统制的张彪的私宅。张园在近代史有名是因为它曾经先后接待了民主革命先行者孙中山先生和末代皇帝溥仪。

张园现存建筑为混合结构二层楼房,设有地下室。建筑面积约 3300 平方米,建筑布局不对称,转角处设有塔楼。采用拱券窗、拱券入口门厅、高耸的塔楼等建筑元素,都是借鉴的意大利古典复兴建筑造型。红瓦坡顶,清水砖墙,使得立面效果丰富、热烈。建筑内部装修考究,细部设计丰富。

张园的原貌却不是现在这样的。它是张彪于 1915 年至 1916 年间在宫岛街用两年时间盖建起的,一栋西洋古典风格三层豪华楼房。其楼房四周长廊围绕,入楼口有十几级的台阶。院内有假山,又筑引水池,种植各种花木,取名"露香园"。因为园主人姓张,人们称之为"张园"。建好的张园最初是供自家享用,后来出租做游艺场。园内曾开设了北安利广东餐馆、剧场、曲艺场、露天电影场、台球房等,还利用园内亭台、假山、荷塘、石桌凳等设立茶座、冷饮。露香园一度变为一座露天的游乐场,与当时对面的大罗天游艺场构成了一大景观。

1924 年 12 月,孙中山应冯玉祥邀请,与夫人宋庆龄北上商谈中国统一和建设问题,途中至天津,曾下榻张园月余(图 4-3)。在

1924年秋天的第二次直奉战争中，冯玉祥倒戈，以武力迫令溥仪于11月5日搬出紫禁城。1925年2月24日，在天津日本总领事馆人员和便衣特务的护送下，溥仪经过化装，从北京前门车站逃到天津，先在日租界大和旅馆暂时住下。自认为是清朝

图4-3 1924年孙中山在张园（前排右起第七人为孙中山）

的忠臣遗老的张彪，为了表示对清室的无限忠诚，主动让出张园给溥仪居住。溥仪及皇后婉容、淑妃文绣在张园居住至1929年7月。

1929年溥仪离开张园后，张彪的儿子把张园卖给了日本驻屯军，作为驻屯军军官官邸。1935年，日本人把建成不到20年的张园主楼拆掉，重建了一座带有一个高高的尖塔的二层楼房（图4-4）。1949年后，张园曾为天津警备司令部，后曾长期是天津日报社的办公处。1976年7月28日凌晨发生的大地震，楼房的尖塔摇摇欲坠，当日傍晚的余震将其震落，把地面砸出一个大坑。今天所见得塔楼是近几年依照原样修复的，它依然是天津最漂亮的塔楼之一。

图4-4 今日张园

4.1.3 庆王府

各位游客，天津没有皇宫，但有座庆王府，它坐落于和平区重庆道55号，是天津市文物保护单位，属于特殊保护等级历史风貌建筑。它建于1922年，是一座砖木结构的中西合璧式楼房，建筑装修豪华，风格独特，因为这里曾是清代末期庆亲王载振居住的地方，故称庆王府（图4-5）。

庆亲王为清代世袭爵位。载振是清朝庆亲王奕劻的长子，受庇荫而被慈禧重用。曾被任命为英皇加冕典礼专使，出使英国，并应邀访问比、法、美、日四国。任商部尚书期间，载振向光绪帝呈奏劝办商会的建议，请求各地

图4-5 庆王府全貌

建立商会。1907年奉旨去东三省督办学务，路经天津，天津南端巡警局总办段芝贵为求得黑龙江巡抚之职，花了一万两千金买了女伶杨翠喜献给载振为妾。不久此事被御史赵启霖参奏；清廷派员调查，以"查无实据"不了了之，迫于舆论压力，载振辞去一切职务。1917年，第三代庆亲王奕劻病逝，按清例应由长子承袭爵位。当时清廷已垮台，没有皇帝颁发诏命了。可笑的是，当时中华民国大总统黎元洪，竟然发布一道命令："清宗室庆亲王奕劻因病出缺，所遗之爵，本大总统依待遇清皇族条件第一项，以伊长子载振承袭罔替。"于是在中华民国时期又出现了第四代庆亲王。

1924年，冯玉祥发动"北京政变"，推翻直系军阀曹锟、吴佩孚，把末代皇帝溥仪逐出北京紫禁城。政局动荡，京城的遗老遗少们纷纷跑进天津的租界求得安宁。庆亲王载振也于1925年携全家来到天津。他看上了清末太监张祥斋（小德张）建造的这所宅院，便用北马路10余所住房及20中学对过十余亩宅基地换得此楼为住宅，寓居于此，直至1948年病故。1949年后，庆王府一直为天津市人民政府外事办公室的办公地，如今，CCA International Ltd（CCA）酒店管理集团将庆王府打造成城市遗产会所及精品酒店区。

庆王府整体建筑高大雄伟，气派非凡，高耸的围墙，深深的庭院，让人顿时感受到庄严肃穆。进入大门后，迎面的就是主楼，一个高大的二层复合柱式门廊展现在我们面前，宝塔型的17级半大台阶（图4-6）将我们带入主楼。

图4-6 （左）主楼入口

图4-7 （右）庆王府主楼

我们先来看看庆王府的主楼建筑（图4-7）。为砖木结构三层，带有地下室，占地面积约4700平方米，楼房及平房共计94间，总建筑面积约5000平方米。整座楼房是中西合璧式风格。当年小德张给设计者提出要求，建筑的外观要有西方特色，房子的布局要中国传统的四合院式，即典型的中西合璧式，折中主义风格。我们看主楼的外观为西洋柱式回廊，外檐两层均设通敞柱廊，外廊为蓝、绿、黄色相间的琉璃瓦柱栏。

走上17级半的台阶，进入主楼，迎面可看到中西合璧的木雕隔扇门，这扇门平日关闭，宴请重要宾客时才会打开。在隔扇门上面装镶有拱形的比利时玻璃镜，这些彩色进口玻璃是建造楼房时小德张令人从外国专门进口的，玻璃上还雕刻许多的中国传统山水花草图案花纹，据说这种在玻璃上雕刻的技艺已经不多见了。

走入楼内，可见一个欧洲古典风格的开敞天井式大厅（图 4-8），面积为 349.69 平方米，室内装修古香古色，富丽堂皇。楼内四周有西洋列柱式回廊，天井的上方是用天棚罩住的。在天井的正中央是一组葡萄造型的吊灯，这组葡萄吊灯据说是从德国进口的，到现在仍然可以使用。据老人们回忆，当年在大厅内有一个可以移动的戏台，当主人们想要看戏时，临时用木质的台板就可以在大厅内搭建起唱戏的戏台。二十世纪二三十年代，京津地区一带走红的戏曲名流，都曾经在这个大厅内为主人表演各自的拿手好戏。大厅的四周一圈为正式住房，皆为中式风格，东西南北四面的开间，均为"明三暗五"对称排列。经过改造后的主楼大厅可以承办大型的中式宴会服务，四周房间皆布置成带有浓郁古典气息的餐饮包间。

图 4-8　主楼内的大厅

走出大厅，我们走上二楼，右边的这间是载振的书房，家具摆设都是后期配上去的。古色古香的桌子、博古架、椅子等都与整体氛围非常协调。左边这间为载振非常宠爱的三儿子的书房，在书房墙壁上，我们看见有两块在整修过程中精心保留下来的原墙壁画。

庆王府三楼上的房屋是载振购房后增建的。三楼专为祭祀、供奉祖先王爷的影堂，有大厅、客厅、摆设中式紫檀雕刻大长条案，镶嵌螺钿八仙桌椅、围屏等。走上三楼，看到中间是一个硬木雕花螺钿王爷宝座。右手边房间内有一个用一整块金丝楠木雕刻成的垂楣罩；左面房间的是落地罩，也是用金丝楠木雕刻成的，非常珍贵。经改造后，三楼左侧房间可通达楼顶的露台，在露台上我们可以鸟瞰五大道附近的景色。

当年的庆亲王载振，在楼内的起居饮食仍保留王府旧制，锦衣玉食，吸鸦片，玩花鸟，宴请遗老遗少。他经常招待的遗老旧臣有章一山、金梁、严范孙、华世奎、张鸣歧、小德张以及大总统徐世昌等人。

走出主楼，东面有一小巧玲珑的花园，有假山、甬道、凉亭、小溪、花坛、草木，别有洞天。其与众不同的是在园中有几棵北美的黄金树和盆景木化石。

各位游客，北京西城定府大街的北京府邸被"庆王"的后人称为老王府，而天津的这座，则收藏着这个王族最后的如梦繁华。在《大清王府》一书中，关于庆王府的篇章着墨最多，这既是缘于"庆亲王"奕劻曾经的皇室地位，也因在两座庆王府中演绎的皇族景象如此令人五味陈杂。有人说一座王府就是半部清朝史，当最后的庆亲王载振举家迁出京城来到天津时，这座重庆道上的庆王府，便是为那部本已结束的清朝皇族命运史，续写下的最后一篇跋。

4.2 北洋政府总统及总理私邸

我们今天要游览的就是目前天津保存完好的名人私邸。在天津拥有私人宅邸的近代名人非常多，北洋政府时期的许多要员，还在台上掌权的时候便在天津安置了私宅，以此为退身之路。北洋政府的五位大总统——袁世凯、黎元洪、冯国璋、徐世昌和曹锟，在天津租界都有奢华的宅邸。北洋政府时期的32届内阁，有三分之一的总理，如段祺瑞、靳云鹏、唐绍仪、张绍曾、龚心湛、颜惠庆、顾维钧、潘复等，都曾在天津或久居或暂住，设有公馆。内阁部长一级的人物更是大有人在，名声显赫的如曹汝霖、段芝贵、鲍贵卿、陆锦、刘冠雄等。至于下野的督军、督办、巡阅使和省长一类的人物也是多不胜数，如张勋、倪嗣冲、孙传芳、王占元、陈光远、齐燮元、卢永祥、李厚基、汤玉麟、张作相等。寓居天津的一般军长、师长、厅长、局长，夸张一点说，多如过江之鲫。他们形成了天津社会一种潜在势力，让天津成为了一个酝酿政治风云的"大后台"。

4.2.1 袁宅

我们现在要去参观的就是河北区海河东路与民主路交口处的袁宅。这座小洋楼与袁世凯有着莫大的关系。在中华民国时期的八位总统中，有五位总统，袁世凯、黎元洪、冯国璋、徐世昌、曹锟都在曾在天津置有很多房产，有些是自住，有些是家人居住。目前除了大总统黎元洪在津寓居的容安别墅被拆除外，其余都保存良好。

下面我给大家简要介绍一下这位民国的大总统和天津的渊源。袁世凯（图4-9），生于1859年，河南项城人，北洋军阀首领，中华民国大总统。天津是袁世凯一生政治仕途发展的重要城市，发迹之地就是天津小站。甲午战争之后，袁世凯奉命扩练驻天津小站的定武军，并更名为"新建陆军"。聘德国军官十余人担任教习，从天津武备学堂中挑选百余名学生任各级军官，培植一批私人亲信，以加强对全军的控制。这些人以后大都成为清末民初的军政要人，如徐世昌、段祺瑞、冯国璋、王士珍、曹锟、张勋等。小站练兵是清末新式军队发展的转折点，也奠定了袁世凯一生事业的基础，成为袁世凯仕途的转折点。小站练兵后他声誉鹊起，扶摇直上。1898年，袁世凯出卖了光绪皇帝和维新派，结果戊戌变法失败，皇帝失去政权并遭软禁。1899年奉命镇压了义和团运动。

天津是袁世凯发挥才能、积蓄力量的重要城市。袁世凯于1901年11月从八国联军的"都统衙门"手中接管了天津，任直隶总督兼北洋大臣。他积极地在天津推行"新政"，使以天津为代表的直隶成为"新政权舆之地"，是当时的"模范省"，为全国所瞩目。他在天津创办中国近代最早的城市警察制度和警察机构——天津巡警总局；创办了北洋法政专门学校，以培养通晓政治的官吏；积极创建实业，设立北洋银元局，建成造币厂，铸造出银元、铜元；开办直隶工艺总局，提倡奖励、资助和保护工商，总之，对天津早期的工商业发展起到了积极的作用。

图4-9
任直隶总督时的袁世凯

1911年辛亥革命爆发后，腐朽的清政府被推翻。袁世凯窃取了辛亥革命的果实，摇身一变又成了中华民国的临时大总统。1915年5月，袁世凯在日本外交压力下，接受了干涉中国内政的"二十一条"中部分条款，使其政绩蒙上污点。此时袁世凯还梦想着恢复中国的君主制，建立中华帝国。蔡锷、唐继尧等在云南宣布起义，发动护国战争，讨伐袁世凯。1916年6月忧愤成疾，因尿毒症不治而病逝，时年57岁。同年8月24日正式归葬于河南安阳。对于这样一个大人物，我们总有着说不完的话题和褒贬不一的评价。

好了，我们现在到海河边，眼前的这座漂亮的德式小洋楼就是袁宅（图4-10），该楼建于1918年。这栋"袁世凯官邸"，事实上是本家袁乃宽的旧宅。1915年袁世凯称帝时，想在天津建个府邸，于是就命本家亲戚袁乃宽去办，盖房所需的钱也是由袁世凯出的，但还没等盖完，袁世凯就去世了，这栋房子直到1918年才竣工。后来由南京财政部直属统税局占用，"七七事变"后，敌伪"津海道署"曾设于此。日本投降后，为大成行，新中国成立后，为住户散居。目前这所旧宅已被修缮一新。

图4-10
海河东路39号的袁宅的全景

这所洋楼为一座欧洲古典式建筑，先后委托英、德工程师设计，分为主次楼。主楼平面为 L 形，三层砖木结构带局部半地下室，共 54 间，是北欧荷兰、比利时的建筑形式，有尼德兰式建筑特点。

建筑面向海河及民主道一侧均为山墙（图 4-11），尖尖的山花，装饰着哥特式的雕饰，山花上形成三个台阶式的水平层，加强了水平分划。屋顶是木结构的，陡峭的红色屋顶与高耸的亭楼显得非常俏丽。我们看宅邸最引人注目的是四周墙身托起的又高又陡的双坡顶，以及在屋顶上建造的那座采光亭。这种造型起源于意大利文艺复兴早期，在德国建筑风格中进行演化，变为有外楼的"扣钟"。

图 4-11　哥特式装饰山墙

袁宅在建筑上极具特色的是风水窗上的装饰塔尖。1976 年地震，塔尖跌落。震后修缮房屋时，因为这个塔尖的工艺难度极大，放弃了修复。后来为了完全恢复建筑原状风貌，在证实了缺损部分原貌的基础上，仿制了这个装饰性塔尖，并增设了避雷针。

小洋楼的主要入口从凹角处进入，门廊是由方柱与圆柱相结合成的。底层有大客厅、餐厅、书房等。二层为卧室，再由小转楼梯上三层。主楼共有大小房 20 多间。住宅入口处有一间门房，上有穹顶，曾为居民居住，现已修复一新。小楼内部结构包含了许多中世纪遗风，具有极高的研究价值。据说这栋小洋楼设计的特点是：有所谓"隐身处"与"脱身处"。"隐身处"是在二楼右侧有个小门，门内建钢筋混凝土楼梯，铁栏杆，可上至楼顶间，下至地下室，如果关上小门便找不到上下楼的去处。"脱身处"是在三楼凉亭设有铁楼梯，直通后花园余门，由此可脱身逃走。此外，在这所楼的二三层之间还专门设计了一间八角形房屋，几面窗户都朝海河，透过窗户看去，无论潮涨潮落，河水都好似往八角楼里流，象征无数财源流入袁家。

我们走进此宅，能够发现建筑的独特魅力。建筑的一些细部特征如一楼打磨精致的石柱、雕塑，从颜色到造型皆为欧洲巴洛克建筑风格。各个房间的屋顶装饰各不相同，有尖的、弧形、棱形，最具代表性的是一楼最左边的一间屋顶，全部被染上了金色。据考证，这是当时主人接待贵宾和举办小型舞会的地方。袁宅内的铜质把守、窗户和暖气盒上的铜质开关极具特色。据了解，这些小五金配件不是民初风格，也不是现在流行的装饰风格，而属于德式的尼德兰风格。

欣赏完了这座小洋楼建筑，还想和大家说说袁世凯在天津其他的房产和他的后代在天津的生活。其实袁世凯在天津建有多处房产。现建设路 64 号的房子是袁世凯担任直隶总督、北洋大臣时所建,他自己曾在此居住;袁世凯的部分妻妾和子女在大营门的一处六栋大楼组成的袁氏老宅居住,该住宅现在已拆除了。同时,他在河北区地纬路六集里有一处房子,是他部分妻妾所住。今成都道 93 号有栋很普通的小楼,是袁世凯的次子袁克文的寓所。袁克文精通书法、诗词歌赋,好收藏,也是有名的京剧票友,是当时赫赫有名的"民国四公子"之一。已故国际著名物理学家袁家骝,即袁克文三子就在那里长大。

4.2.2 冯国璋旧居

我们现在处在奥式风情码头,大家请看临街的这一幢整修的非常漂亮的连体式洋楼,是法式西餐的高级会所。大家可能想不到,这栋洋楼就是"北洋三杰"之一、民国初年曾任副总统的冯国璋的故居(图 4-12)。

图 4-12 冯国璋旧居

下面给大家介绍一下冯国璋(图 4-13)。冯国璋(1859—1919)字华甫。直隶河间诗经村人。1896 年袁世凯在小站练兵时,他被委任为督练营务处帮忙兼步兵学堂总监。1903 年清廷在北京设立练兵处,经袁世凯推荐,任军令司副使,军学司正使。与王士珍、段祺瑞并称为"北洋三杰"。辛亥革命爆发后,任北洋军第一军军总统,率军到湖北镇压革命。

图 4-13 冯国璋

袁世凯当上大总统后,冯国璋被委为禁卫军统领,兼总统府军事处处长,直隶督军兼民政长。1913 年国民党发动讨袁战争,即所谓的"二次革命"。冯国璋率军南下,攻克南京,遂被任命为江苏都督。此时恰值袁世凯紧锣密鼓准备称帝,冯国璋闻讯后专程由南京到北京,当面问袁世凯,袁世凯故作惊讶,说:"绝无此事,纯属谣言!我的长子袁克定是一残废人,二子袁克文是假文人,都是无用之才。假如我做了皇帝,传位给他们,不是立即完蛋吗?我何至于如此愚蠢呢?不要听信谣言,我绝无做皇帝的打算。"冯国璋回到南京后立即向新闻界发表谈话,让他们辟谣。事隔不久,袁世凯称帝的事实让他连呼上当,遂与袁决裂,举起了反袁的旗帜。1916 年袁世凯死后,北洋军阀集团发生分化,冯国璋成为直系军阀首领。皖系军阀首领段祺瑞控制北京政府后,他与湖北督军王占元、江西督军李纯(三人并称为"长江三督")

联合，共同对抗段祺瑞。1916年冯国璋被选为副总统，次年代理总统。1918年被皖系军阀段祺瑞胁迫下台。1919年在北京病逝。

冯国璋生前虽只做了代总统，但他的名气一点都不亚于民国时期的其他几位大总统，执政、从军之时做过颇多大事。冯国璋是曾寓居天津的五位大总统之一，他的后代也多在天津，但他本人在天津生活的时间却并不长。从代总统位置上卸任后不久，冯国璋就病逝了。因此，他没有像黎元洪、徐世昌、曹锟那样度过一段很长时间的寓公生涯，他留在天津那栋小洋楼的故事其实很少。

冯国璋在江苏和老家河间买了大量土地，在天津购置了大量房产。我们眼前看到的这处宅邸，就是第一处寓所，处在原奥租界内，即今河北区民主道50—54号和海河东路花园巷。它是冯氏于1913年购自奥地利工程师布吕纳的三所楼房，楼房为砖混结构的二层奥地利式楼房。平顶出檐，两幢相连。其中一幢各内室以大折叠门连通，另一幢为联立式门。1915年冯国璋又委托一位德国建筑师按原建筑风貌设计进行扩建、接建，并修建了庭园式花园，人称"冯家花园"或"冯家大院"。扩建后共有楼房110间，平房54间，建筑面积4661平方米。建筑为砖木结构，多坡瓦顶，窗户为纱窗、雨淋窗、双槽玻璃窗多层结构。房屋造型整体呈典型奥式风格，布局大方，朴实典雅。冯家原来的花园一度改为煤厂，后又建成里巷，取名冯家胡同，1982年更名为花园巷。

冯国璋在天津的第二寓所在今河北区宇纬路6号，共有楼房24间，平房47间，也是一座花园式别墅，现已拆除改住宅楼。

1919年冯国璋去世后，其子冯家遇一家人到天津定居。他们住的就是现在民主道50号这座小洋楼。这栋楼此后一直由冯国璋的后代居住，他的曾孙中著名相声演员冯巩就出生在这里。因为冯国璋曾经的身份，他的后代和这栋小楼都曾经历过很多波折。如今，坎坷都已远去，那栋小楼带着"冯国璋故居"的名字一直站立在海河之畔。它与民主道另一侧的袁世凯故居交相辉映，成为奥式风情码头的两大主力景点，形成"左右冯袁"之势。

4.2.3 徐世昌宅邸

我们现在在和平区新华南路255号，眼前的这座三层砖木结构的红色楼房非常抢眼，它就是民国时期大总统，自诩为"文治总统"的徐世昌（图4-14）的房产。这座建筑位于原属英租界牛津道，建于1927年。我们看到整座建筑的外形别致，凹字形陡峭瓦屋顶与弧形欧式观赏露台，相互衬托，具有鲜明的英式别墅建筑特色（图4-15）。

下面给大家简要介绍一下这位"文治总统"。徐世昌（1855—

图4-14　徐世昌

1939），字卜五，祖籍河南，进士出身。曾追随袁世凯，在小站练兵。由于袁世凯的荐举，徐世昌曾出任军机大臣，督办政务大臣等。袁世凯任中华民国大总统时，徐世昌出任政事堂国务卿。袁世凯称帝失败后，他退居河南辉县百泉山。1917年总统黎元洪与总理段祺瑞因为对德宣战问题闹得不可开交，徐世昌出面调解。1918年10月，在北洋军阀的派系争夺中，文人出身的徐世昌被各方所接受，被安福系国会选为民国大总统，自称"文治总统"。

徐世昌所讲的"文治"核心是"清静无为"，曾在总统府组织"晚清簃诗社"，每日吟诗作画。徐世昌表面上圆通、沉稳、柔韧、机警，实则倨傲、吝啬、拘谨、守旧，根本没有能力治理当时中国军阀混战、政局动乱的局面。1922年，在直系军阀曹锟、吴佩孚的操纵下，被迫于1922年6月通电辞职，退隐天津租界。他在租界置有楼房多处，并在天津租界里过了17年的闲散生活。

我们眼前的这座宅邸特点是九座楼房建在一块宅基上，联系紧密但又自成体系。徐世昌自住的是一个独立大院，占地6.35市亩，共有楼房26间，平房4间，建筑面积1085平方米。楼房共分为三层，为混合结构，红砖瓦顶。这座公馆建筑的特点可以看成是以下四点。

图 4—15　徐世昌宅邸外观

一是建筑的平面呈汉字"凹"字形，既有陡峭的屋顶，更有欧式长弧形的观露台。二是建筑外形的塑造方面，使用如用清水砖砌墙体，而在房檐、窗口等处则用浅色的水泥点缀美化，增强其变化与层次感。三是在室内装饰方面，则颇具中国传统建筑与风格。在房间的布局与功能上，一楼有客厅、休息室、更衣室、餐厅、洗澡间等。徐世昌隐居天津后，将公馆作为会见中外宾客的空间，这种接待多在底层客厅进行。二楼为卧室、书房、办公室、内客厅。徐世昌平日多在二层的书房中读书、写作著述、吟诗作画，其《清儒学案》、《退耕堂集》、《水竹村人集》等著述便是在此完成的。三楼为顶子间，可作卧室、书房、储藏室等用途。在屋外有一宽敞明亮、花木繁茂，一派生机的花园，供人观赏散步之用。

徐世昌信仰道教，崇拜吕洞宾，在公馆内设有吕祖的神像供案，且每天须在像前磕一百个头，以示虔敬之意。此外他本人崇尚修身养性，明志践行，在养生上，每天坚持在宅内练气功；同时在宅院内种菜，还把自己的书斋命名为"退耕堂"，自称"退耕老人"、"退叟"，他照了一幅耕地时的照片，题名"退耕图"，常以"八十老翁顽似铁，三更风雨采菱归"的诗句自诩。

徐世昌与严修是同年考进士之挚友。严修创办南开学校时，徐世昌带头慷慨解囊捐资。"九一八事变"后，他关心时局政事。"七七事变"发生后，汉奸和特务多次劝说他出山，他不但闭门不见，还痛斥那些出卖国家民族的败类。1939年6月6日，徐世昌在天津病故，享年85岁。

如今的新华南路的徐世昌宅邸是20世纪90年代拆除后重建的，现为天津市教委使用，被列为天津市尚未公布为文物保护单位的不可移动文物。

4.2.4 曹锟宅邸

图 4—16　曹锟

我们现在所处的位置是和平区洛阳道45号，眼前看到的是天津市文化局幼儿园。大家可能不知道，这座二层砖瓦楼房，就是1923年，用高价贿赂国会议员，当上大总统的曹锟居住的宅邸，旧时人称曹公馆。它是曹锟（图4-16）于1923年给四房太太刘凤伟新建的一幢西式洋楼。

曹锟（1862—1938）出生在天津一个专门修造木船的清苦家庭，21岁时到天津小站应募入伍。因受到袁世凯的赏识，攀升甚快，40岁出头，便当上了北洋陆军第三镇的统制，后又成了第三师的师长。1912年，曹锟曾纵兵哗变，为袁世凯制造拒绝南下就任中华民国临时大总统的借口。袁世凯称帝时，受封为虎威将军、一等伯。袁世凯死后，在军阀混战中，曹锟扶摇直上，冯国璋病死后，他被奉为直系的首领。

1922年4月，第一次直奉战争，曹锟与吴佩孚等控制了北京政府，掌握了北洋政府的大权。但曹锟并不以此为满足，1923年，竟以5000元一票的高价贿买国会议员，当上了遗臭万年的"大总统"；他手下的国会也被群众唾骂为"猪仔国会"。所以曹锟当上总统后最怕听两出京剧，一出是《击鼓骂曹》，一出是《徐母骂曹》，当年北京的戏院只要贴出这两出戏的戏报，就要被军警撕毁，后来甚至宣布为禁戏。

当上总统没多久，1924年10月，第二次直奉战争爆发，直系失败，曹锟被软禁在延庆楼，于1927年被释放回天津，从此在租界里藏身度日，再也没敢出山。九一八事变后，日本把侵略矛头指向华北和京津地区，并积极策划组织伪政权，派人说服曹锟出山。曹锟最终严词拒绝了日本人的利诱。1938年5月在天津病故。

曹锟在天津有大量的工商业投资，在旧英租界购置多处房产。现存的仅有两处房产。曹锟先后娶了四个老婆：原配郑氏，后娶高氏，再娶陈寒蕊，最后纳妾刘凤伟，其中以陈寒蕊、刘凤伟最得宠。1925年，曹锟寓居天津先与陈寒蕊住在英租界盛茂道（今和平区河北路34中学址）公馆。后给四太太刘凤伟在和平区南海路2号建了一幢西式洋楼，人称曹公馆，也就是我们眼前的这座楼房。这栋二层砖瓦楼房，带地下室，共有楼、平房42间，建筑面积1153平方米。主楼前檐有四棵钢筋混凝土立柱，在柱头塑有花纹，外墙镶黄色瓷砖。内部装饰考究，雕刻有花卉、动物等图案。整座楼房富丽堂皇，至今保存完好（图4-17）。

图4-17　曹锟旧居

在天津仅存的另一处曹锟旧居，为河北区黄纬路的曹家花园，是大总统曹锟的私家花园，该花园西起元纬路，东至宙纬路，南自五马路，北抵新开河，占地200余亩，始建于光绪二十九年，即1903年，河北新区开发之初。该花园主人原为清末天津大买办孙仲英，1906年重金转售曹锟。曹家花园当初是一所豪华的园林别墅，在园中既有飞檐斗栱的中式建筑，又有西式楼房。在园内有大面积的湖面和荷花池，还有假山和漂亮的凉亭。当时每座建筑之间均有走廊相连；园中堆砌假山，立太湖石，挖人工湖，建湖心亭，游泳池，园内树木繁茂，花团锦簇，为一时私家园林之冠。1923年曹锟贿选总统后，曾在此做寿，收受寿金不可胜数。

曹家花园在中国近代史上非常有名气，这并非因它的园林景深，而是曾在此发生过很多大事。1924年底，孙中山为中国的和平大计，应冯玉祥、段祺瑞、张作霖之邀，第三次北上来津，住在张园，曾到曹家花园与张作霖会谈共商国是。1925年溥仪被冯玉祥赶出紫禁城后，住在天津日租界，曾到曹家花园探访张作霖，当时张作霖趴在砖地上向溥仪磕头叩拜行君臣之礼，并请溥仪回奉天的故宫居住，告诫"皇上要小心小日本的圈套"。

在1936年曹锟将花园卖给冀察政务委员会，后改为"天津第一公园"，并增添娱乐、文化、餐饮等设施，一时游人鼎盛。1937年"七七事变"天津沦陷，日军侵占公园用作日本陆军医院。抗战胜利后，国民政府将其作为陆军医院。1949年1月，由解放军军管会接管，一直为解放军254医院所使用，园中景致几近不存，破败不堪。2012年曹家花园经过大规模整修后，最大程度地再现了曹家花园丰富多彩的历史内涵和典雅精巧园林艺术，成为集休闲、观赏为一体的城市开放公园。

4.2.5　段祺瑞私邸

我们现在所处的位置是和平区鞍山道，在旧时属于日租界宫岛街。在这条街的38号，有一座规模宏大的宅院式楼房，建于1920年前后，至今已有八十多年的历史，这幢楼房便是民国期间曾任"执政"的段祺

图 4-18　段祺瑞

瑞（图 4-18）的私邸。这座公馆式住宅大楼，是曾任北洋政府陆军总长吴光新（段祺瑞的妻弟）的私产，后让于段祺瑞居住，故被人称为"段公馆"，是当年日租界最为豪华的私人公馆式住宅。

我给大家先介绍一下段祺瑞和天津的渊源。段祺瑞（1865—1936），安徽合肥人，为民国时期政治家，皖系军阀首领。在晚清民国的历史中，段祺瑞是一个无论如何也绕不过去的人物，早年他跟从袁世凯起家，而后在北洋政坛中成为举足轻重的人物，与王士珍、冯国璋并称为"北洋三杰"。20 世纪初期的很多历史事件，都与他有着千丝万缕的联系。

段祺瑞虽然不是天津人，但他一生的起起落落，都与天津的渊源颇深。段祺瑞一生的军政活动主要在北方，而天津又是他军政生涯的起点、活动的重要基地和作寓公的地点。他曾三次退居津门，将天津作为活动的重要基地。在退居津门的时期，他不断寻找机会，在段公馆联络各方势力，等待时机，东山再起。

袁世凯死后，黎元洪成为大总统，段祺瑞担任国务总理，两人分庭抗礼，在是否对一战中的德国宣战等问题上产生矛盾，被称为"府院之争"。1917 年 5 月，在与黎元洪闹翻后，被黎元洪免去总理职务，段祺瑞第一次退居天津。此后不久段祺瑞利用张勋复辟之机，赶黎元洪下台，冯国璋代理大总统，段祺瑞复任国务总理。1920 年，直皖战争爆发，段祺瑞被直系击败，第二年退居津门。后又联合孙中山、张作霖商讨反直问题。并在"段公馆"设有办事处，与各方密切联系。最终导致了 1924 年 10 月 23 日冯玉祥率部倒戈，并推翻了曹锟的北京政权。随后段祺瑞被奉系推为中华民国临时"执政"。在 1926 年段祺瑞制造了屠杀爱国学生的"三一八惨案"，1927 年 4 月被冯玉祥赶下台，率部多人离京来津，第三次退居天津，开始了他一生中一段恬静的寓公生活。

好了，我们现在到了段祺瑞公馆的门口，红色的大门和高高围墙衬托出宅邸的气派与豪华（图 4-19）。这栋段公馆并非段祺瑞本人建造的，他最初来到天津时，并没有自己的房产，先是租住在日租界寿街一房，后来他的内弟吴光新把这眼前的这栋在日租界的公馆让给了他。

图 4-19（左）段公馆大门

图 4-20（右）段祺瑞旧居大楼全景

我们走进故居，就能发现，这座大型私人别墅确实气派非凡。公馆建筑居于中央，周围是庭院，为庭院式风格。主楼高三层，颇为庞大，砖木结构，并有地下室。楼房前部为条石高台阶，高台阶以上有柱式外廊围绕楼宇，多坡屋顶，属于欧洲折中外廊式建筑风格（图 4-20）。房间高大，装修虽不豪华，但整体气派、大方。建筑物顶部中央突出成圆形，好像为这幢楼戴上了一顶古典的桂冠。原来在顶部有一八角凉亭，1976 年地震后被拆除。整座住宅共有楼、平房 74 间，建筑面积 3458 平方米。第三次退居津门后，段祺瑞在这座寓所居住并不长，因寓所离日本驻屯军司令部比较近，经常有日本军官来访，段祺瑞常托病不见。后来他的部下、曾任陆军第九师师长的魏宗瀚，把段祺瑞接到了日租界须磨街（今陕西路）自己的寓所居住。

段祺瑞在津寓居期间，以崇信佛教作为精神依托，自号正道居士，吃素食，过着相对清苦的生活，晚年因腿脚不便，不常出门。对于段祺瑞在天津的生活，他的外孙女袁迪新曾对媒体有过详细的讲述："每天早上起来，外公头件事便是念经诵佛，待吃过早饭，他的老部下王揖唐便过来，帮他整理编选历年来的诗文，准备刊印一部《正道居集》。午睡之后，外公照例是下围棋，晚上打麻将。"日本侵略者曾拉拢段祺瑞出山任伪职，被段祺瑞拒绝。1933 年，南京国民政府派员迎段祺瑞南下上海。段祺瑞晚年保持了应有的民族气节。该故居现为和平区教师进修学校使用，是天津市的市级文物保护单位。

4.3 意式风情区及附近私邸

4.3.1 梁启超故居及饮冰室

梁启超故居和饮冰室书斋坐落于一宫附近的民族路 44 号和 46 号。1991 年被定为市级文物保护单位。梁启超是我国近代著名的资产阶级思想家和学者，是我国近代史上"戊戌变法"运动的中坚人物，他宣传变法，发表文章，介绍西方社会文化、政治学说，大力传播资产阶级民权思想，成为风靡一时的"舆论界骄子"。

1898 年"戊戌变法"失败后，梁启超逃亡日本。辛亥革命后归国，来到天津，选中了意租界四马路上的一块地方，聘请意大利设计师白罗尼欧设计并建造了一幢具有意大利风格的小楼，这便是我们眼前的这所故居（图 4-21）。

图 4-21　梁启超故居

1924年底，梁启超又在居室右侧（今民族路46号），建造了一座浅灰色的二层小楼，这就是人们现在提起的梁启超书斋"饮冰室"。梁启超在此撰写了《中国历史研究法》、《清代学术概论》等颇具影响的著作，前后居住了15年，直至1929年1月9日病逝。2002年，天津市及河北区政府投巨资修复了梁启超在津的寓所，并建成纪念馆对外开放。

现在我们先来看一下梁启超的故居。著名的反袁护国战争，就是梁启超和他的学生蔡锷将军在这座楼里策划的。

这座建筑属于意式风格，两层砖木结构楼房。前后共有两幢，建于1914年。前为主楼，带地下室。为水泥外墙，塑有花饰，异型红色瓦顶，石砌高台阶，建筑面积1121平方米。一、二层各有9间居室。主楼建筑分为两部分，东半部为梁氏专用，有小书房、客厅、起居室等；西半部是家属住房。后楼为附属建筑，有厨房、锅炉房、贮藏室、佣人住房等。前楼与后楼有走廊、天桥连接。整所建筑相当讲究，有花园、汽车房、传达室。现在这里被辟为展室，主题是"梁启超与近代中国"。大家可先参观一下"梁启超与近代中国"主题展览。

梁启超，1873年出生于广东省新会县茶坑村。大家看模型上就是梁启超的出生地——广东省新会县的故居，而我们现在所在的天津梁启超纪念馆是他晚年生活的地方。

梁启超自幼聪慧好学，饱读诗书，17岁考中举人。1890年，拜康有为为师，学习长达5年之久。1895年梁启超来到北京参加会试。正值《马关条约》签订，他遂协助康有为组织参加会试的1300多名举人，在北京松云庵发表演讲，并写出了万言书，这就是历史上著名的"公车上书"。1896年以宣传维新变法，救亡图存的《时务报》在上海创刊，梁启超担任主笔。1898年（农历戊戌年），以康有为、梁启超为首的改良主义者通过光绪皇帝进行了一次资产阶级政治改革运动。此次改革运动遭到慈禧太后的镇压，光绪被囚，谭嗣同等6人（"戊戌六君子"）被杀害，历时103天的变法以失败告终。康有为、梁启超分别逃往法国和日本。

在日本期间，梁启超先后创办了《清议报》和《新民从报》，着重介绍西方资产阶级社会政治学说，宣传维新变法，反对革命。辛亥革命爆发后，梁启超看到了希望，于1912年回国，开始了新的政治生涯。

1915年，梁启超起草了著名的《异哉所谓国体问题者》，讨伐袁世凯承认日本政府提出的"二十一条"要求，反对袁世凯称帝。袁世凯称帝后，蔡锷将军在云南宣布独立，组织护国军讨袁。与此同时，梁启超在上海策划了滇、黔、桂三省的起义。随后全国各地纷纷独立，袁世凯抑郁而死，护国战争取得彻底胜利。张勋率辫子军进京拥戴溥仪复辟，梁启超通电表示反对。1918年底，在当时北洋政府的资助下，梁启超开始了他历时一年的欧洲考察。

梁启超旅欧回国后，放弃政治活动，专心教育和学术事业。他晚年曾担任京师图书馆和北京图书馆馆长,并于1925年9月开始主持清华大学国学研究工作。从1921年到1923年,他在全国各个大学巡回演讲,涉及的领域十分广泛,有历史、文化、教育、法律、经济、哲学等。他还邀请国外学者到中国讲学,促进了中西文化交流。

这是梁启超一生的"文章著作一览表",他为我们留下了1400多万字的著述,是一个"百科全书"式的学者,他研究的范围非常广泛,涉及的学科很多,堪称一代学术大师。

这是梁启超与家人的合影。他生命中的最后15年是在天津度过,这里是他晚年学术研究的基地,也是他享受天伦之乐的地方。下面我们来认识一下梁家子女。梁启超一共有九个孩子,其中有三位是中国科学院院士,这在世界家庭史上都是很少见的。先来认识一下三位院士,他们分别是建筑学家梁思成、考古学家梁思永和火箭专家梁思礼。除了三位院士,其他孩子也很出色,在各个领域都有所建树。

走出故居,我们看到寓所的西侧就是享誉世界的"饮冰室书斋"。饮冰室一词见于《庄子·人世间》:"今吾朝受命而夕饮冰,我其内热焉?"梁启超变法维新,内心焦灼,因此他要饮冰来解内热,积极宣传变法强国。

"饮冰室"建成于1925年,仍由意大利建筑师白罗尼欧设计并承建,建筑面积为949.5平方米,灰色砖木结构带地下室的二层楼房,整幢楼线条流畅,典雅浪漫,造型别致,是融合了意大利式穹顶和中国天圆地方建筑理念的中西合璧式精美建筑。楼的正面的三个半圆形连续拱券门洞为主要入口。墙面清新明快,门窗四周用纤细的灰塑作为装饰,墙角配以抱角柱,更衬托出墙面的平滑柔和。整幢建筑构图自由活泼,追求开朗愉快的风格。楼前是花园式的庭院,中间有一大花坛,以甬道围绕,南北两侧种植着藤萝,衬着淡素的透空花墙,显得幽雅宁静,鲜明地表现了意大利文艺复兴时期花园府邸的特色。一楼部分为书斋、客厅、游艺室和资料室;二楼部分为卧室、休息室等。现在这里经过复原陈列,再现了梁启超生前工作、学习的环境(图4-22)。

图4-22 饮冰室书斋

梁启超一生的论著数以千万字计,涉及史学、文学、经济学、社会学、文化学、哲学、佛学、法学、新闻学、教育学等许多领域。作为近代百科全书式的学术大师,梁启超当之无愧。而其学术文化大师的崇高地位,主要是在天津"饮冰室"所写的论著奠定的。因而,可以说饮冰室的文化内涵足以作为天津这座历史文化名城的一种标识。

4.3.2 曹禺故居

我们现处于意式风情区内的民主道上,接下来会看到的名人宅邸的主人就是《雷雨》、《日出》、《原野》、《北京人》等文学作品的作者,那就是中国现代杰出的戏剧家曹禺先生。曹禺,原名万家宝,生于天津一个没落的封建官僚家庭,他的童年和青少年时期是在天津度过的。

我们现在看到的河北区民主道23号、25号的意式小楼,就是曹禺先生青少年时代居住的地方。这里也是他艺术生涯的起点,著名话剧《雷雨》就是在民主道25号完成的。该故居为前后两座,共计600余平方米,始建于民国初年。前后两楼均为砖木结构,上下两层带阳台(图4-23)。

图4—23
曹禺故居纪念馆和铜像

曹禺故居在此后年间产权几经变更,1958年改为公产,为市民住用,随着岁月的剥蚀,小楼已显苍老。2007年曹禺故居完成整修,建立纪念馆,馆内拥有大量历史资料和馆藏照片,恢复了大量的陈设家具和物件。馆前铸有由著名雕塑家刘鑫创作的曹禺先生半身铜像,像高1.2米,生动表现了大师的风采和内心世界。

2010年恰逢曹禺先生100周年诞辰,天津市对曹禺故居进行纪念性恢复,并在故居旁建立了曹禺剧院。曹禺剧院主要是演出曹禺的剧作和一些健康向上的情景时尚话剧,分别在三个小剧场——"雷雨厅"、"日出厅"、"原野厅"上演,因此也成了话剧爱好者和专业、业余演员欣赏话剧和展演的场所和平台。我们参观完曹禺故居纪念馆后,还可到曹禺剧院领略曹禺戏剧演出的魅力。

4.3.3 李叔同故居

各位游客,我们现在位于河北区海河东路与滨海道交口处,这里是天津的老粮店街。我们即将要参观的是李叔同故居纪念馆。想必大家都听过一首《送别歌》,"长亭外,古道边,芳草碧连天。晚风拂柳笛声残,夕阳山外山……"。这首经久传唱的歌曲,就是由李叔同填词的。李叔同是我国著名近代新文化运动的先驱,著名音乐家、教育家,同时也是享誉海内外的佛教高僧。作为中国新文化运动的早期启蒙者,他的一生充满了传奇色彩。他酷爱文学、艺术,擅长书法、绘画、音乐、篆刻,多才多艺,在多个领域开中华灿烂文化艺术之先河。

李叔同,1880年生于天津,是清朝进士、吏部主事李世珍之子,自幼从母习诵名诗格言及《四书》、《尔雅》等,后从名师学习金石、书画、诗词。1905年曾赴日本学习西洋绘画和音乐。在那里，他组织了戏剧团体"春柳社"，并主演《黑奴吁天录》、《茶花女》等名剧，开中国话剧运动之先河。1910年学成回津，出任天津工业专门学校教员，转年在直隶模范工业学堂执教。1912年赴上海城东女学音乐教习，参加柳亚子创办的南社，同年转赴杭州一师任教。他培养的艺术人才遍布全国。

他是第一个向中国传播西方音乐的先驱者，所创作的《送别歌》，历经几十年传唱经久不衰。同时，他也是中国第一个开创裸体写生的教师。卓越的艺术造诣，先后培养出了画家丰子恺、音乐家刘质平等一些文化名人。1918年秋，他在杭州虎跑寺剃度出家，专研戒律，弘扬佛法，普度众生出苦海，被佛门弟子奉为律宗第十一代世祖，后在国际上享有南山律宗大师之称。

李叔同在天津市河北区粮店街度过了青少年时代。故居原是一座建于清末的老四合院建筑，平面呈"田"字形。后来由于成了大杂院，年久失修，内部结构已被改装得面目全非，只有李叔同的卧室基本保存了原貌。因此，2007年在故居原址上，按照"前门朝东，后门朝海河，故居坐北朝南"的原则设计，复原重建了李叔同故居纪念馆。

重建后的故居和附设花园两部分组成，由苏州园林设计院负责设计，保持了原故居的建筑规模和建筑风格。故居背靠海河，为一座典型的坐西朝东清代建筑，呈正方形，由四套四合院组成，平面布局为"田"字形。大门为"虎座"门楼，门楣上有极为精

图4-24　粮店后街故居照片

细的"百兽图"镂刻砖雕，墙壁磨砖对缝。门楼上挂有"进士第"大匾，过道悬挂"文元"大匾，五磴台阶，门楼顶部及门槛均为紫棕色，门楼上的砖雕别致精巧（图4-24）。

进了大门，有装潢讲究的影壁，左侧有门房，门房东面正对着宽宽的箭道，用箭道隔开跨院和住房。

住房的前院五间西房为大客厅，有一米多宽的雨厦，形成走廊，屋内正中悬挂"存朴堂"匾额一方，中间堂屋是一明两暗的，对面五间东房，为"桐达钱号"，南北房各三间住人，北房外间屋为佛堂。

后院南房三间，李叔同早年在这里居住，外间屋为"李氏宗祠"。西房五间为上房，李叔同胞兄李桐岗居住。北边的房子是前后跨院三间房宽，前院东房为中书房，中间西房为客房。后跨院西房、北房各三间为下房。

在大四合院右侧，原有一个小院名"意园"，建有藤萝架，四周

用竹篱围起。意园有一间西屋，是李叔同从日本留学回国后改建的，称"洋房"。"洋房"为中西合璧的建筑，与院内其他房屋迥然不同，此房为刀把儿形西房，朝东朝南有窗，窗为两层玻璃，一层纱窗，青砖瓦顶，有流水沟。"洋书房"的布置也很别致，墙上挂着李叔同在日本留学时画的油画，屋中摆有钢琴，书橱中除书籍外，还有贴着来信的册子和在上海居住时的日用账本及使用的碑帖等。东屋称"中书房"，藏有线装古版书5000余册。院内建有游廊和小花园，室内陈设精致，环境幽雅。李叔同在1912年去上海之前，大部分时间是在这座宅院里度过的。园林内景观主要有太湖石假山、人工湖、纪念亭和凉亭组成（图4-25）。花园内建弘一大师纪念亭和雕像等设施。故居纪念馆馆内一件件展品呈现着大师在诗、词、书画、篆刻、音乐、戏剧、文学、佛教等多个领域的卓越成就，一间间展室讲述着李叔同大师"二十文章惊海内"的璀璨一生。

图4-25 李叔同故居纪念馆花园

天津河北区宙纬路有一个李叔同书法碑林（图4-26）。该碑林位于宙纬路27号院内，占地625平方米，是1990年在原觉悟社所属的觉悟园基础上兴建而成的，距今已20多年。碑林为传统园林建筑，朱漆大门，上悬全国佛教协会会长赵朴初题匾额。碑林内镶嵌着李叔同中、晚期书法碑刻74件，以及著名书法家赵朴初、启功等人的墨宝。碑林中收有李叔同圆寂前绝笔"悲欣交集"等作品，弥足珍贵。这里幽静恬淡、意蕴深远，是津门独特景观之一，有"赛江南小园林"之誉。许多海外人士都曾慕名前来参观，对碑林里的景观和意境称赞不已。

图4-26 李叔同书法碑林

4.3.4 刘髯公宅邸

我们眼前的这栋意式建筑风格的二层楼房（河北区建国道66号），建于民国时期，它的主人是近代创办了《新天津报》，在天津近代报业首屈一指的报界名人刘髯公。刘髯公，天津武清杨村七街人。曾在法国驻华使馆和天津法租界工部局做事的时候就深刻体验到在外国人手下做事的艰难，他一心想着能够独立创业。1924年与段松坡等合作，创办《新天津报》，以平民化、敢说话为标榜。以整版篇幅连载《三侠剑》等长篇评书小说，迎合读者的趣味，扩大报纸销路。此举使得该报行销远及东北、西北各地，并保持了最高 5 万份的日发行量，在四开小报中拔得头筹。刘髯公利用其丰厚的利润回报，置办了新的报馆（位于天津河北区建国道），安排了一百多人就业，他自己也成了天津首屈一指的报界名人。此后还陆续发行了《新天津晚报》《新天津晓报》、《文艺报（三日刊）》《新天津画报（周刊）》《新人月刊》等共六种报刊。他扩充报社，设立私家电台，办新闻函授学校。1937 年天津沦陷前，《新天津报》积极宣传抗日。

我们看眼前的整座故居为砖木结构二层楼房带半地下室，属于意式建筑风格。外立面为清水墙面，顶部为瓦屋面坡屋顶并设有老虎窗，建筑一层和二层均设有圆柱外廊，该旧宅共有 24 个房间，地下室和楼房结构一样，共有 12 个房间。并有后楼和塔楼，建筑外部还设有檐柱走廊，塔楼相连，瑰丽气派（图 4-27）。故居前楼是家眷的住所，后楼是《新天津报》报馆所在地。当年家族中共有 30 多口人分住在两层楼房中，后楼是报馆编报的地方，印刷工作则在地下室完成。

图 4-27　刘髯公宅邸

刘髯公旧宅自 1956 年开始由天津市木材公司所用，并经过几次改造，主体建筑外貌基本没有被破坏并保留着窗框和栏杆的原件。作为近代天津知名报馆——《新天津报》的旧址，该建筑目前为河北区重点文物保护单位和特殊保护等级历史风貌建筑。

4.3.5　华世奎故居

参观完马可波罗广场、回力球场、曹禺故居及纪念馆、梁启超故居之后，我们来到河北区胜利路 389 号，我们眼前的这座砖木结构的意大利风格楼房，是津门四大书法家之一——华世奎的故居（图 4-28）。

图 4-28　华世奎故居

华世奎曾任清内阁阁丞等职，民国成立之后，以遗老自居，终生不剪辫子。华世奎的书法，真、草、隶、篆诸体，无有不精。其楷书书法走笔取颜字之骨，气魄雄伟，骨力开张，功力甚厚，居近代天津四大书法家（华世奎、严修、孟广慧、赵元礼）之首。华世奎最为世人所知的两幅经典之作，都是牌匾，一是北京的"和平门"，另一个就是"天津劝业场"。当年北京城城门匾额的书写都由北京名家邵伯炯完成，但到了写"和平门"时，邵伯炯不在北京，无人敢应，于是人们邀请华世奎进京，写成后轰动北京。手书的"天津劝业场"五字巨匾，写于1928年，字大1米，苍劲雄伟。可谓其代表作。如今"天津劝业场"牌匾原件存放在该劝业场商场顶楼，已作为国家文物供人们欣赏。

眼前的华世奎故居始建于清末民初，总面积448.16平方米，是一座地上三层，地下一层的砖木结构意式风格楼房。这座楼房是当年意租界16座尖顶形建筑之一。楼顶为瓦楞板结构，坡式瓦顶，上筑阁楼开老虎窗，气势蔚为壮观。一楼迎面为宽敞的大厅，厅两侧的房子里住着佣人。二楼迎面一大间，为主人及家人起居生活及会客的地方。顺着狭窄弯曲的楼梯上到三楼，迎面大间为主人的书房，两侧耳房为艺术作品及文物储藏室。现该楼外貌基本完好，成为天津旅游的重要景点之一。

4.3.6 汤玉麟宅邸

我们现处于河北区民主道38号处，眼前是一座气势宏伟、装饰豪华的意大利建筑。这幢豪宅原为北洋政府交通总长吴毓麟，于1922年建造，后来在1930年卖给出身绿林，奉系军阀首领汤玉麟。汤玉麟，绰号汤大虎。他爱虎成性，在其豪华的会客厅里，墙上挂着一幅很大的"猛虎下山图"。在1933年2月下旬，日军进攻热河的战役全面展开，防守主将张作相原计划配备的兵力有一半以上未到达防地，尚未构成一个防御体系，士气低落。日本人用飞机扔了几个炸弹，用机枪扫射几下，出动几部坦克车，已在防线的汤玉麟第五旅旅长崔兴武即首先投降，守凌源一线的万福麟第四军团闻风溃退。三线阵地同时溃败，日军如入无人之境。汤玉麟见热河难保，便于3月1日急电平津征集汽车，并扣留前线的军车共二百余辆，竟然装满在热河搜刮的私产运往天津意租界宅邸。眼前的这座豪宅就是他用热河期间横征暴敛的钱财购买下的。

从外貌上，我们就不难看出这座意大利建筑的奢华气派。这座豪宅为三层带地下室砖混结构，整体设计突出了意大利文艺复兴时期的特征和风貌，内外墙突出巴洛克装饰风格，具有典型的西欧建筑特色。

图4-29（左）汤玉麟宅邸宾客楼

图4-30（右）汤玉麟宅邸居住楼

这所宅邸计楼房55间，平房7间，占地面积4323.61平方米，建筑面积3341.69平方米，分为两部分，左面的这栋为宾客楼（图4-29），右面的那栋为居住楼（图4-30）。

我们看居住楼，是三层带地下室的，底层前立面为深宽缝仿花岗岩砌块。楼前大台基还专门设有汽车跑道。入口大门的形式为圆拱券，两侧长方窗上套圆窗。正面高台阶入门厅，三面用空廊围绕，真是气派。门厅后是中央大厅，两侧为东西两大客厅，中间有四根爱奥尼克柱相隔，大厅北面有接待室，另有会议厅、书房、办公室、卧室、浴室等。主楼二层前立面中央三个连拱廊，用混合式圆柱支撑，前部是带瓶饰栏杆柱的阳台。连拱廊两侧用方壁柱支撑檐部，两侧壁柱间开长方窗，檐壁中央用洛可可的雕饰，壁柱刻有双牛腿雕饰，檐上部采用方瓶栏杆柱装饰。二层内中央也为大厅，两侧作会客室、卧室、卫生间等。外有空廊围绕。三层中央二大房间，内有装饰精美的柱子，四周环绕大平台。半地下室作厨房、贮藏室、佣人住房等。主楼两侧另建有单层舞厅，为彩色玻璃顶。前是大平台，两侧各有一门厅和待客室。整座豪华宅邸，就廊柱及其装饰风格就能够让人感受浓郁的意大利文艺复兴风格，更展现了它的与众不同。

2008年依照"修旧如故"的原则，对故居进行保护性修复，保留了建筑外形以及内部结构，经修复，门窗、阳台恢复历史原貌，平面布局严谨对称，立面装饰丰富，开窗形式多样，红瓦坡顶，展现出浓郁的意大利文艺复兴风格。

4.3.7 鲍贵卿旧居

在河北区平安街81号有一座中西合璧、别具特色的小洋楼，它就是北洋军阀时期曾任督军和省长的奉系军阀鲍贵卿旧居。鲍贵卿曾在1927年担任北京政府审计院长。鲍贵卿学过工程，对房屋建筑尤感兴趣，因此他的住宅建筑，不少是他亲自设计与监工修建。在他的房产中建筑较为巨大的，在天津有两处，在北京有两处，在沈阳有一处，在大连有一处。这些建筑都是以豪华、富丽见称，建筑的格调也都不尽相同。如他在北京西郊附近的别墅，建筑在群山的顶峰，房屋六十余间，亭台、楼阁、画栋雕梁样样俱全。再如他在北京和平门内半壁街的住宅，是张作霖任奉天督军时赠给他的，院中的太湖石系圆明园故物，乃冯国璋做总统时送给他的。院中湖光山色，颇有江南风味。

图4-31（左）
鲍贵卿故居主楼三层大平台建有三座亭子

图4-32（右）
南楼二楼走廊

眼前的宅邸是鲍贵卿在 1920—1921 年以积德堂名义购买的、自己设计的两所楼房，占地 7.941 市亩，建筑面积 2400 平方米。建筑分为主楼、后楼、东楼、南楼四部分，主楼为接待客人用的会客楼，三层砖混结构，带地下室。室内装饰考究，有高级护墙板及精细木雕罩子天花，尤其在西面的大间有两根西洋的木雕圆柱支撑，该大间主要作为舞厅用。大间内有很大的折叠门相连，当折叠门关闭时，每间可用作打麻将，互不干扰。当舞会人数较多时，折叠门全部打开，舞者们可以从这个大间转到另一个大间。此楼三层南面有大平台（图 4-31），建有亭子三座，东面一座是中国传统形式的圆亭子，中间一座是西洋古典式的亭子，西面一座是当时西洋近代式的亭子，体现了设计者"古、今、中、外"的含义。立面中央为前后廊，用仿花岗岩的类似混合式的双柱支撑，下面有西洋瓶式栏杆（图 4-32）。青砖的清水墙面，高长窗及圆拱窗相映，形成西洋的立面，却用中国的青砖砌筑，体现了天津洋楼的地方特色。

4.4　五大道及附近的名人私邸

我们现在处于五大道风情区，到了天津，一定要来五大道地区转一转。这里的汇聚了各具特色的异国建筑风格的小洋楼，有英式的、意式的、法式的、德式的、西班牙式的等等，真可谓是"万国建筑博览会"。在这里不仅各具特色的小洋楼争奇斗艳，更有韵味的还是在这些小洋楼曾上演了近代中国一幕幕人生戏剧。在这里，二十世纪二三十年代曾居住过两任"民国总统"，分别是徐世昌和曹锟，七任国务总理或代理国务总理，分别是潘复、唐绍仪、顾维钧、张绍曾、颜惠庆、龚心湛和朱启钤，此外还有数十位各省督军、省市长等。著名教育家严修、张伯苓，著名医学家朱宪彝、方先之，著名爱国将领高树勋、鹿钟麟等。英国 400 米跑奥运冠军李爱锐、美国第三十一届总统胡佛等都曾在此居住。因此五大道就是中国近代历史的一个缩影，是百年社会历史变迁的一个写照。

4.4.1　潘复宅邸

我们首先参观的是五大道的马场道。马场道是五大道中最长的一条马路，全长 3216 米，因通往英租界的跑马场而得名。我们现在马场道的入口处，您面前的这座三层西欧风格的花园住宅，就是 1927 年被张作霖任命为国务总理的潘复的旧居（马场道 2 号）。

我给大家简要介绍一下潘复。潘复，山东济宁人，1883 年生于累世为官的名门望族。潘复在清末中试举人。曾在山东都督周自齐手下当职，后来，周自齐任财政总长，以潘复为参事。1919 年靳云鹏受总统徐世昌之命组阁，推举潘复作财政次长，正式步入了北京政坛。靳云鹏三次组阁，潘复曾三次任财政次长。到1921年12月，潘复辞职移居天津。1927年6月，张作霖组成了中华民国军政府，任命潘复为内阁总理。潘复内阁是北洋政府的最末一任内阁，也是北洋政府历史上任期最长的一位内阁总理。1928年6月4日乘坐张作霖的专车路过天津时，下了车，逃过了皇姑屯劫难。这位生于山东的清末举人，历经北洋时期中国的政坛风云，最后回到天津的小营门花园别墅过起了寓公生活，他在马场道2号的寓所里度过了生命中的后半段，也在这里书写了人生最复杂、最起伏、最鲜活的一段岁月。

原潘复故居（图4-33）为西欧风格的小洋楼，是潘复于1919年委托开滦煤矿董事长庄乐峰请法国建筑师设计并建造的。整栋住宅主楼分为东、西两栋，完全被绿荫包围，楼房带有铁栅栏的围墙，宽阔的院内种有各种花木和草坪绿地，中间有甬道，需百步方能迈进主楼正门。潘复的宅邸主楼是三层砖木结构，门窗地板一律用菲律宾木料，楼内设五面形阳台，楼内有上下楼梯4套。据说潘复旧居是五大道上卫生间最多的一幢，全楼有卫生间、洗澡间11处，使用方便。有厨房4个，据说有山东菜厨房、河南菜厨房、淮扬菜厨房各一个，另外还有一个西餐厅。潘复结交广泛，经常与当时的北洋军阀政要在一起。张学良、李景林、张宗昌、褚玉璞、张弧、吴光新、吴毓麟等人常到潘宅聚会，潘复的私宅变成了朝野官僚的俱乐部。

图4-33 潘复旧居

新中国成立后，潘复旧居曾是天津市农林局、交通银行天津分行的办公处所，2005年因修建地铁站被拆毁。2006年，二十中学建设工程开工，它又在原址依原貌复建，如今是二十中学的行政楼。复建后的潘复旧居别墅外形虽然与从前相似，但其内部已全然是另外一种样貌。走进这栋三层洋楼，一楼走廊明亮开阔，除几间办公室外，西侧还有一间大大的会议室。从前这栋别墅的客厅有一位意大利油画师画成的春夏秋冬四幅油画，中间是一幅女神像，但在如今的这栋建筑里却再也找不到了。

4.4.2 颜惠庆旧居

我们现在所在的位置就是睦南道24号，眼前的这座颇具欧洲中世纪古典主义建筑风格的洋楼非常漂亮，属于特殊保护等级历史风貌建筑。这座小洋楼就是在1922年任国务总理兼外交总长的颜惠庆的旧居（图4-34）。颜惠庆是中华民国著名

图4-34 颜惠庆旧居

的外交家之一，也是以"最擅长经商"著称的外交官。

该旧居属于欧洲中世纪古典式主义建筑，建于20世纪20年代，建筑面积2553平方米。旧宅为三层砖混结构楼房，设有地下室。红瓦坡顶，琉缸砖清水墙面。局部设有不规则挑出，其中，出挑的部分作有意劈凿以形成"疙瘩墙"。该建筑外立面为呈对称布置三段式构图，三段的比例关系为古典主义风格，立面的中部半圆形联拱券中突出四联拱形外廊，方窗和拱形外廊形成鲜明的形体对比。正面立有五根方柱。建筑外檐造型多变，凹凸结合，细节部分设有旧装饰式样。该建筑立面呈对称布置，规整大方。琉缸砖墙面的生动肌理和西方古典拱券、柱廊配合得相得益彰，体现了天津地方建筑材料和西洋建筑风格的完美结合。故居入口处设有高大的转折楼梯。内部房间装修考究，并设有造型各异的壁炉。内部房间宽敞明亮，地板及门窗均为名贵的菲律宾木材，充溢着雍容华贵的欧陆风情。墙头上面方形的日式玻璃灯独树一帜，铸铁大门典雅秀丽。颜惠庆后来将该故居转给大连永源轮船公司经理李学孟，1943年曾作为伪满洲国领事馆。现旧居为滨海汇能集团使用。

4.4.3 顾维钧旧居

我们现位于和平区河北路267号，这里有一座三层砖木结构的小洋楼。在这里曾居住着一位中国近代史上蜚声中外的外交家——顾维钧。顾维钧是北洋政府和国民党时期外交界的领袖人物，从1912年到1967年，五六十年间，顾维钧担任过无数的外交职务，驻美大使、驻法大使、联合国首席代表、外交总长、海牙国际法院法官等。1919年顾维钧作为中国代表团成员出席巴黎和会。在巴黎和会上，就山东的主权问题据理力争，以出色的辩论才能阐述中国对山东有不容争辩的主权，他以"中国不能放弃山东，如同基督教徒不能放弃耶路撒冷"打动了各国代表的心，在巴黎和会条约上拒绝签字，为维护中华民族的权益做出了贡献。这位爱国外交家为了维护国家利益和民族尊严，以自己的智慧、修养和爱国热忱，在他的外交生涯中做出了历史性的贡献，毛主席十分佩服他的外交才华和为人。

顾维钧在1924年曾在天津小住于此。此宅建于1921年，面积1320平方米，建筑面积1547平方米。主楼三层，砖木结构。底层6间2厅，从门厅进入大厅，内有大壁炉，靠窗有固定座椅，旁有书房、餐厅、花厅等，厅外有大平台。二、三层为卧室、卫生间。建筑立面为红砖墙。窗子与拱券相结合，门前一对巴洛克式麻花形柱，端庄典雅（图4-35）。该楼现为

图4-35 顾维钧旧居

国民党革命委员会天津市委员会使用，被列为天津市文物保护单位。

4.4.4 孙殿英旧居

在静谧的睦南道上，最有气派的建筑之一就属睦南道 20 号的这座洋楼了。我们看那雄壮挺拔的大楼，甚是气派，感觉它看上去不像是私人宅邸，反而像政府机构的办公大楼。这所大楼的主人是谁呢？他就是在 1928 年盗掘了清东陵的军阀孙殿英。

孙殿英的旧居（图 4-36）建于二十世纪三十年代，是孙殿英以其二姨太的名义购置的住宅，每逢军旅生活空隙，便来此居住。当年对外声称是他的驻津办事处，可是根据历史记载的史实，此处实际上是他在天津行销毒品、经营军火、贩卖假钞票的据点。孙殿英当年为了扩充自己的势力，需要大批军火，由于天津有许多外国租界，孙殿英在租界里购买了这处寓所，并在这里进行了多笔交易，购买军火。就这样，天津租界成了孙殿英销赃的场所。

图 4-36 孙殿英旧居

整座建筑属于英国古典式，建筑物的外形高低错落有致，别具一格，在私人别墅里是比较考究的。它是三层砖木结构楼房，红瓦坡顶，清水砖墙。一楼的平台有八根白色的立柱直顶到二楼，显得古朴典雅，二楼的中间四个房间朝南处有四个门通向平台，三楼的东西两端各有一个平台。整座建筑高大舒展、富丽堂皇、错落有致，拱券窗、矩形窗以及绞绳状双柱等诸多立面装饰均有体现，带有折中主义建筑特征。

如今这所房子是长芦盐业总公司的办公地，作为津门的传统企业，长芦盐业会为这个曾经背景复杂的小洋楼赋予新的时代意义。

 补充阅读　盗掘东陵　东窗事发

东陵盗宝的当天夜里，当陵墓被炸开后，孙殿英命令旅团营长们到墓地里将大量珍宝取出，天亮后，一些士兵也到了墓中，一个叫张岐厚的士兵在墓中拾到了 36 颗珍珠，盗墓以后，孙的部队向热河方向进发，到了杨各庄，张岐厚逃了出来，到天津后，卖掉了 10 颗，用那些钱买了金戒指和手表，还剩下 1200 多块钱。他从天津乘坐轮船到青岛，准备在那儿倒船去上海，再由上海回老家安徽。谁料，在前往青岛的途中，有一位旅客发现张岐厚像暴富的人，有点奇怪，当轮船抵达青岛后，那位旅客告诉了在青岛警察厅侦探队工作的哥哥，张岐厚很快就被逮住了。在青岛，他将自己盗宝和逃跑的经过说了出来，被当时的《大公报》刊载了审讯过程和供词。很快地，《大公报》就以《孙殿英是盗陵主犯》一题，将这个案子报道了出来。一时间，东陵盗宝的案件成了街头巷尾谈论的话题。

民国时期天津的古玩行很繁荣，一些大的古玩店经常能够购买到从故宫流失出来的国宝，东陵盗宝消息传出后，他们当然也不会错过发财的机会，有些古玩店想方设法找人购买这批珍宝，也有的古玩行等一些散兵游勇将珍宝低价卖给他们。如在天祥市场附近的美丰金店就从孙殿英部下张岐厚手中用不高的价格购买到了10颗珍珠。当东陵盗宝的事情被媒体报道出来后，全国舆论哗然，特别是当时的军事法庭还煞有介事地开庭审理东陵盗宝的嫌疑人后，一些胆小的人就害怕了。

东陵盗宝案发后，引起全国舆论一片哗然，要求严惩盗墓人，孙殿英后来用了大量珍宝贿赂自己的顶头上司，并通过关系找到戴笠等人，希望能够通融。据了解，那批行贿的珍宝包括夜明珠、九龙剑、朱红朝珠等稀有珍品。当年曾召开军事法庭审理此案，但孙殿英矢口否认，也许是因为已经行贿了，轰动全国的东陵盗宝案最后不了了之。据说，在戴笠乘坐飞机失事后，人们从飞机的残骸中，找到了那把孙殿英行贿给国民党高层人物的九龙剑。

摘自《城市细节与言行》

4.4.5 王占元宅邸

我们现在位于大理道的天津市第一工人疗养院（大理道64—70号）

图4—37　王占元旧居

前，这座疗养院是时任湖北督军王占元三个儿子的宅邸，是外观简洁的现代式住宅。每幢楼平面布局为非对称式，首层的前方突出部位为半圆形玻璃花厅，其上前部为阳台，二层屋顶上则探出混凝土制大凉棚，阳台后半部为局部三层居室（图4-37）。

这所别墅建成于1940年，虽然王占元在洋楼建好前就去世了，但是这所建筑的阔绰与奢华，正是王占元寓居天津后成为大财阀的真实写照。王占元在职期间，掠夺了大量的财富，先后在北京、天津、大连、保定、济南、馆陶等地购有大宗房地产和私人住宅，在天津万德庄、东马路、估衣街、南市、河东、旧英租界等地有出租房产三千多间；王占元三个儿子的这所别墅是其中保存比较完整的一处。他投资工商企业，如在纺织、面粉、金融、电力、煤矿等领域进行投资，在中国、交通、盐业、金城等银行均有巨额投资。此外，他在天津东亚毛呢纺织公司、庆丰面粉公司、三星面粉公司、华北制冰厂以及敬记、永顺兴、乾祥厚等茶庄也拥有股份，成为天津的寓公中的大财阀。

4.4.6 刘冠雄旧居

我们现处于马场道 123 号、天津财经大学分院前，我们看到的院内的这座洋楼，外形很奇特，整体看形似望远镜，它就是北洋政府时期曾任海军总长的刘冠雄的旧居（图 4-38）。此楼建于 1922 年，当年刘冠雄按照自己的构想建起了三幢的西式砖木结构洋楼。中楼为航空母舰式，西楼为巡洋舰式，北楼为望远镜造型，目前仅存北楼，即我们眼前的这座"望远镜"楼。三幢造型别致的建筑寓意深刻，是刘冠雄曾作为海军将领身份的象征。他曾作为海军将领参加了中日甲午海战，亲眼目睹了北洋水师的失败，因此在建房时，他把三幢楼房分别建成航空母舰楼、巡洋舰楼和望远镜楼，寄托了他强国强军的梦想。

图 4-38 刘冠雄旧居入口

我们眼前的建筑，红砖清水墙，大坡顶出檐，方窗、局部大拱券窗，雕花饰面阳台，极像一个立放的双筒望远镜，回望着一个世纪的历史风烟。主、配两幢楼房，共有房 81 间，建筑面积 3325 平方米，占地面积 9.20 市亩。主楼（北楼）三层带地下室，红机砖清水墙，部分砂石罩面，挑梁，大瓦顶。一楼为大厅、饭厅、书房和会客厅；二、三楼为生活起居室。整个大楼装潢讲究、富丽堂皇。该故居现为天津财经大学分院使用。

4.4.7 蔡成勋旧居

我们处在五大道地区的大理道上。大理道 1 号的这座公馆式建筑是曾为直系军阀骨干，陆军总长蔡成勋的故居（图 4-39），确切地说是当年蔡成勋的寓所和祠堂。整座建筑属于中西合璧式建筑风格。蔡成勋辗转返回家乡天津后，在英租界五大道盖了寓所和祠堂，过上了寓公生活。

图 4-39 蔡成勋故居正门

该建筑是一座公馆式建筑，中西合璧建筑风格。院落宽敞，围墙高阔，朱褐色大门有一种豪华和森严的气派。走进大门，眼前的主楼就是寓所，建筑面积达 2100 平方米，为三层砖木结构的西式建筑，风格为法国罗曼式。楼正门两侧为对称式，楼房外檐为青砖墙体，以白色窗楣为饰，楼房的第三层配有平台。

主楼内装修也是中西特色兼具。楼内是大开间型，均为硬木地板、护墙板，楼梯也是硬木质地。其中一楼的隔断墙有红木落地透雕隔扇，月亮门造型，属精雕细刻的罕见精品。进入楼内给人的突出感觉是典雅高贵和豪华舒适。各居室有不同的功能，均为硬木地板、护墙板，楼梯也是硬木质地。

我们走出主楼，看到主楼的西侧还有一个院落，是天津市医疗急救站，内部有一排中国庙宇式的平房建筑，该建筑是蔡成勋为祭祖而建的祠堂，最初与主楼为一个院落，解放后以围墙阻隔为两处。另外，在大楼东侧，最初也有庙宇建筑，但1988年之前陆续拆除，取而代之的是一座现代化的科研办公楼。

蔡成勋寓居津门后，在房地产及实业投资上下了些功夫，此外也将精力投身于慈善事业。他曾是1931年天津市慈善事业委员会委员，1931年天津市救济水灾委员会干事，记录档案中均以蔡虎臣名义出现。

4.4.8 陈光远旧居

在我们眼前的大理道48号豪华住宅特别引人注目，它是中西合璧风格的住宅。大门楼、高台阶，属于典型的欧式现代风格，其顶部又融入中式元素——一座八角凉亭。这座豪华住宅的主人曾是直系大军阀、任北洋政府江西督军陈光远。在天津租界里的北洋寓公中，陈光远是首屈一指的百万富翁，在投资理财上可算得上行家。他任江西督军时，将军用款项挪入私囊，任职五年搜刮近千万元的财产，悉数带入天津。陈光远在津广置房产、投资企业、开银号、开当铺，过着舒适的寓公生活。他通过亲家龚心湛在北洋企业中大量投资，购买了启新洋灰公司、开滦矿务公司、华新纱厂、耀华玻璃厂等企业的股票，约计100万元左右。

这座中西合璧的洋楼，为二层，局部三层，黄色硫缸砖墙体，尤其引人注目的是二层凸出于三层，设有一大型露台，三层楼顶有一八角凉亭，混凝土的八角形顶盖像一把大伞立在中央，建筑风格独出心裁。整栋楼房四四方方，端庄气派中透着豪华壮观，为典型的中西合璧式住宅，其底部为英国高级公寓式建筑风格，顶部则有中式的小凉亭，这样的建筑风格在中外建筑中较为少见，但在五大道上却比比皆是，中外的建筑式样，随意选择添加，自由搭配（图4-40）。

图4-40　陈光远故居

这位大富豪，在天津的英租界过着舒适的寓公生活。陈光远长子娶龚心湛之女，次子娶巨商振德店黄丹甫之女，三子娶"李善人"之女，四子娶张锡元之女，五子娶潘复之女，六子娶张勋之女，七子娶孙传芳之女。当时陈氏家门鼎盛，腰缠万贯，人多侧目。1939年8月，陈光远病故于天津博罗斯路寓所。当时现款尚存700万元。陈光远有两妻一妾，子女8人，子女各分现款80万元，义子张子纯分得60万元。该故居现为卫生局幼儿园使用。

4.4.9 张学铭旧居

天津拥有一批风格各异的历史建筑，其中名人故居占多数。在五大道睦南道50号就曾居住过一位军政要人——爱国将军张学良的胞弟张学铭。这座住宅属于庭院式住宅，现为天津市房产总公司使用。

张学铭（1908—1983），字西卿，辽宁海城人，与爱国将领张学良同为张作霖的原配夫人赵氏所生。1928年，张学铭入日本陆军步兵学校学习，1929年回国就职于东北军。1930年任天津市公安局局长，1931年4月任天津市市长兼公安局长。在任期间，张学铭严格警务、警纪，增加警务设施，半年内的整训使天津警察成为了全国的模范。1931年3月，新任沈阳市公安局局长黄显生，特从天津借调警察赴沈阳警察局做示范，1931年在张学铭领导下，天津军警两次挫败了日本便衣队的暴乱活动。1949年后，张学铭先后任中国国民党革命委员会天津市副主委、全国政协委员、天津市政协常委。新中国成立后，居于天津，先后任天津市人民公园主任、市政工程局副局长、民革天津市委副主委、全国政协委员等。张学铭于1983年在北京去世，他生前曾多方与长兄张学良联系，但最终没有再见面。

该故居建于1925年，是一所宽敞的庭院式住宅（图4-41），大门坐北朝南，占地1756平方米，建筑面积1300平方米。1931年张学铭以大福堂名义购自郑织之房产，总布局前为主楼，是一幢二层带顶子间的西式楼房，后为辅助用房，主楼

图4-41 张学铭旧居

前有花园，占地一亩多，植有草皮。从院门通往主楼和汽车房是一条四十多米的甬道，铺以淡紫色的地面砖，道旁植有一排低矮的冬青树。

主楼首层设有带暖廊和花室的大厅，并与宾客卧室、餐厅、舞厅、厨房、卫生间和楼梯间相连。大厅内采用彩色拼花玻璃，提拉通天窗采光，门窗和地板用上等硬木制作，顶棚和柱子带有装饰灰线。餐厅内设有装饰考究的壁炉。餐厅和客厅由高大木拉门连接，在举行宴会和舞会时将门推入墙内，以扩大空间。餐厅内木制护墙板局部有木雕花纹，以暖色调为主。二

层设有卧室、会客厅和两个卫生间；木结构的顶层大阁楼作贮藏室用。后楼系二层条式小楼，原是佣人房间及家庭教室等。汽车房设在庭院东南角。外墙采用紫红色机砖砌筑，多坡筒屋顶，建筑立面比例和谐。

4.4.10 靳云鹏宅邸

图 4-42 靳云鹏故居

我们现在和平区四川路 2 号，旧时属于英租界内比尔道。在我们眼前有一座庭院式的洋楼，它是曾经担任过内阁总理和陆军部长的靳云鹏的旧居（图 4-42）。靳云鹏也是小站练兵出身，曾积极拥戴袁世凯称帝。1919 年初，靳云鹏出任国务总理，兼陆军总长，9 月任国务总理。后来在北洋军阀直、皖、奉诸派系争斗中，被排挤。1921 年 12 月辞职，蛰居天津英租界，过起了寓公生活。靳云鹏同其他军阀一样，还把聚敛的钱财投资于工商业，如济南的鲁丰纱厂、胶东的鲁大矿业公司等等，他自任董事长，甚至把"鲁大矿业公司总管理处"的牌子就挂在天津自家大门口。

我们眼前这座洋楼是靳云鹏在 1929 年以延福堂名义购自英租界工部局，建成为一所庭院式洋楼，院落宽阔，整座住宅共有楼、平房 53 间，建筑面积 3500 余平方米。前后两幢楼房，均为砖木结构。前楼是主楼带地下室三层，正面有宽大的台阶；一、二楼前廊上下拱口用八根水泥柱衬托，外貌壮观；三楼有屋顶平台，住房高大，顶棚有各种不同花纹线条。居室高大，室内均有护墙板，顶棚有不同花纹的线条，三槽窗、木地板、木楼梯，暖气卫生设备俱全。后楼是二层前廊式条形式楼房，二楼两端均有过桥厦子与前楼相通。靳云鹏起居室在主楼的一楼。一楼设有佛堂、客厅、书画间和卧室等。靳云鹏下野后，开始皈依佛门，吃斋诵经，每天都到位于英租界广东路（今唐山道）由洋行买办陈锡舟创办的居士林去礼佛听经。靳云鹏与孙传芳集资把位于老城里东南角的李氏家祠清修禅院改建为居士林。1940 年靳云鹏与龚心湛等发起修建天津大悲院，在他们的操持下，大悲院重现了往日的辉煌，声名四播。

1950 年，靳云鹏将这所住宅售与国家，自己迁至摩西道的另一所住宅（今和平区南海路尚友村 1 号，今和平区财政局使用）。政府公购后，由公安局新华路分局使用，1959 年至 1969 年间曾由市经济委员会和第二教育局共用，1969 年后由文化局使用。主楼的三楼屋顶平台在 1951 年改建为大会议室，现为天津市文化局使用。

4.5 原法租界名人私邸

我们现在处在闹市区的中心公园，这个公园原为法国花园，始建于1917年，是一个直径135米的圆形公园。它的周围是一条环形的花园路，有六条放射形的道路通往繁华地区。花园四周有各式洋楼，建筑景色丰富多彩，其中有很多造型独特，幽雅漂亮的花园式的别墅私宅为近代名人故居，接下来大家就跟随我一同去参观。

4.5.1 张学良旧居

我们现在看到的和平区赤峰道78号院就是著名爱国将领张学良的故居（图4-43）。该故居坐落法租界32号路，是一所西洋集仿式楼房。张氏在二三十年代来津常住此处。

张学良，字汉卿，辽宁省海城人，生于1901年。东北讲武学堂毕业，历任旅、师、军长，军团司令、东北保安司令、东北边防司令长官、全国陆海空军副总司令、北平绥靖主任、军事委员会北平分会委员长、西北"剿匪"总司令等职。1936年张学良与西北军杨虎城发动了震惊中外的"西安事变"，扣押蒋介石，逼蒋抗日，奠定了第二次国共合作、全民抗战的基础。

图4-43　张学良旧居

张学良故居有前后两幢砖木结构楼房，前楼建于1921年，为三层带地下室；后楼为二层，建于1926年。两幢共有楼房42间，该所建筑造型豪华、美观、大方。

前楼正面二、三层设有屋顶平台；底层入口有带窗的三跨暖廊，中央为大厅，左右分别为客厅和餐厅。立面平台层层向后退缩，柱子、栏杆、柱墩上饰雕花盆，楼前为小花园。室内宽大考究，内部楼梯、地板、门窗等均采用菲律宾木料；卫生设备俱全，院内广植草坪。

该楼以张寿懿（张作霖五夫人）名义购自法国领事馆。1949年后张寿懿去香港，由其子张学铨管理出租。现为天津市中嘉农资有限责任公司。该公司为弘扬爱国精神，在此楼开办了张学良生平展室。由于该院地段优越，加上装修富丽考究，陈设华贵雅致，是拍摄豪门巨贾宅第居室的理想场所。中央电视台《月上海》剧组曾在这里取景摄像。

4.5.2 庄乐峰旧居

我们现在看到天津市教育局办公处（和平区花园路10号）原为庄乐峰故居（图4-44）。庄乐峰曾任开滦煤矿及旧英工部局董事，他热心教育事业，曾主持、发起募捐，兴建了天津耀华中学。

图 4-44　庄乐峰旧居

该故居建于 1926 年，由外籍建筑师毕伦特设计建造，当时在法租界这所住宅可以说是相当著名的建筑物。庄宅系三层混合结构，坐东朝西，占地 2724 平方米，建筑面积 3735 平方米。这处房有主楼一座，另跨二层小楼两座。整座建筑构图优美，比例适当。建筑外墙为浅黄色，墙间有古典壁柱装饰，柱间栏杆花纹也是古代装饰风格。屋顶中央突出，为法国曼塞尔式，仿佛是为这幢建筑物戴上了一顶古典的桂冠。

整幢建筑构图完整，外观宏伟，室内装饰讲究。在入口门厅处有衣帽间，一进门厅的整容镜还是比利时古老的镜子。第一层设有前厅、客厅、餐厅、卧室以及举办舞会的大厅。二层环绕大厅设有带栏杆的回廊，站在上面可俯视整个大厅的活动。三四楼均有大阳台，大窗下均有雕饰，别具风韵。内部设备齐全，有暖气和卫生间。天花板上有精美的花饰，过厅及室内有高大的护墙板。1968 年，市教育局由湖北路原址迁入此楼，又陆续增建了部分新房。

4.5.3　李吉甫旧居

和平区花园路 12 号是李吉甫旧宅（图 4-45），为特殊保护等级历史风貌建筑，建于 1918 年。由乐利工程司瑞士建筑师陆甫设计。

图 4-45　李吉甫故居

李吉甫，天津人，英商仁记洋行买办，李氏家族是天津本帮（北帮）买办的典型代表，世称"仁记李"。"仁记李"第一代李辅臣，曾在天津仁记洋行佣工，因识别白银成色，且善经营，被提升为会计司事，1895 年后任该行帮办、买办。为方便农畜产品出口，在全国各地设有行庄仓库，就地加工羊毛、驼绒，皮张，以及猪鬃、马尾、棉花、青麻、桃仁、杏仁、草帽辫等，几至包揽了原产地的收购，以此称雄天津出口市场。李辅臣死后，仁记买办一职由其子李吉甫充任，李吉甫死后由弟李志年接办，父子相继三十余年，积累大量财富。曾投资房地产，在英、法租界广置楼房和豪宅。

李吉甫故居建筑为是中式四合院布局的西洋建筑楼群，砖木结构二层楼房（设有地下室），建筑面积 4891 平方米。主楼的正门面向南方，为三个带方钢透空花饰的拱圈窗的门廊。顺台阶入内是方形回廊，在回廊东西北三面各有一组建筑，东西两建筑中央均为两层高的十字交叉拱顶大厅，四角分别立两根带台基的爱奥尼柱子。该楼内部装修十分考究，住房全部用菲律宾木料，双槽窗，红缸砖地面，大厅地面为美术图案水磨石。外墙面局部有方壁柱凸形窗，檐部有齿饰，造型新颖别致。建筑造型对称稳重，立面变化丰富，室内外细部以古典雕饰为主，造型各异。

主楼外四周院内有花木绿地，南侧为铁花栏杆的院墙。这所四周临街、引人注目的大宅院，风格独特，造型典雅，环境清幽，充满豪华气派，是一座用古典主义手法建筑装饰的近代优秀建筑。该住宅现为和平区人民政府使用。

4.5.4 范竹斋旧居

我们现在看到的这座富有特色的楼房建筑就是近代著名实业家范竹斋的故居（图4-46）。坐落在和平区赤峰道76号，天津市区、县文物保护单位，重点保护等级历史风貌建筑。

图4-46 范竹斋故居

范竹斋（1869—1949），名安荣，天津人。著名纱布商，天津"纱布业八大家"之一。1897年任景德和棉纱庄驻沪主管，后升任经理。1932年成为东方汇理银行第五任华账房经理。同时投资房地产业，在天津法租界梨栈大街、城内鼓楼附近购置土地，建有竹远里、大安里、大庆里等处房屋。

范竹斋故居建筑为混合结构二层平顶建筑（带地下室），局部三层，混水墙面。建筑平面呈围合形式，首层二层均设有外廊，其中首层为拱券式开敞通廊。建筑围合感很强，形成了宽敞的内部庭院。建筑外檐开窗较多，窗间饰以简化的西洋柱式和宝瓶等装饰，线条挺拔，立面丰富。每座楼房前，都有一个十蹬的宽条石台阶，十分壮观。二楼有畚箕形三面相通的楼道，楼道外侧有瓶柱式的外装饰。在院子的东北角有一座与整体建筑和谐相通的圆亭式建筑，外有八棵柔和秀美的爱奥尼式柱，楼顶平台有个造型奇特的圆形石头亭子。该建筑具有典型的折中主义建筑特征。

4.5.5 章瑞庭旧居

我们现在位于海河右岸处的和平区花园路9号，眼前的天津市工商业联合会楼房为高级花园别墅，建于1922年，原是天津巨商章瑞庭的私人住宅。章瑞庭是开明绅士，热心于教育，曾捐建南开中学瑞庭礼堂。

图 4—47 章瑞庭故居外景

这幢住宅是由富润建筑公司设计建造,楼房二层,局部三层,带地下室,是混合结构的北欧特色建筑(图4-47)。住宅前部是主楼和前院,后部临营口道是一片平房和后院,有楼、平房共计47间。该建筑三面有外廊,入口由高台阶上大平台,两侧设门进入半圆形花厅,厅内有四根柱头为八瓣叶子八面体柱子,四柱间以喷水池点衬。室内装饰讲究,花厅铺黑白相间的大理石地面,玻璃窗采用彩色玻璃拼镶成风景图画(图4-48)。楼顶中间部分建成仿曼塞尔式屋顶,屋面为牛舌挂瓦,依稀可以看出中世纪法国碉堡塔楼的痕迹。楼顶四周是宝瓶式的透空栏杆,造成主次分明、参差有致的屋顶轮廓线,从远处望去,好像楼房的顶部悬浮在空中,犹如天上的琼楼玉阁一般。

图 4—48 章瑞庭故居花厅

在室内装饰上深受法国城市府邸的室内装饰影响,其正面前廊入口处为一大花厅,厅前半圆形的大玻璃窗以及各种颜色的花玻璃组成植物图案,富有千变万化的舒展美。花厅上设透明玻璃顶,黑白相间的大理石地面,中间设有喷水池。厅两侧各有一个沙龙及餐厅、接待室;二层中央亦一厅,周围是卧室、卫生间,三层有卧室及大平台。楼房前庭是繁花碧草,后院假山水池,是一座高级花园别墅住宅。

4.5.6 吉鸿昌旧居

图 4—49 吉鸿昌故居

我们看到的和平区花园路5号是一座带庭院的三层英式小洋楼,又名红楼。它就是著名的抗日爱国将领吉鸿昌的故居。1984年11月24日是吉鸿昌将军就义50周年,天津市和平区青少年敬献的刻有"吉鸿昌烈士故居"字样的汉白玉横匾镶嵌在故居门前。

吉鸿昌故居(图4-49)建于1917年,由比商仪品公司工程师沙德利设计,砖木结构,红砖清水墙面,局部为水泥饰面。小巧活泼的建筑造型、紧凑合理的平面布局，使这幢小楼显得亲切温暖。站在屋顶平台上，可以欣赏中心公园的优美景色。

吉鸿昌于1930年买下法租界的这座楼房，第二年全家迁入，使这里成了党的地下组织的联络站和进行秘密活动的据点。为此吉鸿昌将军对这幢楼房曾进行过一次维修，二楼客厅原有三个门，修缮后改为七个门，其中通向阳台的就有三个玻璃门，这是为了一旦发生紧急情况，便于地下人员疏散。楼内门门相通，间间相连，每层楼上都设有小间密室。

吉鸿昌和夫人住在二楼，楼上南侧为客厅，厅内只有书架、茶几和几把河南家乡的藤椅。客厅里悬挂着将军亲笔写的条幅"松间明月长如此，身外浮云何足论"，表达了将军的高尚情操。三楼是地下党的秘密印刷室，在这里曾出版过多期《民族战报》。楼下是接待党的地下人员的住宿处。吉鸿昌将军生前非常喜爱藤萝花，那时围墙上爬满了藤萝，像是一片绿幕遮住了院子。

从1931年到1934年，吉鸿昌将军在这所寓所里度过了他生命最后四年中的大部分时光。1934年10月，吉鸿昌将军离开这里，11月在国民饭店被捕后，再也没有回来过。11月24日吉鸿昌将军英勇就义后，将军夫人胡红霞急于为丧事筹措经费,将此楼以低价8万元抵押给别人，全家人迁入牛津别墅3号租住。该楼现为天津和平医院使用。

4.6 其他中式风格私人宅邸

4.6.1 庄王府（李纯祠堂）

我们今天要参观的是位于南开区白堤路82号的庄王府（又称李纯祠堂），它是天津市规模最大的仿古建筑群，是重点保护等级的历史风貌建筑。它原为北洋政府时期直系大军阀，江西督军李纯的家祠，建于1913年至1923年，历时10年完成。占地2.56万平方米，由花园和三进院落组成，青砖绿瓦，飞檐斗栱，雕梁画栋，一派皇家气象，因此又享有"天津小故宫"的美誉。

如今的李纯祠堂即天津市第三人民文化宫（又称"南开人民文化宫"，天津人简称"三宫"）所在地。1958年天津市政府对李纯祠堂进行复原修建，1960年竣工后改成人民文化宫，匾额为郭沫若亲笔题写的。在1982年和2000年两次大修时，发现大殿部分琉璃瓦中，有"雍正九年"、"内廷"、"王府"等字样，这正好验证了史料和民间传说的真实性，即李纯祠堂并非普通民居，而是由北京庄王府部分建筑材料搬迁修建而成，即将当年北京庄王府原样不动"移居"天津的，其操作者就是李纯。2009年对庄王府进行保护性修缮，如今修缮后的"庄王府"成为展示王府文化、王府生活主题的景区。此外，还于此处成立了天津市非物质文化遗产馆，方便大家了解天津的非物质文化遗产情况。

说到这，大家可能比较好奇，李纯到底和庄王府有什么关系呢。李纯，字秀山，生于1874年，天津人，毕业于天津武备学堂，为直系军阀骨干，曾任江西都督、江苏督军等职。在任职期间横征暴敛，积累了大量财富，据说他的财产有1000万元之多。李纯有生之年拿这些钱干了两件有据可查的事。一件是资助学校。他热心教育，曾在天津的河北、河东捐建了三所"秀山小学"；同时应教育家严修、张伯苓之请，捐助南开学校基金50万元，在八里台南开大学建了"秀山堂"。另一件便是在京津两地广置房地产。1913年时任江苏督军的李纯在北京西直门外，以20万现大洋买下了坐落在北京西城的庄亲王府。当时王府的大半部分建筑被毁，只有后院等部分建筑保存较好。历时一年，将保存完好的建筑全部拆除，将原建筑构件借冬天河水结冰，通过冰面运输，原样运抵天津，选在南开洼地，耗资数十万银元，历时10年重建而成。整座建筑效仿紫禁城格局而建，当时为掩人耳目，对外称为李家祠堂。

李纯对庄王府的迁建，虽然是出于一己私欲，但在客观上保护了庄王府的建筑。迁建前的庄王府大部分被毁坏，成为废墟，利用有用之材进行异地再建，从某种程度上保护了庄王府。北京的王府能够完好保存至今的已不多，而能够比较完整地保存在外地的，在国内来说也是仅此一座。

我们现在就到了庄王府的大门了（图4-50）。整座建筑群属于王府式的建筑格局，基本保持了北京庄王府的原貌，为标准的"青砖、绿瓦、红门"清代官式建筑风貌。该建筑群坐北朝南，为砖木结构，青砖绿瓦，朱漆门窗，装饰多鎏金彩绘。从南到北，依次由石牌坊、石拱桥、大门、前殿、戏台、中殿、后殿、配殿和回廊组成。整座建筑气势宏伟，布局严谨，装饰考究，碧瓦朱栏，色彩绚丽。

图4-50　天津庄王府大门

进入景区，我们先来到的是庄王府的前院，这是王府花园，面积近9000平方米，为皇家园林风格。里面置牌坊、华表、石桥，广植松柏花木。原北京庄王府的布局与其他王府应该一样，先是住宅，后是花园。而李纯祠堂正好相反，把花园建在了前面，后面为三进院落。

首先映入我们眼帘的就是这座高大的石牌坊，在牌坊四根门柱的顶端各立有一石狮。走过牌坊，我们看左右两侧各有一座华表，这在普通的民宅和家祠当中是见不到的。沿着园径向前走，我们看到左侧的是驮碑的赑屃，偌大的汉白玉石碑竟然没有一个字刻在上面，俨然一块无字碑。驮碑的动物叫"赑屃"，传说龙生九子，它是其中的一个，因其寿命长而且擅于负重，所以古人在建筑中大多用它来驮石碑。现在还流行着"摸摸头，什么也不愁；摸摸背，一辈子不受累；摸摸牙，想啥就来啥；摸摸尾，一辈子不后悔"的说法。

走过花园，眼前是一座不太起眼的小桥，略呈拱形的石桥下有条窄窄的护庄河。这实际上就是一个缩小了的"金水桥"，过去只有皇宫的门前才能有这样的小桥，其他住宅要有这样的建筑都是违禁的。

走过小桥，后面就是三进院落了。我们面前的这座气势巍峨的建筑就是第一道院落的大门。青绿色的琉璃瓦，九脊歇山的大屋顶，青绿色的旋子彩画映衬着朱红色的大门，仿佛都在显示着这里的与众不同。在正门上方，青绿色的彩画正中悬有"庄王府"三个大字的匾额。

走进头道院，迎面看到为前殿，东西有配殿相称，规格略小。位于院落中央的是花厅。花厅一侧展出的是景区导游沙盘、景点概况介绍；另一侧设有庄王府历史沿革展。东值房旁仿古建筑是以庄亲王谱系为展览重点的清代"八大铁帽子王"展和"天津庄王府"修缮实录展；西值房旁仿古建筑是旅游纪念品展卖区。院内的东北角和西北角各有角门和二道院相通。

二道院是祠堂建筑的主体，中间为大殿，其左右有配殿陪衬，东西有厢殿相对。南面是露天戏台，坐南朝北。戏台为伸出式，进深约5米，宽约8米，台基高约1米。台口有护栏，两侧为石台阶，戏台有"鸡笼式"藻井，藻井内塑有五条龙，每条龙头都悬于壁外，龙口有悬挂吊灯的铁钩，均系王府旧物。其后还有三间化妆间。院内四周皆有游廊环绕。

如今院内正中的正殿及东西配殿可以承接大型展览。院内其他用房是天津市非物质文化遗产馆展示展演的场所。作为中国首家建在"王府"内的非遗展馆，这里展示了天津国家级、市级非物质文化遗产的调查成果。遗产馆将通过多种动静结合的形式，弘扬天津优秀的非物质文化遗产成果。在传统节假日及周末，还将利用院内的小戏楼、大乐台举办曲艺、戏曲民间花会等非物质文化遗产项目表演，向游客展示天津民俗文化的独特魅力。

好了，大家随我走进最后一进院落，它的布局与二道院相同。主体建筑为砖木结构，歇山屋顶，殿顶覆以彩色琉璃瓦，重檐斗栱，五脊六兽，顶板描金，方砖铺地，雕梁画栋，金碧辉煌。我们看殿顶复原的精美彩绘和走廊上的普通彩绘，在施工前，工作人员已做好了拓片，然后按照原样复制，并请文物局专家按照古代建筑的建制对其颜色、花纹等进行鉴定，以保证重画后和以前一模一样。

好了，各位游客，我们今天的天津庄王府参观活动就结束了，谢谢各位。

4.6.2 石家大院

今天我们参观的是位于杨柳青镇的石家大院（图4-51），即杨柳青博物馆。杨柳青民俗博物馆是天津八大家之一石元仕的住宅。石家祖籍山东东阿县，明代时起便以漕运粮食为业，盈利渐丰。乾隆五十年，落户杨柳青以后，便广置田地，家资日丰。清嘉庆四年，乾隆宠臣和珅获罪赐死，有一侍女携珠宝出逃，被石万程停泊在通州的粮船收留，由此，石家财富骤增。清道光三年（1823年）石家析产共分为四大门户，各立堂门，长门福善堂，二门正廉堂，三门天锡堂，四门尊美堂。其中以四门尊美堂治家有方，财丁兴旺，不断扩建为津西第一家，世人俗称"石家大院"。

图4-51 石家大院

石家大院始建于光绪初年（1875年），占地面积约10000平方米，建筑面积3589平方米，共有18个院落，历经十几年才建成，仅戏楼、客厅的主体建筑就耗银30万两，是华北地区保存较好，独具特色的大型清代民宅。

我们来看石府建筑。先给大家讲石府的布局结构。它采用中国古代建筑南北轴线对称的传统布局，由五进四台连套的18个院落组成，所有院落皆正偏布局，院中有院、院中套院。整体建筑的中轴线略偏东向，以便于"抢阳"，避抗西北风（图4-52）。

石府建筑整体分为东、中、西三部分。东部是石家人生活起居之处，有女客厅、寝室、账房、女佣住所及马厩等；中部建筑自南向北依次为门楼、影壁、男客厅、戏楼、佛堂等，为石家大院的主轴线所在；西部建筑包括三进四合院，为私塾、男仆、仓库等用房。

图4-52 石家大院鸟瞰图

整个建筑均为青石高台、磨砖对缝；房脊山尖、陡板山墙均以砖刻为饰；柱楚石、抱鼓石石雕工艺精细；门窗、隔扇、柱头、雀替、垂花门上的木雕更是玲珑剔透，雕刻图案揽尽民间流传，凤戏牡丹、葫芦万代等题材更为石府增添了风采。石家大院的建筑风格，以中国北方传统民居为基调，也融入了西式建筑的一些元素。中轴甬道上的砖砌西洋门楼，采用古罗马拱券结构，上刻香宝相花和青龙旗图案，线条流畅而优美。类似于圆明园中的大拱门。走过西洋门后，我们看到的是一座十分典型的中式垂花门。

石家大院共有三道垂花门，其垂柱根据荷花的三个花期雕刻成三种不同形态的图案，分别取名为"含苞待放"、"花蕊吐絮"、"籽满蓬莲"。

我们现在看到的就是第一道名为"含苞待放"垂花门，它是三座垂花门中最讲究的一座。它的中间有两块抱鼓石，抱鼓石外侧是象首，即"吉祥"，里侧是鹤鹿回春。当年仅石料就需白银五百两，两位石匠精雕细刻一年之久才完工。垂花门木格上有四季花图案，象征走过此门，四季平安，让我们一起走过此门去看戏楼。

这是石府戏楼（图4-53）。它是石家大院最具特色的核心建筑。中国古代的私家戏楼多为露天敞开式建筑。石府戏楼的独特之处在于它是封闭式的、独一无二的民居建筑模式。石府的这座戏楼的独特之处还在于，其顶子外面是一层铁皮，上面用铜铆钉铆成的一个大寿字。戏楼的正门，由12扇隔扇门组成，共三组，可同时打开，与外面院落相通，以增加面积和采光。

图4-53　石府戏楼

戏楼中的前厅——鸳鸯厅可做观戏、宴饮、典礼之用。戏楼通高三丈，以12通天柱架梁，通天柱上圆下方，暗寓"天圆地方"、福寿无疆；6架抬梁式大柁，均取自千年古柏。楼上层顶盖探檐五尺交圈，圆柱间用玻璃窗通风采光，窗内有跑马廊一圈，全部用金丝楠木做柱栏。梁下悬挂双镂花雕宫灯，既可照明，又可做装饰。戏楼舞台分为前台、后台，当年的著名京剧艺术家余叔岩、孙菊仙等多次来此唱过堂会。

看过戏楼我们再去看第二道垂花门："花蕊吐絮"。大家看门楼上方的木格中是木雕仙鹤，一共是九只，相传一只仙鹤增12岁，9只就是增寿108岁。仙鹤背面雕的是古代铜钱，所以从此门过就是又增寿又有钱。第二道垂花门后面就是第三道垂花门："籽满蓬莲"。它的门楼上方及垂柱两边有木雕葫芦爬蔓图案，取名葫芦万代，象征子孙万代繁衍不断。这三道垂花门分别象征着主人一生三个美好的愿望：一年四季保平安；一代长寿又有钱；子孙辈辈永绵长。

我们接下来要参观的是石家大院的展览陈列。

石家大院东院有一处特殊的展室，这便是"反腐倡廉展览室"。1948年8月，中共天津地委移驻杨柳青，将石家大院作为办公地点。时任天津地委书记的刘青山就在这间屋子里办公。天津专署设在石家大院对面，行署专员张子善办公地点近在咫尺。建国伊始，这里发生了震惊全国的"刘张贪污案"。现在,这间屋子里还是刘青山当年办公时的摆设,展览以翔实的历史资料,分为"投身革命"、"走向深渊"、"警钟长鸣"三个部分,揭示了刘青山、张子善从革命功臣蜕变为历史罪人、被判处死刑的经过。

现在我们去看一下闻名中外的杨柳青年画陈列。先看第一展室,在这边陈列的是清代康熙—乾隆时期的代表作品,这个时期的年画以表现人民生活及历史故事题材为主,人物突出,注重人物神情刻画。看这幅《福善吉庆》是一幅有情节的仕女娃娃寓意画,它的寓意是采用汉字的谐音表示吉祥,用蝙蝠的"蝠"代幸福的"福",用扇子的"扇"代善良的"善",用刀枪剑戟的"戟"代吉祥的"吉",用磬竹难书的"磬"代庆祝的"庆"。大家可以看一下另外几幅画《仕女游春》、《金玉满堂》、《盗仙草》、《十不闲》等。在这边陈列的年画是清嘉庆—道光期间的代表作品,《四艺雅剧》在用色上采用兰、黑、灰等少数颜色,收到清雅素淡的效果,这种敷彩方法叫散兰。展室中间是用泥人形式表现的制作年画的五大工序:勾描,刻板,套印,彩绘,装裱。现在我们去第二展室去看灯箱画,石元仕的哥哥石元俊在光绪四年组织崇文书院,设在文昌阁,文昌阁建成后,决定做一套壁灯二十四盏,每盏从劝善经书中摘一句格言,按该句语意构思绘图,画于灯箱上。现在该馆展出的就是其中八盏。

在石家大院还有其他展室,如天津婚俗陈列、杨柳青商俗陈列、砖雕陈列、民间剪纸陈列、杨柳青漕船轿车展览、文昌阁灯箱画展览、水局展览等。大家可以一一转转。

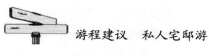 游程建议　私人宅邸游

日期	行程	用餐	住宿
D1	早天津市内约定地点集合发车赴天津名园静园,感受末代皇帝溥仪在天津的生活,车游张园、段祺瑞旧居,驱车赶往五大道风情区,感受万国建筑博览会的魅力。车游马场道上的潘复旧居、原工商学院主楼、达文士故居、刘冠雄故居、李烛尘故居,然后由昆明路上睦南道,游览高树勋、徐树强、张学铭、徐世昌、颜惠庆等故居,最后游览重庆道上的庆王府、顾维钧(河北路267号)。中午发车赴意式风情区用中餐,下午游览梁启超故居、曹禺故居,赴海河畔,参观奥式风情码头的"左右冯袁"——袁宅和冯国璋旧居,欣赏海河美景,结束旅游返程。	○●●	

服务包含项目:
　　交通:空调旅游车　　导游:地方优秀陪同导游　　用餐:中餐
　　景点门票:行程所列景点门票　　保险:旅行社责任保险、人身意外伤害保险

思考题

1. 除了五大道英式风情区、意式风情区、法式风情区还有哪些历史风情区?
2. 请你指出处在法式风情区的历史风貌建筑。
3. 天津市有代表性的中式住宅还有哪些?

第 5 章　公共寓所

> **本章学习目标**
>
> **知识目标：**
> 　　1. 了解天津的公共寓所、里弄住宅的特点；
> 　　2. 熟悉天津的近代有名公共寓所的名称、地点及建筑特点。
> **能力目标：**
> 　　能够根据客人的要求，设计公共寓所参观游览线路，并进行讲解。

本章概要

　　本章的历史建筑游览主题是天津市的公共寓所建筑，即公寓式住宅和里弄式住宅。这两类住宅是 20 世纪 20 至 30 年代在天津迅速兴起的建筑类型。在本章中为大家介绍的公寓式住宅主要有香港大楼、民园大楼、原茂根大楼、剑桥大楼、林东大楼和光明大楼；里弄式住宅主要有疙瘩楼、安乐邨、重庆道 26—28 号、民园西里、永定里、义生里、先农大院、睦南道 36—48 号住宅、山益里、大兴村、庆云里、原崇德堂、德国大院、桂林里。大家可以跟随着我们的脚步一起去领略这些历史建筑的风采。

　　本章的香港大楼、安乐邨为精讲导游词。

5.1　公寓式住宅

　　补充阅读　天津近代三种住宅类型的发展

　　天津的主打旅游品牌就是"近代中国看天津"。1860 年，天津开埠后，先后有九个国家在天津设立了租界地，充满异域风情洋楼建筑逐渐构成各租界的一条靓丽风景线。各租界区的住宅建筑最具代表性的是独立式花园别墅住宅、公寓式住宅和里弄式住宅三种。其中别墅住宅的发展最为迅速。

　　别墅式住宅即独立式住宅，是较高标准的住宅形式。这类住宅的占地面积较大，房间宽敞，多采用一、二层砖木结构，注重庭院绿化和建筑小品的处理。二三十年代，随着天津租界的繁荣和城市中心向租界转移，大批富有阶层迁入英、法等国租界，他们相当一部分是军阀、官僚、遗老等，此类人有财有势，先后在租界建了许多供他们寓居的洋楼、公寓。如英租界新区（墙子河以西地区）形成由一幢幢风格迥异的小洋楼构成的高级住宅区。在法租界的丰领事路（今赤峰道），因聚集着许多军阀、官僚们的私人别墅，该路当时有"督军街"之称。我给大家列举一些名人的别墅住宅，比如庆王府、孙颂宜住宅、张学铭住宅、徐世章住宅、孙传芳住宅、李吉甫住宅、庄乐峰住宅、章瑞庭住宅、吉鸿昌住宅等，真是数不胜数。

公共寓所，即公寓式和里弄式住宅，这类住宅都是在20世纪20至30年代在天津迅速兴起的建筑类型，我们看看在天津这类公共寓所住宅的发展情况。

公寓式住宅是随着近代建筑材料和技术的进步出现的一种住宅类型。它比其他类型住宅的层数高，多为4~5层，并以不同间数的单元组成各式标准层，具备以一室户至四室户的单元。虽然内部布局不同，但每个单元大都包括起居室、卧室、厨房、浴室等，水、暖、电、卫生设备齐全，居住条件舒适。在天津有代表性如林东大楼、香港大楼、光明大楼、原茂根大楼、民园大楼、剑桥大楼等。

里弄式住宅是我国近代建筑发展中产生的一种新型住宅类型，是应用近代建筑材料和建筑技术，在中国传统建筑的基础上，吸收西方近代联排式住宅的布局而形成的一种新式住宅，也是天津住宅发展史上的重要环节之一。里弄住宅从20世纪初开始兴建，到1949年已成为天津建造数量最大的住宅类型。里弄住宅一般采用分户出售或分户出租的方法。由房地产商投资，根据住户对象生活的多种不同需求而成批建造，它由原来分户分散自建单幢住宅过渡到多幢联列集居方式，标志着天津近代住宅及住宅商品化的发展。天津的疙瘩楼住宅、马场别墅、民园西里、先农大院、原德国大院等都属于这类住宅。

5.1.1　香港大楼

五大道的马场道10号，有座高级公寓式住宅，是天津市重点保护等级历史风貌建筑。这座公寓式住宅的名字叫作香港大楼（图5-1），因紧邻的睦南道原名香港道而得名。该建筑建于1937年，为奥地利建筑师盖苓设计的公寓式住宅楼。盖苓是奥地利人，他是天津解放前有名的建筑设计师。他在五大道设计了香港大楼、剑桥大楼、民园大楼等高级公寓楼。除此之外，他设计最多的还是单所小洋楼，风格各异、独具风韵，既优美又实用，如章瑞庭旧居、吴颂平旧居等等。

我们眼前的公寓建筑平面呈"L"形，砖混结构，地上五层，地下一层，为现代建筑形式。各层单元平面布局紧凑，功能合理，主要房间设在东面和南面，利于日照和采光，居室面积约为 20 平方米，且有外挑两米的封闭暖廊。厨房、备餐室、储藏室、浴室等设备齐全，地下曾有车

图 5-1　香港大楼

库。室内的木地板、木楼梯、壁炉、水磨石地面等至今保存较好。

香港大楼在建筑构图中充分运用了对比的效果，外檐的大面积玻璃窗和实墙面造成虚与实、透明与不透明、轻薄与厚重的对比；浅色饰面与深色清水墙造成不同色彩和视觉效果的对比；而墙面上的圆窗、方窗、转角窗又造成不同图形的对比。建筑外观没有任何装饰线脚，只有平直的面和直角的转折，没有挑檐，只在外墙顶边做出一道深色的窄边作为结束。墙面光洁，看上去就像一个充满阳光的方盒子，浮在绿荫丛中。

香港大楼建成后，当时多为社会名流及中产阶级居住，现在仍为居住用房。

5.1.2　民园大楼

在重庆道上有较多英国联排式高级公寓式房屋，像重庆道民园体育场正门西北角（重庆道 66-68 号）的现代建筑就是公寓式住宅。它是天津市重点保护等级历史风貌建筑——民园大楼（图 5-2）。该建筑建于 1937 年，由奥地利建筑师盖苓设计，因邻近民园体育场故命名为民园大楼。

图 5-2　民园大楼

这栋公寓式住宅，局部四层，带半地下室。建筑形象简约大方，色彩以白色混水墙为主，在部分窗间墙处点缀清水硫缸砖墙面；建筑立面比例协调，又富有变化。南面中段有 9 个开间长的通阳台。每层有 4 个单元组成，各单元内部布局各不相同，其功能一致，均设卧室、起居室、厨房、备餐间及卫生间。这种布局与现在的居住建筑基本一致，而与传统的中国及西洋住宅均有差异。我们看民园大楼的方孔式围墙，设计地非常巧妙，它采用百叶窗的原理，看似透光，实际上从外边根本对里面无法窥视，这就适应了主人深居私密的心理，也自然地反映出五大道独有的幽雅沉静与温馨氛围。

5.1.3 原茂根大楼

各位游客，我们现在位于常德道 121 号，眼前的这座办公用房是一座高级公寓楼，是天津市重点保护等级历史风貌建筑。该楼建于 1937 年，由"茂根堂"投资兴建，故名茂根大楼（图 5-3），是由中国工程司建筑师阎子亨、陈炎仲设计的。该公寓建筑占地面积约 4700 平方米，建筑面积约 2100 平方米。为混合结构，中间部分四层，两翼三层，带半地下室。每层有公寓两套，每套均带卫生间的卧室两间，工作室一大间，还有厨房、公厕、卫生间及男、女佣人居室各一间。与民园大楼一样，该建筑的平面和居住单元均按照新的生活方式布局，即每层以楼梯间为中心布置居住单元，每个居住单元以起居室为中心，设置独立的卧室、工作间、厨房、佣人房、公共卫生间等，该建筑在卧室中还设置了独用卫生间，具有显著的西方特色和居住理念。再加上建筑和装修材料都是进口的，包括浴盆、马桶在内的设施都是国外的，正迎合了在津居住的外国人要求，因此茂根大楼吸引了很多外国租客。租住在这里的外国人，大多是租界里工作的外国商人、银行和企业管理员工，也就是那个时代的"金领"，于是，茂根大楼便成为一些外国职员在天津居住时最满意的家。

当时频繁出入茂根大楼的除了租住在这里的"金领"们，还有一些专门为出租者收取房租的人，也就是现在所说的房屋经纪人。那时在天津的英租界，像茂根大楼这样的公寓式住宅，里面的租客按月缴纳房租，但房屋所有人并不亲自来收房租，而是由一些专门从事这个职业的人来收取。在当时还是半封建、半殖民地的中国，茂根大楼的居住模式及收租方式，已经在上演着现代的社会场景和生活模式了。

茂根大楼建筑外部运用大面积的深色硫缸砖墙面和浅色的阳台体块形成对比，矩形窗、角窗和圆窗辉映，既简约明快，又体现了现代建筑的结构之美，具有典型的现代建筑特征。

图 5-3 原茂根大楼

5.1.4 剑桥大楼

我们眼前的这座公寓式住宅大楼（和平区重庆道 24 号），建于 1936 年，为奥地利建筑师盖苓设计的公寓式住宅楼。因邻近英租界剑桥道（今重庆道），故名剑桥大楼（图 5-4）。它属于一般保护等级历史风貌建筑，现为居住用房。

剑桥大楼的设计者是盖苓，奥地利人，著名建筑设计师。他在中国的居住 30 年间，设计作品遍布沈阳、大连、天津、青岛、南京、上海，其中尤其以天津最多，竟有 250 余座。香港大楼、剑桥大楼、民园大楼等公寓式建筑以及吴颂平旧居、章瑞庭旧居等均出自盖苓之手。

图 5-4　剑桥大楼

剑桥大楼建筑分前后两幢，占地面积约 1600 平方米，建筑面积约 3200 平方米，混合结构四层楼房，外檐为清水墙面，局部为混水墙面。外檐各层间均用通长混凝土板作装饰兼窗台、雨棚，体现了现代建筑轻盈的结构美感。该大楼的房间布局合理，暖卫设施齐全。具有典型的现代建筑特征。

5.1.5　林东大楼

我们现在位于和平区河北南路（大理道至睦南道段），眼前的这栋公寓大楼，叫作林东大楼（图 5-5），是天津市一般保护等级历史风貌建筑。该建筑建于 1919 年，原为孙养如房产。1926 年曾任农商总长的杨文恺去职后长期寓居于此。1949 年后杨文恺还曾任天津文史馆馆员。

图 5-5　林东大楼

这栋公寓大楼占地面积约 1800 平方米，建筑面积约 5000 平方米，四层混合结构公寓式楼房，因其邻近的河北路原名威灵顿道，取"灵顿"谐音命名该楼为林东大楼。建筑首层及背立面为清水墙面，其余立面为拉毛混水墙面，坡屋顶带女儿墙、大筒瓦屋面。公寓内为单元式格局，平面的布局是按照新的生活方式来设计的，即每层以楼梯间为中心布置两个居住单元，每个居住单元以起居室为中心。一梯两户，室内房间较大，功能齐全，暖卫设施齐全，具有现代建筑特征，现在此建筑仍作为居住用房。

5.1.6　光明大楼

各位游客，在和平区解放北路 18—20 号，有栋建于 20 世纪初的公寓式住宅楼，它就是光明大楼（图 5-6），也称"小雅克多利亚大楼"。目前为天津市重点保护等级历史风貌建筑。

该建筑占地面积约 300 平方米，建筑面积约 2400 平方米，框架结构楼房，主体六层，

图 5-6　光明大楼

局部七层。建筑平面以楼梯和电梯为中心，组织居住单元。每个单元内暖气、卫生设施齐全。建筑外形既有现代建筑简洁挺拔的体量，又有部分西洋古典建筑的细部，具有折中主义建筑特征。此楼现在作为居住和商业用房。

5.2 新式里弄式住宅

20世纪20—30年代前后，天津的工商业有较大的发展，由于资本主义经济的增长，新的建筑材料、设备及施工方法等有了显著的进步，开始出现了新式里弄住宅。

里弄式住宅的建筑特点是，总体布局紧凑，单元联立组合，争取好的朝向和采光通风条件，建筑排列整齐，里弄宽度可容车辆出入。为了美化外观，注意街景的建筑立面处理，同一街区内，西方各国风格兼而有之，如英式、法式、意式、德式、西班牙式等。有些外墙面凹凸较多，体型复杂，局部搬用西洋花饰，如栏杆、窗格、檐部等。里弄住宅以其兼有别墅式与集中居住住宅的特点，在城市住宅发展中表现了自己特有的风貌。

新式里弄住宅的分户单元设计已采用现代住宅的设计手法，房间功能分工明确，在一定的开间范围内，将起居室、卧房、厨房、卫生间等房间，依主次关系，按功能要求，合理布置，灵活安排。每户都有独立的对外出口。一部分新式里弄住宅已经注意到建筑与环境的结合、宅前与弄内的绿化及弄内的交通组织，使之形成比较安宁舒适的生活环境。

新式里弄住宅大部分采用砖木结构，一部分已经采用混合结构，水泥、水刷石等新材料。室内设备齐全，装饰较为高级，采用钢门窗，硬木地板，较高级的有暖气卫生设备。

5.2.1 疙瘩楼住宅

我们现在位于和平区河北路，旧属英租界威灵顿道，在这条路的283—295号，有一座有着浓郁的意大利风格的建筑——疙瘩楼（图5-7）。我们眼前就是疙瘩楼，天津重点保护等级历史风貌建筑。它是英商先农公司于1937年建造独户联排公寓，占地面积1900平方米，建筑面积约2900平方米，由意大利建筑师鲍乃弟设计的。

此楼是砖木结构三层楼房，设有半地下室作为车库，二层设有客厅、餐厅，三和四层为卧室，房间宽敞，设备齐全，居住舒适。

图5-7 "疙瘩楼"建筑外观

建筑平面布局合理，采用当时欧洲流行的联排独户住宅的布局，是当时中产阶级的理想住宅。建筑依街角设计，与地形结合较好。外檐红瓦坡屋顶，硫缸砖清水墙面。建筑巧妙使用天津地方材料——硫缸砖，整个墙面上不均匀的凸起呈"疙瘩"状，别具特色，故称"疙瘩楼"。同时在每户住宅的入口、悬挑阳台、檐部、窗间墙和窗套等处，采用拱券、花纹、水纹等古典和洛可可式装饰手法，使得建筑整体简洁大方，细部浪漫和谐。室内装修考究，木地板、木楼梯、木门窗等保存完好。

20世纪20年代著名京剧大师马连良曾在此居住。马连良是中国著名京剧艺术家，京剧老生行当，是与梅兰芳齐名的20世纪最具影响力的京剧大师。他开创的马派艺术影响深远，代表曲目有《借东风》、《甘露寺》、《青风亭》等。也因为马连良的缘故，当时的文化界、政界、艺术界名流经常流连其间，前清贵族也经常到此听堂会。溥仪的堂弟、著名书画家爱新觉罗·溥佐先生曾回忆，当年的"疙瘩楼"曾"车如流水马如龙"，经常出入的宾客不乏袁世凯、冯国璋、靳云鹏、鲍贵卿、张绍曾、曹汝霖等显赫一时的风云人物，或是荀慧生、梅兰芳、杨小楼等艺术大师，众多鲜为人知的历史事件就曾在这"疙瘩楼"里上演过。

"疙瘩楼"曾作为粤唯鲜酒家，是1991年粤唯鲜集团总裁张连志在其一楼一手创办的，之后陆续将"疙瘩楼"买下，并在原有欧陆古典风格的基础上，结合中国明清时代的瓷片元素完美地把中国传统文化气息的古瓷挂签融合到了"疙瘩楼"中，使其成为一座巧妙结合中西风格的古瓷城堡。此馆所陈列的为各个时期的综合展品，囊括了西周至清朝各个历史时期最典型的青铜器、铜器、木雕、石器、老门窗、彩绘木人、烟具、屏风、座钟、桌椅、木箱、提盒、老铁钟等100多种的3000余件文物，以及遍布外墙的各代古瓷片。马连良先生的女儿马小曼还特地为博物馆提供了马连良曾用的戏服、烟具等珍贵历史文物。现在的"疙瘩楼"已成为中国奢侈品博物馆。

5.2.2 安乐邨

各位游客，我们现在位于和平区马场道102号。我们眼前的三幢联排式公寓住宅称为安乐邨(图5-8)，是天津市重点保护等级历史风貌建筑。它组合布局上很有特点，三栋楼呈"品"字形分布，与马场道平行的是一幢三层的楼房，另外两幢与马场道垂直的是二层的楼房。

该联排式公寓建筑建于1933年，由意大利鲍乃第建筑师事务所设计，英国天主教会首善堂投资建造的。建成后当时租给美国武官居住，名为新

图5-8 安乐邨

武官胡同，1953年改为现名称。

该公寓住宅占地面积约7600平方米，总建筑面积约9300平方米。建筑为砖木结构楼房，并设有地下室，均由分户单元联排组成，每户前后设小院，平面功能布局合理，厨卫设备齐全。外檐为清水砖墙，坡屋顶，瓦屋面，正立面部分混水抹灰。我们看到这座建筑的外观装饰元素丰富。每户主入口门及二层窗都为拱券式，上以西班牙半圆拱花来装饰。窗间多用绞绳柱支撑，装饰效果较强，使建筑富于韵律感。

在这里曾居住过我国近代著名爱国实业家李烛尘先生。李烛尘是湖南永顺人，清末秀才，爱国实业家，民族化学工业的开拓者。早年他曾留学日本，辛亥革命后回国，协助范旭东创办久大精盐厂，来后又与范旭东联合创办永利碱厂。华北沦陷时，拒绝与日本人合作，撤至西南重建化工基地，日本投降后返津，任久大精盐公司总经理。在解放战争期间，李烛尘为我党做过大量的统战工作。1949年后，历任中央人民政府委员、华北行政委员会副主席、轻工业部部长、中国民主建国会天津分会主任委员、全国政协副主席等职。1951年12月28日毛泽东主席视察天津时，曾到李烛尘家中做客，并住在李老家里，成为一段佳话。

5.2.3 和平区重庆道26—28号

各位游客，和平区重庆道26—28号的建筑建于20世纪20年代，为建筑平面左右对称的两户联排住宅（图5-9）。该住宅建筑占地面积约400平方米，建筑面积约700平方米，为砖木结构三层楼房，红瓦坡屋顶，清水红砖墙。在建筑中部，首层为凸出的起居室，二层为阳台，三层屋顶砌筑巴洛克式的山花墙面，使得整个建筑在平实中增添了一份浪漫。二和三层的露台栏板以白色抹灰墙面和灰色水泥疙瘩饰面结合，也使建筑的语汇增多，层次丰富。该建筑带有折中主义建筑特征，是天津是一般保护等级历史风貌建筑，现为商业用房。

图5-9 和平区重庆道26—28号连排住宅

5.2.4 民园西里

各位游客，这是民园西里（和平区常德道与桂林路交口），因建筑位于民园体育场西侧故名"民园西里"。该建筑建于1939年，由两幢里弄式住宅组成，占地面积约2700平方米，建筑面积约3400平方米，由华信工程司沈理源建筑师设计，济安公司施工。两幢建筑由17个分户单元联排组成，每个单元前后设小院，均设置独立的厨房、卫生间和起居室、卧室、佣人房、餐厅、储藏室，暖卫设施齐全，为当时中产阶级的住宅。建筑为砖木结构二层，局部三层，二层屋面设露台。外檐为硫缸砖清水砖墙，大筒瓦坡屋顶，朴素大方（图5-10）。

图5-10 民园西里

5.2.5 永定里

各位游客，我们现在位置是成都道86—104号，眼前的七幢联排公寓的建筑组团，建于1937年，由中国工程司阎子亨建筑师设计，四行储蓄会天津分会经理胡仲文投资建设，以永定河名命名为"永定里"。当年多为银行职员居住在这里，胡仲文也居住于此。

该建筑组团占地面积约5500平方米，总建筑面积8800平方米，为混合结构三层平顶楼房，均由独户单元联排组成，每个单元前后设小院，室内房间按照现代生活方式布局，宽敞合理，装饰简洁朴素，暖卫设施齐全，木楼梯、木地板至今保存较好。外檐为硫缸砖清水墙面，局部设混水抹灰装饰，二层设有露台。具有典型的现代建筑特征。现在为居住、办公、商业用房共同使用。

5.2.6 义生里

我们现在位于和平区大理道与河北路交口附近，我们前面有由六幢连体公寓形成里弄式住宅，名为义生里（图5-11）。西北军冯玉祥部将领鹿钟麟，1949年后居住于此。

图5-11 义生里

义生里建于1924年，由王紫明投资建设，以其堂号"义生堂"命名该里弄。占地面积约4800平方米，总建筑面积约5000平方米，建筑均为砖木结构二层楼房，每幢由分户单元联排组成，每个单元前后设小院。外檐为硫缸砖清水墙面，坡屋顶，大筒瓦屋面，临街两幢建筑主入口为拱券式。建筑组团布局规整、环境优雅、设施完善、朴实无华。

5.2.7 先农大院

我们现在位于和平区河北区与洛阳道交口，眼前的就是先农大院，是由两幢独门联排住宅、两幢独门公寓式住宅组成围合形成建筑组团。先农大院（图5-12）建于1925年，占地面积约8100平方米，总建筑

图 5-12 先农大院

面积约 8400 平方米，由先农地产公司雷德设计，建成后多为该公司员工居住。先农地产公司成立于 1901 年，是天津第一家外商房产公司，创始人是当时任天津"都统衙门"总文案美国人丁家立，他以紫竹林、老西开土地为投资，纠集田夏礼、狄更生、胡佛（后任美国第三十一届总统）等 7 人，集资本额纹银十万零五千两建立的。"先农"二字的得来，是因为这个公司的发源地在原法租界紫竹林一带（现由广场桥南至承德道），这里曾经有一处中国古典式建筑名为"先农坛"，故该公司便由此得名先农公司。

该建筑群总平面布局规整，留有一定的活动空间。每户有独立的前花园和后杂院，每户一楼一底，功能布局合理，居住舒适，是典型的中产阶级住宅。住宅的立面处理大方简洁，红瓦双坡顶与清水红砖墙面，形成了朴实温馨的风格。现均为居住用房。

5.2.8 睦南道36—48号住宅

各位游客，我们看右手边，沿街布置的三幢毗连式别墅（图5-13），均为重点保护等级历史风貌建筑。建筑建于 1921 年，是由英商河东兴业公司投资，永固工程司设计的，占地面积约 3900 平方米，总建筑面积约 4000 平方米。该别墅为砖木结构二层楼房，每个独立单元均有宽敞的院落。外檐为拉毛抹灰墙面，局部清水。大筒瓦多坡屋面，屋顶高耸，墙面用抹灰形成外露木屋架形式。室内房间功能合理，设施齐全，装饰考究，具有英国民居特征，现在为居住用房。

图 5-13 睦南道 36–48 号住宅

5.2.9 山益里

在庆王府西侧，有座里弄式住宅山益里（图5-14），是由七幢联排公寓形成。它是由我国近代实业家"洋灰陈"家族陈一甫、陈范友、陈达友父子三人投资建造，由陈范友设计并督建。陈一甫于二十世纪初主持创办了启新洋灰公司，曾任公司总经理。陈范友为陈一甫长子，毕业于北洋大学土木系，后进入启新洋灰公司。里巷取名为三益里，寓意为父子三人共同受益，1982 年取"三"之谐音"山"变更为现名。

该里弄建于 1937 年，占地面积约 5000 平方米，总建筑面积约 7500 平方米，砖木结构二层楼房，部分建筑四层。外檐立面为硫缸砖清水墙，局部为"甩疙瘩"混水抹灰装饰，窗口上下高度用优质缸砖环绕建筑砌筑，兼有结构和装饰作用。大筒瓦坡屋面，坡顶出老虎窗，起到通风采光的效果。室内房间按照现代生活方式布局，木楼梯、木地板、木门窗至今保存较好。

图 5-14　山益里

现在山益里与毗邻的庆王府，共同被打造成五大道地区的集餐饮、住宿、购物等为一体的新型遗产会所。改造后的山益里将成为配有厨房、健身房等设施的公寓式酒店。

5.2.10　大兴村

各位游客，位于和平区重庆道中部，桂林路与衡阳路之间，有六幢建筑形成组团，现均为历史风貌建筑，我们称它为大兴村（图 5-15）。大兴村建于 1937 年，占地面积约 6100 平方米，总建筑面积约 5900 平方米。由大兴工程公司建造，并以公司名称命名里弄。

图 5-15　大兴村

每三幢建筑形成一个封闭的里弄，两幢临街，楼间有通道与马路相通，另一幢居于内部。当时多为大兴公司董事长董氏家族及公司职工居住，另有部分单元用于租、售。

临桂林路一侧组团由我国早期著名建筑师阎子亨设计，另一组团由建筑师雍惠民设计。六幢建筑均为混合结构三层平顶楼房，硫缸砖清水墙面，无过多装饰。建筑窗上下口位置采用优质缸砖环绕建筑砌筑砖带，既达到结构要求，又成为横向分隔的线条。室内房间宽敞，布置合理，设施齐全，具有现代建筑特征。

5.2.11　庆云里

在五大道地区除了独栋的小洋楼别墅，还有很多座联排式的住宅。我们现在处于新华路和澳门路之间，眼前的就是由两幢相对的联排式住宅形成的居住用房。该建筑建于 1932 年，占地面积约 3500 平方米，总建筑面积约 6300 平方米，由沈姓人士投资建造，并取其妻名中"蕴"字谐音及庆贺之意，将里弄命名为"庆云里"。

1932年至1934年，吉鸿昌将军曾在庆云里3号居住，并将此作为联络站。该里弄的两幢建筑均为砖木结构二层楼房，设有地下室，每户独门，前后均设小院，每户的功能均按照现代生活方式设计，房间宽敞，布置合理，设施齐全，是当时较为高档的公寓式住宅。建筑的外檐首层以水泥断块抹灰为主，二层以清水硫缸砖墙面为主，女儿墙用"甩疙瘩"抹灰装饰，与清水墙面交界处用花纹装饰线条分隔，阳台由内嵌式和出挑式搭配设置。屋顶为大筒瓦坡屋顶，屋面设雕花装饰的老虎窗。具有折中主义建筑特征（图5-16）。

图5-16 庆云里

5.2.12 原崇德堂

位于和平区承德道17号和营口道24号的集合式住宅，原为崇德堂（图5-17）。崇德堂是法国天主教会负责在津经营教会产业及房地产的机构。该建筑建于1908年，占地面积约1100平方米，建筑面积约2000平方米，混合结构二层楼房，带半地下室。建筑平面为集合式住宅布局，附带小教堂。建筑立面以红砖为主，并用青砖砌筑拱券、壁柱及支撑拱券的圆柱，起到色彩强烈的装饰效果。半地下室由石材砌筑，首层由壁柱分隔形成二联拱券窗，二层为圆柱支撑的四联拱券窗，以此形成开敞的通廊，丰富了建筑造型。现在它们是天津市重点保护等级历史风貌建筑，现为居住、办公用房。

图5-17 原崇德堂

5.2.13 义德里

各位游客，我们现在来到了陕西路与万全道交口处，前面的居住用房是由六幢联排公寓形成的里弄式住宅。该里弄建于1902年，占地面积约4800平方米，总建筑面积约8500平方米。由訾玉甫投资建设，并用其堂号"义德堂"命名。

建筑为砖木结构二层楼房，部分三层。外檐立面为红砖清水墙，局部用混水抹灰装饰。大筒瓦坡屋面，檐部出挑较大。每户独立单元，前后均设小院，临街建筑入口为拱券式门洞。室内房间按照现代生活方式布局，功能齐全，装饰考究，木楼梯、木地板至今仍保持完好。该里弄具有中西合璧的折中主义建筑特征。

5.2.14 德国大院

各位游客,眼前的五幢连体公寓形成的建筑组团(河西区福建路与温州道交口),位于原德租界,建于1923年,为德国侨民公寓,故称德国大院(图5-18)。

图5-18 德国大院

该建筑组团占地面积约3900平方米,总建筑面积约4900平方米,建筑单体均为二层砖木结构楼房,带地下室,前后有院,室内木楼梯、木地板、木门窗,玻璃窗外加设百叶窗。外檐一层为清水墙,上部为甩疙瘩砂浆饰面。大筒瓦坡屋面,前后挑檐。我们看挑檐非常有特点,形似中国钱币的圆形方孔造型,这样做是有利于通风防潮的。在入口上部均设有瓦顶雨厦。该建筑组团平面呈周边式布置,中间为花坛绿地,建筑整齐排列于四周,组团内部较为封闭,仅有一条甬道与外部相通,形成较安静舒适的居住环境。

5.2.15 桂林里

位于和平区大理道、睦南道与桂林路交叉路口处的桂林里住宅(图5-19)是规模较大、较高级的新式里弄住宅,建于1941年,它是由法国天主教会首善堂投资兴建,义品公司比利时籍工程师沃尔盖设计的。建筑群占地面积约

图5-19 桂林里

17100平方米,总建筑面积约6800平方米,由29个居住单元组成17栋建筑。原居住者多为天主教会神甫,以法国人、英国人和比利时人为主。

桂林里建筑质量较好,为二层砖木混合结构,平顶楼房,局部抹灰。外檐为硫缸砖清水墙面,装饰简洁,二层对称设置较大出挑露台。各独立单元均有较大院落,广植花木,绿荫遮蔽,绿化与建筑相互映衬,使群体空间显得宁静而富于变化。室内装饰考究,木楼梯、木地板、木门窗大多保存完好。

桂林里住宅在场地利用、交通处理、单体平面以及使用上都有较好的效果,是花园里弄住宅中比较成功的范例。现桂林里由居住、办公、幼儿园、商业用房共同使用。

游程建议　公共寓所建筑主题游

日期	行程	用餐	住宿
D1	早天津市内约定地点集合发车赴五大道地区，参观马场道潘复旧居、香港大楼、安乐邨，游览睦南道上徐树强旧居、宋棐卿旧居、张学铭旧居、桂林里，游览顾维钧故居，重庆道上的剑桥大楼、庆王府、山益里，中午在庆王府酒店用餐。下午游览义德里、庆云里等，发车赴金街购物。结束旅游返程。	○●○	

服务包含项目：

　　交通：空调旅游车　　导游：地方优秀陪同导游　　用餐：中餐
　　景点门票：行程所列景点门票　　保险：旅行社责任保险、人身意外伤害保险

 思考题

1. 奥地利建筑师盖苓在天津设计的代表性建筑有哪些？
2. 位于古文化街上的通庆里，其建筑上有何特点？
3. 除了课本上所介绍的公共寓所，你还知道哪些，请列举一二。

第6章 办公建筑

> **本章学习目标**
>
> **知识目标：**
> 1. 了解近代天津金融业的发展，解放北路金融街的历史地位，办公建筑的分布情况和建筑特色；
> 2. 熟悉不同类型办公建筑的建筑特征和维护情况；
> 3. 掌握汇丰银行、中央银行天津分行、北四行、渤海大楼、百福大楼、利华大楼、四大洋行等重点办公建筑的建筑特色和历史。
>
> **能力目标：**
> 1. 能够系统讲解解放北路金融街和主要银行建筑；
> 2. 能够结合近代天津金融业发展，编排关于天津办公建筑旅游线路行程。

本章概要

本章历史建筑游览主题是旧天津的办公建筑。19世纪末以后，天津的金融业获得较大发展，到二十世纪二三十年代，天津已成为北方的区域金融中心。伴随着金融业的发展，鳞次栉比的商务楼宇也在天津拔地而起。被誉为"东方华尔街"的解放北路，汇聚了30多家外资和中资银行，包括汇丰银行、中法工商银行、东方汇理银行、横滨正金银行、中南银行、花旗银行、中央银行等。银行建筑普遍造型古典、高大恢弘，钢混结构搭配爱奥尼式石柱或科林斯石柱体现出古典复兴主义的建筑特色。随着人们对办公楼、写字楼需求的增加，像渤海大楼、百福大楼、利华大楼等一批办公建筑也随之涌现。办公建筑则多为钢混结构高层楼房，下层为公司、洋行的经营部，上层为办公用房或高级公寓。

为了全面介绍办公建筑的相关知识，本章中出现部分建筑不在已经认定的《天津历史风貌建筑明细》中，同时，一些建筑改造时天津历史风貌建筑的法定名词尚未出现，相关案例选取的是有特色的历史性建筑。

本章以解放北路金融街、汇丰银行、北四行为精讲导游词。

6.1 "东方华尔街"——解放北路

第二次鸦片战争结束后,天津相继被英、法、德、意、日、美、俄、比、奥九国强划租界,被迫开埠,使天津云集了世界各地的客商、货物、金融机构。进入19世纪末,天津的金融业获得较大发展,到20世纪二三十年代,被誉为"东方华尔街"的解放北路曾经汇聚了英国汇丰银行、花旗银行等30多家外资和中资的银行,大道两侧,领事馆、工部局错落有致,俱乐部、邮局等应有尽有。20世纪30年代,这条街曾经以位居全国第二的庞大资金流量闻名于世,所以又被形象地称作"东方华尔街"。

我们步入金融街(图6-1),站在解放北路与滨江道路口向南望去,路两侧当年的中资和外商银行大楼毗连,气势恢弘,仿佛凝固的历史,向人们展示着天津在20世纪初叶作为北方金融中心的辉煌。

图6-1 解放北路金融街

解放北路原名中街,从解放桥到营口道名大法国路,从营口道到徐州道名维多利亚路。得天独厚的地理优势,使得这条街逐渐成为当时天津的经济中心,从这里流向国外的黄金和白银可以铺满整条街。

为什么外国人会选择在天津设立金融机构呢?一是租界的划分为外资银行落户天津提供了先天条件,另一个重要因素就是与世界发展进程相比,天津金融业比较落后,巨大的利润空间和自我扩张的可能性,成为无法抵御的诱惑。因此在这条街上云集了著名的英国汇丰银行、麦加利银行,美国花旗银行,法国中法工商银行、东方汇理银行等。

19世纪末20世纪初,解放北路上的银行建筑大多由钢筋混凝土和大理石、花岗石、红砖等材料建成,采用古典复兴的建筑造型,门前设有巨型柱廊,造型华丽、大方,表现出庄严、稳定、肃穆的气氛;20世纪30年代以后则多采用混凝土材料,外形挺拔,富于现代功能。

2006年天津市政府制定了投资145亿元人民币,以解放北路为轴心的天津金融城建设规划,旨在打造一个开放型、智能化的金融综合服务区。金融城占地面积113公顷,规划新建建筑面积130万平方米,修缮保留老建筑80万平方米,包含金融、保险、证券等七大板块,分为金融交易服务区、金融广场、商务公寓区、酒店区等区域,并完善配套道路、管网等基础设施。通过一系列的提升改造,使得解放北路金融街得到重生,并延续"东方华尔街"的光荣与传奇。

补充阅读　解放北路金融街风貌建筑

解放北路金融街风貌建筑一览表　　　　　　　　表6-1

序号	原使用用途或名称	地址	保护等级
1	百福大楼	解放北路1—5号	重点保护
2	原裕中饭店	解放北路4号	一般保护
3	原新华信托储蓄银行	解放北路10号	重点保护
4	光明大楼	解放北路18—20号	重点保护
5	原美丰洋行	解放北路22—26号	重点保护
6	DD饭店	解放北路25号、滨江道24—28号	重点保护
7	居住、办公	解放北路28—32号	重点保护
8	原法国俱乐部	解放北路29号	重点保护
9	原法国工部局	解放北路34—36号	特殊保护
10	居住、办公	解放北路38—48号	一般保护
11	原农商银行	解放北路50—52号	一般保护
12	住宅	解放北路71—75号	重点保护
13	原中法工商银行	解放北路74—78号	特殊保护
14	原东方汇理银行	解放北路77—79号	重点保护
15	原横滨正金银行	解放北路80号	特殊保护
16	原汇丰银行	解放北路82号	特殊保护
17	原中南银行	解放北路88号	特殊保护
18	原天津邮政储金汇业分局	解放北路89号	重点保护
19	原花旗银行大楼	解放北路90号	特殊保护
20	原华义银行	解放北路91—95号，承德道8号	一般保护
21	原久安商业银行	解放北路94—96号	一般保护
22	原朝鲜银行	解放北路97—101号	特殊保护
23	原新泰兴洋行大楼	解放北路100号	一般保护
24	原大清邮政津局	解放北路103—111号	特殊保护
25	原华比银行	解放北路104号	重点保护
26	原金城银行大楼	解放北路108号	重点保护
27	原美国海军俱乐部	解放北路113号	重点保护
28	原利华大楼	解放北路116号	特殊保护
29	原中央银行	解放北路117—119号	特殊保护
30	原华俄道胜银行	解放北路121号	特殊保护
31	原仁记洋行天津分行	解放北路125、129、131号	重点保护
32	原四行储蓄会天津分会	解放北路147号	特殊保护
33	原麦加利银行大楼	解放北路149—153号	特殊保护
34	原屈臣氏大药房	解放北路150号	一般保护
35	原怡和洋行大楼	解放北路157号	特殊保护
36	原泰莱饭店	解放北路158号	重点保护

续表

序号	原使用用途或名称	地址	保护等级
37	原福利公司	解放北路 161 号	一般保护
38	住宅	解放北路 162 号	一般保护
39	原太古洋行大楼	解放北路 165 号	重点保护
40	原天津印字馆	解放北路 189 号	重点保护
41	原英国驻津总领事署	解放北路 191—195 号	一般保护
42	原瑞隆洋行	解放北路 197 号	重点保护
43	利顺德大饭店	解放北路 199 号	特殊保护
44	原英国俱乐部	解放北路 201 号	特殊保护

6.1.1 天津汇丰银行

各位游客，现在映入我们眼帘的是天津汇丰银行大楼，这是香港上海汇丰银行在中国天津建造的一幢分行大楼，是天津租界时代留存下来的重要建筑之一，现为天津市文物保护单位。

汇丰银行隶属于英国汇丰集团，全称叫作香港上海汇丰银行有限公司，是为了向从事对华贸易的公司提供融资和结算服务，于1864年在香港建立的。汇丰银行在旧中国的业务主要有国际汇兑、发行纸币、存贷款业务、经办和举放对中国政府的外债、经理中国的关盐税业务等。汇丰银行于1865年开始营业，同年在上海设立第一家分行，而后在天津、北京、汉口、重庆等地设立分支机构。

天津汇丰银行并不是一开始就建立在解放北路上。在1880年，汇丰银行天津分行在原天津英租界宝士徒道（营口道）海关的对面设立分行，为三层券拱式建筑，这是当时最早入驻天津的一家外国银行。到1900年，八国联军入侵，清政府军队炮轰租界，汇丰银行原址遭到严重破坏，1910年进行修葺。

1923年，汇丰银行在英租界维多利亚道（今解放北路86号），购买了高林洋行的一块地，重新建设办公大楼，1925年大楼竣工，成为了我们今天看到的汇丰银行大楼（图6-2）。大楼由同和工程司的苏格兰人伯内特设计，为钢混结构三层楼房，占地4000多平方米，建筑面积5500多平方米，是希腊古典复兴式建筑。

走近大楼，给人的第一感觉就是高大宏伟、庄严肃穆。大楼正面及侧面共十二根巨大的爱奥尼克柱支撑建筑，顶端置巨大的三角形山花，立面做典型的"三段式"划分，由台基、柱子、檐部组成，基座设石砌双线脚，高

图 6-2 汇丰银行大楼

台阶，檐部与柱子高比约为1∶4。主楼东入口两侧，设有四根对称布置的爱奥尼式柱，东面两个旁门则设有两根塔司干式圆柱支撑着冰盘式样的檐形门罩；建筑南面设有由八根爱奥尼式柱组成的廊柱，入口处为花饰铜大门。建筑整体并无过多装饰，外观浑然一体，好似古希腊的神庙和古罗马的大型纪念性建筑物。

走进大楼，首层营业厅面积为670平方米。营业大厅中央用双层玻璃顶棚，在井字梁内镶嵌彩色钢丝网玻璃，使大厅既美观又明亮，屋顶周边为券柱式构造。厅内有对称布局的大理石圆柱十六根，柜台外采用大理石地面，柜台内铺设软木地板。这些装饰由美商肯尼迪公司设计并安装。再往里走，营业大厅周围为办公室、打字间、账目库及大小保险库各一个，还设有更衣室、餐厅、休息室、卫生间等。二、三层为办公室、会客室、宿舍等。地下室建有大型金库和证券保险库。由于大厅纵轴线与道路斜交，前檐墙与道路平行，在平面布置上巧妙地通过椭圆形门厅做过渡，最大限度地利用了地形。

汇丰银行天津分行借助地理上的优势，以及与清政府及后来的北京政府过往甚密，因此该行不仅掌握着天津的国际汇兑，而且把持着外商国际汇兑银行公会和外汇经纪人公会，使得天津的外汇市场价格以汇丰银行的牌价为准。同时，汇丰银行的纸币也随着天津分行的建立进入华北地区。

这里还有一点大家可能会觉得奇怪，说汇丰银行是外国银行，但是如果汇丰银行直接使用它的全名Hongkong and Shanghai Banking Corporation（香港上海汇丰银行），肯定会有更多的人意识到它与中国的特殊关系。汇丰银行在中国成立，成立的目的就是为了服务于面向中国的贸易活动，因此，汇丰提出的宣传口号叫做："从来不曾远离，从此离你更近"，正展示了汇丰银行和中国的关系，以及这个世界级金融巨头在中国的成长和发展故事。

1954年，汇丰银行撤离天津。该建筑现为中国银行天津和平支行使用，是天津市级文物保护单位，特殊保护等级。

 补充阅读　汇丰银行创始记

鸦片战争以后，中国开放了贸易口岸，中国和其他国家之间的贸易逐渐展开。西方人在中国建立起了若干洋行，中外贸易的早期，金融业务一般由主要的大洋行，如怡和、旗昌来兼营。另外，一些总部在英国和印度的银行也在香港做一些金融业务，如汇理银行、渣打银行等等。但是这些银行的重心并不在香港，所提供的金融服务并不能完全满足贸易的需要。到了十九世纪六十年代，这种金融服务的欠缺状况已经越来越明显。

在印度的英国商人敏锐地意识到了这个商业机会。孟买的一些英国商人开始筹建面向中国市场的"中国皇家银行"。这个消息传到香港以后引起了另一个英国人的注意，这个英国人就是汇丰银行的主要发起人苏石兰（Thomas Sutheland）。当时，苏石兰是著名的大英轮船公司在香港的代理人，已经在港工作了十多年。由于大英轮船公司的声望和他本人的资历，苏石兰在香港已经有了相当程度的号召力，苏石兰决心抢先开办一家他们自己的银行。

所谓"他们自己"，指的就是在香港和日益兴盛的上海等地区进行贸易活动的洋行中的商人们，苏石兰也是其中的一员。苏石兰要创办一家为洋行提供金融服务的银行，以满足他们在这方面的需求。

苏石兰很快写出了银行成立的计划书，注册资本金是500万港元。他拿着计划书走遍了香港的主要大洋行，希望得到这些洋行的支持。绝大多数有名的洋行欣然同意入股，所需资金很快募足。而随后来到香港募集资本金的"中国皇家银行"只落得了铩羽而归，黯然收场。

1864年8月6日，汇丰银行召开了由多家洋行参加的临时委员会第一次会议。1865年年初，汇丰完成筹备工作。3月3日，汇丰银行正式开业，总部就设在今天香港汇丰银行的所在地。140多年来这个地址始终未变。一个月后，上海分行正式对外营业。

汇丰银行的成立符合了当时商业界的需求，所以从一开始汇丰银行就得到了绝大多数洋行的大力支持。汇丰银行临时委员会中的14名发起人都是当时香港主要洋行的老板，这些人有着在中国进行长期商业活动的历史，同时又具有丰富的国际经验。不过，虽然汇丰银行的成立得到了绝大多数洋行的大力支持，但当时两个最具实力的洋行——英国怡和洋行和美国旗昌洋行却偏偏不在支持者之列。这其中的原因也很简单，这两家大洋行兼营着为洋行提供的金融业务，而汇丰银行的成立当然意味着要抢走他们这部分的业务和利润。于是，尽管汇丰为怡和和旗昌保留了发起人的位置，但他们还是拒绝入股。于是，一家目的在于为洋行提供金融服务的银行偏偏没有得到两家最大洋行的支持，而且怡和洋行还在汇丰银行获取执照时极力加以阻挠，试图阻止汇丰进入利润丰厚的汇兑业务。但汇丰还是在正式营业后的第二年（1866年）得到了营业执照。当年12月，旗昌决定加入汇丰。怡和则继续和汇丰在市场上对峙。但在1877年，怡和也最终成为了汇丰的合作伙伴。汇丰银行的市场表现十分优异，在几次市场竞争和金融危机中都战胜了竞争对手，最终确立了中国贸易金融领导者的地位。

6.1.2 中央银行天津分行

现在我们看到的是原中央银行天津分行大楼（图6-3），它位于和平区解放北路117—119号，是一座具有古典复兴主义建筑特征的建筑。

图6-3 中央银行大楼

中央银行是1928年在南京成立的国家银行，主要业务为调剂金融，经营贷款、贴现业务，代理国库收存关税、盐税，并发行钞票。在北平、天津中央银行分行成立之前，曾分别设有中央银行兑换所。1929年4月30日，中央银行电令北平兑换所结束，所有未了事宜划归天津兑换所代管。1931年4月10日，中央银行天津分行成立并开业。1935年，中央银行厘定一、二、三等分行，天津为一等分行。"七七"事变后，天津分行撤退，至1945年抗战胜利后，天津分行于同年11月16日在原址复业。1949年1月15日，该行被天津市军事管制委员会接管部接收，现为中国人民银行天津分行使用。

中央银行天津分行大楼是一座有着80多年历史的老建筑，它见证了中央银行的发展。中央银行天津分行大楼建于1926年，原为中日合资的中华汇业银行，1936年，中央银行天津分行购得此楼。该建筑由中国第一代著名建筑师沈理源设计，为三层混合结构楼房，设有半地下室。外檐正立面用四根爱奥尼巨柱（图6-4）和两根方柱构成对称立面，造型庄重

图6-4 爱奥尼式巨柱

大方，布局严谨，承托钢混带状横檐。整体建筑设计简洁，中部为波浪形山花，以强化垂直轴线布局。另于底层左侧开有券洞式旁门，为进入楼内的通道。建筑室内装修华丽考究，具有古典复兴主义建筑特征，当时在津城独树一帜。

1997年6月2日，该建筑被天津市人民政府列为《天津市文物保护单位》，2005年8月31日，被天津市人民政府列为特殊保护等级历史风貌建筑，现为中国人民银行。

  补充阅读　建筑大师沈理源

沈理源(1889—1949)，浙江杭州人，上海南洋中学毕业，后官费留学意大利，在罗马奈波利工科大学攻读水利和建筑专业。回国后在天津任建筑师，长达30年，是天津近代著名的建筑设计师，在天津

设计的房屋有百余处。此外，他还在北京设计了真光电影院和清华大学的电气馆、体育馆、图书馆等。

沈理源还曾从事建筑教学工作，担任过天津工商学院（今天津外国语学院）和北京一些大学的教授。沈理源在天津曾经当过华信工程司总工程师，华信工程司原为一家外国人开的建筑事务所，1931年改由沈理源经营。早期他设计了天津盐业银行、浙江兴业银行、中央银行等，都采取了西洋古典建筑形式。后期的新华信托银行、金城银行逐渐受西方现代建筑思潮的影响，采取了摩登主义造型。沈理源还设计了很多单所小洋楼和公寓楼，这些楼房与外国人设计的洋楼相比毫不逊色。在五大道地区，他设计的单所小洋楼有张作霖三姨太许氏旧宅、周明泰旧宅等，此外还有里弄式公寓楼民园西里和大兴村。"七七事变"后，沈理源致力于福莱克契的《世界建筑史》的翻译工作，这是我国第一部世界建筑史的译本。

6.1.3 北四行和四行储蓄会

各位游客，我们现在来到了天津知名的金融街——解放北路，问大家一个关于金融的问题，有没有哪位知道"南三行"、"北四行"分别是指哪几家银行吗？

所谓"南三行"指的是浙江兴业银行、浙江实业银行和上海商业储蓄银行。而"北四行"分别指哪几家呢，就是我们身边的位于解放北路108号的金城银行、位于解放北路88号的中南银行、以及位于赤峰道12号的天津盐业银行和哈尔滨道70号的大陆银行。而位于解放北路147号的四行储蓄会天津分行则是"北四行"强强联手的一大创举。

下面我为大家一一介绍这几座知名的银行及其建筑。

（1）盐业银行

四行中成立时间最早的是盐业银行，于1915年开业，这是一家由袁世凯亲自批建的商业银行，也是中国早期自办的商业银行，因为北洋、民国时期大批军政首脑入股，使得该银行实力居"北四行"之首。

天津盐业银行大楼（图6-5）是1925年由中国著名设计师沈理源设计，1928年8月开始使用，位于今天的天津市和平区赤峰道12号。盐业银行大楼占地面积约800平方米，为钢筋混凝土砖混结构建筑，设有地下室。整体建筑平面为近似矩形，入口两侧采用爱奥尼式巨柱支撑的空廊，檐

图6-5 盐业银行大楼

部阁楼使用方柱，上下呼应，为罗马古典复兴的建筑风格。

建筑外部面阔七间，外立面以红砖墙为主调，两边尽端略用块石饰壁柱来装饰，壁柱柱头装饰有雕饰。外部中间五间月二层高的爱奥尼柱式，柱子上方作檐壁、檐头。建筑三层窗头用三角形山花装饰，最上端设有花瓶栏杆式女儿墙。其余三面装饰简单，红墙局部用白色腰檐和白色窗套装饰。门窗洞口较大，一层为弧形拱券，二、三层为方窗。

建筑入口门廊采用希腊山门手法，由山花、倚柱、台基等装饰物组成。内廊柱为罗马科林新式柱式。一层为科林斯柱廊的八角形大营业厅，大厅内部顶棚用黄金等材料构成"蓝天飞凤满天星"图案。窗户上的彩绘是由比利时彩色玻璃拼成的"盐滩晒盐"画面，图案精美并呼应了盐业主题。

沈理源先生在设计中将自己的创新精神带入了古典建筑的设计中，在古典形式中融入了中国传统的装饰手法，对中西建筑文化的融合进行了探索尝试。他对建筑立面的罗马混合柱式（爱奥尼和科林斯柱式的组合）进行了巧妙的演化，还将室内的线脚、墙壁、檐口、内柱廊、藻井等装饰细节融合中式的建筑风格。此外，室内的家具、灯具等室内陈设还受到艺术运动的影响。盐业银行建成后赢得国内外建筑界的赞誉和关注，后来被载入了西方著名学者弗莱彻爵士所著的《建筑史》第 19 版。

该旧址现在是中国工商银行天津分行营业部。

（2）金城银行

金城银行以投资工商业闻名，由财经专家周作民一手创办，行名取"金城汤池永久坚固"之意，创建于 1917 年，总行设于天津，1936 年总行迁往上海，天津改为分行。在支持和投资民族工商业重要经营思想指导下，金城银行投资了多家企业。

天津金城银行大楼（图 6-6）建于 1937 年，位于天津英租界的主要街道维多利亚道（今解放北路 108 号）。银行大楼由中国第一代著名建筑师-华信工程司的沈理源先生设计。建筑为三层带坡顶复古风格砖木结构，带地下室，建筑布局规整对称，造型为古典复兴与民居建筑的混合。

图 6-6　金城银行大楼

建筑物一层正中设 4 根方柱，主入口处以两根托斯卡柱分立两侧，顶部以牛腿与二层阳台相连。二层的 4 组爱奥尼柱的双壁柱以及正中的两个牛腿与一层的方柱和牛腿相呼应，半跨式半圆阳台周围上饰有铸铁栏杆。主楼南、北两个入口上有以托斯卡柱式支撑的雨篷，二层中间窗户上面饰有曲面花边装饰。主楼背立面朝西部分立面以方圆开窗组合，一层墙面有丰富纹饰。二层正中窗户上亦有南、北立面上的曲面花边装饰，两侧各有带有托斯卡柱式和宝瓶栏杆的阳台。

建筑平面呈"L"形，建筑首层前半部分中央设营业大厅，两旁为接待室和休息室，后半部是内部办公和会议用房；二层是管理和办公用房。建筑后部原建有花园，供休憩和停车之用，主楼北部有走廊与附楼相连。大楼在1976年地震中震损屋顶，2006年1月，按照老图纸恢复原貌，现为天津农商银行办公地点。

说到银行对企业的支持，堪称典范的是金城银行与永利制碱公司之间的故事。当时，永利制碱是国内首家国人自己创办的民族企业，而且正面临着技术、人才、资金等一系列难题，与此同时英商卜内门公司（制碱行业当时几乎完全处在该公司的垄断之中）百般干扰和阻挠。更重要的是在资金方面，永利制碱面临的缺口一次比一次大，在外人看来永利几乎变成了一个无底洞。给不给永利贷款？金城银行的董事会上，绝大部分人表态："永利前途未卜，其他银行都在谨慎观望，甚至唯恐避之不及，我们金城为何要冒这么大的风险呢？""我们再也不能继续支持它了，否则金城势必被拖下水……"董事会成员所说的不是没有道理，但周作民思忖再三，还是表达继续支持永利的观点，理由是"范旭东有能力扭转企业的局面，我相信他的人品和人格，更相信他的事业"。尽管如此，董事会还是不支持他的想法，最后周作民力排众议，对永利的贷款从10万，增加到60万，到120万，再到200多万、300万，贷款额度一路逆流而上，最终帮助永利摆脱了资金短缺的束缚，成就了中国近代民族工业的一番事业，而金融家周作民与实业家范旭东的至深友谊也被传为一段佳话。

（3）中南银行

中南银行行址在原英租界维多利亚道，即现在的解放北路90-94号，开设于1922年，现在是中国建设银行天津解放路储蓄所。

中南银行大楼（图6-7）建筑为二层钢筋混凝土结构，地下室一层，后于1938年由华信工程司沈理源设计增加一层，由志成营造厂施工。该建筑受当时欧洲探新运动的影响，但还是受到古典主义三段论的束缚，只是把古典建筑的部件加以简化。该建筑以地下室作为台基，一、二层为柱身，半圆的柱子已完全简化，没有柱头，转角处的柱础成小八角板，柱墩也成小八角形，主要入口顶部建有一个半球形的钢混凝土穹顶，穹顶外套有一个铜质镂花穹顶。该穹顶原在二层屋顶上，为增加一层，用千斤顶顶到三层屋顶上。可惜增高后镂空花穹顶太高了，路上行人一般很难看到，而且花穹顶已被漆成绿色，起

图6-7 中南银行大楼

不到原先金光闪闪的作用。

入口门廊进入大门厅，再通过多扇二道门进入营业大厅，营业大厅中央用四根柱子支撑大梁，二层又有四根柱子支撑着三层大梁，并用栏杆围合，形成回廊，三层空间用墙与窗围合，从而形成底层地面直通三层玻璃屋顶的大空间。营业大厅四周为经理室、接待室、会计室。二层回廊四周有会议室、办公室等，三层为职工宿舍等。

中南银行是由南洋华侨黄奕住于1921年出资创建，其含义取中国与南洋华侨合作之意，是当时资本规模最大的商业银行。银行开业不久便取得了钞票发行权，这使其成为国内绝无仅有的一家享有如此特权的商业银行。除了发行钞票外，经营存放款业务，还开办储蓄部吸收储蓄存款提供给业务部放款。后又成立信托部代客户保管贵重物品及买卖有价证券。除了上述业务外，中南银行还涉足贸易、保险、信托、工业管理等方面。但是随着日寇入侵，以及投资人黄奕住的病逝，中南银行的经营开始走向下坡路。1952年中南银行改为公私合营。

（4）大陆银行

大陆银行为北洋政府财政部次长谈丹崖（名荔孙）于1919年在津创办，原址建于1921年，坐落在哈尔滨道70号。作为天津租界时代留存下来的重要建筑之一，该建筑目前是重点保护等级历史风貌建筑，现为中国交通银行滨江支行。

大陆银行大楼（图6-8）由基泰建筑公司设计，占地2000多平方米，建筑面积4800多平方米，三层砖混结构，古城堡式建筑，并设有方形门、窗。建筑外檐为混水墙面，饰以爱奥尼半柱，屋顶设有塔楼。主入口设于哈尔滨道与黑龙江路转角，门楣处"大陆银行"四字犹存。建筑室内布局合理，装饰考究，完好地保持了当年的风采。

图6-8 大陆银行大楼

大陆银行除办理一般商业银行业务外，兼办储蓄、保管、信托、仓库事宜。当时天津的对外贸易为英商洋行所垄断，大陆银行为了夺取这项业务，使抵押借款有所保障，于1925年在天津解放桥畔建立大型仓库2处，为钢筋水泥建筑，另河东区建立1处和租赁1处，大量存放商品货物。其栈租虽按同业中规定收费，但对本仓库所出的栈单，作抵押借款时利息加以优待。经过两年的努力经营，每年押款均达1000万元以上，英商洋行十分之七的业务为大陆仓库所夺取。

（5）四行储蓄会天津分会

"北四行"最大的创新在于他们不失时机地"强强联合"，1922年"北四行"成立"联营事务所"，开辟了国内银行之间合作的先河，成为当时效益极佳、影响颇大的一项创举,其中分支机构"四行准备库"发行的钞票在国民中取得了很高的信誉,"四行储蓄会"赢得了众多的存户,存款额节节攀升。

四行储蓄会设立于1923年,总会设于上海,在上海、天津、汉口分别设立分会。四行储蓄会为会员制储蓄机构,四行为基本会员,储户为一般会员。该会提倡社会各界正当储蓄,积极吸揽储金,用于投资,并由四行共同担负保本付息之责。

四行储蓄会天津分会大楼(图6-9)位于和平区解放北路147号,现为中国工商银行办公所用,是我市特殊保护等级的历史风貌建筑。该建筑建于1923年,大楼面积1500多平方米,为混合结构三层带地下室楼房,外檐为清水砖墙。建筑构图庄严稳重,布局简洁规整,立面层次丰富、装饰精美。大楼正入口有高台阶,一楼由四根爱奥尼式立柱拱托房檐,贯通二、三层,墙面屋顶均有浮雕和山花,使整个建筑气势恢弘,具有简洁的仿希腊古典复兴建筑特征。

图6-9 四行储蓄会天津分会大楼

补充阅读　四行储蓄会与金编钟

在四行储蓄会天津分会发生过一件鲜为人知的大事,那就是密藏国宝——金编钟。编钟为礼器,我国很早就已使用。1790年,为庆祝乾隆皇帝80大寿,用13647.2两黄金铸成16只外观一致但厚薄不同的金编钟,可谓稀世珍宝,价值连城。1922年,逊帝溥仪举行"大婚典礼",因无资金,就用一批珠宝文物作抵押向北京盐业银行借款,其中最为昂贵的就是这套金编钟。后皇室无力偿还借款,金编钟就归属了盐业银行。抵押借款之举虽行事机密,但风声已走漏,为保险起见,1932年金编钟被转至天津盐业银行地下金库内。1937年,天津被日军占领,日本特务千方百计探听金编钟下落。天津盐业银行经理陈亦候为保护国宝,辗转电请时任贵州省主席的盐业银行总经理吴鼎昌,得到回电仅有一字"毁"。陈亦候认为此为国宝,毁之可惜,于是找到四行储蓄会天津分会经理胡仲文,二人于1940年4月的一个夜晚,用汽车将金编钟运至四行储蓄会的地下库房内,第二天,又购煤末数吨,将库门掩埋起来。在后来的岁月里,日本特务、国民党政府部门多次找到陈亦候、胡仲文探听金编钟的下落,二人始终守口如瓶。

1949年,天津解放的第三天,胡仲文将金编钟等文物全部上交政府,历经几十年风险的金编钟终于回到了人民的手中。如今,这套金编钟陈列在故宫博物院珍宝馆中,默默地回忆着那段津门历险。

6.1.4 花旗银行

1916年4月花旗银行天津分行成立,行址初设在英租界维多利亚道通济洋行内。1918年花旗银行大楼(图6-10)选址维多利亚道66号开建(今和平区解放北路90号),1921年建成,由建筑师穆菲达那设计,属于西洋古典风格。该建筑为混合结构二层平顶楼房,花岗岩石材饰面。建筑首层为石砌基座及高台阶,门前由四根爱奥尼式立柱构成开放式柱廊,强化对称构图。主立面与北京分行的建筑几乎相同,甚至连顶部的徽章盾饰都一模一样。室内装修同样延续古典风格,厅内立有七根方柱,内墙面有壁柱,顶部有欧式雕饰,给人一种古典美的感觉。

美国花旗银行创立于1812年,总行设在美国纽约,原系美国历史悠久的民营商业银行。1926年美国政府加入股本,改为官商合办,被指定为代理国库银行。花旗天津分行开设于1916年,除办理存放款、汇兑业务外,还发行钞票。当时的花旗

图6-10 花旗银行大楼

银行天津分行吸引了许多在津的社会名流在此存放钱物,赫赫有名的张学良将军就将自己收藏的古玩字画珍品存放于花旗银行。1941年底,太平洋战争爆发,由于日军没收该行财产而关闭停业。1945年日本投降后,该行又在原址恢复营业,并依靠其政治优势取代了英国汇丰银行而成为天津外商银行中的霸主。1948年12月,该行正式停业。1949年,该行撤离。如今这座建筑是中国农业银行天津市分行的营业部,被确定为天津市文物保护单位、特殊保护等级历史风貌建筑。

6.1.5 中法工商银行

天津中法工商银行大楼(图6-11)由法商永和工程司(Brossand mopin)的法国建筑师马利奎特(Maliquet)设计,坐落于天津原法租界的主要街道大法国路(Avenue de Grand France)和圣路易路(Rue Saint Louis)交口处大法国路南端的114号(今和平区解放北路和营口道交口的解放北路74—78号)。

中法工商银行大楼由于处在英、法租界的交接处的街角位置，对接的街道不在一条直线上，因此建筑师有意将这座建筑的外形设计为一条弧形曲线（图6-12），从而使本不在一条直线上的街道自然地衔接起来。天津中法工商银行大楼分主楼与配楼两部分组成，总建筑面积为6200多平方米。

图 6-11（左）中法工商银行大楼

图 6-12（右）中法工商银行的弧形设计

主楼为四层混合结构楼房带半地下室，局部五层，占地面积1500多平方米。该建筑主入口为高台阶，设于街角，外立面为仿石水刷石墙面。建筑一、二层外檐为科林斯式柱廊，该柱廊由沿弧线对称布置高至二层窗楣的十根科林斯巨柱构成并支撑起转角前廊，科林斯巨柱柱头的花纹雕刻有五层，每层各有不同。三层和四层是后期建设的，三层无柱但设有落地高窗，窗外为被科林斯柱支起的探出式房檐。四层向内收起，在外侧设置有一排列柱并支撑檐部形成塔司干式双柱空柱廊并配有瓶式栏杆。该建筑的两层柱廊对比分明，使建筑立面丰富多样，是一座典型的罗马古典复兴式转角建筑。

走进建筑内部，营业大厅面积为213平方米，大厅顶部设有彩色玻璃的采光窗以及白色半球形吊灯，地面铺有彩色水磨石和黑白相间的马赛克，墙壁砌有仿石。柜台内侧设有六根罗马陶立克圆柱和两根方柱。二层为办公室，三层为普通职员住房，四层为高级职员住房，地下室部分有两个保险金库。配楼为三层，首层为汽车房及仓库，二层为司机住房和仓库，三层为勤杂人员用房。

1919年到1920年期间，中法实业银行在天津开设分行并于1919年建设分行大楼，地址位于天津法租界并与天津英租界相望。1921年，中法实业银行停业。1923年，中法实业银行改组成中法工商银行，在当时为中法合资银行，在上海、天津、北京等地设有分行。1925年，中法工商银行天津分行开业。中华人民共和国成立后，该建筑为天津市总工会办公大楼。

1997年6月2日，该建筑被天津市人民政府列为天津市文物保护单位，2005年8月31日，该建筑被天津市人民政府列为特殊保护等级历史风貌建筑。目前，该建筑为中国银行天津汇盈支行使用。

6.1.6 横滨正金银行

日本横滨正金银行创建于 1880 年，总行设在日本横滨。横滨正金银行于 1899 年在天津设立代理处，初设在英租界中街上利顺德饭店旧址。1900 年 1 月升格为分行，同时将行址迁到英租界维多利亚道 2 号（今解放北路 80 号）。"九一八事变"后，正式挂牌"日本银行天津代理店"。此后，该行依靠清朝政府和北洋政府的借款关系以及大量吸收清朝贵族、北洋军阀的"保价存款"逐渐走向繁荣。

横滨正金银行大楼（图 6-13）建于 1926 年，位于天津英租界的主要街道维多利亚道（今解放北路 80 号），由英商工程师爱迪克生和道拉斯联合设计，建筑具有希腊古典主义风格，建筑构图严谨，为二层混合结构楼房，拥有石材墙面。

图 6-13 横滨正金银行大楼

建筑造型稳重而华丽，外檐建有 8 根科林斯柱构成的开敞柱廊，建有玻璃顶和回廊，檐口部位有狮头滴水装饰。横滨正金银行大楼现为中国银行天津分行国际结算部使用，为天津市文物保护单位。

6.1.7 华俄道胜银行

华俄道胜银行是代表俄国在华利益的金融机构，1895 年 12 月 10 日成立，资本来自法、俄、中三国，总部在圣彼得堡。天津分行于 1896 年开设，选址在天津英租界的主要街道维多利亚道（今解放北路 123 号）的北段与次要道路领事道（大同道）的转角处，对面就是天津汇丰银行大楼。

华俄道胜银行大楼（图 6-14）为二层砖木结构，具有俄罗斯传统建筑风格。该建筑采用了文艺复兴时期顶层穹顶加采光亭，以及罗马风时期的圆拱券设计，还采用了巴洛克时期的曲线形的尖山墙设计，是各种风格的集合，属于折中主义建筑。

图 6-14 华俄道胜银行大楼

建筑拥有棕红色穹顶，黄色面砖，沿街立面是一排跳跃的山花，具荷兰传统建筑的风格。自入口进入内六角形的门厅，经门厅内两侧的弧形楼梯可以登上顶层外国人用营业大厅。大厅为对称的短"L"形，两侧为办公室、接待室等。华人用营业厅由侧门进入。二层为职员卧室、餐厅及会客室、音乐室等。三层为勤杂人员卧室、厨房、洗衣房等,半地下室为金库账库。

1917年俄国十月革命后,华俄道胜银行总行及原俄国境内的分支机构被苏维埃政府收归国有,该行转以巴黎分行为总行,继续营业。天津分行依附于英租界当局的庇护亦继续营业。1926年,华俄道胜银行因外汇投机失败经营困难,决定停业;天津分行(以及在华各分行)也于当年9月接巴黎董事会停业通知后关闭,其在津发行并流通的卢布成为废纸。1928年将该楼作价售予交通银行,目前该建筑由票据交换所入驻。

6.1.8　麦加利银行大楼

麦加利银行,亦称渣打银行,创办于1853年,总行设在英国伦敦,系英国皇家特许的英国殖民地银行。1895年英国麦加利银行天津分行在天津英租界主要街道维多利亚道(今解放北路151号-153号)开业。麦加利银行大楼1924年由景明工程司英国人赫明(HEMMING)和伯克利(BERKLEY)设计,1926年建成。1941年太平洋战争爆发后,麦加利银行天津分行被日军接管。1945年抗日战争胜利后,该行在原址恢复营业。1954年清理歇业,现址为中国邮政储蓄银行。目前该建筑已被确定为特殊保护等级历史风貌建筑。

图6-15　麦加利银行大楼

麦加利银行大楼(图6-15)为钢筋混凝土框架结构,带地下室,建筑面积5900多平方米。正立面为古典主义三段处理,入口在解放北路,为五跨六根巨柱式的爱奥尼克空柱廊,两侧边跨端为四分之三圆柱。入口柱廊两侧为凸出的实墙,中间开窗。再两侧亦为实墙加窗及侧门。这样左右被分为五段,中间空柱廊较宽,突出了入口大门。大厅呈短"L"形,面积为650多平方米,两端为办公室。二层为办公室,有经理室、秘书室、会计室、买办办公室、打字室等。二层还有夹层,内有厕所及备用房间,由边门出入。

6.1.9　朝鲜银行

朝鲜银行是1911年成立的由日本控制的一家金融机构,总行设于朝鲜京城。天津分行成立于1918年,首任经理是日本人野崎。朝鲜银行大楼位于现在的解放北路97-101号,作为天津租界时代留存下来的重要建筑之一,该建筑目前是特殊保护等级历史风貌建筑,现为天津助行投资管理股份有限公司等几家企业使用。

朝鲜银行大楼（图6-16）建筑面积2000余平方米，砖混结构三层楼房，仿希腊古典复兴建筑风格。外檐墙面、柱式均采用清水红砖，体现了地方材料和鲜明的个性，色彩明快温馨。主入口设于转角处，入口为硬木雕花大门，两侧立有十余颗罗马式圆柱，采用磨砖对缝的传统建筑手法。二层上端出檐，窗台做瓶式列柱装饰，形成护栏式回廊，缓坡式屋顶，转角处做山花式处理。建筑体量处理简洁明快，细部处理精致协调。

图6-16 朝鲜银行大楼

6.1.10 东方汇理银行

法商东方汇理银行始建于1875年，总行设于巴黎，天津分行设立于1898年，该行以经营进出口、押汇、买卖外汇为主要业务。天津解放后该行被中国银行天津分行指定为经营外汇的专营银行。1956年停业清理，结束了在天津近60年的历史，成为天津最晚关闭的一家外国银行，现为西洋美术馆。

东方汇理银行大楼（图6-17）建于1912年，位于解放北路77—79号，东抵张自忠路，南临承德道，西沿解放北路，北临赤峰道。该建筑占地面积1240多平方米，建筑面积3650多平方米，由比商义品公司按法国巴黎总行提供的图纸建造。

图6-17 东方汇理银行大楼

该建筑为砖混结构三层带地下室结构，台基用条石砌筑，外檐首层以水泥横条饰面，二、三层为红砖清水墙，砌成各种图案加以点缀，女儿墙用西洋古典宝瓶式护栏。正门分设两个台阶，两段之间设空心花饰铁门。屋顶转角处原设有四坡顶凉亭，是体现西方折中主义思潮的代表之作，1976年震损，2009年原貌修复。

6.1.11 浙江兴业银行

浙江兴业银行天津分行大楼（图6-18）修建于1922年，是浙江兴业银行在中国天津建造的一幢分行大楼，位于天津法租界杜总领事路（和平路）与福煦将军路（滨江道）十字路口（今和平区和平路237-1号），作为天津租界时代留存下来的重要建筑之一，该建筑目前是天津市文物保护单位。

图 6—18
浙江兴业银行天津分行大楼

浙江兴业银行天津分行原为"浙江财团"的江浙民族资本家集资创办经营，于 1915 年开业。浙江兴业银行天津分行大楼于 1921 年 6 月由华信工程司沈理源设计，并于 1922 年建成为浙江兴业银行天津分行使用。中华人民共和国成立后曾作为永正裁缝店使用，现为恒隆广场。

浙江兴业银行天津分行大楼位于和平路与滨江道转角处，建筑面积为 2030 多平方米，主体为混合结构局部三层带地下室建筑。大楼平面为倒三角形，外观为古典主义的三段论。建筑一层外立面为台基，二层和三层的外立面为柱身，三层以上为檐部和女儿墙。大楼中部为双柱柱廊，两边为单柱。其中，底层为塔司干柱式柱廊，二层和三层为爱奥尼柱式柱廊，柱廊内的入口处地面设有白色大理石阶。建筑入口处二层柱廊上的檐部作为镶板，两边的檐部设有小窗。双圆柱和双壁柱处的上方装饰有牛腿的花纹。建筑底层的墙面装饰有用深缝砌筑的花岗岩块石。大楼的窗户顶部均为圆拱和拱顶设计，窗洞外还装饰有铁花饰和狮子头。

大楼内部的入口椭圆形门厅设于转角处，门厅地面和墙面均铺砌有大理石，过厅内设有两根方柱。大楼营业大厅内的顾客部分为圆形大厅，由十四根方形和圆形大理石柱环绕的环形梁，柱雕有汉白玉中国方古钱币的浮雕图案。大楼营业大厅内的员工部分设有用大理石雕刻并用狮子头雕饰支撑的营业柜台，员工部分还设有经理室、会客室、文书室和会计室等房间。营业大厅顶部以白色磨花玻璃镶嵌的半球形钢网架支撑。建筑的二层和三层为银行的职工宿舍、阅览室、棋室、弹子房和会议室等。其中会议室墙面装饰有红木镶板，顶雕刻有红木花饰藻井。大楼的地下室部分为保险库和食堂等设施。该建筑是一座具有西洋古典风格的折中主义建筑。

6.2　商务楼宇鳞次栉比

伴随着天津工商业的发展，商人们对于办公楼、写字楼的需求逐渐增多，一些洋行和公司看准这一商机，先后兴建了一批高规格的商务楼宇。这些商务楼宇多采用高层设计，下层为公司、洋行的经营部，上层为办公用房或高级公寓。即便是在科技发达、建筑技术卓越的今天，这些高楼大厦也让人叹为观止，当时的技术水平可见一斑。

6.2.1 渤海大楼

1933年，渤海大楼（图6-19）由法商永和营造公司设计，清庆亲王载振与高星桥合股并由其子井陉矿务局津保售煤处总经理高渤海拆除原有建筑后投资进行建设。1936年，渤海大楼竣工，建成时为天津市最高大、最新式的现代风格高层建筑。高星桥之子高渤海以其名命名为"渤海大楼"。中华人民共和国成立后，天津市人民政府将渤海大楼改建为招待所。1966年，渤海大楼更名为"人民大楼"。1976年，唐山大地震中，渤海大楼完好无损。1979年，渤海大楼恢复原名并改为国民饭店旅店二部。目前，渤海大楼为南苑e家商务连锁酒店使用。

图6-19 渤海大楼

渤海大楼高47.47米，是当时天津最高、最新式的大楼，也是当时天津市中心的标志性建筑，经常出现在书报、广告和外包装上。渤海大楼为钢混框架结构八层楼房（局部十层），外墙面粘贴褐色饰面砖，色彩稳重大方。建筑立面强调竖向构图，体量庄重挺拔，具有现代建筑的风格特征。

渤海大楼总建筑面积为4570多平方米，其中占地面积为550多平方米，主体为八层，局部为十层，建筑首层高5.13米，二层至八层每层高3.91米，第九层高3.16米，第十层高4.88米，主体楼顶上设有方形云亭，云亭高3.65米。该建筑坐北朝南，主体为现浇钢筋混凝土全框架结构楼房，地基形状为不规则的五边形。建筑的正立面为采光和通风的需要分别面向南面、东南面和西南面，并且东面凹进一块。该楼内部用90多根钢柱搭架焊接联成一体，用砖墙填充形成外檐墙，墙体内层用空心砖砌成，首层为碎砖混凝土，二层至九层为钢筋混凝土小肋空，十层、云亭的楼板及顶板均为现浇钢筋混凝土。

渤海大楼建筑外墙曲折多变，外立面风格多样，其中首层正面墙面为浅色大理石并点缀有枣红色大理石饰以多道水平条块，一层和二层之间的外立面装饰有三道腰线，二层以上的正面墙以特制红砖填砌并以棕褐色麻面砖饰面，由三联窗组成的纵线条使整体强调竖向构图。建筑转角处采用悬挑结构使其正面的窗口突出墙面。建筑背面外檐为琉缸砖清水墙并设有双层木玻璃窗。

渤海大楼建筑内部地面为水磨石打造，各层平面布置为：建筑首层为商业店铺和营业办公室等；建筑二层的部分房间为首层商业店铺的配套建筑，剩下房间仍为营业办公室，建筑三层至七层每层9间房间，共45间房间，为内部交易用房，房间内部装饰比较简洁，上下水、暖气和公厕卫生设备齐全。这五层之间内部设有折线形通廊，而背面天井一侧设有外廊；建筑八层设有厨房、贮存间和备餐室等，由于渤海大楼从八层往上逐层收缩，因此八层的面积比下面各层小，因此所包含的房间数量也相应减少。建筑九层至十层设有电梯间和水箱间。渤海大楼内部设电梯一部，连接一层和二层主要供店铺使用的形式不同的小楼梯四个、从一层直通八层的主楼梯一条、九层至顶层的螺旋式小楼梯一条以及顶层至云亭的铁爬梯一条。

6.2.2 百福大楼

百福大楼（图6-20）坐落于天津法租界的主要街道大法国路（今解放北路3号），为天津历史风貌建筑。该建筑建于1926年，由比商义品公司法籍工程师孟德尔松设计而成，是集商业、办公、公寓式住宅于一体的综合性大楼，造型似船。建筑建成之后，百福大楼作为当时天津法租界的综合写字楼，曾出租于英商卜内门洋行和美商亨茂汽车行等洋行。中华人民共和国成立后，百福大楼曾为天津市第二电子仪器厂办公楼。唐山大地震中，百福大楼临海河一侧屋顶塔楼的旗杆被震毁。2008年，天津市人民政府对该建筑进行整修，对百福

图6-20 百福大楼

大楼进行了全面的查勘，同时查阅了历史图纸和照片并依据《历史风貌建筑保护图则》，制订了恢复百福大楼屋顶塔楼的设计方案。目前，百福大楼经过整修后，现为津湾广场的易宴餐厅。

百福大楼占地面积为3020平方米，建筑面积为3910多平方米，总建筑高度23.93米，为五层钢筋混凝土全框架结构，局部设有地下室。建筑平面和外立面均为船舶形状设计，东立面为曲线过渡，沿街的外立面为对称式设计。建筑顶部为进深缩退形式的折坡屋顶，屋顶的老虎窗同五块弧形墙面合为一体形成凸起的梯形山花，在屋顶高出屋脊1至10米不同的位置上设有多个长短不同的金属杆，杆顶设有闪光金属做成的星光，该金属杆起到了避雷针与装饰的作用。大楼上部设有白色涂层的断开式檐口并设有天窗，装饰有精致刻花的挑檐以微微外凸的牛腿支撑。建筑首层外立面为灰色水刷石并装饰有大块分格的线条，首层以上部分外立面装饰有浅黄色的贴面。百福大楼的外部还相隔排列有矩形窗、大弧形窗、小椭圆形舷窗等各种窗套形式，窗口下方装饰有黑色透空方格栏杆并配以白色窗楞。该建筑是一座象征主义表现风格的北欧式建筑。

百福大楼的内部平面为长方形和小梯形的布局组合，建筑首层设有门厅和大玻璃橱窗商业店面，门厅正对着三跑式主楼梯，建筑中阁

设有电梯间。建筑二层和三层为大展厅。建筑四层和五层为办公和住宅混用,并设具有办公室、会客室、卧室和餐厅的成套高级公寓。另外,建筑中间二层至五层的东侧设有外廊。

 补充阅读 百福大楼名字的由来

2009年,志愿者在百福大楼的墙根处,发现一块石牌,石牌被一层半透明的真石漆覆盖。在现场施工人员的配合下,利用清水、砂纸等工具,经过约2小时的努力,43个字母和数字基本清理干净。竣工牌上的字是法文,主要标示了建筑的竣工年代和施工公司。对于百福大楼竣工牌是一个可喜的发现,等于给老建筑找到了"身份证"。铭牌(图6-21)上的内容是"1927 PROPRIETE DU CREDIT-FONCIER D"EXTREME ORIENT"。对于铭牌内容,

图6-21 百福大楼铭牌

各方多有猜测,但终无定论。有志愿者曾将其译为"远东土地信贷银行所有1927"。另据《基督教在华传播系年河北卷》记载,这个银行还被称为"远东宅基信用银行"。

比利时完整保存了天津仪品放贷公司的大量资料,其中介绍Belfran这个单词产生的档案,解开了百福大楼命名的缘由。一直以来,有关文献或媒体,都将Belfran译为"漂亮的建筑",其实这并非该词的真正涵义。据天津仪品放贷公司档案记载,1927年2月,在天津法租界海河边、帝国饭店对面,建成了一座集商业、办公、公寓于一体的现代化建筑。当时的编号是No.93。为了给这栋新大楼起一个好名字,仪品公司想到了他们经常使用的电报地址Belfran。这个词来源于Belgique(比利时)与France(法国)两个单词前三个字母的组合。因为仪品公司既是属于比国财团体系,又将总管理处设置在巴黎,受法国的直接控制,所以与比利时、法国都有着至关重要的联系。将两个国家的名字组合在一起,既简单又便于记忆。由于Belfran的法语发音类似于中文的"百福"二字,所以国人就为这座建筑翻译出一个百吉百利、福气当头的名字"百福大楼"。

6.2.3 利华大楼

漫步于解放北路上,各式建筑鳞次栉比,不难发现有一座大楼与今天的现代建筑毫无差别,甚至更加新潮,这就是利华大楼,大楼被大型玻璃落地窗覆盖了整个立面,这可是在21世纪的许多新式楼盘流行的装饰趋势。

利华大楼（图 6-22）建于 1939 年，由法商永和营造公司工程师穆乐设计，由瑞士籍犹太人李亚溥投资兴建，是一座办公兼高级公寓式大楼，坐落在天津英租界的主要街道维多利亚道（今解放北路 114 号），为天津市文物保护单位。

图 6-22　利华大楼

大楼庄重得体，典雅大方，整个建筑立面虚实对比，方圆结合，挺拔明快，是一座具有近现代欧洲学院派复古主义、新艺术运动以及"装饰艺术派"风格的高层建筑。该建筑为框架结构，主楼十层，高 43 米，建筑面积 6193 平方米，八层开始逐层向里收缩，使立面造型有所变化，建筑平面呈"凸"字形。建筑主楼是东西向长，同大体南北向的解放北路基本垂直，北部突出部位是楼梯间。东配楼平面为长方形，西配楼平面呈锯齿形，主、配楼之间围成一个长方形的庭院。

主楼底层设门厅、营业厅、经理室、锅炉房等。二到八层是成套高级公寓，每套公寓设过厅、客房、会客室、盥洗室、厨房、餐厅等。客房和会客室配有更衣室、卫生间、暖廊。九层为李亚溥的住宅，与公寓相似，客房改为卧室，增设书房、衣帽间以及通长凉台。东配楼底层为商店，西配楼底层作汽车库。二层为一般客房、公用卫生间。大楼室内装修考究，门窗均以硬木制作。门厅、大厅、会客室、客房等，多为落地式大玻璃门。底层大厅地面、柱子采用暖色大理石饰面，客房、会客室、卧室、餐厅，多为席纹硬木地板。楼内上下水道、暖气、卫生和照明设施完备。

1939 年后，利华大楼曾为美国驻天津领事馆，现为中国农业银行天津市分行所在地。

6.2.4　基泰大楼

基泰大楼（图 6-23）原为近代中国的一家建筑事务所—基泰工程司（Kwan, Chu and Yang Architects）总部的办公楼，建于 1928 年，坐落于天津法租界的福煦将军路（今和平区滨江道 109 号—123 号）。

基泰大楼的设计师为关颂声和杨廷宝，大楼由天津惠通成木厂承接建造。大楼坐南朝北，占地面积为 2100 平方米，建筑面积为 8620 平方米。基泰大楼主体为钢筋砼条形基础，砖混结构四层大楼，中间局部为五层。建筑首层为商铺，二层和三层为办公用房，并设有主楼梯和电梯直通顶层。

图 6-23　基泰大楼

四层作为基泰工程司的办公房和绘图房。

大楼主面左右对称，外立面为大面积的清水墙并装饰有圆形和方格相交的花饰和砖砌壁柱，檐口装饰有狮头。建筑主入口向里凹进，上方设有过街楼，原来还设有"基泰大楼"四个大字，门洞为半圆形拱券，顶为黄色方格。建筑内部的二楼设有圆形金黄色木栏杆并装饰以中式云纹，地面为水磨石和大理石。该建筑现为长泰大楼，中华人民共和国成立后由黑龙江省驻天津办事处使用，现为滨江湾快捷酒店使用。

6.2.5 寿德大楼

寿德大楼（图6-24）又名东方饭店，建于1934—1936年，坐落于原天津法租界杜总领事路（今和平区和平路322号），该建筑目前是重点保护等级历史风貌建筑，现为天津市狗不理大酒楼和平路店所在地。

寿德大楼建于1934年至1936年期间，由胡寿田出资，中国工程公司近代著名建筑师阎子亨设计。大楼占地面积1900余平方米，建筑面积13490多平方米，为钢筋混凝土框架结构公寓式建筑，占地总平面为直角梯形，底层建筑平面呈"U"形，大楼的南北两侧设有东西向的通道，原出入口为敞开式。该建筑正立面为3段式对称结构，中间一段是建筑的重点处理部位，为双柱和凸窗过街楼，中段顶部高出一层，窗间设有上下

图6-24 寿德大楼

贯通的纵向线脚，左右两段作水平线脚处理，横向线条与中段形成对比。外立面墙体为清水墙面、混水墙面对比处理。20世纪90年代，寿德大楼改造成新式过街楼，设有8米宽的通道，和内院样式统一，整个通道为大楼的采光天井。该建筑在造型上具有浓郁的现代主义风格。

寿德大楼主体为5层，局部7层，共有客房256间。底层通道两侧共设有店铺13间，此外还设有厨房、大小餐厅、锅炉房等。大楼二层共有展室14间，小卧室5间以及厨房、餐厅、贮藏室等。大楼三至五层的房间沿U形内廊设置，每层共有客房34间，公厕和卫生间各14间，此外还设有办公室、贮藏室等备用房间。在寿德大楼的东南和西北两个对角部位各设电梯1部，电梯旁建有三跑式主楼梯。

寿德大楼在数十年间几经易手，于2000年由狗不理集团斥资近4000万元对大楼进行了整体加固和装修，并用钢化玻璃封顶，安装了观光电梯，并将其名改为狗不理大酒楼。

6.3 洋行遍布天津卫

洋行是伴随着天津各国租界的开辟而出现的。随着租界的建立，外国商人纷至沓来，他们从天津深入中国内地，采购各种适销的农副土特产品，由天津口岸销到国外；同时从国外运来各种廉价的机器产品，通过天津推销到中国内地，从此天津有了日益繁忙的进出口业务。由于外国商人倚仗租界当局和不平等条约的庇护，得以攫取高额的利润，因此专门经营进出口贸易的外国商行不断出现。虽然有些商行不一定专门经营进出口业务，但中国人把这些商行都统称为洋行。天津开埠之初，租界设立伊始，各方面的建设还没有展开，因此洋行多设于天津的传统商业区，也就是天后宫南北的商业街——宫南和宫北大街。到同治六年（1867年）天津已有洋行17家，其中英商9家，俄商4家，德商2家，美商1家，意商1家。光绪初年时，洋行已发展到近30家。甲午战争后，特别是20世纪初之后，由于租界的急剧扩大，城厢各洋行和"上行"逐渐移入租界之内，从而进一步为洋行对华北、东北和西北地区的经济掠夺打下了基础。1936年时，各国在天津开设的各类洋行达982家，其中日本689家，美国96家，英国68家，德国43家，旧俄国26家，法国22家，其他国家38家。1949年后，各洋行多半自行撤退，少数将管理权转移，直到最后结束。

6.3.1 怡和洋行

英国怡和洋行天津分行是天津市早期四大洋行（四大洋行为怡和、太古、仁记、新泰兴）中最大的一家。怡和洋行也是最早向中国贩卖鸦片的英国洋行，总行设在上海。天津分行开设于1867年，经营远洋轮船航运和沿海轮船航运、保险及进出口业务。

怡和洋行位于今解放北路与大连道（原英租界维多利亚道与怡和道）交口处的"怡和大楼"（今解放北路163号），始建于1920年，1921年竣工。当时的"怡和道"一带还没有形成规模，该地还没有地名，怡和大楼建成后，人们就将怡和大楼垂直于维多利亚道的道路起名为怡和道，该路名一直沿用到1949年11月。

怡和洋行大楼（图6-25）为砖木混合结构二层楼房，总建筑面积达2860余平方米，有45个自然房间，另有3间地下室。建筑布局呈对称结构，入口位于外立面中央，呈古典主义风格，主入口巨大的门厅由两颗科林斯石柱支撑，檐口上方置小山墙，上托三角形山花形成台阶式门厅。两窗之间设方壁柱，外墙采用灰色麻石贴面。建筑稳重而简洁，室内

图6-25　怡和洋行大楼

豪华而大气，是一座具有古典主义特征的建筑。当年怡和公司的进口部、出口部、轮船部、机械部、木材部等管理机构均在楼内办公。大楼的主入口位于原维多利亚道与怡和道交口处，形成了地理的优势，大楼的后院还建有仓库，仓库东临海河，地处要冲，交通方便，为其商贸进出口创造了条件。

1941年太平洋战争爆发，怡和洋行被日本接收。日本投降后，又恢复营业。天津解放后，怡和洋行被人民政府接管。现在怡和洋行大楼被天津市政府确定为特殊保护等级历史风貌建筑，现址为威海市商业银行天津分行。

 补充阅读　上海怡和洋行大楼

自从1943年上海开埠后，国外商家纷纷开设洋行，怡和洋行就是最早的几家之一。此后英商在这里开展了大量的贸易活动。怡和洋行大楼位于上海中山一路27号，是一座文艺复兴风格的建筑。大楼一、二层为一段，用花岗石垒砌轴线明显，大门和双侧窗框都用罗马半圆拱券石拱造型，正门上方有羊头浮雕装饰，显得庄重坚实；第三至五层又一段，有罗马科林斯柱式支撑，气魄雄伟，显示出浓郁的西欧古典色彩，第三层有石栏杆阳台，整段窗框上方有石雕镶嵌，第五层上方原有的平台，穹顶被拆除，已加高至七层。大楼现为上海市外贸局等单位使用。

6.3.2　太古洋行

天津太古洋行大楼（图6-26）是太古洋行在中国天津建造的分行大楼。该分行开设于1881年，选址在天津英租界的主要街道维多利亚道（今解放北路165号），现为天津市建筑材料供应总公司使用。

太古洋行是英帝国主义对华经济侵略的第二大机构，它是英国施怀雅洋行的一个分支。太古洋行是天津早期洋行之一，是仅次于英国怡和洋行的第二大洋行。该行由苏格兰人司考特于1812年在英国利物浦港创办，主要经营船运业，后总行迁伦敦。天津分行成立于1881年，短短几年便迅速发展起来，曾和怡和洋行共同垄断中国的船运业，充当英国远洋轮船公司——"兰烟囱"的上海代理人，后兼营糖业、油漆、保险、驳船等业务。

图6-26　太古洋行大楼

太古洋行大楼东抵太原道,南临解放北路,西临大连道,北沿台儿庄路。建筑面积1970余平方米,为砖木结构二层楼房,立面沿中轴对称,房间宽敞,室内装饰简洁。大楼外侧清水墙,墙面做横向凹槽处理,平面呈"凹"字形,高台阶入口,主入口内收,设拱形大门,上部收分作平台,平顶带女儿墙。两侧窗户均设计为拱形,二层的窗间立科林斯倚柱,十分精巧。外檐以青砖为主,窗套等部位用红砖相间,体现了中国传统建筑材料的丰富。二楼以壁柱装饰,用拱形门窗作为主要形象特征,并辅以放射状花饰丰富其细部。基座以粗糙的石块砌成。入口门为旋转门,至今仍在使用。该建筑造型新颖,风格独特,目前基本保持原貌。

6.3.3 仁记洋行

仁记洋行是天津四大洋行之一,为英国人在天津开办较早的洋行,行址设在中街(今解放北路129号)。清同治三年(1864年),仁记洋行在天津设立分行,在经营各种进出口贸易的同时,还经营保险的调查与证明和代理招募华工。1949年1月15日天津解放,仁记洋行被人民政府接收。

仁记洋行原在英租界河坝路(今台儿庄路),由威廉·傅博斯(William Forbes)等人经营,后在英租界中街45号(今解放北路129-135号)修建了新行址,并在后院设两处仓库,直通海河岸边。仁记洋行大楼(图6-27)是一座带地下室的二层小楼。主入口设一层半高的大拱门,大门两侧各开两扇大窗,二层窗户按照规律有序的排列,错落有致,立面整洁光滑,一二层分隔腰线的下方排列精致的浮雕装饰。

图6-27 仁记洋行大楼

6.3.4 新泰兴洋行

新泰兴洋行是早期来津的英国"皇家四大行"之一,以收购中国内地土畜产品为主要业务,设有外庄多处,起用熟习草帽缏业务的中国商人宁星普为经理,新泰兴洋行还投资房地产业,盖有新泰兴大楼。

新泰兴洋行大楼(图6-28)位于天津英租界的主要街道维多利亚道(今解放北路100号),占地面积1100平方米,建筑面积2200余平方米。该建筑建于1937年,由英商景明工程司设计而成,为四层钢筋混凝土框架结构平顶楼房。建筑外墙仿花岗石刷石饰面,首层门窗券装饰有券顶石,入口有古香古色的壁灯,三、四层采用古典式附壁柱。柱式、檐口、阳台、栏杆及上部的三角山花、叠层山花等受古典建筑影响。大楼有营业大厅及 85 个自然房间,高 18 米,建筑平面大体为一字型。大楼平面布局,首层一侧是营业大厅,另一侧分隔为办公用房。二层以上均为办公室。楼梯间设置于中间偏右的位置,两侧实墙,以利于防火。新泰兴洋行大楼建筑整体造型简洁大方,是一座具有古典复兴特征的建筑物,现址为中国建设银行。

图 6-28 新泰兴洋行大楼

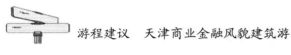 游程建议　天津商业金融风貌建筑游

日期	行程	用餐	住宿
D1	早天津市内约定地点集合发车赴和平区解放北路津湾广场入口,参观津湾广场、金融博物馆,感受北方金融中心的魅力。实地游览解放北路金融街,沿途观赏中法工商银行、汇丰银行、花旗银行大楼、利华大楼、百福大楼、四大洋行等,参观中国邮政博物馆;发车赴"金街"商业街,车游盐业银行、寿德大楼、渤海大楼,在"金街"商业街用中餐。餐后,商业街自由活动,参观劝业场、百货大楼等。下午四点结束游览返程。	○●○	

服务包含项目:

　　交通:空调旅游车　　导游:地方优秀陪同导游　　用餐:中餐
　　景点门票:行程所列景点门票　　保险:旅行社责任保险、人身意外伤害保险

 思考题

1. 解放北路为什么被称为"东方华尔街"。
2. "北四行"包括哪四家银行,它们与四行储蓄会是什么关系。
3. 百福大楼名字的由来以及其建筑特色。
4. 四大洋行的建筑特色。

第 7 章　近代工业建筑

> **本章学习目标**
>
> **知识目标：**
> 1. 了解三条石与天津近代工业关系，了解天津塘沽永利碱厂历史；
> 2. 了解原天津启新洋灰公司情况，了解津浦路西沽机场旧址；
> 3. 熟悉天津机器制造局历史，熟悉天津造币总厂历史及其建筑；
> 4. 掌握开滦矿务局大楼建筑特色。
>
> **能力目标：**
> 1. 能够带领游客实地游览天津近代工业文化；
> 2. 能够结合近代天津工业，编排旅游线路行程。

本章概要

鸦片战争以后，天津成为北方洋务运动的中心。清政府建立的号称洋军火之总会的天津机械局，是我国北方最大和最早的机械工厂。此后，袁世凯在天津推行"新政"，在海河北岸建设河北新区聚集了大量的近代工业企业。包括周学熙等实业家在天津创办了一批"官督商办"性质的大型产业。在官办工业发展的同时，外国投资工业也渐渐兴起。到 20 世纪初期，中国民间产业开始蓬勃发展。天津近代工业的发展和天津租界的建设促使天津在近代快速发展成为中国北方最大的城市和工商业中心，以及中国第二大工业和金融商贸城市。

为了全面介绍历史性建筑相关基础知识，本章中出现部分建筑（如：天津福聚兴机器厂）不在已经认定的《天津历史风貌建筑明细》中，或已不复存在（如：天津机器制造局）。为系统介绍天津近代工业，特将相关历史建筑进行罗列，以便读者对该主题有更为全面的了解。

本章三条石地区发展及福聚兴机器厂为精讲导游词。

7.1　官办工业及外国投资工业

7.1.1　三条石地区发展及福聚兴机器厂

第二次鸦片战争后，天津成为清政府"洋务运动"官办工业北方中心，地处三岔口的"三条石"逐渐萌芽了近代民族工业。

（1）三条石地区的发展

各位游客：

  三条石地区指的是南、北运河以及河北大街构成的三角地带，占地面积约730余亩。这里水、陆交通便利，是天津早期商贸繁华之地。从元代开始这里就已经是帆樯林立、商贾辐辏。近代的该地区被誉为近代华北铸铁和机器业中心，曾经拥有数百家大大小小的铸铁厂和机器厂。往昔的繁华让这个地名深刻在人们的心中，所以直到今天，人们提到三条石首先想到的是从这里生产出来销往华北乃至全国各地的各种机器产品。三条石名称的由来，据说是因为当时地上铺的都是大石板，其中有三块大石尤为突出，因而得名。

  天津开埠以来，漕运大兴，南北地产，吞吐集散。1860年前三条石就出现了为船家、商客服务的打铁匠人，之后第一家手工作坊——秦记铁铺在此"定居"，成了最早的铸铁手工作坊。1915至1930年，三条石地区铸铁、机器业迅速发展，到鼎盛期已明显分为两业——铸铁业和机器业。不少铁厂为了扩大规模，争相在天津和外地开设分号。到1937年前，三条石"两业"工厂达300家左右，成为当时有名的"铁厂街"。抗日战争胜利后国民党发动内战，物价飞涨，货币贬值，三条石地区铸铁、机器业极度衰退，奄奄一息。新中国诞生后，三条石地区工业才得以恢复和发展，成为天津市乃至华北地区机器工业的有生力量。

  现在我们看到的三条石历史博物馆（图7-1），它建筑面积2174平方米，展出实物2900多件。是以三条石地区民族铸铁机器制造业发展史为基本陈列内容的地方专业性博物馆。展览以翔实的史料、丰富的文物和照片，生动形象地概括介绍了三条石铁工业作坊兴起及其特点；记叙了三条石地区铸铁机器业兴衰的历史过程；较典型地反映了中国民族工业在三座大山的压迫下，艰难缓慢发展的历程。1959年9月27日正式开馆。周恩来总理亲笔为馆提名。

图7-1　三条石历史博物馆

（2）天津福聚兴机器厂

福聚兴机器厂（图7-2）位于天津市红桥区三条石大街塘子胡同27号，于1926年建厂，采用传统的民宅四合院砖木结构建筑风格，由前、后柜房、机器车间、仓库、锻工棚、厨房、院落组成。1955年公私合营后，福聚兴机器厂扩建迁厂并改名为天津机床附件厂，而该旧址就成了天津机床附件厂的食堂和铸造车间。1968年福聚兴机器厂旧址正式移交三条石历史博物馆，1973年旧址陈列正式对外开放。1991年天津市文物主管部门拨专款对三条石历史博物馆福聚兴机器厂旧址进行修缮。作为天津市唯一保留下来的反映民族机器业发展变化历史的遗址，恢复了原貌并通过实物资料再现了三条石"两业"缓慢发展的史实。

图7-2 福聚兴机器厂

我们看到的这就是机加工车间，面积约110平方米，是该厂主要的生产场地，错落安放包括车床、镟床、刨床、钻床等机械加工设备十余台，还有用来进行挫、磨各种手工活的两张木案子。福聚兴机器厂创始资金为1000块现大洋，厂内共有十几台机床，建厂初期以加工零活为主，后期产品主要有刨冰机、榨油机、打稻机、拉盘水等近二十多个品种，产品销全国各地，是当时较有规模的机器厂，在早期三条石工业中享有较高声誉。1955年公私合营当时，该厂拥有固定资产16万元，能生产近百种机器。

"前柜房"是福聚兴机器厂"掌柜的"们接洽生意的场所，又叫"炮楼柜房"。其面积不足20平方米，四面开窗，如果掌柜的要了解查看工人们干活情况，只在这一间屋内就可以看清厂区各角落的情况。因此，工人们给它起名叫"炮楼柜房"。

三条石地区铸铁、机器民族工业发展史和福聚兴机器旧址陈列，以唯物史观为指导，记述了近九十年三条石地区铸铁、机器业形成、发展、衰落的历史。

7.1.2 天津机器制造局

在鸦片战争后的二十余年中，中国传统文化与外来的西方文明发生了全面的冲突。尽管在冲突中中国失败了，但并没有使中国人失掉对传统文化所持的优越感；恰恰相反，却激起对西方军事优势的强烈民族主义反应。用当时李鸿章的话说，那就是"中国文物制度事事远出西人之上，独火器万不能及"。所以清王朝于1866年在天津设立机器局，"城东十八里贾家沽道地方设立火药局，是为东局……局内共建机器房等四十二座，计二百九十余间；大烟筒十座；洋匠住房一百六十余间"。天津机器局生产发展的总方针就是所制造的火药能供给全中国。

当时天津机器局共分两个厂区，即东局（图7-3）和西局（图7-4）。东局在城东贾家沽道，其遗址现在仍叫"东局子"。西局设于海光寺周围的空地上，时间较东局稍晚，即1868年。有记载说，这一年，在"南关外海光寺地方设一西局，另饬洋匠在上海等处采买机轮一套，铁炉一套，旋床二座，安设西局，以备东局机器随时添配物件、零星家具之用"。因为生产的重点不同，当时习惯上称东局为"机器造药局"，西局为"机器铸炮局"。

图7-3（左）
天津机器局东局远眺

图7-4（右）
天津机器局西局

（1）天津机器制造局东局

1870年天津机器局正式开工。正值"天津教案"发生，三口通商大臣崇厚离任，清廷任命李鸿章出任直隶总督兼北洋大臣。李鸿章在当时号称洋务派的首领，他来到天津后，立即着手机器局的扩建工作。首先，他在东局增建厂房，添购药碾，浚护厂河，筑护厂堤；然后在北乡的蒲沟和韩柳墅建立洋式药库四座。此后，东局的扩建工作一直没有停止过。

为加强海防，李鸿章于1876年在东局内添设"电气水雷局"，附设电气和水雷学堂。中法战争之后，李鸿章看到了军事上新兴的栗色火药的巨大威力，于是立即对天津机器局的火药生产设备进行更新，在东局里兴建了专门生产栗色火药的厂房。据当时的外国通讯社报道，这些厂房修建得十分坚固，机器庞大而复杂，竣工后"能以最新式机器制造最新式的火药"，是当时"世界上最大最好的火药厂"。在19世纪70年代后期，东局还能生产各种民用产品，特别是浚河机器——"直隶"号挖河船，发挥了很好的效益。天津机器局东局另一件值得记载的事情，是1887年清廷命李鸿章在天津机器局增购机器，鼓铸制钱，并专门设立了"宝津局"，后改名为"北洋铸币厂"，也叫"天津机器局铸钱局"，是为中国第一座近代化铸币厂，开创中国机械化铸造银元之先河。

为方便火药和各种原材料的运输，天津机器局除有运河与郡城相通外，1888年又修筑了一条通往东门外城关码头的铁路（图7-5）。东局的总体规模可与天津城相媲美，"城堞炮台之制，井渠屋舍之观，与天津郡城遥相对峙，隐然海疆一重镇焉。" 1900 年，东局被八国联军彻底破坏，后来成为法国兵营，现为中国人民解放军军事交通运输学院。

图 7-5　天津机器局东局大门，门前为轻便铁路

（2）天津机器制造局西局

天津机器制造西局的机器设备不断增添完善，逐渐能够制造各种西洋器具、开花炮弹、各种军需用品、行军桥船、小汽艇和水下布雷用的水压机船，以及民用的挖泥船等。1890 年，慈禧太后整修颐和园，疏浚昆明湖，李鸿章特意进献了西局制造的两艘小火轮"恒春"、"捧日"。1894 年慈禧六十大寿，又点名要李鸿章仿二船式样，再造小火轮 1 艘，船上附有"洋划"（外国舢板）4 只，以备倚虹堂至万寿寺乘用。彼时，海军学习西洋操法，已经有了洋乐队，所用洋鼓洋号，海光寺局也能制造（图 7-6）。

图 7-6　1896 年海光寺机器局生产的后膛枪

由于西局添购了全套制造林明顿马枪和子弹的机器设备，所以能够生产带来复线的后膛枪。同时制造镪水（硝酸）、水雷、雷管，以及车、刨、钻、锯等专用机器设备。

1892 年天津机器局西局从英国新南关机器公司进口了一套西门子马丁炼钢法的最新机器设备，从葛来可夫蒿尔厂进口了化铜炉，从格力活厂进口了水力压钢机以及七吨起重机和新式车床。这些机器设备在当时都是世界最先进的。这时的天津机器局已经成为一座包括火药、武器制造、金属冶炼、铸造和船舶修造等的大规模联合企业，有工人三千余名；年产火药在 50 万磅～60 万磅之间，急需时可高达 100 万磅，子弹 400 万发。1880 年中俄伊犁交涉，海防边防同时吃紧，各地驻军急速从天津调拨军火弹药；天津机器局加班生产，昼夜制造。1884 年中法战争爆发，法军声言北犯，各海口加紧防范，从天津调拨武器弹药数量为平时数倍，机器局再次加班赶制。所以天津机器局对当时边防海防的巩固发挥了重要作用，天津也因此成为畿辅的国防重地。八国联军入侵中国后，天津机器局毁于兵火。

7.1.3　天津造币总厂

天津造币总厂，青砖拱门厚重端庄，厂院内存原有房屋五十多间，除两个半四合院外，还有一处两层小楼，据说是造币厂的实验楼。布局原为多进四合院，以东西向箭道间隔贯通，砖木结构，硬山顶。正房西阔五间，前出廊或"勾连搭"式。厢房西阔三间，平面多为"凹"字形，入口砖砌拱券门楼和砖雕花饰犹存。现仅存平房 70 余间，门额有"造币总厂"四字,为大清银行总务局长吴鼎昌书。

清政府为整顿全国金融秩序,收回铸币权,规范币制,并使银、铜元整齐划一,于光绪二十九年(1903年)决定在天津筹设户部造币总厂。该厂于光绪三十一年(1905年)春竣工,最初定名为"铸造银钱总局"。该厂引进美国、德国等最新的机器设备和先进技术,在当时堪称中国规模最大、设备最精良、技术最先进的造币厂,也是全国货币制造的中心。因该厂直属户部管辖,故于1907年将原名"铸造银钱总局"更名为"户部造币总厂"。不久,清政府又将全国各地的9个造币厂改为分厂(图7-7),隶属天津造币总厂管辖(9个分厂是直隶、湖北、江宁、福建、广东、奉天、河南、四川、云南造币厂)。

宣统二年(1910年)2月,清政府下令铸币权收归中央,将各省所设银、铜元造币厂一律裁撤,铸币事宜统归造币总厂。4月铸造"大清银币"(图7-8)。《币制则例》明令,"国币单位,定名曰元",定"元"为单位,定银元为国币,标准趋于统一。至此,延续近三十年的货币单位"两"、"元"之争方告一段落,从此铸币的标准日臻完善,趋于统一。

图7-7(左)
天津造币总厂北分厂外景

图7-8(右)
清宣统三年铸造的"大清银币"

1912年,造币总厂与造币津厂(原北洋银元局)合并,更名为"中国财政部天津造币总厂"(图7-9),专铸银元。该厂组织完备,设备精良,技术精湛,堪称全国造币厂之最。

1914年2月,根据颁布的《中华民国国币条例》规定,袁世凯头像银币(俗称袁大头)为国币(图7-10),从此开始大量铸造袁世凯头像银币。这种俗称"袁大头"的一元银币,由于成色标准,铸造精良,曾在全国广为流通,至今民间仍多有收藏。

1923年3月12日,国民政府以总统敕令公布了国币样式,俗称"龙凤币",该一元币正面的龙凤黼黻图案,据考是民国元年由鲁迅、许寿裳、钱稻孙等人共同设计的民国国徽图案,人称十二章图。该试铸币一出,终以图案难免帝王色彩未被采用。虽然一元"龙凤币"没有正式铸造发行,但在1926褚玉璞任直隶督军时借用"龙凤"图案铸造了"每五枚当一元"和"每十枚当一元"两种辅币,该"龙凤"图案辅币曾广泛流通于京、津一带。民国时期,天津造币总厂还铸有多种试样币，并为孙中山、袁世凯、徐世昌、曹锟、段祺瑞、褚玉璞、张作霖等政要名人铸造了纪念性质的银币。

图 7-9（左）
"造币总厂"匾额

图 7-10（右）
"袁大头"银元

从清末到民初，天津造币总厂铸造的主要银币品种有：造币总厂光绪元宝（1908 年）、宣统年造大清银币（1910 年铸造，除 5 角外其余皆为样币）、宣统三年大清银币、民国 3 年袁世凯头像银币（俗称大头）。1927 年，北伐战争胜利后，民国政府禁止铸造袁世凯头像银元，改铸孙中山头像银币（俗称小头）。天津造币总厂除大量铸造上述常用流通银币外，还铸造了一些在钱币收藏界颇为看重的试铸币和少量的纪念币。

 补充阅读　造币总厂与历史名人

天津的造币总厂虽存世三十载，可确有不少的历史名人与之有过渊源。仅举数例：

1. 吴鼎昌题写造币总厂匾额

吴鼎昌，浙江吴兴人，字达铨，笔名前溪，秀才出身。清光绪二十六年（1901 年）赴日本留学，曾参加孙中山先生领导的同盟会。清宣统二年（1910 年）回国，先后出任北京政法学堂教员及中日合办的本溪湖铁矿局总办，后入大清银行任职。1912 年，南京临时政府成立，被任命为中国银行总行长，随后加入共和党，表示拥护袁世凯称帝。袁死后不久，吴又出任段祺瑞政府财政部次长，后又调至天津造币总厂任厂长。在此期间，吴为造币总厂题写了门额。现位于中山路原天津造币总厂旧址仍保存有青砖雕花大门拱券和嵌在拱券上方的汉白玉门额，门额中间"造币总厂"四个大字笔力遒劲，入木三分，字的上方还有两个小字"东厂"，右下方刻有吴鼎昌题签及名章两枚。只可惜在 2003 年 6 月整修中山路时，门额被刷上一层水泥浆，印章刻痕已被糊死无从辨认。经调查，原来是民工野蛮施工所致，当时媒体以《造币总厂大门原貌被毁》（见《天津青年报》2003年6月17日）为题进行了跟踪报道，但一切都悔之晚矣。

2. 梁启超亲自审定"造币厂报告书"

一代名士梁启超于1914年2月调任币制局总裁，一向注重历史研究的梁氏，知道天津造币总厂几经变迁，资料散失，便命时任造币总厂厂长的大金融家吴鼎昌先生着手编写造币总厂史及大事记。是年年底，吴鼎昌编写并作序的《造币总厂报告书》正式定稿，交由梁启超审定。梁启超认真审定后亲自题写书名"造币总厂报告书 民国三年梁启超署检"。

《造币总厂报告书》由天津华新印刷局印刷成册。该书分沿革、组织、厂基、机器、物料等共十一章，约五万余字，并附有图表。该书为后人研究天津造币总厂的历史提供了翔实的资料。之后，梁启超因推行币制改革阻力很大而愤然辞职，币制局也因梁氏的离去而裁撤。造币总厂亦改由民国财政部主管。

还有许多近代史上的名人如徐世昌、冯国璋、褚玉璞等也都与造币厂有着奇妙的关系。如褚玉璞在统管造币厂期间，正值其续娶小老婆，遂命造币总厂为其专门铸造了"龙凤呈祥"的辅币，谁知市面商家拒收而无法流通，只好作废回炉。民国期间，总统像走马灯似的轮换，每换一届总统，造币总厂就奉命出一批有新总统头像的银币，搞得商家目不暇接、头昏眼花。许多人也许不相信，就连鲁迅先生都与造币厂有关系。如民国十二年（1923年）造币总厂试生产了一枚龙凤黼黻图一元币。样币全都是"银币金打"，即全部用黄金胚饼试打。当时专门用来分赠上级部门及有关人士，故数量有限，流传至今甚为罕见。就是这枚一元币，正面的龙凤黼黻图案实际上是民国元年鲁迅、许寿堂、钱稻孙等人共同设计的民国国徽图案（由于该图案过于复杂，故未被采用），人称十二章图。因此，从这个意义上说，鲁迅也参与了造币总厂币样的设计。

7.1.4 津浦路西沽机场旧址

津浦路西沽机场旧址（图7-11）位于天津市河北区南口东路1号，现存厂房建筑一幢，原为津浦路西沽机场。津浦路西沽机场由德国人于1909年投资承建，是当时中国机车车辆修理的重要基地。现存厂房为当时的机修车间，通体的拱形门窗、直立高大的四根承重柱以及颜色古朴的墙砖，两坡顶钢屋架结构，外檐为琉缸砖清水墙，采用上下双重、大小搭配的砖砌拱券窗口，既具有结构支撑作用，又使建筑立面层次丰富，是我国近代工业重要而珍贵的建筑遗产。这座建筑高12米，在厂区内显得别有韵味。津浦大厂的这个"德国造"，最近得到了修缮，成为反映津浦铁路当年辉煌历史的重要见证。2008 年 1 月 25 日，被天津市人民政府列为重点保护等级历史风貌建筑。

津浦路西沽机场旧址位于天津机车车辆机械厂院内，在新开河北岸的津浦旧线旁，它是一座有着百年历史的老厂，它就是著名的津浦大厂。1910 年底，京奉铁路与津浦铁路在天津新站举行联轨典礼。津浦路机厂随即投入使用，用于及时维修铁路机车及设备。由于设备先进，津浦大厂很快就成就了自己中国第一火车修理厂的地位，当时只要是在中国铁轨上运行的火车有 80% 都要到这里来维修，至今车辆厂里还保存着一座纯德国建造的厂房，就是著名的津浦路西沽机场，离这个厂房不远处还有一个 100 多年历史的老水塔（图 7-12），至今都保存得很好，并且都在使用着。一号水塔始建于 1910 年，高 21.5 米，贮水容量为 98 吨。德国人修建，原为蒸汽机车加水之用，1949 年后一直闲置。2007 年，重新启用此塔，贮存所收集的雨水和地表水，用于生产及园林浇灌。

图 7-11（左）
津浦路西沽机场旧址

图 7-12（右）
一号水塔

7.2 近代民族资本工业

7.2.1 原天津启新洋灰公司

各位游客，在天津近代，素有中国水泥工业摇篮之称的启新洋灰有限公司，创建于 1906 年，其前身为"唐山细绵土厂"。洋灰为水泥的旧称，最早为舶来物，在清末传入中国，称为"细敏土"、"细绵土"。当年启新洋灰公司生产的"马牌"水泥供不应求，成为民族工业的主打商品。

原天津启新洋灰公司（图 7-13）建筑坐落于大沽北路与承德道（原法租界海大道与威尔敦路）交口处，建于 1913 年，由奥工部局工程师布吕纳设计，原设计的正立面中部为向里呈"凹"状，其两侧建外部楼梯。后在 1934 年经华信工程设计司进行了改建，其前幅、正立

面和屋顶改动较大，改中部两侧的外楼梯为主楼正立面，改建后建筑面积1920m²，仍为砖木结构，局部三层，部分带地下室，木屋架，多坡屋顶，西侧门厅前设有两颗圆柱。目前，原建筑已不存在。

图7-13　原天津启新洋灰公司办公楼

启新洋灰公司的前身是唐山细绵土厂，1906年从英国手中收回时，因原资本亏赔净尽，企业已名存实亡。当年周学熙为了挣脱官僚资本的束缚，在此公司的基础上，创办私人资本企业"启新洋灰有限公司"，成为我国第一家现代化水泥厂。陈一甫呕心沥血，极力辅佐周学熙，"募商款，增机械，制品日益精美，行销于南洋"为"启新"的创办人之一。作为公司的主要股东、公司董事，陈一甫开始担任公司总事务所经理，并于1932年担任总经理。由于经营得法，质量上乘，公司所生产的"马牌"水泥多次获得殊荣，比如1911年意大利都灵博览会优等奖章，1915年巴拿马赛会头等奖状、头等奖章，1933年美国芝加哥博览会筹委会的感谢状。"启新"的企业规模也在不断扩大，1906年至1914年间，销售量占全国水泥总产量的92.02%。

后来，陈一甫的长子陈范友进入启新洋灰公司任工程部工程师、经营科长。他有专业技术，又有实践工作经验和指挥能力，参与公司的经营管理，帮助陈一甫出谋划策。在1933年他担任启新洋灰公司协理（副经理），独自设计建造了当时国内最大、最先进、产量最高的启新水泥厂八号窑。在厂内装备了国内一流的实验室。所生产的"马牌"水泥稳固占领东南亚市场，同时这些业绩也确立了陈范友在董事会成员中的特殊地位。"洋灰陈"绰号由此叫起。八号窑曾经历1976年唐山大地震，现仍照常生产，足见当时设计施工之精细、工程质量之上乘。

 补充阅读　周学熙与北洋实业

周学熙，字缉之，又号止庵，安徽东至县人。1866年出生于一个封建官僚家庭，是洋务运动中重要人物周馥的儿子。周学熙自幼在私塾、书院修习，16岁考中秀才，28岁考中举人。初官于浙江，后为山东候补道台。还是在周学熙留在京城继续攻读的时候，中国在甲午战争中败给了日本，被迫签订了丧权辱国的《马关条约》。许多知识分子行动起来，要求变法维新，寻找富国强兵的新路。周学熙深受影响，决定放弃科举考试，投身实业。

1897年周学熙进入了河北开平矿务局。这是他接触新式工矿企事业的开始，从中磨炼了开拓实业的才干。1901年秋天，周学熙被清政府派往山东济南。当时山东巡抚袁世凯正在推行教育改革，筹办山东大学堂，便委任他任大学堂的总办。袁世凯非常赏识周学熙办学堂中表现出来的才干，不久他调任直隶总督兼北洋大臣，也就将周学熙调到天津，委任为天津候补道兼办直隶银元局。从此，周学熙以天津为基地，开始创办北洋实业。1903年，周学熙赴日本考察。回国后，他认为"国非富不强，富非工不张"，决定振兴民族实业，走国强民富之路。是年8月，创办直隶工艺总局，周学熙任总办，形成了"括全省工学界之枢纽"的倡导，推广工商业的综合体。对京津地区近代工业的兴起和发展起了重要作用。1906年，周学熙在天津创办北洋劝业铁工厂。同年，周学熙经过艰苦交涉，又收回被英国人强占的唐山细棉土工厂，在此基础上创办了官督商办的"启新洋灰股份有限公司"，这是由国人自办的第一个近代水泥生产企业，也使周学熙蜚声国内。周学熙1907年主持开办"北洋滦州官矿有限公司"，即滦州矿务局，"以滦合开"，最后于1912年6月1日成立中英合办的开滦矿务局。1908年清政府委任周学熙总理京师自来水事宜。他经过22个月的精心努力，1910年3月正式向北京城厢区开始供应自来水。从1903年到1908年，周学熙兴工振商，名声大振，被清政府封赏一品。虽在官场，但周学熙的志向和主要精力放在实业建设方面。在投资经营上，他逐渐将投资重心由重工业转向金融保险业和轻纺工业，建立了一个庞大的纺织企业集团，大大改变了华北地区轻纺工业发展严重滞后的局面，对于改变中国纺织工业的布局产生了较大的影响。1919年，周学熙主持创办"华新纺织公司"。同年1月，华新天津纱厂正式投产。"华新青岛纱厂"、"华新唐山纱厂"等相继建成。奠定了华北纺织业的基础，大大改变了中国纺织业的布局。周学熙发起创办"中国实业银行"，附设"永宁保险公司"，总行设于天津。

经过多年的努力和奋斗，周学熙在20世纪初的20余年里，由一籍无名候补道员成为驰名中外的大企业家，在中国北方，以天津为基地，形成一个为世人瞩目，在其后几十年中享誉海内外的"周氏企业集团"，投资领域包括了燃料、建材、纺织、五金、交电、机械、金融多种行业，形成了以启新、滦矿、华新三公司为核心的庞大资本集团。周学熙所开创的实业集团奠定了京津塘地区近代工业的基础，所以周学熙本人亦因此与同时期在江浙一带致力于事业救国的著名资本家张謇并称为"南张北周"。周学熙虽出身显宦之家，曾任直隶工艺总局总办、天津道、长芦盐运使、直隶按察使，并两度出任北洋政府财政总长，本人又是名闻遐迩的大实业家，一生没有离开过财富。而当时的中国腐败现象十分普遍，官宦之家和纨绔子弟之中，奢靡之风非常严重,各种恶习、丑闻比比皆是。处在这样的社会风气中,周学熙却始终崇尚节俭,乐善好施,保持着朴素的生活作风,除了公务大事和庆典应酬之外,他终年穿着布衣和家乡土布缝制的布袜。由周学熙出资在家乡建立的医院,根据周学熙的规定,所有来看病的人都是不用花钱的。1924年,周学熙因"年近六十,精力猝衰,时事又多变幻,殊非老朽所能周旋",辞去各公司所任职务而回家。1947年,周学熙迁居北平屯绢胡同,同年逝世。这位年逾81岁,曾经轰轰烈烈将毕生心力献给救国救民事业的老人,静静地离开了人间。

周学熙这位清末民初的民族实业家,在他的一生中所经过的创业的艰苦、守业的辛酸、成功的喜悦和失败的痛苦,构成了一幅近代中国民族资本家在夹缝中谋求生存和发展,在奄奄一息中艰苦挣扎,在寒风严霜中努力培植民族工业的悲壮画卷。而周学熙这位中国民族实业家,他的实业救国事迹已经被收入中国高中历史教科书中。

7.2.2 开滦矿务局大楼

开滦矿务局大楼(图7-14)坐落于和平区泰安道5号。建于1919—1921年,由英商同和工程司美籍工程师爱迪克生和达拉斯设计,施工单位为麦克唐奈乐和哥曼公司。其建筑特征一般认为是古典主义从罗马风格向传统希腊复兴式转变的风格(图7-15),总建筑面积9180平方米,三层混合结构。大楼坐南朝北,东西为长向,平面呈矩形,外形庄严肃穆,门前设有坡道,高石台阶两侧筑有水磨石古典式花盆四座。大楼外檐立面一、二层为14根高10米爱奥尼巨柱式空廊,空廊两端略突出,墙面转角作壁柱装饰,三层为带阁楼层的檐部,檐口饰齿状。

图7-14(左)
开平矿务局在天津的办事处

图7-15(右)
开滦矿务局办公大楼

大楼楼内中部是贯通三层的大厅。以爱奥尼式大理石立柱支撑,柱头均以紫铜板制成,做工精细。大楼厅顶作半圆形,井字分格镶彩色玻璃,顶拱上有精美雕饰。大楼厅内地面饰彩色马赛克,周围做大理石墙群。办公用房沿周边设置。大楼主房间内设有木制古典壁柱,并装有古典式壁炉。开滦矿务局大楼室内外装修雍容华丽,已列入天津市国家级近代优秀建筑保护名单,后曾为中共天津市委员会所在地。

1876年李鸿章决定开采天津以东的开平煤,这里煤质优良,而且有着悠久的土法开采历史,储量高达600万吨以上。1878年开平矿务局成立,对外名称是中国机矿公司(The Chinese Engineering and Mining Co.),聘用一批英国采煤专家,进口了英国最先进的采煤机器。1912年,开平矿务局和后建的滦州煤矿组成了中国近代史上著名的开滦矿务局。

开平煤矿是"官督商办"的股份制企业,也是中国最早的上市公司,主持人是洋务企业家唐廷枢。当时,天津的煤炭市场几乎全为洋煤所把持,为了与洋煤竞争,唐廷枢决定设法降低运输成本。他首先在矿区修建了一条九公里长的铁路到胥各庄,然后用西法开掘了一条从胥各庄到芦台的运河——"煤河"(也叫"黑猪河"),这是"中国第一次用外国方法开凿的水道";同时疏浚芦台、天津间的蓟运河,从而以水陆联运的办法,解决了开平煤运到天津的高费用问题。这不但为天津港口和工业发展解决了急需的动力资源,而且促进了天津附近交通的发展。

与此同时,唐廷枢还对开平煤矿实行独立核算和市场化经营,一切均照"买卖规章"管理。应当说,摆脱官府控制,完全按照市场经济的规则运作,是开平矿经营成功的根本原因。煤炭运到天津,一律按市场价格供给机器局和招商局。不久,他又争取到了政府的减税优惠,即每吨煤的税金由原来的0.672两降为0.11两。这一切综合起来,使开平煤的市场价格始终保持在每吨3.5～5两白银之间,而市场上的日本煤每吨却要卖到7～8两,况且开平煤较日本煤火力旺,燃烧耐久,很少出现熔渣。因此,不仅天津机器局的动力完全依靠开平煤,连北洋舰队和驶抵天津的中外轮船,都要在煤仓里装满开平煤之后,才启碇开航。在竞争中,日本煤自然不是开平煤的对手。19世纪80年代初,天津每年进口的日本煤近两万吨,不过数年间,竟把日本煤完全赶出了天津市场。

由于开平煤矿经营状况很好,私人投资者迅速增加,从而引发了市场上开平股票价格的猛涨。到19世纪80年代高峰时,有人愿将100两面值的开平股票以272两的价格买进,低峰时,也要卖到140～170两之间。从1888年开始,开平煤矿发放股息,利率为10%～12%。这在近代中国的企业中是十分罕见的。开平煤矿不但是中国最早的机器化采煤矿山,而且在所有的洋务企业中经营得最为成功。

7.2.3 天津塘沽永利碱厂

天津塘沽永利制碱厂(图7-16)是天津碱厂的前身,全称为永利化学工业公司塘沽制碱厂,是中国创建最早的制碱厂。永利制碱厂筹建于1916年,与1914年创建的久大盐业公司塘沽制盐厂是姐妹厂,均为中国早期的著名实业家范旭东所创建。范旭东(图7-17)生前被毛泽东主席赞为"中国现代化学工业的开拓者",逝世后赞扬他是"工业先导、功在中华"。

图 7-16（左）
塘沽永利碱厂

图 7-17（右）
范旭东

在范旭东创建永利制碱厂之前,中国所用的碱完全依赖于英国卜内门公司生产的"洋碱"。碱不仅是人民生活中的必需品,而且是冶金、石油、机械、纺织、造纸、玻璃等多种工业都离不开的原材料。1914年第一次世界大战爆发,"洋碱"的进口中断,一些以碱为原料的工业纷纷停工。范旭东等人有鉴于此,决定自己创办制碱工厂。1916年开始筹建,1920年5月召开第一次股东会,推选范旭东为总经理,定名"永利",在天津设公司,塘沽建厂,由留美归来的侯德榜任总工程师,厂内由侯德榜、李烛尘轮流担任厂长。1924年8月,永利碱厂开工出碱,揭开了中国乃至整个东亚制碱工业史上的第一页。

初期,由于缺乏经验,制出的碱质量低劣,销售困难。侯德榜带领技术人员和工人废寝忘食,攻下道道技术难关,终于在1926年6月生产出洁白的纯碱,碳酸钠含量在99%以上,定名为红三角牌。同年8月,在美国费城举办的万国博览会上,"红三角"纯碱荣获最高荣誉的金质奖,跃居世界榜首。"红三角"纯碱在国际市场上成为准许免检的"信得过"产品,打破了外国公司对中国国内和东南亚市场的垄断。天津的"红三角",只经历了9个年头,在中国市场上便挫败了经营50年之久的英国卜内门纯碱,这是一个惊人的速度。

中国化学工业的另一位先驱侯德榜,不但领导设计和建成了永利碱厂,而且在1931年用英文写成了《制碱》一书,把苏尔维制碱法的全部工艺流程公之于众,这部应用性极强的著作很快风靡世界,为中国的科学技术赢得了巨大的声誉。侯德榜并不以此为满足,继续进行深度研发,到了20世纪40年代初,他又成功地把苏尔维制碱法与制氮工艺有机地结合起来,发明了"侯氏联合制碱法",这种新工艺可同时生产纯碱与氯化铵,不但成本低,而且增加了产品,成为世界上最先进的制碱法。从而打破了自1862年以来比利时苏尔维兄弟和德国查恩制碱法对世界制碱技术的统治。这项先进技术很快推广到国外,当年印度的制碱工业就是由中国按照"侯氏联合制碱法"援建的,这就开创了天津借鉴外国先进科学技术加以消化吸收，然后进行改革创新，再输出到国外的先河。"侯氏联合制碱法"的发明，在世界上引起了强烈的反响，使中国的化学工业率先由天津登上世界舞台。

黄海化学工业研究社（图 7-18）建于 20 世纪 20 年代，办公建筑。二层砖混结构楼房，主入口处设柱廊，二楼设阳台，外檐首层窗台以下墙体为石材砌筑，正立面为水刷石抹灰饰面，其他立面为硫缸砖清水墙，屋顶为多坡屋顶、筒瓦屋面。

图 7-18 原黄海化学工业研究社

黄海化学工业研究社前身为久大塘沽盐场的化验室。该研究社是中国第一个私立化学工业学术研究机构，社长为孙学悟，董事长为范旭东，董事为侯德榜和唐汉三。该社自 1922 年至 1952 年出版了刊物《海王星》，30 年间的研究成果十分丰富。

此外，黄海化学工业研究社还在研制烧碱、硫酸、硝酸、硫酸铵、钾肥、磷肥，以及化工产品的综合利用方面取得了多项成果，研究和整理出中国传统的酿酒、制造饴糖、粉丝等项技术，培养出了几万个菌种，造就出一大批化工人才，因而被称为永利、久大的"神经中枢"，同时也为中国的海洋化工、农业化学等学科的起步和发展，做出了不可磨灭的贡献。

新中国成立后，"永利"和"久大"先后公私合营，1955 年两厂合并，称永利久大沽厂，1968 年 3 月更名天津碱厂。到 2004 年，天津碱厂纯碱已畅销 20 余个国家和地区，天津碱厂成为中国最大的纯碱、精铵生产商和出口商。

从 20 世纪 40 年代开始，天津碱厂先后为巴西、印度、南非、阿尔巴尼亚援建碱厂，进入新世纪又参与了巴基斯坦奥林匹亚纯碱厂扩产改造、印度尼西亚 UCI 公司技术改造和伊朗 KAVEH 碱厂建设。从 20 世纪 50 年代开始，天津碱厂先后援建大连碱厂、杭州龙山化工厂、自贡鸿鹤化工厂、唐山碱厂、潍坊碱厂、内蒙古吉兰泰碱厂、新疆哈密碱厂、南方制碱公司。2004 年又参与了对青海碱业、山东海天碱业等制碱企业的技术援助。

为永久纪念永利碱厂对中国海洋化工的历史性贡献，2001年6月在塘沽修建了滨海新区最大的绿化广场——"红三角"广场；在子广场之一的主题广场上，立有中国海洋化工的三位先驱范旭东、侯德榜和李烛尘的塑像。

 补充阅读　海洋化工的开拓人李烛尘

1918年，中国第一家精盐厂——塘沽久大精盐制造厂来了一位三十多岁、面目清秀、专攻电气化学的留日生，应聘担任该厂的技师，不久又出任厂长，负责全厂的产供销工作。这位留日生，自十几岁起就立志献身中国的化工事业，第一次踏上这片白茫茫的盐滩，立即被这些宝贵的化工资源所吸引，从此矢志不渝地为发展海洋化工事业劳作奔波，终于奠定了民族海洋化工的根基。他，就是中国海洋化工的开拓者，工商界的楷模李烛尘。

李烛尘，字承竹，湖南永顺人。秀才出身，曾入师范学堂；辛亥革命后东渡日本学习理化。回国后，经人介绍，结识了正在天津塘沽从事现代化盐碱生产的范旭东。二人本是同乡，又都是留日生，志同道合，一见如故，从此遂成莫逆，共同为发展中国的民族化工事业，并肩战斗了近三十年。

李烛尘不但精通业务，而且很有管理才干。他上任后的第一件事，就是为久大确立了"工商并举，科研并进，分文必争，分秒必争"的综合经营方针。其次便是抓管理，他认为"大企业要有大企业的管理制度"。所以全厂从上到下，全面制定了各种规章制度，实行严格管理，处处有章可循。从此全厂一改过去的混乱面貌，不仅扩大了生产，提高了精盐产量，而且还生产出肥皂、牙膏等副产品。精盐质地洁白，不含对人体有害的杂质，但老百姓存在着消费误区，不认精盐，致使产品积压。李烛尘决定利用报纸做广告，宣传吃精盐的好处；然后生产一批小包装产品，免费供消费者品尝；最后又用政府的特许，使久大精盐进入南方市场，实现了精盐销售的各地联营。

李烛尘身为厂长，但作风朴实，平等待人，一言一行都设身处地为别人着想。他说："一个人对对方说一句话，做一件事，就应该首先问问自己，如果在自己身上，受得了受不了。"1922年第一次全国劳动大会在广州召开，议决在中国实行八小时工作制。在李烛尘的建议下，久大和创办不久的永利碱厂率先实行；为改善生活条件，李烛尘还拨专款为两厂修建了职工食堂、医院和宿舍。这种做法在当时是十分罕见的。

李烛尘十分注意人才的培养，他认为事业的基础是人才，有了人才,一切事情都好办。他的人才观是"培养人才,知人善任,人尽其才"。1922年,李烛尘建议范旭东创办研究社,他说:"化工需要人才,大学生也是人才,但没有经验。我们办个研究社,培养自己的化工人才。"范旭东痛快地接受了这个建议,李烛尘亲自为这个研究社定名为黄海化学工业研究社。为掌握学术动态,提高科研水平,他还倡办了《海王》旬刊,并说:"'黄海'是永利、久大的大脑,《海王》是永、久、黄的喉舌。"

1931年,李烛尘的儿子从上海交通大学毕业,并秘密加入了中国共产党,准备去苏区工作,行前专程来天津向李烛尘辞行。李烛尘尽管不知道儿子的身份,却支持儿子的选择,说:"要改变落后的旧社会,就得有人去斗争,你可以走自己的路。"

"七七事变"前,华北的局势已很紧张,李烛尘和范旭东商议,准备将"永、久、黄"内迁,重要的图纸送到天津,并让李烛尘作内迁的总负责人。塘沽沦陷后,李烛尘坐镇天津法租界久大总管理处,指挥塘沽等地的三百多名技术人员、几千名工人和几万吨设备,冲破敌人的重重封锁,内迁到四川;但这时的李烛尘却被困在了天津。日本人先是企图用"合作"形式吞并永利和久大,被李烛尘以"公司章程规定,不接受外国股份"为由,断然拒绝。后来日本人又拿出"投资合同",让李烛尘签字,李烛尘怒斥说:"世界上哪有强盗抢东西,还要主人签字的道理!?"最后日本人竟派兵将工厂占领,李烛尘正气凛然,大声喝道:"今天你们这样强夺我们的公司,今后我们一定要收回来,也一定能收回来!"

抗战胜利后,范旭东不幸去世,李烛尘只身担负起了塘沽、南京、青岛等地的复厂工作,他与永利制碱厂的总工程师、国际著名制碱专家侯德榜一起,向国民党政府申请派人去日本索还被拆运到日本的全套硝酸生产设备。当时国民党忙于内战,对这一正义要求置之不理。李烛尘面见蒋介石,质问道:"抗战胜利,日本投降,强运走的设备为什么不能索回?"侯德榜同时在《大公报》上著文呼吁,迫使国民党政府不得不准予办理。侯德榜为此专程去日本交涉,声称:"即使是废铜烂铁也要运回!"最后美国占领军司令麦克阿瑟不得不亲自命令日本将设备归还。这是战后中国从日本索还的唯一的一套设备。

1946年李烛尘回到天津,被推举为天津工业协会理事长和华北工业协会会长。内战爆发后,为保护天津雄厚的工业基础,他反对国民党的"南迁"政策,并冒着生命危险劝说守将陈长捷、市长杜建时投降。警察局长李汉元在李烛尘的劝说下,命令全局干警放下武器,保护档案和物资,等待解放军的接收。

北京解放后,李烛尘参加了新政协的筹备工作,并当选为中央人民政府委员。1952年正式定名为公私合营永利化学工业公司,是天津最早的一家公私合营企业。1924年永利碱厂建成时,董事会赠李烛尘公司股票5000元,以使他有权参与管理;若干年来,李烛尘对本息丝毫未动,公私合营时全部献给了国家。

1956年,经毛泽东提议,李烛尘以75岁高龄被任命为食品工业部部长。1958年食品工业部与轻工业部合并,李烛尘任轻工业部部长。1965年轻工业部改为第一轻工业部,李烛尘继续担任第一轻工业部部长。1968年,87岁的李烛尘病逝于北京。

7.2.4 天津东亚毛呢纺织有限公司

1932年宋棐卿在意租界成立东亚毛呢纺织股份有限公司(图7-19),生产"抵羊牌"毛线。1935年在英租界墙子河外购洼地40亩,建新厂房(即今云南路),并于1936年迁入。我们如今看到的云南路2号的主办公楼,仍作为东亚公司继续使用。一进大门便可看到一个小花园,花园的假山上高高耸立着汉白玉大理石的抵羊雕像,栩栩如生。两羊相抵处有喷水口,喷水高度达两米多。可惜原雕像在"文革"时被砸毁,我们现在看到的东亚毛纺厂小花园内的抵羊雕像是1992年东亚公司成立60周年时重新雕塑的。

图7-19 昔日东亚毛呢纺织有限公司全景

早在二十世纪三四十年代,中国近代纺织实业家宋棐卿就立志走发展民族工业、实业救国之路,他创建的东亚公司,即天津东亚毛呢纺织股份有限公司(现称天津东亚毛纺厂)生产的名牌产品"抵羊牌"毛线,在与英国"蜜蜂牌"、"学士牌"毛线和日本"麻雀牌"毛线的激烈竞争中,曾立于不败之地,为中国人争了光,为中华民族争了气。而宋棐卿的创业之路并不是一帆风顺的。

宋棐卿(图7-20)是山东省益都县(现青州市)人。他自6岁起在家乡上学,后曾到上海、北京就读初高中,并先后就读于齐鲁大学、燕京大学。1920年8月宋棐卿赴美国芝加哥西北大学商学院,攻读工商管理兼修化学课程。

宋棐卿留美回国后,决心走实业救国之路。在20世纪20年代,国产毛线缺乏，英国、日本的毛线产品占领中国的市场。于是宋棐卿决定以毛线为首选产品发展中国的民族工业。1925年，宋棐卿在济南向德商禅臣洋行订购了生产毛线的机器设备，他希望生产的毛线能达到英国"学士牌"毛线的质量标准，但经过半年的安装、调试纺出的毛线弹力等指标达不到"学士牌"毛线的质量标准。原来受了洋人的欺骗，购进的机器设备是一台粗纺机。于是他与禅臣洋行打起了官司，判决结果宋棐卿胜诉，但第一次尝试以失败告终，为了减少损失，宋棐卿只能用这台粗纺机生产地毯线，织地毯。

图7-20 宋棐卿
（1898—1955）

为了实现生产国产毛线的愿望，宋棐卿曾派其弟弟宋宇涵专程去美国学习毛纺专业并赴欧美各地考察。1928年，因父亲宋传典遭诬陷而受到通缉，财产被查封，不得不到天津避难。宋棐卿也带了一部分人来到天津。1929年，政府解除了对其父的通缉令，并发还了宋家的财产。

宋棐卿考虑到天津具备办毛纺厂的条件，决心在天津创业。1932年，他在意租界五马路租了一处占地15亩的房舍（内有仓库、办公楼等房屋）作为厂房。为解决建厂的资金问题，宋棐卿决定组织股份有限公司，共集资了23万元作为建厂资本，创建了东亚公司。厂名"东亚"则寓意"产品不仅要行销国内，还要行销东南亚"。这一年东亚公司生产出的第一批毛线被命名为"东亚"毛线。

1933年，宋棐卿提出毛线商标应该起一个响亮的、能体现中国人志气的名称。当时正值"九一八"事变之后，全国人民抗日情绪高涨。经宋棐卿和东亚公司主要决策人商议，决定用"抵羊牌"作为毛线商标，寓意抵制洋货。他请设计师设计了多个"抵羊牌"商标图样，但没有一个图样令他满意。与此同时，为改良我国羊的品种，经财政部批给外汇，东亚公司曾从澳大利亚购买了12只美利奴羊。澳洲美利奴羊的公羊犄角粗壮，呈蜗牛状，并有抵角的习性。宋棐卿想到，如果当两头美利奴羊相抵时拍照，拍出的图像一定是真实而生动的。他立即派人请摄影师拍下了两头羊相抵的瞬间照片，并由基泰公司工程师在对照片加工后绘制成了"抵羊牌"毛线商标（图7-21）。

图7-21 "抵羊牌"商标图样

东亚公司除了生产毛线，还在1940年成立了麻厂，生产"东亚大绿线"麻袋，后来又成立了化学厂，生产药品、化妆品、日用品等。并于1947年更名为"东亚企业股份有限公司"。1949年后又几次易名为天津市公私合营东亚毛麻纺织厂、天津市公私合营东亚毛纺厂、天津市第三毛纺厂。1980年8月15日，改为天津市东亚毛纺厂。至此，这个民族工业企业走过了近半个世纪的历程，也为中国的民族工业发展树立了榜样。

 补充阅读　宋棐卿所做鲜为人知的事

1. 捐献飞机一架

抗日战争爆发后，宋棐卿在给他的小弟弟宋显勇写的信中说他愿意捐献一架战斗机，并让他保守秘密。

宋棐卿捐献飞机的事，是在1937年，同东亚毛呢纺织股份有限公司申庄（后改称为东亚公司上海办事处）会计窦景周在浙江杭州附近的笕桥机场办的捐献飞机手续。

2. 捐款支援抗战

1942年，宋棐卿召集东亚公司会计部主任有宝山和东亚公司申庄会计窦景周到经理室秘谈。他们商量如何将东亚公司支援抗日的钱安全地交到大后方重庆国民政府。最后商定由东亚公司附设的新中商行将钱汇到东亚公司在上海的、由东亚公司申庄注册的商号裕东行，再由裕东行通过地下钱庄将钱汇到重庆。由在重庆的极可靠的东亚毛线代理商把汇款交给在重庆的南开大学校长张伯苓。最后由张伯苓再把捐款交到国民政府接收支援抗日捐款的部门。

宋棐卿通过以上办法为支援抗日捐款，躲过了日本军方的检查和监督。经手人窦景周大约半年汇款一次，直到抗战胜利。

宋棐卿秘密捐献飞机、为支援抗战捐款的事只有极少数忠诚可靠的人知道。当时如果让日本军方知道了这些事，宋棐卿等人就会被日军逮捕杀害。

3. 宋棐卿的惊险遭遇

1943年，日军要中国人献铜献铁支援其侵华战争。7月19日，日本宪兵队进入东亚公司，命令宋棐卿把绒线车间的机器献给日本人。宋棐卿正气凛然、义正辞严地拒绝了日本宪兵队的无理要求。宋棐卿威武不屈的爱国之举激怒了日本人。日本宪兵队以"破坏大东亚圣战"的罪名逮捕了宋棐卿和副经理陈锡三，并将他们押解到北平日本宪兵司令部。宋棐卿对前来探望的人说："只要能保住东亚公司的厂房和机器，其他一切在所不惜。不要为我个人的安危分散力量。"

宋棐卿、陈锡三被日军关押后，东亚公司董事长王雨生辗转找到日军军需司令前川少将,由前川少将出面疏通。东亚公司拿出了一些毛线、麻袋等产品给日军,事情才有了转机。最后,日本宪兵司令部以查无实据的结论撤销了扣在宋棐卿头上的"破坏大东亚圣战"的罪名。9月2日,宋棐卿、陈锡三被日军释放。

宋棐卿回家后,他的妻子李景芳看见他衬衣上有血迹。李景芳问他:"日本宪兵打你了吗?"宋棐卿不说。

4. 在八年抗战期间,宋棐卿资助和帮助了山东等地的抗日爱国志士从事抗日活动。

5. 宋棐卿对其子女、亲属参加抗日活动给予了支持。宋棐卿的大儿子宋允泰投笔从戎,在重庆参军。当宋棐卿的妹夫崔锡章(在重庆担任战地服务团的负责人)征求他的意见时,他说"守土有责"。

宋棐卿的两个叔叔宋化恕和宋化宽分别在1923年和1924年病逝。他们的子女都由宋棐卿抚养和监护长大。宋棐卿的堂弟宋显德和宋显公在抗日战争中参军。宋显德是空军飞行员,在云南与日军作战中牺牲。

 游程建议 "近代工业"主题游览行程

日期	行程	用餐	住宿
D1	早天津市内约定地点集合发车赴河北区中山路附近参观天津造币厂旧址,赴河北区南口路探访津埔路西沽机场旧址,随后到红桥区三条石大街参观福聚兴机器厂旧址,游览完毕发车赴三岔河口参观天津近代工业与城市历史博物馆。参观完毕后食品街用中餐。午餐后,驱车经海光寺(车上介绍天津机器制造局),赴云南路天津东亚毛呢纺织有限公司参观,随后途径和平区泰安道,车游开滦矿务局大楼旧址,车至大沽北路与承德道交口参观原天津启新洋灰公司。参观完毕送酒店住宿。	○●●	含
D2	早餐后发车赴塘沽参观天津塘沽永利碱厂,随后车游参观开发区百旗广场,感受改革开放以来现代天津工业成就。午餐后发车返回市中心结束愉快旅程。	●●○	

服务包含项目:

交通:空调旅游车　　导游:地方优秀陪同导游

用餐:1早3正　　景点门票:行程所列景点门票

住宿:挂牌二星级标准　　保险:旅行社责任保险、人身意外伤害保险

思考题

1. 请分析三条石地区与天津近代工业之间的关系。
2. 请分析李鸿章对天津洋务的经营。
3. 请列举国内外与开滦矿务局大楼建筑风格相近的著名历史建筑。

第 8 章　商业建筑

> **本章学习目标**
>
> **知识目标：**
> 1. 了解近代天津商业建筑的分布情况、建筑特色和旧天津商业发展；
> 2. 熟悉不同类型商业建筑的建筑特征和维护情况；
> 3. 掌握重点商业建筑，如"金街"商业街劝业场、估衣街谦祥益、利顺德饭店、国民饭店、起士林等的历史发展和建筑特色。
>
> **能力目标：**
> 1. 能够带领游客实地游览天津的特色商业建筑；
> 2. 能够结合近代天津经济发展，编排天津商业建筑的旅游线路行程。

本章概要

本章历史建筑游览主题是旧天津的商业建筑。在中国近代史上，天津以其优越的地理位置、便利的交通条件和良好的经济基础，利用开埠后通商口岸所特有的宽松环境和广阔市场，很快发展为中国北方最大的金融中心、工业中心和对外贸易中心，成为近代中国北方经济的龙头。随着经济的不断发展，天津的商业氛围越来越浓厚，随之兴建了很多商业街区和商场商铺，代表建筑有劝业场、百货大楼、谦祥益、盛锡福等。近代酒店业的兴起也带动了包括利顺德饭店、国民饭店、惠中饭店、交通饭店等一批知名酒店建筑的落成。

为了全面介绍商业建筑的相关知识，本章中出现部分建筑不在已经认定的《天津历史风貌建筑明细》中，同时，一些建筑改造时天津历史风貌建筑的法定名词尚未出现，相关案例选取的是有特色的历史性建筑。

本章"金街"商业街、劝业场、利顺德饭店为精讲导游词。

8.1　"金街"商业街——近代商业中心

8.1.1　"金街"商业街

各位游客，今天我将带大家游览的是天津著名的商业街——"金街"。天津金街是目前国内最长的商业步行街、全国十大著名商业街、百城万店无假货一条街、诚信消费一条街。金街位于天津市和平区中心繁华地带，距天津火车站 3 公里，距天津机场 20 公里。下面就请大家随我一同走上金街。

所谓"金街"，其实是指我们脚下的这条和平路商业街和与之垂直的滨江道商业街，两条街连成一个"金十字"，取名为"金街"。"黄金之街"寸土寸金的"金"，与"天津"的"津"读音相同，富于美好的祝颂之意。2003 年 9 月，为"津门新十景"命名的《临江仙》词之首句——"商贸金街昌万象"。"金街"点明地点，"商贸"突出特色，"昌万象"指这里商贾云集、店铺栉比、百业繁盛。其"昌"堪称"词眼"，既指现在，也预示将来。

和平路商业街（图 8-1）始建于 1905 年，当时以锦州道为界，以北属日租界，名旭街；以南属法租界，名杜领事路。19 世纪 20 年代末，随着天祥、劝业、泰康三大商场，国民、惠中、交通三大旅馆以及渤海大楼、浙江兴业银行等建筑的落成，这条街道日益繁荣。

现在的金街是一条集游览、购物、餐饮、娱乐、休闲为一体的旅游休闲购物街，全长 1.3 公里的步行街上路灯与街面建筑均采用欧式设计风格，百货大楼、四面钟等一些具有代表性的建筑恢复了原来风貌（图 8-2）。街内新建的小型喷泉、花坛、雕塑以及新设置的电子导购系统、自动售货机、IC 卡电话亭，使古典风格与现代风格相映成趣，不仅有劝业场、中原公司、百货大楼等历史悠久的大型百货商场和天津鞋店、亨得利钟表店、冠生园食品店、桂顺斋糕点店、正兴德茶庄、盛锡福帽店等老字号商店，还有滨江商厦、友谊新天地、米来欧等大型购物中心，国际商场、乐宾百货、麦购等新建的合资购物中心和专卖店更是鳞次栉比。特别是辽宁路小吃街，汇聚国内外各式经典小吃，韩国的炒年糕、阿拉伯烤肉、泰国木薯糕，颇具异国风味；更有天津本地的特色食品，如：石头门坎素包、天宝楼酱肉、煎饼果子、耳朵眼炸糕、天津茶汤等数十种小吃，让每一位来此参观旅游的游客都感到不虚此行。

图 8-1（左）
和平路商业街

图 8-2（右）
和平路上新地标

现在我们位于和平路上的百货大楼，该建筑风格源自旧大楼的塔式建筑，大楼顶部建有两座双塔式的高塔，外观上仿如一座宏伟的现

代堡垒，从河畔上看十分注目，大楼新厦是天津市标志性建筑之一。20世纪80年代以前天津百货大楼是中国北方最高的建筑。沿和平路前行，来到金街与滨江道（图8-3）交汇处，眼前的这座建筑就是天津劝业场。劝业场凸显舒适、典雅、通透的随意购物空间，全场回环使售卖区与过渡区张弛相进。"南有上海大世界，北有天津八大天"，昔日繁华劝业场的八大天，今日又得以重现，为劝业场又增添了一道亮丽的风景。

图 8-3 滨江道

下面我们看到的是天津亨得利钟表店，该店是1920年由上海亨得利管理处派人来津创办的。该店字号取"万事亨通，大得其利"之意，在经营中突出高、精、全。1980年以后，亨得利扩大了营业面积和经营范围，经营种类从钟表、眼镜扩大到黄金珠宝等。

正兴德茶庄位于和平路303号。它始建于清乾隆三年（1738年），原名"正兴茶铺"，是天津有名的百年老店。正兴德茶庄由天津八大家之一的穆家（文英）创办，最初经销来自湖南、湖北的绿茶及安徽大叶茶，兼售鼻烟，后来研制出有自己特色的花茶。该茶庄使用"绿竹"作为商标的"绿竹"茶在海内外市场上均享有盛誉。茶庄厅内有洞庭碧螺、西湖龙井、黄山毛峰、武夷岩茶、云南普洱等百余种名茶，无论是从茶叶质量，还是从环境来讲，正兴德都不失为一个品茗休闲之所。

老美华鞋店，始创于1911年，是土生土长的津门老字号，1993年被国家商务部命名为"中华老字号"。近百年来，老美华鞋店以其精选的优良材质、精湛的手工技艺和独特的优质服务，赢得广大消费者特别是中老年朋友的信赖和赞誉。

我们眼前的这座老建筑，高47.47米，是二十世纪中期天津市最高的标志性建筑，它就是渤海大楼（和平路275-281号），如今是天津历史风貌建筑。它建成于1936年，由买办高星桥与清庆亲王载振合股兴建，由法商永和营造公司设计，大楼建成后由高星桥之子高渤海经营，并以其名字命名为"渤海大楼"。

在和平路上还有一座1923年建造的高级饭店，它就是国民饭店。1934年吉鸿昌将军在38号房间会晤李宗仁代表时被国民党特务刺伤被捕，不久在北平遇害。1936至1937年，中共天津市委秘密机关和联络站"知识书店"也曾经设在这里。

好了，今天的金街之旅的讲解就结束了，下面时间大家可以自由活动。

8.1.2 劝业场

各位游客,现在我们来到的就是天津知名的商场——劝业场。天津劝业场在漫长的经营岁月中,创出了许多独特的经营风格和特色,由于它坐落在天津两条最著名的商业步行街——和平路与滨江道的交汇处,所以天津人民把劝业场作为天津商业繁华中心的象征,并称之为"金街第一店"。

现在我们所处的的位置就是和平路与滨江道的交口,这也是"金街"的核心位置,四面分别是劝业场、浙江兴业银行、交通饭店以及惠中饭店。劝业场大楼位于天津市和平区和平路 290 号,是天津著名的老字号商场,为重点保护等级历史风貌建筑。天津劝业场于 1928 年建成开业,1931 年加建第六、七层作为戏院等娱乐设施。劝业场由法商永和工程公司建筑师慕乐设计,建筑形式为古典折中式,建筑面积 21000 平方米。"天津劝业场"匾为天津著名书法家华世奎所书,被国家定为中华历代名匾。劝业场老楼气势雄伟,壮丽挺拔,被国家列为近代优秀建筑。

图 8-4 劝业场外观

劝业场大楼(图 8-4)为框架结构五层楼房(局部七层),石材饰面。大楼外立面采用三段式构图原则,窗户形式多样且统一,建筑形式带有折中主义色彩。建筑主体五层,转角局部七层,钢筋混凝土框架结构,七层之上建有高耸的塔楼,由两层六角形的塔座、两层圆形塔身和穹隆式的塔顶所组成,上面装有旗杆、避雷针兼做装饰物。整栋建筑显得壮丽挺拔,在立面处理上,底层临街陈列窗上方是一圈钢筋混凝土大挑檐,在商场入口处,是大拱券,并与两侧大挑檐连接贯通,拱券顶部和前面都有精细的花纹装饰。阳台设计有凸有凹,凸阳台牛腿支承,凹阳台两侧配以廊柱,中部装以宝瓶栏杆。五层转角处有三开间的挑阳台,挑梁也为牛腿状,五层和七层皆为半圆拱窗券,有三连拱和二连拱之分,增加了立面装饰效果。

商场内部是中空回廊式,中间有一座过桥相连通,过桥两侧设置两部双向楼梯。场内四角分别设有四座楼梯和五部电梯,沟通垂直交通,靠北侧胡同内还有两座钢制太平楼梯,场内交通十分流畅。中空部分屋顶为阶梯形的钢筋混凝土平顶,四周向中间退缩,有三层天窗,以利自然采光和通风,四周部分屋顶为屋顶花园,即"天外天"游乐场。

劝业场的匾额(图 8-5)为清末高官、近代天津著名大书法家华世奎老先生所书，为劝业场建筑文化增添了画龙点睛之效。

图8-5　华世奎手书"天津劝业场"匾额

　　天津劝业场创始人高星桥（1881—1948），江苏南京人，铁匠出身，自幼聪颖好学。20世纪初曾任直隶井陉煤矿司磅员，深受该矿主管德国人汉纳根的赏识，后任该矿津保售煤处经理，连任十年，渐有积蓄。高星桥先在河东旺道庄盖平房千间，继在北门里办华昌金店，1920年又办起天津商场。随着天津商业重心的逐渐南移，高星桥经过一段时间的考察，选中了法租界21号的一片空地。高星桥独具慧眼，料定此处将来必大有发展，便以雄心和魄力，斥巨资十万四千两白银从英国先农公司手中买得了这块面积为五亩二分的地皮。购置地皮的合同签订之后，经法国工部局介绍，高星桥又花白银一万两聘请了"永和公司"的法国工程师阿布雷负责大楼的设计工作，另有一位上海工程师辅佐。按设计图纸初步估算，建此商场资金需百万大洋以上，以高星桥当时的财力，存在困难，经再三考虑，他决定成立股份公司集股兴建。高星桥辗转托人，费尽周折，说服了庆亲王载振成为劝业场的二股东，加入三股，即三十万元，载振给商场起名为"天津劝业场"，因"劝业"二字的含义顺应了当时社会提倡的"实业救国"潮流，高星桥对此名相当满意。

　　"劝业场"于1928年12月12日正式开业。当时进驻卖货的店铺多达300多家，开业之日火爆场面可谓盛况空前，上至中外官员，下至平民百姓，人人前往。据老一辈天津人讲，除了抗战胜利和天津解放，天津市最热闹的事莫过于"劝业场"开业了！

　　1931年至1939年是劝业场的鼎盛时期，但这种繁荣只维持了不到十年。日本侵略者发动侵华战争，华北大部分地区沦陷，天津沦陷后，由于战乱不堪，物价飞涨，经济萧条，人民的购买力急剧下降，使得商场内人员稀少，场内的不少店铺由于赚少赔多，纷纷撤出，劝业场开始衰落，此时的"劝业场"已经处于半停业的状态。这种局面直到1949年后才得到了改变，随着公私合营，政府出资对劝业场加以改造，和毗邻的天津商场合为一体，使得"劝业场"又重新焕发了勃勃生机。

　　1991年，历经风风雨雨的劝业场再度扩建，总面积达五万平方米，营业面积达3.43万平方米，成为天津市最大的集购物、娱乐、消闲、服务为一体的多功能高档次的新型商厦，并以其独有的特色和诚信的服务成为天津一张闪光的城市名片。

补充阅读　华世奎与"天津劝业场"匾额

图8-6　华世奎

华世奎(1863—1941)(图8-6),书法家,字启臣,号璧臣。汉族,天津"八大家"之一。祖籍江苏无锡,后迁避于天津。其书法走笔取颜字之骨,气魄雄伟,骨力开张,功力甚厚。书法作品小至蝇头小楷,大至径尺以上榜书,结构都很凝重舒放,晚年更加苍劲挺拔,居近代天津四大书法家之首。

华世奎最为世人所知的两幅经典之作都是牌匾,一是北京的"和平门",另一个就是"天津劝业场"。当年北京城城门匾额的书写,都由北京名家邵伯炯完成,但到了写"和平门"时,邵伯炯不在北京,无人敢应,于是人们邀请华世奎进京,写成后轰动北京。

"天津劝业场"的匾额至今还在,均是大字。华世奎题写"天津劝业场"时已是民国17年(1928年),那时华家早已不住东门里,自打宣统逊位,华世奎就在租界买下一幢构筑别致的小洋楼。求字当日,华世奎正在给弟子董凤桐讲授孙过庭的《书谱》,这时仆人徐升走上楼说:德商买办高星桥派人求写"劝业场"牌匾,并求见老爷一面,不知老爷见与不见。华世奎听了,略作沉吟,淡淡地说:"请!"时至今日,这声淡淡的请,依然特别刺耳,因为按照当时惯例,凡有登门求字者,皆与账房负责人谈妥价钱即可,华世奎从不接见求写匾额的客人。但因高星桥在天津势力非同一般,华世奎却也不得不破了这条规矩。功夫不大,高星桥派来的"使者"走进书房,来者简明扼要说明"劝业场"牌匾的尺寸大小后,遂叫人端来300块现洋,非常客气地说:"区区润笔,不成敬意,馈赠先生一茶耳。"华世奎淡然一笑,颔首将此事应允下来。不料事隔几日,华世奎刚把"劝业场"牌匾写好,那位"使者"便不期而至,他又送来200块现洋,面带难色地说:"因为一时疏忽,几乎贻误大事,烦劳华先生为'劝业场'再题'天津'二字。"华世奎听罢,心里很不痛快,于是吩咐仆人徐升,当即铺纸研墨,挥笔题写"天津"。如今,"天津劝业场"牌匾原件存放在该商场顶楼,已作为国家文物供人们欣赏。

8.1.3　百货大楼

百货大楼位于天津和平区和平路172号,商业街新华路与多伦道交口,其前身是天津中原股份有限公司,1949年改名为天津百货大楼,是华北地区第一家国营大型百货公司，亦是全国十大百货商店贸易联合会（简称"贸联会"）的发起人和最早成员。

百货大楼（图8-7）始建于1926年，1928年1月正式营业，由基泰工程公司工程师杨宽麟组织设计，经过考察香港、上海等地的百货公司建筑后设计而成。1928年落成后名为"中原公司"，取"逐鹿中原"之意。该建筑为钢筋混凝土框架结构，主体七层（含中二楼），在主体楼上又建有高达33米的塔楼。建筑通高达61.6米，大楼的塔尖高耸入云，站在塔楼顶可俯瞰原天津城，当时天津市区内绝大多数区域都可以看见大楼的塔顶。百货大楼建筑总面积为9164平方米，原一至四层为商场，五层为电影院，六层为娱乐场，七层是"七重天"舞厅和屋顶花园。大楼于1940年遭火灾，尖塔荡然无存，后以原框架为基础，建成了"现代折中主义式建筑"，也就是将西方古典建筑各种形式杂糅在一起。这次改造工程于1941年底完成，塔楼内设钢制旋转楼梯，直通塔顶。

图8-7　昔日百货大楼

1970年9月百货大楼又扩建新楼，大楼也从9164平方米增加到1.87万平方米，一跃成为了"全国十大百货商场"之一。1976年7月大地震塔楼被震毁，在塔楼部位建成了四面大钟。1993年至1994年在百货大楼后侧（今多伦道与新华路交口处）又建起了高达40层、建筑面积近6万平方米的天津市新百货大楼。1997年扩建的百货大楼新厦，其设计风格再次以"尖塔"为主题，把塔楼式造型发挥夸张为四座塔尖同高151米的哥特式塔群，再度成为天津当时最高的建筑之一，也是对当年设计师的一种致敬。

2000年百货大楼更名为天津百货大楼集团有限公司，经历一次重大的转型，定位于本地中档消费群体和外地消费者，在提高商品档次的同时，兼顾中高档时尚百货和大众化商品。由于信誉好，价格实惠，百货大楼成为人们购物的首选。但是经济的发展与行业的竞争，众多新商场如雨后春笋般出现，使得百货大楼在人们心中的地位逐渐被取代。2010年12月4日，烟台振华接手百货大楼，为百货大楼的发展又开启了崭新的篇章（图8-8）。

图8-8　今朝"振华百货"

8.1.4 其他

(1) 原老九章绸缎庄

原老九章绸缎庄大楼（图8-9）是清末原老九章绸缎庄在天津的营业地点，建于1883年，选址在天津日租界的旭街（今天津市和平区和平路47号），目前是天津市和平区文物保护单位和重点保护等级历史风貌建筑。

1883年孙廷珍始建此楼，后由"老九章"绸缎庄承租。老九章绸缎庄是天津著名的百年老店，清末由一位排行第九的章姓沪商，在天津开办绸缎庄，故以"老九章"命名。该楼东接兴安路，南临荣吉大街，西沿和平路，与老美华鞋店相对坐落在南市口，北临同庆后大胡同。建筑面积1930余平方米，砖混结构，建筑平面呈倒三角形，始建时为三层，后增建为四层。建筑外立面为混水墙面，并装饰有附壁柱。建筑主入口以柱子承托并位于转角处，上部设有二楼和三楼的阳台，建筑三层的檐口设有山花。建筑后来增建的部分依然设有附壁柱，建筑四层设有三连拱券窗，屋顶设有方形露台，是一座具有古典主义建筑特征的

图8-9 "老九章"绸缎庄局部

大楼。目前该建筑现状良好。

(2) 盛锡福

北京有句俗语是"身穿瑞蚨祥，头戴盛锡福，脚蹬内联升，腰缠四大恒。"这说的是中国四大百年老字号，其中盛锡福以帽业闻名海内外。盛锡福大楼（图8-10）原为天津老字号盛锡福公司的总部大楼。该建筑建于1929年，坐落于天津法租界的杜总领事路（Rue du Chaylard）（今和平区和平路273号）。1925年，盛锡福的创始人刘锡三买下当时天津法租界内的一幢两层楼作为盛锡

图8-10 盛锡福与渤海大楼

福总店。1927年，总店被火灾焚毁。1929年，由德国贝伦德工程公司设计并承建的新盛锡福大楼在原址上重新建起，大楼落成时曾是当时亚洲最高、最坚固的楼宇之一，数年后才被旁边的渤海大楼超越。盛锡福大楼为五层钢筋混凝土结构楼房，大楼外立面上刻有16个大字"自制四季各种帽品式样新颖美观耐用"。

盛锡福大楼作为盛锡福的生产基地和国内外市场网络的调度中心，设有总管理处、批发部、零售部、函售部、采购部、会计部、同人存款部和六个工厂，楼后还设有印刷厂和栈房。二十世纪二三十年代，盛锡福先后在南京、上海、北京、沈阳、青岛和武汉等地设立了多家分店。不少社会名流都成为盛锡福的座上客，一些政界要人更是纷纷给盛锡福题写匾额，如宋哲元题"明驰中外"，秦德纯题"冠冕群伦"，曹锟题"国货之光"，邹泉荪题"冠冕吾华"。吴佩孚题写的"盛锡福"匾额则一直挂到了现在。

（3）正兴德

正兴德茶庄由天津"八大家"之一的穆家开办，是一家比可口可乐历史还早100年的茶庄，原名正兴茶铺，到咸丰七年（1857年）改名为正兴德记茶叶铺。初办时其店址在北门外，只是一个小门脸儿，以买卖湖南、湖北素茶及安徽六安大叶茶为主，兼营鼻烟。

天津正兴德茶庄总店建于1915年，坐落在南开区东马路与北马路转角处，占地334平方米，建筑面积1100平方米，为砖混结构，圆弧形转角部位四层，上有一座高耸的钟楼，两翼三层。首层营业厅净高5米，后面有楼梯通往楼上，下面设有厕所，营业厅西侧有跨院。二层以上的房间是办公室，每间面积12～14平方米，布局紧凑。

正兴德经营有方，每年产茶季节，店方直接派人到产地收购并窨制，都是正路的高档货；中、低档货则购自本地内局而且用现金，批发给外地茶商，还可以赊销。通过这种办法使华北的茶客商和天津的内局无力与正兴德竞争，逐步发展成天津最大的茶叶店之后，正兴德控制了华北的茶叶市场。1953年正兴德大街（今和平路）303号开设正兴德第一支店，在官银号（北马路一号）开设正兴德第二支店外，还在宝坻开设有两处支店，北京一处支店，沧州、泊镇、福州各有一处支店，经营的红、绿、花茶有许多种，以东北、西北销路最广。

正兴德茶叶采用"绿竹"商标，图案中有绿竹、行云、流水，其意为"竹性坚节，中虚能容物，枝干曲不折；而行云之高洁，流水之不息，均系象征为国产始终服务之原则。"1928年"绿竹"茶在天津第一次国货展览会上获优等奖章；1934年参加美国芝加哥百年竞赛展览，受到当地人的欢迎。正兴德的经营方式是前店后厂，继承传统的经营方针。由经验丰富的老专业人员采买新茶，精心拼配，并把握好分装、销售等环节，实行老正兴德传统的生意经，突出老正兴德茶叶原有的色香味。

8.2 估衣街、劝业会场——近代中式商业中心

天津早期的商业中心布局呈蜻蜓形状，南北向的北门里大街似头部，北门外大街似身躯，河北大街似尾部；东西向的估衣街、锅店街、

侯家后大街、洋货街、竹竿巷、针市街是翅膀，很像一只蜻蜓展翅的样子。这样的分布与附近的地理位置、人口聚集程度有着很大的关系。天津城市是以三岔河口为基点发展起来的，而当时全天津20万居民有近一半生活在城里和东门外、北门外沿河地区，其中不乏官员、富户，自然适宜商业发展，因此形成了我们之前提到的蜻蜓形商业中心。

8.2.1 估衣街和谦祥益

（1）估衣街

图 8-11　估衣街旧照

天津估衣街（图 8-11）坐落在繁华的东北角和北大关之间，东起大胡同，西至北门外大街，与北马路平行，全长 710 米，宽 6 米，是一条有 600 余年历史的古老的商业街，最早的估衣街只有估衣铺，因而得名。估衣街形成的历史可追溯到 14 世纪的元代，当时这里叫"马头东街"，早于明代建城的天津卫，因此俗云"先有估衣街，后有天津卫"。到了清代中叶，估衣街繁荣兴旺。清光绪年间，除了估衣铺外，绸缎、棉布、皮货、瓷器各业商店也发展起来，20 世纪 30 年代初达到鼎盛时期，估衣街上的服装店，从面料到丝线、估衣、新衣、皮货、军衣，无所不有，成为华北地区绸缎、布匹、毛皮、服装、笔墨文具、中药材及日用小商品的集散地。一些老字号如谦祥益、瑞蚨祥、瑞生祥、元隆、老胡开文、老茂生等都集中在这条街上。估衣街也是个吃饭饮宴"高消费"的处所，曾有"估衣街里赵洪远，一饭寻常费万钱"的说法。天津饭店中的老"八大成"（八家字号中含"成"字的大饭庄，如"聚合成"），大部分在估衣街旧贾胡同或侯家后。再如天津最老的洋广杂货商店"范永和"及京都达仁堂、老皮货凉席店都在估衣街上。

20 世纪 20 年代以后，估衣街受战火破坏；1956 年后估衣街上的大部分商店被公私合营并被改做仓库、车间和住宅。1986 年，经天津

图 8-12　今天的估衣街

市政府修复，估衣街再现昔日历史风貌。130 多家敞开式大小店铺装上宫灯，亮起金字匾额和根联，挂起幌子和装饰物品，重装开业。街西口立起一座仿古牌坊，街东口新塑有 50 米长的"二龙戏珠"，与这条古街原有建筑浑然一体。2002 年按明清建筑风格恢复重建估衣街

(图 8-12),完工后街道长 380 米、宽 10 米,共有 60 余间古色古香的明清建筑组成,东口牌楼上安装了"估衣街"三个铜字,保留了一些老的商铺字号:如谦祥益、瑞蚨祥、山西会馆、青云栈等。2009 年再次对估衣街外部环境进行提升,同时还逐步调整街内的经营业态,充分挖掘估衣街商俗、婚俗、民间文艺和旅游资源,将其打造成集旅游、购物、娱乐、休闲为一体的天津特色民俗商贸街。

(2)谦祥益

估衣街上经营丝绸布匹生意的有八大祥,分别是谦祥益、瑞蚨祥、瑞生祥、瑞增祥、瑞林祥、益和祥、广盛祥、祥益号,其中,谦祥益的丝绸店建筑体量最大,也最具特色,经营活动最活跃,为当时八大祥之首。

谦祥益绸缎庄坐落于估衣街 12 号,是估衣街上唯一保留完整的古建筑,始建于 1906 年,1913 年完工,占地 2200 多平方米,建筑面积 4100 平方米。陈建疾设计并负责施工。该建筑设有叠梁式屋架,平面布局为四合院式,建筑风格中西合璧,三层三院、三进天井外廊式砖木结构,小青瓦顶,条石作碱,青砖砌墙,磨砖对缝,深灰色瓦当图案,古朴浑厚。建筑为坡屋顶,混水墙面,装饰附壁柱。拱券形主入口位于立面中央,其两侧墙面雕有巨幅浮雕仙鹤图。建筑体形变化丰富,细部纹样处理精致,是典型的中西合璧的建筑产物(图 8-13)。

该建筑坐北向南,分为东西两部分,营业厅大楼中部设有门,可与东西两部分建筑联系。其中具有中国传统商业建筑风格的西半部主要为营业厅和后楼。建筑门面饰有中西建筑中多种装饰物件,大楼门口立有爱奥尼式卷涡小立柱,上托似火焰式尖拱门洞。门两侧的立柱上挂着一幅高约 4 米的对联,上联是"万帆云集,九河泽卫,掬起百年商埠";下联为"隆业星盛,一水赴京,供给三朝古都"。另外,还设有宝瓶栏杆、铁花栏杆、砖雕、石刻等市井装饰。在营业厅内部二层设有一圈回廊,回廊的木栏杆、木柱、桂檐板、横绸子等有精细的雕刻,其中在垂花挂柱的柱上雕有精致的花篮,并贴金箔。二楼的中部空间设有 60 平方米大罩棚(图 8-14)。

图 8-13(左)谦祥益正门

图 8-14(右)谦祥益内部

大楼东半部沿纵向分为外廊串连在一起的三个院落，均为二层外廊式楼房。中院是东半部的中心，里面设有经理室、会议室等。此外，大楼两层外廊皆用水隔扇封闭，室内为两明一暗，用雕有精致的花饰的木隔扇作隔断，木隔扇的装饰和外室装饰保持一致。

外墙的上半部分为清水墙，以津地著名油砖刻为饰；下半部分采用精美繁复的铁花护栏。显示了租界的外来文化对天津本土文化的有力影响，也体现了作为主体的天津码头文化兼收并蓄的包容性。这两部分不谐调地"拼接"起来，恰恰显示外来文化突兀而入，与本土文化相冲突。该建筑内部保存非常完整，木质的檐板、楼梯、廊柱，一律雕镂精工，凸面贴金，古色古香，优美至极，而且毫无破损，保持原有的气质与风貌。有些局部细节，如门旁右上角阴刻石雕兰花，如墨笔写意，刀法精熟，线条舒畅，堪称艺术精品，保存十分完好。

谦祥益现已成为宣传天津曲艺瑰宝的茶楼，内部增加了马三立等曲艺名人的雕塑以及关于天津相声、曲艺发展的文字介绍，已经建成一座曲艺发展展览馆。

8.2.2　劝业会场

一谈到"劝业"，天津人就想到"劝业场"，其实早在劝业商场开业（1928年）的前25年，以"劝业"为内容、以接受西方先进技术为途径的实业救国运动，就在天津轰轰烈烈地展开了。"劝业"的"劝"同荀子"劝学"的"劝"，都是"勉励"的意思；所谓"劝业"，就是学习西方现代管理和技术，勉励促进实业发展，振兴中国。清光绪二十九年（1903年），以"振兴全省工艺"为宗旨，由周学熙任总办的直隶工艺总局在天津成立。总局下设劝业陈列所（初名考工厂）、实习工场、劝业铁工厂等企业。劝业陈列所是我国最早的商品展览会，其宗旨是"考察本国、外国产品，以激发工业家之观感"，具体工作是开放商品陈列室，举办劝工展览会，接受工艺咨询，组织工商演说，签订产品合同等。实习工场的宗旨是"培养工业，推广全省，俾国无游民，地无弃才"，为天津现代工业的振兴培养多工种的技术工人。劝业铁工厂由户部造币北分厂拨出部分厂房和机器组建而成，其宗旨是"创造机器开工艺先声，挽利权而便民用"，生产铸造、机械等产品。

1905年，劝业会场竣工开幕（图8-15）。劝业会场位于中山路中段东南侧，其创设初衷就是为劝业陈列所设置一个理想的场地。为吸引广大民众参观现代实业商品展销会，省政府在河北大经路（今中山路）附近选择宽敞空地，在思源庄旧址上扩建成一座现代公园。劝业会场分为三个部分，进前门两侧是平房店铺，为商务区；过街钟楼后是山水池阁，为公园区；公园后侧建有商品陈列馆、省立图书馆和咨询局大楼，是北洋实业运动发展的一座平台。同年10月7日至14日，成功地举办了首届劝业展览会，观众15万人次，交易额约3万元。1912年，劝业会场更名天津公园，后改称河北公园。1928年"北伐"战争胜利，为纪念孙中山先生更名为中山公园。今天的中山公园只是当年劝业会场的三分之一。1927年，高星桥在法租界筹建天津劝业场时，法租界希望命名为法国商场。高星桥顶住压力，最终采纳了股东清皇室庆王载振的建议，命名为"劝业场"，并请津门大书法家华世奎题写的匾额。1928年，天津劝业场隆重开业，后发展为海内外驰名的大型商场，长盛不衰，如日中天；而早于它25年开业的"劝业会场"，却如尘封古物湮没无闻了。

现在原劝业会场仅保留了中山公园部分，前半部分改造为中山美食街。2011年中山美食街作为河北区中山路商业街提升改造工作的重点工程，重新铺设道路、统一安装牌匾、建立劝业会场牌楼、完善环境设施及餐饮商业设施全面改造升级，中山美食街已恢复百年老街历史风貌，开街运营（图8-16）。

图8-15（左）劝业会场旧照

图8-16（右）劝业会场今朝

 补充阅读　"劝业会场"与"天津美术馆"

1920年冬北京中国画学研究会在会场的商业会议厅举办"中国南北方重要画家大展"，徐世昌、金北楼、陈师曾、齐白石、吴昌硕、任伯年等书画大家均有力作展出。同时还有日本渡边晨亩、山田敬中、胜田焦琴、荒木十亩等南画精品展出。京津政要名流及徐世昌、金北楼、陈师曾、周肇祥等画家光临现场，观众如潮，盛极一时。民国十八年（1929年），天津市长崔文征决定在劝业会场原博物馆旧址，破土创建中国首家市立美术馆，特别委派严范孙之子严智开赴日本考察并做筹备工作。转年10月25日天津美术馆正式开业。直属天津市教育局管辖，严智开为首任馆长。下设秘书和总务、鉴定、展览等三股主任，分设国画传习社、西画研究所、工艺美术研究会、美术教员修进会、摄影研究会、篆刻研究会、邮票研究会、图案研究班、建筑研究班、雕刻研究班等。

国画传习社"实习主科"有山水、花卉、人物、翎毛 4 种。"理论副科"有金石、美术史、透视学、考古 4 种。从 1939 年 9 月美术馆人员名录得知,首任秘书为刘子久。馆员有李俶扬、李仲常、李济才、陈季庄等人。导师有王雪民、陈艺茹、陈少梅等人,刘子久于 1930 年从北京中国画研究会回津协助严智开。天津美术馆的国画传习社成立伊始,便与湖社画会骨肉相连,北京湖社惠孝同首任国画传习社社长,后因时局动变使惠孝同难能兼顾,传习社遂改为研究班,刘子久被公推为负责人。另外天津美术馆开馆不久,严智开调往北京任国立美术学校(今中央美院)教务长、教授,刘子久被委任为天津美术馆馆长之职。子久先生德艺双馨,桃李满园,入馆弟子有王颂余、孙克纲、严六符、刘继卣、左月丹等人。

天津美术馆十年间办展 75 次,参观人数达 415431 人。市里每月为美术馆提供经费一千元。美术作品收藏达 3614 件,美术类图书计有 2274 册。1932 年编辑《美术丛书》,共出三期。美术馆有楼房 10 间、瓦房 15 间。其中 8 间北房为长期陈列室。为加强京津美术界联系,1930 年 8 月天津美术馆在北平东城灯市口 84 号院设立了办事处。

8.3 餐饮住宿在天津

随着天津开埠的日益加深,越来越多的外国人涌入天津,他们不仅带来了先进的技术,也带来了西方的管理理念,为天津各项事业的发展起到了推动作用。这一点也体现在酒店行业。早期的中国并没有酒店这种形式的西式饭店,从驿站到客栈再到旅馆,都是规模较小的住宿场所,而西式酒店往往规模大、装饰华丽、设备豪华舒适、服务讲究规范化、标准化。随着时代的发展,天津也逐步建立起了一批设施齐全、服务周到的西式饭店,成为天津一道亮丽的风景线。

8.3.1 利顺德饭店

随着天津的开埠,天津酒店业得到了迅速的发展,而酒店业的翘楚应当首推利顺德大饭店。利顺德大饭店成立于 1863 年,由英国牧师殷德森建造,坐落于天津市和平区解放北路 199 号,是中国北方近代首家外商开办的大饭店,也是我国最早的涉外饭店。"利、顺、德"三个汉字源于孟子"利顺以德"的教谕,亦与饭店创始人、英国传教士中文名字"殷森德"谐音。许多政要名流都曾寓居于此或在此下榻,如孙中山、李鸿章、周恩来、宋教仁、黄兴、溥仪、蔡锷、袁世凯、段祺瑞、梁启超、张学良及赵四女士和梅兰芳等。美国前总统胡佛、十世班禅喇嘛、英国国王爱德华八世、英国苏丹总督查理·乔治·戈登、喜剧大师卓别林等数百位世界名人也曾入住在这里。饭店内专门辟有展览厅展示居住名人的照片、留字等,更有一些房间具有珍贵的历史纪念意义,如:孙中山曾居住在 208 房间,目前为"总统套房";梅兰芳曾居住在 332 房间,现为"兰芳套房";美国第三十一届总统胡佛曾在 309 房间居住长达五年之久;1954 年十世班禅大师和十四世达赖喇嘛及众高僧曾在 423 房间讲经说法等。从 1863 年至 19 世纪末,天津利顺德大饭店一直是天津所有外交活动的完美场地,随后酒店被提名为中国第一家外交公寓之一。利顺德饭店现为天津市特殊保护等级历史风貌建筑。

1863 年春天,英国传教士殷森德用传教得来的 600 两纹银,购买了英租界的维多利亚道与咪哆士道交口处的一块土地,建造了一所接纳英国侨民的旅馆。由于当时维多利亚道还未建成,因而这家旅馆的入口设在靠海河一面(今台儿庄路),这是一座简易英式平房,后面是铁板棚子,作为货栈洋行,十分简陋,人称"泥屋"、"老屋",这就是利顺德饭店的雏形。

1924 年,利顺德进行扩建(图 8-17),新厦拔地而起,转变为设有可观赏西侧美丽公园的阳台和塔楼的三级建筑结构。此时的酒店占地 3200 平方米,建筑面积约 6200 平方米,为主楼三层的砖木结构,沿街布置,并有平、坡屋顶。突出于主楼之外的半地下室,形成整个建筑物的基座和首层的凉台。二层和三层均有通长外廊,砖砌檐口饰以多种线脚。主楼转角部位,有古城堡式的瞭望塔楼。整个建筑立面造型轻快、活泼,西临维多利亚花园,东靠海河,环境优美,具有西欧田园建筑风貌。各层为内廊式布局,主入口在泰安道一侧。酒店首层设门厅、餐厅、备厅室、厨房、台球室、卫生间等,并有单间客房 5 间。二层和三层各有公寓 2 套,单间客房 17 套,每套公寓均设有卧室、客厅、图书室、餐厅、备餐厅、厨房、卫生间和凉台,单间客房中少数房间带独用卫生间,其余为共用卫生间。半地下室为水泵、锅炉、动力设备、冷库、贮藏以及服务人员用房。楼内设三座楼梯,此外,还有三个外跨式安全疏散楼梯。塔楼内设小楼梯,直至五层。

图 8-17 百年利顺德旧貌

1929年，为适应营业需要，酒店拆除了北侧的部分主楼，建起了约2500平方米的四层砖混结构的大楼。整个平面为"E"形。在"E"形的凹处又扩建了430平方米的舞厅和150平方米的餐厅。原楼内部也进行了改造，增设了大厅、服务台、酒吧等。扩建大楼后新增客房40套，带独用卫生间，还安装了电梯一部。经过改造，酒店的室内装饰更加华丽。舞厅内为条木地板，顶棚有石膏花饰，有圆券窗，窗间墙用中国山水壁画和西洋矩形及椭圆形镜框相间装饰，窗券口以上和坎墙部位等大面积墙面均饰以垂花、壁龛、波浪花纹等雕饰。饭店的主入口也改在了解放北路一侧，为不影响行人交通，采用双跑扇形退缩式台阶，上设半圆形雨棚，还增设了转门。扩建的新楼沿街立项，以花岗石为饰面，采用了非规范化的西洋古典壁柱式，与原建筑立面不甚协调。1949年后，经多次修缮、加固、改造，尤其是1984年，饭店东侧又建起了钢筋混凝土框架结构的大楼。

2009年1月1日，利顺德大饭店停业按照初建时原貌进行整修，并与喜达屋酒店及度假酒店国际集团旗下的豪华精选（The Luxury Collection）品牌进行合作。2010年全面修缮完毕，面貌焕然一新（图8-18）。

今天的利顺德大饭店专门开辟了1000余平方米的酒店博物馆，讲述酒店的历史，内藏著名客人的珍贵画像和文献史料。利顺德博物馆设在酒店的地下一层，进入博物馆首先映入眼帘的就是一部有着88岁高龄的老电梯（图8-19）。老电梯由美国奥的斯电梯公司于1924年安装，是一部手柄开关式电梯，长约2米，宽1米，高2.5米，梯箱外侧设置了两道栅栏门，井道由金属网半封闭构建，梯箱为木质结构，顶部有灯，三面均有镜子。栅栏门外侧有一个红色按钮，为"叫梯"按钮。梯内左侧下方有控制开关，上面清晰的标注着电灯、慢行、信号、电源开关，其中引人注目的是一把手柄，该手柄分为三挡，向左搬动为上行，右侧搬动是下行，中间是停止。老电梯不仅是博物馆的陈列品，并且依然能够行使运行的责任，让每一位到此参观的游客都啧啧称奇。

图8-18（左）今天的利顺德

图8-19（右）利顺德的老电梯

走进博物馆（图8-20），宾客可借由搜罗自全球各地的历史明信片，回顾酒店的昔日风采。而多幅早期的别墅、维多利亚公园、英国俱乐部、乡村俱乐部、跑马场及首份报纸《京津泰晤士报》的珍贵照片，完整地向宾客讲述了天津市如何成立九个租界区的历史，仿佛是现代中国历史的一段缩影。酒店始创人的大量历史文件、相片及私人物品，如手杖、勋章及莎士比亚全集，均充分展现了其崇高的社会地位，还有其与中国达官贵族所保持的微妙而密切的关系，于政治、商业、外交和军事领域扮演着重要角色。

图 8-20　利顺德内部

众多展品中，一把刻有酒店标志的银钥匙格外引人关注，其历史可追溯至1925年。这把银钥匙是当年W. O'Hara女士于酒店完成翻新工程后主持开幕仪式后，获赠作为交换留念物品，近期由其孙儿捐出供博物馆收藏展示。此外，还可以看到中国最早使用的电灯、电话、电梯和数字统计机，以及慈禧赐予饭店早期股东的一品顶戴花翎，溥仪欣赏音乐的留声机，宋庆龄弹奏过的钢琴，藏传佛教的稀世金佛，意大利文艺复兴时期的雕花长椅等丰富文物。目前，利顺德博物馆每天开放，供酒店住客免费参观。

8.3.2　国民饭店

国民饭店（图8-21）位于中心公园附近的和平路上，建于1923年，是天津市老牌饭店中唯一可以进出汽车的庭院式饭店。饭店东临和平路，南沿赤峰道，西接辽宁路，北靠哈尔滨道，地处繁华闹市，但进入庭院就别有一番静谧雅致。该饭店由美国美丰洋行买办李正卿出资，瑞士乐利工程司设计，于1923年建造，是经营餐旅业的高级饭店，也是当时上流社会人员留宿和聚会的场所。

饭店入口门楼独具特色，为塔司干柱式的古典门楼。门楼的券顶饰有放射形凹槽分块，上面镶嵌着雕刻精美的锁石。门楼的挑檐的盾饰与院内的主楼的盾饰前后呼应，使总体建筑和谐统一。

国民饭店为庭院式饭店，占地5188余平方米，建筑面积6675余平方米。主楼坐北朝南，前有宽阔的院落。院内有假山、喷泉池和两座半球形盔顶凉亭。

走进庭院，迎面看到的是饭店主楼（图8-22），建筑为三层砖木结构，钢筋混凝土内框架结构，钢筋混凝土小肋空心砖楼板，钢筋混凝土楼顶板。该主楼原设计为四层，实建三层。我们看主楼外立面，它的特点就是整个立面的处理明显受古典建筑形式的影响进行对称设计，采用纵横三段式。横向古典式分段，即底层按基座处理，装饰以横向线脚，拱券窗的墙面凹槽做大块分格；二、三层为中段，以方形倚墙列柱控制，上下窗户之间饰以窗眉山花；三层之上为顶部，为大挑檐。纵向分段立面的中间部分是往里凹进的，主楼正门居于底层的正中。顶部的在回形断山花的中间嵌入盾饰，与塔司干门楼的盾饰呼应。大楼的底层平面基本上是直角梯形，大楼内设两个采光天井。底层设有门厅、大厅、客房、会客室、中西式厨房和大小餐厅、公厕、卫生间等；二、三层设有"日"字形内廊通道，房间均沿内廊布置，每层有客房 49 间，其中包括带卫生间的单间或双间高级客房，还设有会议室、会客厅以及公厕浴室等。

图 8-21（左）国民饭店

图 8-22（右）国民饭店主楼

国民饭店曾作为中国共产党的地下组织开展秘密地下活动的场所。1926 年 2 月 9 日，出席中华全国铁路总工会第三次大会的 58 名代表在该饭店二楼举行会议，大会通过了《中华全国铁路总工会报告决议案》等 28 项决议草案。1933 年爱国将领吉鸿昌将军到天津成立"反法西斯大同盟"，联络站就设于饭店的 38 号房间。1934 年 11 月 9 日抗日爱国将领吉鸿昌在饭店第 38 号房间会晤李宗仁代表时被国民党特务刺伤被捕，不久在北平遇害。1936 年至 1937 年期间，中共天津市委秘密机关和联络站"知识书店"也曾设在这里，吴砚农、叶笃庄、林枫等曾在此从事革命工作。2010 年 4 月，国民速 8 酒店在天津国民饭店原址开业。

 补充阅读　爱国将领吉鸿昌国民饭店遇刺案

1934 年 11 月 9 日上午，吉鸿昌在国民饭店 38 号房间里与任应岐、李干三及李宗仁派来的代表刘少南，边打牌边谈论反蒋抗日之事。

军统天津站站长陈恭澍亲自来到国民饭店后门，在汽车里指挥刺杀行动。王文及吕一民、吕问友、杨华庭先租下 38 号房间斜对面的 45 号房间。为搞清吉鸿昌的位置，杨华庭弄来一个小皮球，在楼道里佯做游戏。临近中午时分，饭店茶役小吴给吉鸿昌等送水，杨华庭瞅准小吴进屋空当，将皮球扔进房间，并借找球之名进房侦察。

在房间佯装打牌时,吉的座位靠近暖水汀(暖气),于是他脱去袍子,只穿白褂。杨华庭退出屋后,在房门上画了一个白"十"字,标示吉鸿昌的位置。准备就绪后,突然 38 号房门大开,吕一民、吕问友向屋内开枪。恰巧打牌换庄,刘少南坐到了吉鸿昌的位置,因暖水汀太热,刘也脱去袍子只穿白褂。吕一民、吕问友对准杨华庭报告的位置开枪,刘少南当即身亡。跳弹伤及吉的右肩和任的脚面。此时吉扑上去踢掉二吕手枪,两人见势不妙,与王文等一起逃走。

因经常多给小费,茶房小吴对吉鸿昌印象极好。这时楼下正门已被法国工部局巡捕封锁。小吴一边拿毛巾给吉敷伤口,一边告诉吉厕所里有个保险梯,可直通楼下惠中里逃走。吉鸿昌说:"这里死了人,我不能走!"法国巡捕闻听枪声,遂冲上楼来将吉鸿昌逮捕。吉先被送进法国教堂医院(今天津妇产科医院)处理伤口,之后与任应岐、李干三一同被拘押于法国工部局巡捕房监狱(今解放北路 36 号市计量检定所院)。

11 月 24 日 11 时许,吉鸿昌被蒋介石密令枪决。行刑前,吉鸿昌写下绝笔之作:"恨不抗日死,留作今日羞。国破尚如此,我何惜此头!"

8.3.3 惠中饭店

天津惠中饭店大楼坐落于天津法租界杜总领事路(今和平路)与福煕将军路(滨江道)十字路口(今和平区和平路 292 号),与天津劝业场大楼和浙江兴业银行大楼相对,饭店名称取"秀外惠中"之含意,由于建筑高大,在当时也有"空中饭店"之称。该建筑目前为重点保护等级历史风貌建筑。

惠中饭店(图 8-23)兴建于 1930 年,由上海华中营造公司驻津工程部设计,天祥股东李魁元和周振东、康振甫等人合资兴建。1931 年开业,当时店内有客房 100 多间,设中餐、西餐部及舞厅、露天电影院等,成为当时天津著名的饭店之一。饭店建筑面积为 11940 平方米,为五层钢混内框架及砖混结构建筑,局部为六层,中部六层以上设有三层塔楼,大楼平面布局为三角形,为一座典型的折中主义建筑。大楼外立面底层为基础,其中,台阶、立柱、墙面都镶有大理石,大面积玻璃橱窗、木玻璃自由门。底层与二层之间有横向贯通的线脚。二层至四层部分设有附墙刷石壁柱,大部分墙面也做仿花岗石刷石处理,木玻璃门窗,红砖清水窗套。三层转角部位采用通挑阳台,其余为独立阳台,并采用方铁花

图 8-23 惠中饭店

饰栏杆、木扶手。四层与五层之间设腰檐一道。五层和六层顶部设有带女儿墙的大檐子。六层门口采用弧旋脸，并嵌有龙门石。七层为塔楼部分，门两侧为双壁柱，左右增设独立柱，柱间下部均设透孔花饰铁栏杆。八层门口加大，壁柱两边设望柱和水刷石大花盆。九层四面有外挑小阳台，顶部有挑檐，上面是带长条块装饰图案的鼓座和钢筋混凝土盔顶式塔帽。

惠中饭店的100多间客房分优、良、特、福、禄、寿、喜、财八个等级，为当时租界不同层次人物的娱乐与休闲而设置。此外，惠中饭店还设有中餐、西餐部、舞厅、露天影院、露天球场等娱乐设施，当时的一些军阀政客、工商业人士、官僚买办、富商、社会白领等出入于此。此外，饭店接待对象多为妓女与交际花之类，流动旅客较少。20世纪20—30年代，天津法租界最繁华的核心区就是这一带。当时，从小在天津意租界长大的曹禺到惠中饭店和朋友们谈戏聊天，有时偶尔也住在这里。他在这里看到了像陈白露那样的交际花和像潘月亭那样的富商，这些都激发出曹禺的创作灵感，因此便把他熟悉的惠中饭店当成了《日出》发生地的原型。《日出》的电影、电视作品也基本都在天津惠中饭店取景摄制。

8.3.4 裕中饭店

图8-24 裕中饭店

裕中饭店原名"帝国饭店"，建于1922年，坐落于天津法租界的主要街道大法国路（今解放北路2号），作为天津租界时代留存下来的重要建筑之一，该建筑目前是一般保护等级历史风貌建筑。裕中饭店大楼是一座具有现代主义风格的酒店式建筑，现址为帝豪大酒店（图8-24）。

裕中饭店由英商同和工程公司爱迪克生和达拉斯设计，有150个房间，占地1924平方米，总建筑面积5026平方米。建筑的正立面采用略有变化的对称手法。首层大面积墙面设拱券形窗，二、三层设双窗，富于韵律感。建筑两侧立面凸出，顶部中央设有断檐折叠式拱形山花和三角形山花。主入口处设有塔司干式圆柱和牛腿承托拱形雨厦，大理石台阶。门厅地面铺以绿色马赛克，牙黄色方砖墙裙。穿过走廊为正门大厅，大厅与走廊交界处有连列券柱式拱廊三跨，由四根塔司干式圆柱支撑。大厅左前方有宽敞的木楼梯通往二层，楼梯端部有柱灯。门厅与大厅之间横穿一条长走廊，方壁柱拱券式长廊，拱券之间顶棚及各房间都有周边花饰。主要房间有护墙板和壁炉。正门右翼为两间展览厅，墙身有附墙古典壁柱，井字梁式顶棚，硬木人字地板。建筑整体宽敞明亮，内部装饰华丽。

建筑平面原为长条形，各层的平面布局为地下室、档案室、服务员居室、厨房、储藏室、司炉室、锅炉房、存煤室等。首层有营业厅、主任室阅览室、衣帽间、休息室、理发室、小卖部，一般客房和带卫生间的高级客房。二层和三层多以客房为主，大部分是带卫生间的高级客房。各层均为木龙骨地板，龙骨间填有炉灰锯末隔音层、吊顶棚。

8.3.5 泰莱饭店

泰莱饭店（图 8-25）位于今解放路与彰德道（原英租界维多利亚道与博目哩道）交口处，现为解放北路 158 号。总体建筑分两期建成。始建于 1928—1929 年（第一期工程），即解放路 194—198 号及彰德道 4—8 号。1936 年扩建第二期工程六层楼房部分在今解放路 188—192 号。饭店由英籍印度人泰莱悌（S.B. TALATI）与英国商人莱德劳（LAIDEAW）共同出资兴建，以主要出资人名字命名。原楼下三层为餐厅和旅店部，四层以上为公寓式客房，是当时天津高级涉外饭店之一。

图 8-25　泰莱饭店

该楼东沿解放北路，南抵彰德道，西临大沽路，北临泰安道，占地面积 1800 余平方米，总建筑面积达 7000 余平方米，总高度 26.65 米，由比利时义品公司设计。大楼沿街呈"L"形，钢混结构，局部六层。该建筑平面近似矩形，五层楼房部分竖向分三段。立面首层为通廊式雨厦，下面是玻璃窗；二至四层为大面积黄褐色麻面砖和水刷石方壁柱相间装饰；外檐的五楼建有外挑通长阳台，上设透空花格式女儿墙，转角的三至四层加设了独立的外挑阳台，外挑阳台栏杆和局部的女儿墙饰以方钢透空花格。

主入口设在转角处，主楼内设天井，便于采光。首层东面和南面设门厅和大厅，各设有电梯一部，电梯的三面为三跑式楼梯，直通各层。此外，在西山墙和北檐墙各设有铁楼梯，以备安全疏散之用。首层设商业用房 24 间，三进四开大型餐厅 1 个；二层设写字间 8 套，带卫生间客房 6 套；三层至六层均有公寓、单间客房、双间客房。每套公寓均设有方厅、会客厅、餐室、厨房、卫生间，少数公寓带有备餐室和佣人住房。大楼内部设施完善，旅店功能齐全，整座大楼体现了融入西欧古典主义建筑思潮的现代建筑风格，该建筑目前保存状况良好。

1941 年 12 月太平洋战争爆发后，该饭店被日军接管，改名为"新天津饭店"，1945 年 8 月后恢复原名。新中国成立后，泰莱饭店改为天津第一饭店，直到今天仍保留着拉门式的旧电梯。住过这里的人们普遍评价：饭店里的房间很大很高，卫生间也很大。尽管已经有些旧，但是可以住进历史里面感受时光流淌，这也是一种独特的体验。

8.3.6 交通饭店

图 8-26 交通饭店

天津交通饭店（图 8-26）原称交通旅馆，建于 1928 年。坐落于天津法租界杜总领事路（今和平路）与福煕将军路（滨江道）十字路口（今和平区和平路 239—243 号），与劝业场大楼、惠中饭店大楼和浙江兴业银行大楼隔街相对，目前是天津市和平区文物保护单位和重点保护等级历史风貌建筑，现为圣奥商厦。

天津交通饭店大楼由高星桥和清庆亲王载振等人投资，法国建筑师穆勒设计。当时因所处地段位于天津法租界的商业区，交通便利，便取"交通"二字命名该建筑物。1939 年由高星桥之子高渤海独资经营，当时有工人 79 人，客房 81 间，床位 200 余张，设有中、西餐厅，接待的主要对象是商人、歌女及演员等。

天津交通饭店大楼由法商永和工程司设计，占地 1520 平方米，建筑面积 8200 余平方米，是一座五层砖混结构法式大楼，局部为六层，平屋顶，楼顶西南角建有碉楼。

大楼主立面全部混水，底层作楼基座处理，基座同二层之间有外凸的横向线脚。二至五层，外檐采用不到顶的疏密相间的附墙壁柱，同五层的大券门和小券窗巧妙的组成大小结合的连列式柱券。五层券门下面有钢筋混凝土托盘式阳台，镂空铁花饰栏杆，强调了建筑上部的韵律感。五层顶部沿街是贯通的大挑檐，随转角而呈曲线，檐下饰以植物叶片花饰。顶部碉楼平面为八角形，大挑檐，宝顶结束。

大楼平面是一大直角形同一小矩形的组合。中间是扁长的八角形院子。一、二层为旅馆、浴池及商业店铺，二至五层，设有环形过道，客房沿过道两侧布置，每层有客房 31 间，其中带卫生间的高级客房 9 间；三至五层靠楼梯的大房间是当时"天当"的营业房和库房。大楼底层，除商业铺面房之外，共有三个入口：和平路与滨江道转角部位为旅馆正门，内凹八字门厅的前面是多角形的过街门廊，走进门厅是六角形大厅，正面是合分式立楼梯，其两侧各设电梯一部，直通顶层；在大楼西南角沿和平路一侧设有便门，作旅馆后门使用，设有三跑式楼梯，通往顶层；大楼沿滨江道一侧的东半部，设有方铁花格透孔双扇铁门，过街楼通道，并有通往二层的楼梯。饭店室内装饰不同部位根据各自的需要，极力显示其商店的富丽豪华，以吸引顾客，在当时可谓十分新潮时髦。

8.3.7 起士林

起士林西餐厅创建于 1908 年（光绪三十四年），最早建在法租界的大法国路与葛公使路（今解放北路与滨江道）附近，后迁往德租界威廉街（今北京影院对面），现址在和平区浙江路上。

"起士林"是天津最早的西餐馆。1900 年八国联军侵占天津以后，相传有一个随着德国侵略军来津的德国厨师，名叫阿尔伯特·起士林，以制作面包、糖果著称。参军前，他是德皇威廉二世的御用厨师，据说 1896 年李鸿章访问德国时，还亲手为李鸿章做过西餐。

不过，起士林的名字为天津人所知还与袁世凯有很大的关系。袁世凯督直后，为了与各国驻津外交官搞好关系，经常在天津举行酒会。中餐吃过几轮后，袁世凯想到了请洋人吃西餐，于是阿尔伯特·起士林应袁的邀请出山。他在各国菜系中精选了法、德、俄等国的几个拿手菜，冷菜、热菜互相补充口味，又精心调配了开胃的红菜汤，把袁世凯和各位政要吃得津津乐道。兴致之余，袁世凯想见一见为他做菜的洋厨师，一来表示对他菜品的满意，二来让在座的洋人看一看袁总督待人接物的礼数。阿尔伯特·起士林不愧为御用厨师，不但菜品做得好，而且礼仪掌握得很有分寸，再加上他在中国这几年学的比较流利的汉语，让袁世凯非常高兴，于是袁世凯让人拿出 100 两银子赏给他。受宠若惊的阿尔伯特没有顾上自己还穿着厨师的衣服，双脚一碰，抬手向袁世凯行了一个军礼表示感谢，标准的军姿和不和谐的服装形成了十分滑稽的反差，逗得在场人一阵大笑。转天，这件事就在天津城流传开了，一时间，对于起士林做饭的技术越传越神，许多天津有钱人都恨不得也亲口尝尝西餐是个什么味。

1901 年 9 月 17 日在法租界中街（今天津解放北路与哈尔滨道交口附近）"起士林西餐馆"开业了，这是一间约有 100 平方米的西式餐厅。随着餐厅的正式开张纳客，西餐走进了天津的餐饮世界。餐厅楼顶上还附设屋顶花园，每逢夏日，华灯初上繁星满天，屋顶花园上乐曲婉转游人如织（图 8-27）。

图 8-27　起士林旧照

1940 年，起士林原店被法国人捣毁，起士林遂迁至当时的德租界威廉街，即今天津解放南路北京电影院对面，新建起四层的餐厅主楼，门厅设在转角处，一层为落地式大玻璃窗，大厅内设有一、二层共享空间，整体布置豪华讲究，为当年天津最大、最早的西餐厅。

图 8-28 今天的起士林大饭店

2001 年起士林迎来了它的百年庆典，经过改造装修，一栋建筑面积 6600 平方米的白色欧式建筑，以其独特的异国文化氛围，矗立在和平区浙江路上。环境幽雅的西餐厅、典雅的贵宾宴会厅、铜琴、美食和自酿啤酒正以崭新的面貌迎接八方宾客（图 8-28）。

1981 年起士林餐厅将"起士林"三个字进行商标注册，使起士林在国际、国内的生产经营受到法律的保护。起士林利用名牌效应，以独特的经营品种闻名遐迩。目前，该店经营以德式为主，俄、英、法、意五国西式大菜、大众化西式快餐及西点、冷热饮、糖果、面包、饼干、咖啡等共计七大系列一千余个品种，是集餐饮、食品加工、销售为一体的综合性企业。其代表菜有"蔬菜烤目鱼"、"奶油芝士烤鱼"、"罐焖牛肉"、"黄油蛋糕"等，口味正宗，特点鲜明。

 补充阅读　打法兵，起士林被迫搬家

生意兴隆的起士林西餐厅为何在 1940 年毅然搬家呢？这是阿尔伯特与法国士兵的一场冲突造成的结果。起士林西餐馆靠近法国公议局（今天津文物局大楼），法国食客较多，其中不少是法国公议局官员。一天，两名衣着不整的法国士兵进了餐厅。西餐厅最讲究的是温文尔雅、仪态端庄，看到两个法国兵的样子，菲蒂赶忙前去劝阻。没想到，法国兵不但不听，而且对菲蒂和餐厅大加指责和羞辱。一向正直的阿尔伯特气得与法国兵打了起来，导致了所有吃饭的法国人对起士林的群殴。最后，法租界官员勒令起士林在三天内将餐馆迁出法租界，否则把他们强行赶出去。无奈之下，阿尔伯特只好到德租界中街的光陆电影院（今天津北京电影院）对面，重新选址开店，但这次的店铺面积增加到 500 平方米，并起名为"起士林餐厅"，成为当年天津最大、最早的西餐厅。

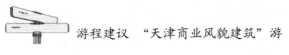 游程建议 "天津商业风貌建筑"游

日期	行程	用餐	住宿
D1	早天津市内约定地点集合发车赴和平区"金街"商业街，实地参观劝业场、百货大楼、惠中饭店、交通饭店，车游国民饭店、渤海大楼，于金街用中餐；发车赴解放北路，参观津湾广场、金融博物馆，感受北方金融中心的魅力。实地游览解放北路金融街，沿途观赏洋行、外资银行、大清邮政局等，实地游览利顺德饭店，欣赏海河风光。下午四点结束游览返程。	○●○	

服务包含项目：

　　交通：空调旅游车　　　导游：地方优秀陪同导游　　　用餐：中餐
　　景点门票：行程所列景点门票　　保险：旅行社责任保险、人身意外伤害保险

 思考题

1．劝业场的建筑特色及"天津劝业场"匾额的由来。
2．谦祥益的内部建筑特点及保护情况。
3．利顺德饭店的建筑特色及现在的保护开发情况。

第9章 文化娱乐建筑

> **本章学习目标**
>
> **知识目标：**
> 1. 了解近代天津文化建筑、娱乐建筑的分布情况；
> 2. 熟悉不同类型文化娱乐建筑的建筑特征和维护情况；
> 3. 掌握重点文化娱乐建筑如南开大学、南开中学、广东会馆、回力球场、各国俱乐部等建筑特色、社会地位等。
>
> **能力目标：**
> 1. 能够实地为游客介绍天津著名的文化娱乐建筑；
> 2. 能够结合近代天津文化娱乐建筑，编排旅游线路行程。

本章概要

本章历史风貌建筑游览主题是文化娱乐建筑。天津的文化可谓中西合璧，既有传统的儒家教育，更有随着1860年天津开埠之后，传入的西方现代教育思想，使得天津不仅成为了北方的重要的通商口岸，更成为了中国近现代教育的发祥之地，中国的第一所大学就是在天津成立的。随着西方文化思想的渗透，一大批富有西方建筑特色的文化娱乐建筑在天津的土地上拔地而起，包括南开学校、天津大学的前身北洋大学堂等在内的文化教育建筑，搭配以光明电影院、回力球场、各国俱乐部为首的娱乐建筑，使得天津的文化娱乐空前的繁荣。

这些文化娱乐建筑既有钢混结构摩登式建筑、英国田园风格建筑，也有简化古典主义建筑、现代主义法式建筑、巴洛克式建筑。每一栋建筑都述说着一段历史，都展现着天津作为一个文化大融合时代产物的独特魅力。

为了全面介绍文化娱乐建筑的相关知识，本章中出现部分建筑不在已经认定的《天津历史风貌建筑明细》中，同时，一些建筑改造时天津历史风貌建筑的法定名词尚未出现，相关案例选取的是有特色的历史性建筑。

本章南开学校、北洋大学堂、广东会馆为精讲导游词。

9.1 文化建筑

天津的文化历史悠久，可以追溯到建卫初期，随着历史的发展，天津作为中国北方重要的城市始终承载着中国文化教育的重担。随着天津开埠的脚步，西方现代教育思想开始影响天津，带来了一大批近现代教育的重要学者、成立了一大批近现代教育的学堂，更为这些学堂建设了大量的文化教育建筑。

9.1.1 南开学校

南开系列学校，是张伯苓和严修创办的一系列旨在促进中国近代教育发展的学校。学校以"允公允能，日新月异"为校训和"南开人"的治学精神。并以"衣镜铭"为学生的仪容举止规范，先后为中国培养出了许多优秀的人才。南开系列学校包括：南开大学、南开大学泰达学院、南开大学滨海学院、天津南开中学、天津第二南开中学（原南开女中）、重庆南开中学、南开大学附属中学、南开大学附属小学、南开翔宇学校、原南开小学（被日军炸毁，后未复校）等。在这里我们主要介绍天津南开中学。

天津市南开中学由著名爱国教育家严修和张伯苓于1904年创办，1978年被教育部确定为全国重点中学，现为天津市教委直属中学。学校坐落于天津市南开区南开四马路，目前占地面积115亩，建筑面积60289平方米，绿化面积18000平方米，校园古朴典雅，设施齐全，新老建筑交相辉映，景观独特。学校现存的历史风貌建筑包括伯苓楼、范孙楼、北楼和瑞延礼堂。

（1）伯苓楼

伯苓楼（图9-1）位于南开中学北院东部，原名东楼，建于1906年，为当时南开学校的中心建筑，1976年震损，1977年原貌复建。1906年，严修、张伯苓得邑绅郑菊如捐地，由严修、王益孙、徐菊人、毛宝君、卢木斋、严子均等捐建新校舍。1907年学校迁此，始以地名称校，改名私立南开中学堂，1912年起又称南开学校。张伯苓办公室曾在此楼，周恩来曾在二楼上课。该建筑为二层砖木结构楼房，外檐为青砖饰面、坡屋顶、青瓦屋面。建筑首层开方窗，二层为连续拱券窗、拱券门洞突出入口，造型别致。建筑形体简单，但细部处理繁复。

图9-1 伯苓楼

（2）范孙楼

范孙楼（图9-2）位于南开中学北院东南部，建于1929年，由阎字亨设计。是为纪念严修先生，在张伯苓的倡议下，由海内外校友捐建的。该建筑为三层混合结构楼房，局部为四层，带地下室。正立面布局对称，两侧凸出，中部凹进，主入口有四根爱奥尼式柱支撑形成门廊。外檐为红砖清水墙，设附

图 9-2　范孙楼

壁柱，二、三层间设带齿饰的线脚装饰，平屋顶，出挑檐。20 世纪后半叶，学校生物、化学、物理实验室均设于此，珍贵的鸭嘴兽标本就陈列在生物实验室中。2001 年，财政部、天津市政府拨款大修该楼，同年 10 月竣工。现为南开中学图书馆。学校的主会客室设在一楼。现在的范孙楼楼名和楼记均由南开中学校友王增多书写。

（3）瑞廷礼堂

瑞廷礼堂（图 9-3）位于南开中学北院中部，建于 1934 年，由天津实业家章瑞庭捐建，故名瑞廷礼堂，能容纳 1700 人。1935 年张彭春指导南开新剧团在此首演《财狂》，瑞廷礼堂曾被誉为"中国第一话剧舞台"。1951 年 2 月 24 日，周恩来总理回母校，在此向全校师生发表讲话。该建筑为砖木结构，正立面入口处设砖砌逐层内收线条装饰，起到强调入口的作用，入口上方雨篷雕刻精美。外檐为青砖清水墙面、平屋顶。建筑布局严格对称，立面形式简洁大方，体量厚重敦实。2001 年，天津市政府拨款对瑞廷礼堂加固大修。2011 年 10 月 25 日，温家宝总理在此发表了著名的题为《同南开中学的师生们谈心》的讲话。

图 9-3　瑞廷礼堂

（4）北楼

北楼（图 9-4）位于南开中学北院北端，北楼始建于 1906 年，当时称一斋。1913 年改建，增加上下走廊。北楼最初为教室，周恩来曾在此上课。北楼与其西部二斋相接，二斋为学生宿舍。该建筑为二层砖木结构楼房，青砖砌筑，首层设连拱外廊，二层为连续拱券窗，造型别致。20 世纪 60 年代中期北楼曾作局部修缮，将

图 9-4　北楼

二楼走廊木制护栏更换成铁质护栏。1976年因地震受损严重，1991年由天津市政府拨款按原貌落地重建，并将二楼开放式走廊改建成封闭式走廊。

9.1.2 南开大学

南开大学创办于1919年，创办人是著名爱国教育家严范孙（1860—1929）和张伯苓（1876—1951）。南开大学成立时，设文、理、商三科，招收学生96人，周恩来为文科第一期学生（学号62号）。

早期的南开大学作为私立大学，其经费除政府少许补贴和学费及校产收入外，基本赖于基金团体和私人捐赠。本着"贵精不贵多，重质不重量"的原则以及投资所限，学校规模一直较小，1937年在校学生仅429人，但师资力量较强，经过长期的艰苦创业，南开大学终以优越的学术环境、严谨的科学训练方针以及崇尚务实的精神而名驰南北，为国家和民族培养了一批优秀人才，周恩来、陈省身、吴大猷、曹禺等是其杰出代表。

1937年7月，正处于成熟发展时期的南开大学不幸惨遭日本侵略军狂轰滥炸，三分之二的校舍被毁。同年8月，南开大学与北京大学、清华大学合组长沙临时大学，三校校长张伯苓、蒋梦麟、梅贻琦为常务委员，共主校务。翌年4月，长沙临时大学迁往昆明，改称西南联合大学。1939年南开经济研究所迁至重庆沙坪坝南开中学内，继续开展研究工作，并招收研究生；1942年7月，南开在昆明成立"边疆人文研究室"，并出版《边疆人文》刊物。抗日战争胜利后，三校复员北归，1946年南开大学迁回天津并改为国立。1949年1月，天津解放，南开大学开始了新的历程。改革开放以来，南开大学焕发青春活力。1980年以后，南开大学为适应社会主义现代化建设需要，利用老专业基础好的优势，建立了一批新的专业和研究机构。文科重点增设了以财经类为主的应用性专业，并在此基础上于1983年恢复了经济学院，理科重点增设了交叉、边缘和高新科技类专业。到20世纪80年代中后期，南开大学发展成为一所包括人文社会科学、自然科学、技术科学、生命科学、管理科学及艺术等多学科的综合大学。

在南开大学校园内中心花园的南侧，屹立着一幢宏伟建筑物，它就是著名的"思源堂"（图9-5）。"思源"二字取自成语"饮水思源"，同时也有"思袁"之意，以此纪念两方捐助者。思源堂楼梯的正中，有一块大理石碑，上面镌刻着这座楼建成的经过。思源堂始建于1923年，1925年落成并投入使用。它是科学馆，也就是理科教学楼，在当时为全校最考究的一座建筑。整幢大楼具有西方古典主义建筑风格，三层混合结构楼房，外檐为清水红砖墙面，底层半层"卧"入地下，即地下室。正立面设由六根立柱支撑的入口门廊。门旁两盏大灯。灯盖朝天，造型别致；铜制灯架，闪闪发光，显得富丽堂皇。建筑立面对称，外观朴素大方，具有古典主义建筑特征。

图 9-5　思源堂

1998 年，思源堂被列为天津市重点保护二级历史风貌建筑。2004 年，为迎接南开大学建校 85 周年，经学校研究决定和天津市文物局批准，本着"修旧如故"的原则，对思源堂进行了清洗和修补，使得这幢气度不凡的大楼能以崭新面貌呈现在世人面前。

9.1.3　北洋大学

天津大学，简称天大，其前身为北洋大学，始建于 1895 年 10 月 2 日，是中国第一所现代大学，开中国现代高等教育之先河，素以"实事求是"的校训、"严谨治学"的校风和"爱国奉献"的传统享誉海内外。1951 年经国家院系调整定名为"天津大学"，沿用至今。

北洋大学始创于中日甲午海战后。甲午战败，举国图强，洋务运动实业派代表人物盛宣怀意识到："自强首在储才，储才必先兴学"，1892 年盛宣怀上任津海关道后，开始筹备办学。1895 年 10 月 2 日，光绪皇帝御笔钦准，成立天津北洋西学学堂，盛宣怀任首任督办，校址在天津北运河畔大营门博文书院旧址。1896 年北洋西学学堂正式更名为北洋大学堂，是中国第一所命名为"大学堂"的高等学校。

北洋大学堂按照美国近代模式办学，全面引进西方教育模式，建立了一套较为完善的教育教学管理制度，设立头等学堂（大学本科）、二等学堂（预科），学制各为四年。头等学堂设专门学（即科系）四门：工程学、矿务学、机器学、律例学，1897 年学堂增设铁路专科，1898 年又设铁路学堂，上述学门皆为当时中国社会所急需，体现了北洋大学"兴学救国"的创办宗旨。1900 年八国联军入侵津京，学堂校舍为敌兵所霸占，设备、文档案卷遭毁坏，学校被迫停办。至 1903 年 4 月学堂方在西沽（今河北工业大学红桥校区东院）正式复课。现在在河北工业大学还保存着北洋大学堂时期的三栋老建筑，即：北楼、南楼和团城。

（1）北楼

北楼（图9-6）建于1936年，现为河北工业大学第五教学楼，几乎全部保留原本面貌。门上有牌匾"北大楼"，字迹剥落。建筑为三层砖混结构楼房，外檐为红砖清水墙面，局部为混水墙面，屋顶为平屋顶。门口设有两根残缺的灯杆，入口处是高大六角形门厅，楼道向两侧延伸。建筑布局对称，体形简洁大方。

（2）南楼

南楼（图9-7）最初是北洋大学的工程学院，建于1933年。天津沦陷后曾被日寇抢占作为兵营。抗战胜利后，这里才又重新成为北洋大学校舍。南楼门上有牌匾"北洋工学院"，建筑东侧设有应急出口和消防逃生梯，各层为狭长楼道。南楼为三层砖混结构楼房，主入口设门廊，上方屋顶设山花，外檐为红砖清水墙面、平屋顶。建筑布局对称，体形简洁大方。

（3）团城

团城（图9-8）建于20世纪初，曾是北洋大学办公地，著名桥梁专家茅以升在1945年8月任校长期间在此居住、办公。该建筑为一组砖木结构平房，外檐为青砖墙面、坡屋顶。建筑形体方圆结合，简洁大方。是中西合璧风格的建筑，整体似一个中式四合院，而每间屋内却也有着西式风格的壁炉，这些壁炉如今仍保存完好。20世纪50年代，团城每个房间内均设榻榻米，充满日式风情。

图9-6（上左）北楼

图9-7（上右）南楼

图9-8（下）团城

1912年1月北洋大学堂改名为北洋大学校，直属教育部，1913年又改称国立北洋大学，至1928年更名为国立北平大学第二工学院。1937年7月7日，日本侵略军发动全面侵华战争。7月30日，天津沦陷。9月10日，教育部下令"以北平大学、北平师范大学、北洋工学院和北平研究院等院校为基干，设立西安临时大学"。1938年3月，西安临时大学改称国立西北联合大学。

1945年8月，抗战胜利，天津收复，1949年1月，天津解放。4月，北洋大学在原校址正式开学复课。1951年9月22日，北洋大学与河北工学院合并，定名为天津大学（图9-9）。

图9-9　天津大学

天津大学建筑群作为近现代重要史迹及代表性建筑于2013年1月10日正式获批成为天津市第四批文物保护单位之一。

天津大学建筑群包括主楼（九楼），第一、三、四、五、六、七、八、十一教学楼，土建馆、内燃机大楼、图书馆（北馆）、体育馆、第三学生食堂，1950—1960年代建成的学生宿舍区、六村教职工宿舍等，内部历经多次装修，保存完好，至今仍为办公、教学、居住之用。这些建筑中具有代表性的主楼为中国传统歇山式大坡顶，飞鸽形的鸱吻和琉缸砖清水墙面，建筑造型雄伟气派、技艺精湛。

以"大屋顶"设计为主要特色的天津大学六楼、主楼等是1950年代天津率先开展的运用"社会主义内容、民族形式"的教育建筑，将西洋结构与中国固有的古典形式相结合，具有典型时代意义，其建造时间早于北京"十大建筑"。天津大学部分校舍不同于20世纪70～80年代的"火柴盒"式建筑，而是体现了20世纪中期对中国建筑民族形式的探索，代表了当时的新趋势，并经受住了时代的检验，可谓历史和艺术价值兼备。

主楼即第九教学楼（图9-10），1954年由天津大学建筑学院创始人徐中教授设计。该建筑坐北朝南，为砖木四层结构，灰色水泥板瓦歇山顶，屋顶正中为十字交叉歇山屋脊，鸱吻为飞翔的白鸽，

图9-10　主楼

琉缸砖清水墙面。建筑分台基、主体、屋顶三段，建筑前月台台阶直通位于第二层的主入口。檐头处理较简单，仅在关键部位模仿古建筑设"霸王拳"加以装饰。山顶、屋脊及比例精确的门窗等建筑风格洗练端庄，奠定了该建筑为天津大学群楼之首的地位。在总平面布局上，该楼位于第五和第六教学楼之间偏北方向，三建筑呈"三足鼎立"之势。

2005年和2006年，天津大学主楼（首批）及第五、六、八教学楼（第三批）（图9-11），分别经市国土资源和房屋管理局提名、市历史风貌建筑保护专家咨询委员会评审及市人民政府批准，被确定为历史风貌建筑，均为一般保护等级。

图9-11 第五、六、八号教学楼

9.1.4 天津公学

天津公学，现名耀华中学，坐落于天津市南京路106号，占地80亩，是天津市最为著名和历史悠久的重点中学之一，初名天津公学，1934年更名为耀华学校，寓意"光耀中华"，1952年改为公立学校。耀华中学的校训为"尚勤尚朴，惟忠惟诚"，校门的匾额由近代著名书法家的孟广慧书写。目前，耀华中学是天津市教育委员会直属重点中学。

耀华中学1927年创办之时，是一所服务英租界纳税华人的英式精英学校且隶属于天津英租界工部局，即英租界行政机构，故根据英国传统最初命名为"天津公学"。1934年，更名"耀华学校"。1952年12月23日，私立耀华学校由天津市人民政府接管，更名"天津市第十六中学"，校名由叶剑英题写。1988年12月21日，学校复名"天津市耀华中学"沿用至今。

耀华中学（图9-12）校址于天津英租界围墙道的一块三角地，采取封闭、完整、自成一体的院落式布局。整个校舍的总平面图近似于一个三角形（图9-13），所有校舍都沿着东部进行周边式布置，第二与第四校舍以过厅（现名为"二四通道"）相连，而第一与第三校舍则用大礼堂门厅相衔接。这种内廊式的校舍平面布局，不仅使整个校舍连贯互通，有机结合，而且使用起来也十分便捷而紧凑。在大楼的首层内，不仅设有以门厅、卫生间和楼梯间相分隔的专业教室与普通教室，而且还巧妙地利用半地下室部分空间设立了一个健身房，在健身房的上面，设立有物理实验室、演讲室、会议室、衣帽间和楼梯间等。每栋建筑外檐均为红砖清水墙面，入口均建有简化的混水饰面的罗马柱式或山花，与清水红砖墙形成鲜明对比。整组建筑具有折中主义特征。

图 9-12（左）
耀华中学

图 9-13（右）
耀华中学平面图

　　第一至第四校舍目前是特殊保护等级历史风貌建筑，其中第三校舍和第四校舍原本由英国人设计，后因费用较高，改由阎子亨设计。耀华学校礼堂（图 9-14）由英国建筑师库克和安德森二人共同设计，是天津市文物保护单位和特殊保护等级的历史风貌建筑。耀华礼堂建于 1932 年至 1935 年，当时工程造价为 28 万两白银，位于耀华校园三角地带的东端。大礼堂为带地下室的混合结构二层楼房。外立面为红缸砖，台基、檐口、窗券等部位采用水刷石装饰。建筑平面呈扇形，与第一、三校舍相连。礼堂内设有 1270 个座位。另外，还设有前厅、观众厅、舞台、化装室、放映室及厕所、卫生间和仓库等附属房间。大礼堂有连通校内、校外的三个入口，在二层与第一、第三校舍相连，为一座供师生习礼、集会、讲演和观看影剧的多功能大礼堂。

　　法国梧桐，为建校初期栽种，历经 80 余年被视为学校历史的象征。2011 年 8 月，由天津市教委统一安排对校舍本着"修旧如旧"的原则进行加固、提升防震抗灾级别，但遭到部分文物保护人士的举报。耀华路，介于耀华中学新校舍与旧校舍之间一条路，以"耀华"二字命名，曾为天津市的一条交通道路后被并入校园。由于校舍古朴，时常成为影视作品取景之用。电视剧《张伯苓》《玉碎》和电影《梅兰芳》《风声》《白芳礼》曾在耀华中学老校舍"物理讲演室"、"耀华路"、"耀华礼堂"等地取景（图 9-15）。

图 9-14（左）
耀华中学礼堂

图 9-15（右）
耀华中学校园

9.1.5　原工商学院

天津工商学院筹创于 1920 年，1921 年由耶稣会创办，是一所专科大学。同年选定英租界马厂道（今马场道）为校址，建成于 1925 年。1923 年秋成立预科，正式开学，有学生 48 人。新中国成立后，工学院并入天津大学，商学院并入南开大学，师范学院扩建为天津师范学院。1970 年原址改为天津外国语学院。现院内存有历史风貌建筑 7 幢。分别是：外院钟表楼、外事处办公楼、行政办公楼、培训中心办公楼、留学生公寓、原和平楼、北疆博物院。

（1）主楼

工商学院主楼（图 9-16）筹建于 1920 年，1925 年建成。为天津市文物保护单位和重点保护等级历史风貌建筑。该建筑由法商永和工程司设计，总建筑面积为 4900 多平方米，是一座三层带地下室混合结构的英式建筑，大楼坐南朝北，正面面对马场道，建筑平面为对称的"工"字形，立面为清水砖墙并以大块蘑菇石修饰，顶部为曼塞尔式红瓦坡顶，屋顶内部为法国孟莎结构穹顶。屋顶前后的墙上各嵌有一座巨大的圆钟，圆钟两侧和上方分别采用巴洛克的券罩和断山花装饰。主门厅居于正中，正厅内悬有利玛窦、南怀仁画像，墙壁正中悬挂着南怀仁绘制的巨幅《坤舆万国全图》。主楼一层至三层主要为教室、备课室和办公室。主楼西翼建有小教堂，并设有单独入口，教堂顶部采用半穹顶，是一座法国罗曼式风格的建筑。

图 9-16　原工商学院主楼

（2）2 号楼

2 号楼建于 1922 年，比商义品公司设计。二层混合结构楼房，外檐为红砖清水墙，入口处设六棵圆柱支撑的门廊，多坡屋顶，筒瓦屋面。现作为行政办公楼使用。

（3）3 号楼

3 号楼（图 9-17）建于 20 世纪 20 年代，三层混合结构楼房，主入口为砖砌拱券，外檐为硫缸砖清水墙，多坡屋顶，筒瓦屋面，檐部出挑。建筑体量庄重，立面简洁大方。现作为培训中心办公楼使用。

（4）4号楼

4号楼（图9-17）建于20世纪20年代。二层混合结构楼房，局部三层，建筑纵向沿道路布置外廊，三幢教学楼垂直外廊并与之连接形成一体，教学楼间保持适当的间距，既保证了使用功能，又保持了良好的通风、采光功能。建筑外檐为红砖清水墙、坡屋顶、筒瓦屋面。21号楼：建于1924年，比商义品公司设计。二层砖木结构楼房，外檐首层为清水墙，二层为混水墙面，坡屋顶，平板瓦屋面，檐部出挑。

（5）外事办（桑志华旧居）

外事办（图9-17）建于1922年，为北疆博物院的创办者法国传教士桑志华在天津的旧居，位于当时的天津英租界的马厂道（Race Course Road），西临原天津工商学院主楼和北疆博物院。为重点保护等级历史风貌建筑。现为天津外国语学院外事办办公楼。

图9-17 自上而下依次为2号楼、3号楼、4号楼、外事办楼

该建筑是二层砖木结构独立式住宅，外檐为水泥拉毛抹灰墙面，首层设弧形景观窗，上为二层阳台，多坡屋顶，瓦垄铁屋面。

9.1.6 北疆博物院

北疆博物院（图9-18）位于天津市河西区马场道117号天津外语学院院内。1922年，北疆博物院由当时著名的比商义品公司建筑师比奈设计、监造，为钢筋混凝土结构，设计了防盗门和双重窗户。其为三层楼房，高21米，占地面积300平方米。1925年，在办公楼西端建成陈列馆，为三层建筑，由法商永和营造公司设计。采用防火、防盗、防尘和防震措施，高窗天然采光，窗户密闭而又能自然通风。1930年又在办公楼南首增建新楼，南北二楼又以通道相连接，博物院遂形成完整的格局。1952年天津市政府接收北疆博物院，1957年更名为天津自然博物馆。

图9-18 北疆博物院

北疆博物院是北方地区创建最早的博物馆，也是中国建立时间最早的博物馆之一。在北疆博物院陈列馆建成之前，桑志华将一些珍贵的植物标本赠给巴黎博物馆、英国皇家植物园和伦敦自然历史博物馆。标本仍保存在这些博物馆中，也使欧洲人从这些展品中了解到了东方的地质和植被，还激发了法、俄、瑞典、比、奥等国的专家学者来华考察的愿望。他们与桑志华共同进行标本的收集、研究和整理分类工作，其中法国地质古生物学家德日进参加了著名的周口店北京人牙骨的鉴定工作。

虽然北疆博物院是一所专门的科学研究机构，但由于和工商大学同在一个大院里，互通互补，犹如一体。1927年5月出版的《工商大学校刊》第一期载文说：博物院"裨益于该大学学生，良非浅鲜"。"事实上，该院固无异为本校之科学图书馆，本校所授的哲学及高中之生物学各项课程，须要任何标本参考，均可立致，而于有研究兴趣之各教授与师生均着先鞭，耳闻目睹，无形中本校师生研究学术之风气，自然比较浓厚也。"

9.2 娱乐建筑

天津历来被国人称为曲艺之乡。天津人热爱艺术，相声、天津快板、大鼓、时调，历来为人们津津乐道。说书、唱戏、听相声，这就是近代天津人的业余生活，这些传统的娱乐方式充斥着每一个天津人的细胞。随着第二次鸦片战争后天津开埠，外来的文化和思潮影响着一代又一代的天津人，西方的音乐、电影等娱乐项目逐渐融入天津人的生活之中。在近代，为了迎合人们不断改变的观念，一些有远见的商人，不失时机地在天津大肆兴办娱乐场所，丰富了天津人的休闲时光。与此同时，天津在开埠后逐渐沦为各国列强的乐园，他们在租借地内建房造场，修建了大量的设备设施，正是在这时，俱乐部、运动场这样的词汇才出现在人们的视线中，为人们提供了更多休闲、聚会、玩乐的场所。

9.2.1 津门戏楼、电影院

随着经济的发展，人们对于精神生活的要求越来越高，也就应运而生了一批很有代表性的戏曲、曲艺流派，不论是京剧、梆子还是大鼓、时调，都有着很多的观众。同时也伴随产生了为数众多的戏院、茶社。

（1）广东会馆

各位游客，现在我们来到了鼓楼商业街，映入大家眼帘的都是一些仿古建筑，但是在这其中还有一座院落有着百余年的历史，这就是我们今天的目的地——广东会馆。

天津广东会馆（图 9-19）始建于清光绪三十三年正月十四日（1907年），由天津海关道唐绍仪联谊英商怡和洋行买办等部分商行兴建，坐落于天津老城鼓楼南面（今南开区南门里大街 31 号），是天津现有保存最大最完整的清代会馆建筑。目前，天津广东会馆被中华人民共和国国务院批准为全国重点文物保护单位，被天津市人民政府批准为特殊保护等级历史风貌建筑，现为天津市戏剧博物馆。

图 9-19　广东会馆外观

历史上，天津原有一处粤闽会馆，但当时由于粤商和潮商、闽商的矛盾，同时为了方便广东同乡，便由时任天津海关道的唐绍仪等倡议集资兴建另一座广东会馆，此后，粤商们购置了鼓楼南大街原盐运使署旧址的土地后便开始修建。1907 年，岭南建筑和北方四合院风格交汇的广东会馆落成。天津广东会馆是由戏台、南园、铺房、客房、药房等组成的综合功能建筑群，也是旅津广东人议事集会的场所。1937 年，天津沦陷，会馆成为日本占领军开办的警官教习所。1949 年，中华人民共和国成立后，四周房舍改建中学。1985 年进行大修，并在此基础上成立了全国第一家集戏剧文物、史料收集、保管、研究、宣传于一体的专题性博物馆——天津戏剧博物馆。1986 年元旦，天津戏剧博物馆正式对社会开放，由邓颖超同志题写馆名，曹禺同志担任名誉馆长。

广东会馆建设初期规模宏大，整体用地约 23 亩，建筑设计上既体现了我国岭南的建筑风格，又融合了北方四合院的特点，是中国罕见的木结构建筑艺术珍品。会馆大门的瓦顶和墙体为青砖灰瓦的厚重北方风格，而不采用南方黛瓦粉墙的轻透作法。但是进入大门之后，满目岭南风格的设计，使乡人乡情由此引发，回家的感觉油然而生，这正是这座经典建筑的魅力所在。院内各个厅堂之间都有廊厦相通，馆内交通风雨无阻，各个房间内部装修华丽。会馆建筑面积1461平方米，主要由门厅、正房、配房、回廊及戏楼组成。会馆所用砖瓦木料大多从广东购买，以保证岭南特色的原汁原味。院门宏阔，罗汉山墙高耸，厅堂都出廊厦。会馆周围还建造了铺房、住房300多间，并且设立医药房，供广东同乡休息养病。此外在会馆东南面修建了"南园"，栽花种树，有桃花林、葡萄园等，景色十分优美。

大家请看，这就是会馆的主要建筑——戏楼（图9-20），它利用四合院的天井围成闭合空间，南北向用两根21米长的平行枋，东西向用19米长的额枋，形成大跨度空间。戏台台面七十多平方米。最多可容纳六七百人，楼上是包间，楼下是散座，戏台正上方藻井重约10吨，外方内圆，斗栱接榫，螺旋向上，据

图9-20 广东会馆戏楼

说这种构造可以把声音传到戏园的各个角落。馆内还收藏千余件戏剧相关的文物，其中包括众多京剧名伶的演出服装和书画作品等。

戏楼舞台深10米，宽11米，顶部是用细木构件榫接而成的螺旋式藻井，雕花工艺精美，在同类建筑中较为罕见。戏台木雕是最为精华的部分，前台横眉以透雕技法刻成狮子滚绣球图案，两角雕成荷花含苞欲放状的垂花柱，舞台正面镶嵌着巨幅《天官赐福》木雕，天官、童子、猿猴、松柏、云气和4角的蝙蝠，构成活泼、协调的画面。戏楼的门窗也雕有狮、凤、牡丹等传统纹饰。一般外乡人在当地建会馆，既要入乡随俗、和气生财，又不能过分张扬，以免成为众矢之的，同时还要保持一些外乡人的矜持，使之成为外乡人身份的象征，让外乡人有宾至如归的感觉。因此，会馆及戏楼的设计可谓是独具匠心。

下面请大家随我走进戏楼，首先看到的是木雕，这些木雕可谓精品，件件都透射出南方雕刻技艺的灵美之气，也蕴含着人世间的美好愿望和发人深思的人生哲理。

舞台正面两根垂莲柱之间的华板上雕有五层精美的图案：

第一层为："龙凤祥于云间"，龙和凤本应生活在安谧的龙宫，而

如今为何下凡人间呢？似乎被戏剧舞台上美轮美奂的国粹表演艺术所吸引，情不自禁来到凡间而乐不思蜀，并由衷地感叹道："此曲只应天上有，人间能得几回闻！"

第二层为："狮子滚绣球"，寄托了商人希望"财源滚滚来"的美好愿望，也赋予了浓郁的绅商气息。

第三层为："渔、樵、耕、读、商"五个阶层的人物，即渔夫、樵夫、农民、学者和商人。在排列次序上，设计者颇费脑筋，为了推崇商人在社会中的地位，于是把"商人"雕刻于华板的正中间，左右两侧分别再以"渔、樵、耕、读、商"的顺序重复排列。

第四层为："冰凌花"图案，在许多古建筑中都雕刻有冰凌花的图案，并配以梅花作为点缀和装饰，但此处的冰凌花图案中却看不到梅花的踪影，这是为什么呢？因为商人最忌讳"没有"的"没"字，而"梅花"的"梅"与其同音，因此在冰凌花图案中取消了梅花，只保留了"梅花香自苦寒来"之寓意。意思是讲无论哪个阶层的人物都要历经磨砺和人生锤炼，才能获得荣华富贵。这正是将第五层的富贵牡丹图案高高地雕刻于戏楼顶部额枋上的真正内涵。

大家现在看到的是位于舞台天幕正中的彩色镂空木雕——"天官赐福图"（图9-21），这幅图则道出了另外一种寓意。据说：道教中有三官，即天官、地官和水官，"天官赐福，地官赦罪，水官解厄"。天官是道教信奉的三官之首，它主宰着人世间的幸福。道教文化崇尚天人和谐，这也正体现了中国人在民俗崇拜中能容纳各种宗教，不单纯信奉教条的一种文化传统，这些都在广东会馆戏楼的建筑文化中有充分的体现。彩色镂空木雕的正中即为身着红袍的天官，天官脚踏祥云，寓意为"平步青云"；手指一轮红日，即为"指日高升"，那怎么升呢？请看在天官身前跪着一位身着绿袄红裤的仙童，仙童手托花瓶，瓶插三戟，预示着您"平升三级"；环绕天官身后有枝繁叶茂的梧桐树，顽皮的灵猴，翻飞的蜜蜂，角落中还有向日葵，借其谐音为"向日封（蜂）侯"，又叫"早日封（蜂）侯"。如果您说：我不求升官，不图发财，那么请看圆心外的四角，雕刻的却是口衔桃枝的蝙蝠，从中国民俗来讲，蝙蝠象征着福，桃枝象征着寿，分置四角，代表四方，预祝您"福寿四方来"，一连串的吉祥话送给大家，所以说这是一块充满祈福纳祥美好寓意的极品木雕。

舞台是戏楼的核心，也可以说是灵魂。而这座舞台采用

图9-21 "天官赐福图"

的是伸出式舞台,即台在前、幕在后,三面敞开,舞台深入到观众席中,拉近了演员与观众的距离,融洽了观众与演员的情感交流,从而创造出最佳的演出氛围。同时,这座舞台充分融入了声学原理和力学原理。

9—22　菠萝藻井

声学原理是指舞台顶部的藻井,它外方内圆,涂金漆绿,金碧辉煌,是由数以千计的异型斗栱堆砌接榫,似螺旋花纹向上堆叠组合,形成一个直径足有六米的穹顶,由于其纹路酷似菠萝外形,因此,俗称"菠萝藻井"(图9-22)。它能够把舞台内演员演唱的声音充分吸收至穹形顶内,经异型斗栱的折射,削弱噪声,再将声音清晰地传送到戏楼的每个角落,使在场的每一位观众都可以听到演员原汁原味的演唱。

力学原理是指舞台两侧台口不设角柱。无论是天津的石家大院,还是北京的湖广会馆,戏楼舞台都设有角柱,这样会阻挡观众的视线,从这一点上,广东会馆的设计更胜一筹。不设角柱,可使舞台三面接触观众,视野更加开阔。而舞台顶部的藻井为全木结构,重约10吨,没有角柱的支撑是如何稳稳当当地悬在半空中呢?这里设计者采用的是悬臂吊挂式结构。在舞台顶部东西两侧各有一根斜向的钢拉杆,与戏楼顶部的主梁相连,而斜向钢拉杆又被巧妙地隐藏在拱形镂空花罩后面,可谓隐藏得天衣无缝。同时,舞台顶部有数根纵向钢拉杆和复杂的榫架结构与主梁相连,却被雕刻精美的悬空式垂花门楼所遮盖,从而完成了重量的层层分解。由此可见,设计者的一番良苦用心和巧夺天工。既满足了观众的视觉效果和听觉效果,又能使观众欣赏到精湛的雕刻艺术,收到了事半功倍的效果。此外,设计者的设计处处以观众的需求为导向,符合当今社会"以人为本"的现代设计理念。因此,不禁使我们为设计者高超的建筑艺术和思维模式而赞不绝口。

现在的广东会馆作为天津戏曲博物馆,目前有《中国戏曲发展简史》、《中国京剧发展简史》、《中国戏曲艺术人物造型》三个展览和《拜师堂》、《中国古典剧场》两个陈列在戏剧博物馆长年展出,现藏有全国各地戏剧名家文物、资料等1000余件。天津戏剧博物馆拥有全国首座"戏剧音像资料文库",藏有全国戏剧剧种90余个,录像资料6000余盘(套),为社会提供普及戏剧知识、查询戏剧音像资料、欣赏戏曲演出等服务。广东会馆和戏剧博物馆优势互补、交相辉映,将历史文物建筑和中华民族瑰宝——戏剧文化融为一体,多角度地呈现给观众。

(2) 中国大戏院

中国大戏院(图9-23)是一座享誉海内外的具有代表性的大型文艺演出娱乐场所,始建于1934年,是天津市重点文物保护单位。

中国大戏院位于大沽路至和平路之间的哈尔滨道与兴安路交口的西北侧，由法租界工部局捐务处翻译周振东和天津商人孟少臣等投资，法国乐利工程司的瑞士工程师洛普（LOUP）和英国工程师扬（B.C.YOUNG）联合设计，于1936年8月竣工。

整座建筑为混合结构四层楼房，局部五层，外檐为混水墙面，立面采用多组垂直竖线，使建筑呈现挺拔向上的效果，具有现代建筑简洁明快的风格。建筑内部装饰考究，布局合理，内部剧场的建筑声学效果极佳。主要入口用五条垂直线来强化，两侧都用垂直线条加强窗户，并在女儿墙以下用线条形图案来适当装饰，这是受新艺术运动的影响。

图 9-23　中国大戏院

剧院入口台阶做在门厅内，观众厅两侧有四个安全门，楼座入口在三层前厅内，二层设有休息厅，正面中间有古老自鸣钟一座，高1.9米，每隔15分钟自鸣一次。

戏院局部5层，高约30米，拥有2000多个座席。剧场采用跨度为245.9米钢屋架，避免了顶梁柱遮挡观众视线，使得观众坐在三楼每一角落，都不需倾身探头，就可以看到舞台全貌。弧形台口，舞台区设有3道天幕，墙身、舞台、顶棚的形状设计合理，使得剧场各角落都有较好的音响效果。演员不需话筒，台口不装扩音器，声音依然能传向40多米斜面空间，直至三楼最后一排。台口装有几米长人力、机械都可启动的防火铁幕，各太平门均能自动安全防火。二、三层大厅充分利用了空间，明亮、宽敞，便于观众休息和人流疏散。屋顶平台四周装饰灯柱，入夜可举办消夏晚会。

中国大戏院自开业以来，一直沿用至今，并且承接了一系列的演出任务，完美的发挥着自身的功能。

（3）津门最早的戏楼

天津最早的戏台是天后宫戏楼（图9-24）。它始建于明代，是三面敞开式的台子，观众可从前左右三方看戏，后来，左右两侧封闭，形成镜框式戏台。戏楼是木结构楼台式建筑，坐东朝西，东通海河，西向宫前广场，前后台相连，上是舞台，下为通街，可过马车。台面、台顶均为木板，顶棚中央有一个六角形的透音孔，前台南北两侧各有一小门，北侧是上场门，门额题"扬风"；南侧是

图 9-24　天后宫戏楼

下场门，门额书"讫雅"。台口前脸两侧明柱，书有抱柱对联："望海阔天空千帆迎晓日；巍风清云淡百戏祝丰年。"台面天幕正中，镶六角形雕花透窗，窗额悬一黄地绿字横匾"乐奉钧天"。天后宫的戏楼是酬神的主要场所，平时有远航船队平安归航，都要在此举行酬谢天后娘娘的演出。在每年旧历三月二十三即天后诞辰日那天，酬神演出达到高潮。上午要演三出祝寿戏，最让人感兴趣的当数《八仙庆寿》，八仙唱完祝寿歌后，老寿星便将手中大寿桃的机关悄悄打开，顿时，许多拴着红绿绸子的小鸟便从盒子里飞上天空，名"百鸟朝凤"。清光绪年间，谭鑫培、王长林、龚云甫等京剧名角均在此演出过。1937年，日本侵略军占领天津，戏楼便告闲置。随着天津旅游业的不断发展，古文化街旅游日益成为外地游客津城游必不可少的项目，古文化街戏楼也顺应潮流在每年的大型庙会、皇会上增加戏曲演出项目，恢复了往日的风采。

（4）光明社

自1905年中国电影诞生以来，天津便与这种光影艺术结下了不解之缘：天津人不仅在全国最早接触到"电影"这个新名词，而且还最早拥有了由中国人经营的向大众开放的商业电影院。从1906年天津第一家影院诞生到如今星级影院林立，在城市与文化根深蒂固的联系中，电影院一直充当着重要的角色，因为它既折射着城市文化传统的积淀，也放映着城市的发展和未来。

在天津法租界的福煦将军路和杜总领事路交口附近（今天津市和平区滨江道167号），坐落着天津的一座大型影剧院，他就是"光明社"，也叫作光明影院（Guang Ming Theatre）（图9-25），作为天津租界时代留存下来的重要建筑之一，该建筑目前是天津市文物保护单位和重点保护等级历史风貌建筑。

1919年，光明影院由英国籍印度人巴立建造，取名为"光明社"，1927年，光明社由上海联华影片公司的罗明佑接管并开始经营，在当时，光明社归属华北电影公司，更名为光明影院，并搬至天津法租界福煦将军路（今天津市和平区滨江道167号）现址。在当时，光明影院有1500个座席。不久，光明影院又改名为光明大戏院，主要演出影剧。

图9-25 光明电影院

光明影院建筑面积为1800余平方米，纯法国式建筑，外立面为三段对称设计，顶部设有塔亭，塔亭约三层楼高并逐层退缩，塔亭两侧设有山花形状的女儿墙，塔亭的外立面设有铁栏装饰的透窗。建筑二至四楼中间的墙面上装饰有大玻璃窗、窗套浮雕、墙面镶贴琉璃面砖和棋子分格。光明影院建筑内部分门厅、过厅和剧场三个部分。一楼入口处不大，但是内部宽敞，呈"葫芦形"，设有玻璃门，两侧设有柱子，柱子上面的横额呈拱形山花状，并作为牌匾，上书"光明社"。进入门厅，迎面为通向二楼过厅的楼梯——光明梯，楼梯的扶手立柱设有水火两盏灯饰。剧场两侧墙壁上装饰有形似葱头形状的小尖塔穹顶，由钟乳体烘托的凸窗和阳台，多圆心样式的尖券，形如绞绳式的柱子以及图案精美细致的栏杆和窗棂等，剧场顶棚上装饰有星光灿烂的夜空景色。剧场内部平面布置紧凑合理，分前台和后台，后台悬挂有布景，前台设有乐池。在当时，光明影院率先实行对号入座的管理办法，楼上的汉白玉大柜台上设有对号入座的座位表，观众可以任意挑选座位进行观影。

中华人民共和国成立后，1952 年，光明影院改为国营专业电影院。1966 年，"文化大革命"开始后，光明影院改名为红卫兵影院。1971 年，影院恢复光明影院本名，并增设宽银幕。1987 年，光明影院投资 100 万元人民币引进英国的电影立体声音响设备并更新软座席，增设豪华大屏幕录像厅、咖啡厅等设备。1987 年，光明影院全年的电影放映收入为 147 万元。1995 年至 1997 年期间，光明影院安装有数字式广播输出系统和数码环音立体电影放映系统。

 补充阅读　光明之谜

光明影院（光明社）的建筑为纯法国式建筑，由当年的营造厂修建，成为了今日滨江道上充满异国情调的西式建筑，并被定为历史遗产受到国家相关部门的保护。在 1919 年至 1949 年的战乱期间，光明电影院（光明社）几经动荡，甚至在太平洋战争期间还被日寇强行接管过几年时间，但是却奇迹般地没有遭受到炮火的毁坏。到底是哪种神秘的力量庇护着这座古老神秘的美丽建筑？是它独特的地理位置？特殊的建筑构造？还是建筑师对自己结晶的暗中庇护？抑或是真的有神灵在冥冥之中保护着它？我们都不得而知，只看见一代代光明人面带微笑，从容不迫地面对世间万物，迎来送往着无数的光明影迷，将光明的文化传播四方……

很多来过光明影院的顾客都会有这样一种感觉：光明影院的入口并不很大，但是进入影院内部却感觉非常之大。这其中的奥秘就在于光明影院特殊的建筑构造。影院成立初期内部平面布置紧凑合理，分前台和后台，后台悬挂有布景，前台设有乐池。建筑一楼入口处设有玻璃门，两侧设有柱子，柱子上面的横额呈拱形山花状，并作为牌匾，上书"光明社"。影院的整体布局俨然就是一个圆嘟嘟，胖乎乎的"大葫芦"。早在百年之前，重大建筑的修建都十分讲究风水，光明影院修建时也是按照最完美的风水走向设计建造的，其目的是为影院和前来观影的顾客带来好运和祝福。这在当年乃至现在都是十分考究的设计，葫芦具有浑厚、单纯、简洁、明快的特殊风格和吉祥祝福，反映了光明人朴实无华的精神，象征着和谐美满。

光明影院的光明梯在其中最富神秘色彩，从影院开业至今的百年历史中，它承载了一个世纪的历史变迁，接待了众多历史名流，吸引了无数权贵官宦，名人志士前来造访。从光明影院到光明梯，名为"光明"，意指"充满希望和祝福的地方"。光明梯——它与光明影院一同经历了漫长历史岁月的雕琢，经历了战火硝烟的洗礼，见证了新中国成立的喜悦，如今光明梯依然坚韧如初，像吉祥物一样地庇佑着光明电影院，默默地祝福着从他脊梁踏过的每一位客人。据说，光明梯在当年修建时经过了充分的方位和朝向测算，还参照了星象学，采用了最吉祥的角度和长度，花费了工匠的大量心血。它就好像一条聚财的通道一样将财运和好运源源不断的送进"大葫芦"里，为每一位从它身上走过的客人带来财运、平安和健康。据说：军装商人章瑞庭来到光明影院，走过光明梯，不久便开办了恒源帆布工厂，直接为爱国将领张作霖将军提供军装，之后又独资接办北洋纱厂，生意蒸蒸日上，在津门乃至全国名声大噪，光明梯好像福道一样祝福保佑着抚摸过它的人，在民间传为佳话。

民国年间，军阀，皇室，革命者各色人等汇聚在京津两地，奔走于各自的事业，为了民族的强盛呕心沥血。在为数不多的闲暇时光里，他们也会踏进影院，放松心情。因此，光明影院也还留下了许多历史名流们的足迹。影星周璇、严华夫妇当年来津旅行结婚，拜访光明影院经理冯紫墀，被影院挽留一周引起轰动。《姊妹花》的上映让影院场场爆满，据说爱国将领张学良将军也曾乔装改扮莅临影院观影，许多达官显贵皇家后代也曾在此留下足迹，在漫长的历史长河中，有多少历史名流在他们风华正茂或者灰色暗淡的时光曾经在光明影院中寻找到一丝轻松与一丝安慰，又有谁能一一数来呢？

（5）蛱蝶电影院

蛱蝶电影院，也叫大光明影院（图9-26），始建于1929年4月24日，坐落在天津英租界朱家胡同，又称革事道（Council Road）（今天津市和平区曲阜道1号），目前是天津市和平区文物保护单位和特殊保护等级历史风貌建筑。

1917年，英国籍印度人泰莱悌和原平安影院经理韦耀卿合作投资建筑费约14万元在天津英租界朱家胡同（今天津市和平区曲阜道附近）将当时海河航道码头边的一个仓库改建为电影院。1929年4月24日，蛱蝶电影院建成后，韦瑶卿因无力还债，不得不将影院抵债于泰莱悌，泰莱悌接手影院并将其改建。1934年，泰莱悌将影院的名称由"蛱蝶"改为"大光明影院"。大光明影院在成立初期设备档次高，但是票价却在当时天津电影院中属于比较便宜，所以生意较为兴隆。

图9-26 大光明电影院

大光明影院占地面积为1000余平方米，建筑面积为2500多平方米，坐南朝北，为三层砖木石基结构楼房。影院内部影厅分两层，楼下座位呈环抱形，楼上座位俯视台上，坡度均很大。影院的映射灯采用水银灯，为当时天津所仅有，共建有913个座席。

中华人民共和国成立后的1955年11月，大光明影院收归为国营。1957年，大光明影院成为天津市第一家立体声影院。1960年，大光明影院改建成为宽银幕立体声电影院。1965年，大光明影院更名为海河宽银幕影院。1982年，大光明影院更名大光明影剧院。1987年，大光明影院引进英国道尔贝立体声放映音响设备。1988年，大光明影院重新进行改造装修，被评为天津市第一批特级影院。

（6）平安电影院——天津第一家外资影院

"看电影到平安，电影公司数权仙"，这是老天津卫流传的一种说法。这里的平安指的是平安电影公司，也就是小白楼音乐厅的前身，能与权仙电影院相提并论，可见其在天津电影界也曾风光无限。

平安电影公司是天津第一家外国人开办的电影院。1910年，英籍印度人巴立在万国桥（今解放桥）以南旧新华银行大楼对面修建了平安电影院，除放映影片外还兼营影片进口。1916年，他又在当时的法租界兴建了一座新的影院（国民饭店现址），遗憾的是1919年新影院失火。于是，1922年他又在小营门（原音乐厅）建成新平安影院，这是当时天津最豪华的电影院。1930年元旦，平安影院放映有声片《歌舞升平》，这也是天津电影史上的第一部有声片。

新建的平安电影院在当时可谓风头无两，外表是精致的红砖房，分上下两层；影院内设有包厢，休息厅内还有咖啡馆。影院由"景明工程公司"的英籍工程师赫明和帕尔克因联手完成的。影院外部为西洋古典建筑样式，入口处是由"塔斯干"式和"半圆柱"式及外廊组成的门厅，立面处理复杂，外墙角均为凹凸式"混水段块"处理，外观豪华美观，右侧便门内设宽敞大厅，影院内铺有地毯，舞台两侧设有花亭，楼上与楼下都有包厢，座席有1000多个，其设施在当时堪称一流水平。平安电影院的辉煌时期也正值天津富贾名流会聚，观众多为居住在英租界内的富绅、寓公和外商,当年几位政界名流如张勋、黎元洪和曹锟仕途正不如意,因此在平安影院的花亭经常可以见到他们的身影。

新中国成立后,平安影院迎来新生,1960年更名为音乐厅,并拥有了一些先进的音响设备,是昔日天津唯一的交响乐演出场所。2005年9月市政府决定对音乐厅进行拆除重建,2009年8月新天津音乐厅落成(图9-27)。新天津音乐厅坐落于和平区小白楼地界,南京路、浙江路、开封道和建设路四路交口处,即原天津音乐厅和小白楼广场原址。整个建筑结构和外观在雄伟中显露着秀丽,在恢弘中蕴涵着精巧。

图9-27 改造后的音乐厅

音乐厅的建筑面积为4860平方米,分为前厅、主厅(观众席)、舞台(演出厅)、后台(化妆间)、排练厅、贵宾接待厅等,厅内严格按照举办大型交响音乐会的声学需求进行设计,充分考虑大规模乐队演奏,增大了舞台面积,同时观众席面积也进行了适当的扩大。演奏台设在观众席一侧,宽20米,深11米,可容纳120人的乐团演奏。演奏台共有5块升降台,演奏台前部设有大型乐器升降台,演奏台后设有可供80人合唱队使用的合唱区。音乐厅的观众坐席设计非常人性化,使得场内观众坐在任何一个位置都能清晰地看到舞台上演员的表演,座椅的设计也很特殊,材料质地不仅可以吸音,而且每个座椅下均设有通风口,以此来调节温度,确保每位观众都能充分享受一流的演出环境。

(7)权仙电戏园——第一家国人独资电影院

权仙茶园是由法国百代电影公司电影部经理周紫云在1904年7月创建,1907年1月8日茶园改为"权仙电戏园"(也称"权仙电影园")(图9-28)。这是天津人独资经营的最早影院,这个时间要比上海虹口大戏院早约两年。

最初的"权仙茶园"位于原法租界紫竹林附近的葛公使路(今滨江道)与巴黎路(吉林路)交口处。名曰"茶园",实际是以放电影为主的电影院。权仙电戏园"园中上下,修饰华美,炉烘温暖,电光灿烂,非别园可比"。为方便夜场观众回家,该园"特向电车公司定下电车数量,每夜散戏,候于园左,以送抵城之客,所费六铜子而已"。几个月后,权仙电戏园已名声大振。

1914年权仙电戏院挪到天津南市(中国地)东兴大街上,正式命名为"上权仙电影院"。上权仙就成为当年国内最豪华的仿古

图9-28 上权仙旧照

式木结构电影院了。为扩大经营,上权仙同时在其北侧又联建了西餐厅,市民称"洋饭店"。1916年秋餐厅发生大火殃及四周,影院因火灾被付之一炬,损失惨重。两年后(1918年底)周紫云重振旗鼓,用火灾赔款又经多方筹措,在荣业大街盖了一座电影院,仍叫"上权仙电影院"。新"上权仙电影院"为砖木结构,2层楼,楼上为包厢,楼下池座为长条椅子,营业比较好。当年上权仙电影公司还有许多鲜为人知的事,其中就有,在1925年末代皇帝溥仪从北京紫禁城逃到天津后,每逢自己的生日(农历正月十四)都要邀请上权仙到张园放映最新电影。

1949年10月新中国成立后,影院得到了人民政府的关怀和支持。1952年影院改为国营。后来,为纪念淮海战役胜利5周年将该影院更名为淮海影院。到20世纪50至60年代,影院得到了改善和提升,后又增加了宽银幕。在1976年7月唐山地震中影院受损严重,停业多年后,1979年经过全面整修重新开业,直到1984年,该影院成为了南市一带唯一的"甲级"影院。

从1984年初,天津市建设南市食品街,当时淮海影院得到了保留,影院在1992年重新翻修改造,建成豪华特级影院。一、二楼部分租给日商经营,成为改革开放后,天津市电影行业第一家中外合资单位。到1997年3月,因荣业大街再次拓宽,影院被拆除一部分,影院全面停业。

9.2.2 各国俱乐部

俱乐部系英语Club的译音,原意为"总会",本是西方社交团体及公共娱乐场所的通称。天津各租界当局为本国侨民聚会、娱乐的方便,一般均建有不同类型的俱乐部,各租界的俱乐部多半仅限于本国侨民参加,但英租界的俱乐部却对其他国家侨民一律开放。

(1)英国乡谊俱乐部

我们眼前的就是建于1925年的英国乡谊俱乐部(Tientsin County Club)(图9-29),它位于当时的天津英租界马场道(Race Course Road),也就是今天河西区马场道188号,该建筑目前是天津市文物保护单位和特殊保护等级历史风貌建筑(图9-30)。主楼现为天津市干部俱乐部。

图9-29(左)
英国乡谊俱乐部

图9-30(右)
历史风貌建筑铭牌

英国乡谊俱乐部坐落于英国跑马场园内,是一座具有浓郁的英国田园风格建筑和十九世纪探新运动中出现的简化古典式建筑。英国乡谊俱乐部占地面积为 21000 余平方米,建筑面积为 9000 多平方米,主楼为二层砖木混合结构庭院式楼房,带地下室,建筑外立面为对称形式,墙面砌筑有红砖和白色简化柱头方形壁柱。建筑主楼入口处设有人字形和弧形山墙,下饰齿状的山花檐口。建筑的门廊装饰有砖砌方柱,上面设有带铁栏杆的阳台。建筑内部大厅为混凝土梁柱结构,大厅铺有硬木地面。二楼大厅筑有木制回廊,大厅顶部装饰有彩色玻璃穹顶。主楼内设有餐厅、茶室、球房、游泳池和大舞厅。

1941 年 12 月,太平洋战争爆发后,日军接管乡谊俱乐部,改为"国际俱乐部"。1945 年,日本投降后改为美军"军官俱乐部"。1947 年,美军撤出天津后,才由原天津英国乡谊会收回。1951 年 9 月,天津市人民政府代管该建筑并定名"天津市干部俱乐部","文化大革命"时期的该建筑更名为"天津市俱乐部",1975 年,改称为"天津市第五招待所"。1979 年底,该建筑划归于天津市旅游局并定名为"天津市友谊俱乐部"。1985 年 5 月,该建筑复名为"天津市干部俱乐部"至今。目前,该建筑隶属于天津市机关事务管理局。

(2)法国俱乐部

法国俱乐部(图 9-31)是由当时天津法租界公议局出资建设的,用于在津法国侨民的娱乐场所,是法国侨民娱乐的中心,法租界当局将法国商会也设置于此,此处也是法国商人议事聚会的场所。

法国俱乐部坐落于天津法租界的主要街道大法国路,也就是今天的和平区解放北路 29 号,也称法国总会,亦称击剑俱乐部,初建于 19 世纪 90 年代,后于宣统三年(1911 年)及 1931 年两次重建,现为重点保护等级历史风貌建筑。

图 9-31　法国俱乐部

法国俱乐部东接合江路,南抵哈尔滨道,西沿解放北路,北临滨江道。占地 7000 余平方米,建筑面积 2900 多平方米,为砖混结构,带半地下室一层楼房。正门建于临街转角处,竖向退线逐层内收,内装具有装饰艺术风格的镂空花饰金属门,两侧设附壁灯柱。外檐简明,立面处理简洁明快,局部装饰。一楼内部为八角形大厅,屋顶中央设有彩色玻璃窗,通过大厅内的两条通道,可进入各个娱乐室、酒吧、小剧场、舞厅、球室等。楼外设有花园、球场和露天舞台,是一座具有现代主义风格的法式建筑。

法国俱乐部与英国俱乐部不同，它虽然不严格排斥别国侨民，但也不鼓励别国侨民进入。该建筑曾为天津青年宫，现为中国金融博物馆。

 补充阅读　中国金融博物馆

中国金融博物馆的展馆面积约 2400 平方米，馆内收藏了中国各个时期大量的货币、金融票据以及其他金融实物（图 9-32）。博物馆的展览陈列内容分为五个部分八个专题：第一部分为金融历史和现状，具体内容包括货币的起源与发展、金融机构与金融工具、金融市场、企业重组与并购以及国际金融机构等；第二部分为金融与我们，具体内容包括金融与创业家、金融与产业、金融与战争、金融与政治、金融与科学、金融与艺术等；第三部分为中国货币历史，具体内容包括中国货币的民间演义、天津金融开埠史、金融名人堂、金融里程碑等；第四部分为金融危机与金融海啸特展，本部分展览了包括次贷危机、消费信贷、大萧条、1987 年股灾、经济周期、亚洲金融危机、恶性通货膨胀以及金融诈骗与丑闻等内容；特展内容将不定期更新，下期特展为信用卡的起源。第五部分为专题展览，内容包括黄金专题展、货币专题展、解放北路金融史专题展以及滨海新区金融核心区规划展等专题内容。

图 9-32　中国金融博物馆门票及纪念册

运用声、光、电、影、物等多种展示手段，力求向观众全面清晰地介绍金融的历史发展轨迹。中国金融博物馆以展示和收藏作为基本工具，以欣赏和教育作为主导旋律，承担着向观众普及金融知识，传递金融理念，诠释金融创新，关注金融焦点问题、推动金融同行交流的任务，是目前国内仅有的全方位介绍中国金融史，全视角展示金融知识，连接金融行业发展的现状和未来的专业博物馆。

（3）美国海军俱乐部

美国海军俱乐部（图 9-33）坐落于原天津英租界的主要街道维多利亚道，即今天的解放北路 113 号。目前该建筑是天津租界时代留存下来的重要建筑之一，为重点保护等级历史风貌建筑。美国海军俱

图 9-33　美国海军俱乐部

乐部兴建于1924年，由英国人纳尼斯出资和其朋友罗士博经营。当时设有酒吧、咖啡厅、餐厅、球房、赌场和弹簧地板舞厅，是美国驻军的娱乐场所。该建筑面积2400多平方米，为二层砖木结构半弧形楼房。一层设有拱券式门窗。二层廊式阳台由古罗马圆柱支撑，以牛腿花饰护栏点缀。外立面为灰色水泥墙面，门窗顶部用各种花饰、浮雕装饰，是一座具有英国古典主义风格的建筑。

（4）天津英国俱乐部

天津英国俱乐部（图9-34），又名英国球房和游艺津会，始建于1904年，位于当时的天津英租界的维多利亚道（Victoria Road）（今和平区解放北路201号），该建筑目前是天津市文物保护单位和特殊保护等级历史风貌建筑。

1904年，天津英租界董事会董事长德璀琳发起兴建天津英国俱乐部，英国俱乐部建成后逐渐成为当时天津英租界的社交中心和重要公共建筑。内部有网球、台球、舞厅、酒吧、餐厅、浴室等设施，设施豪华，为天津英侨上流社会社交场所。目前，天津英国俱乐部大楼为天津市人大常委会使用。

现存建筑为1905年重建，建筑采用对称布局。该楼为砖木结构带地下室二层楼房，入口为条石扇形台阶，上檐筑有西式山花，两侧有大型晒台。窗间墙均匀布置的爱奥尼巨柱强调了竖向构图，丰富的立面装饰以及拱券门窗，体现了典型的折中主义建筑风格。大楼正面立有十余根古希腊式立柱，墙面窗口上有盾牌式雕花及多种西洋古典式装饰，建筑整体典雅华丽，体现了欧洲巴洛克式建筑风格。

2005年被市政府批准为特殊保护等级历史风貌建筑。在多年的使用过程中，建筑出现了损坏。2007年，使用单位对该建筑进行了"修旧如故"的整修，恢复了建筑的原有特色（图9-35）。

图9-34（左）整修后的英国俱乐部

图9-35（右）"修旧如旧"的围墙

（5）德国俱乐部

接下来我们看到的又是一座由殖民者在其租界内建设的俱乐部——德国俱乐部（图9-36）。

天津德国俱乐部又名德国球房、德国总会、德国会馆或康科迪亚俱乐部（CLUB CONCORDIA），曾是二十世纪初德国政客、侨民在天津的政治、社交和文娱活动中心。位于当时的天津德租界的威廉街与罗尔沙伊特街交口，即今天河西区解放南路与蚌埠道交口（解放南路273号），该建筑目前是天津市文物保护单位和特殊保护等级历史风貌建筑。其实，天津德国俱乐部并不是一开始就建在这里的，它的原址位于天津英租界维多利亚道173号，原戈登堂对面，1907年才搬到这里。

图 9-36　德国俱乐部

天津德国俱乐部新址于1905年5月动工，总造价为15万两白银。是由天津德租界工部局规划处的德国建筑设计师罗克格·考特和鲁斯·凯甘设计，由汉堡阿尔托纳区F.H.施密特公司施工。俱乐部首层为酒吧、台球房和阅览室；二楼是设有舞台的剧场式餐厅，二楼走廊墙壁刻有解释"康科迪亚"含义的拉丁文："同心同德则盛，离心离德则衰"，用中国的古训教育参会的德国人；三楼为厨房；地下室为浴室。另外，建筑北边设有的两个塔楼和南边的一个圆形塔楼遥相呼应，具有罗马风特色，这些都是德国国王威廉二世所钟爱的新罗马风建筑风格。清光绪三十三年（1907年7月），该大楼竣工，在建成后的揭幕仪式上，德国侨民在大楼二层的礼堂里演出了普契尼的著名歌剧《图兰朵》。

德国俱乐部占地6300余平方米，建筑面积为3000多平方米，属于新罗马风式建筑风格，在造型和装饰上具有显著的日耳曼传统色彩。德国俱乐部主体建筑为三层砖木混合结构坡顶楼房，带地下室。屋顶装饰有牛舌瓦，外立面铺设瓦垄铁，另设有阁楼和"老虎窗"，使建筑外形凸显雄壮、刚毅。建筑入口处有石砌半圆连拱券廊并用成束的短柱子支撑，一层窗台至室外地坪以及门窗券皆用天然石料砌筑。楼内大厅和过道都以半圆券和椭圆形券承重，楼梯的立柱和栏杆均饰以精美的雕刻，门窗造型多采用拱形元素。

德国俱乐部可谓是几经易手。1917年中华民国政府对德国宣战，并宣布收回天津德租界。第一次世界大战德国战败后，在天津的德国侨民被遣送回国，德国俱乐部从而宣告结束。后来，俄国人承租德国俱乐部房产并改组为大赌场。1921年5月，中德两国恢复邦交，恢复后的德国俱乐部又成为德国侨民的活动中心。1945年5月，德国在第二次世界大战中战败，德国俱乐部再度宣告结束。1945年9月，中华民国政府将此处房屋拨给美国红十字会使用。1947年6月，为天津市政府临时参议会使用。1949年1月，中国共产党解放天津后，该建筑的房屋设备等财产由天津市人民政府接收,先是天津市人民政府交际处在此办公,1952年,该建筑拨给各界人民代表会议协商委员会使用。1959年,该建筑被作为中国人民政治协商会议天津市委员会的办公楼。1976年,唐山大地震时使整体建筑受到严重损坏,重修时在结构及造型上多有改变,窄高的连拱窗改成了宽的方形窗,有特色的圆形塔楼也被拆毁。1989年,天津市政协机关迁出,该建筑改建为天津市政协俱乐部,并使用至今。

(6) 奥匈帝国俱乐部

女士们、先生们,我们已经参观完奥匈帝国驻天津领事馆,下面我们在看到的也是奥匈帝国在津殖民地的一个重要建筑,这就是原奥匈帝国俱乐部(图9-37)。

图9-37 奥匈帝国俱乐部

奥匈帝国俱乐部是奥匈帝国政府驻天津领事馆和奥匈帝国兵营人员休闲娱乐的场所。奥匈帝国俱乐部建于1902年,与奥匈帝国驻天津领事馆同时建造,相距仅200米左右,位置就在当时的天津奥租界,也就是今天河北区翔纬路以东,建国道、胜利路以西,滨海路以南的庆安街23号。

整体建筑为四层外廊奥式风格建筑,建筑顶部设有大屋檐阁楼,顶层为尖顶,最底层在地下。其中,建筑的每一层窗户都为方形,大门的正面还设有两个阳台,均为铁护栏围成。后来,该俱乐部先被改造为旅馆,随后变为仓库,最后变为普通居民楼。

由于奥匈帝国租界存在只有15年时间,因此这座建筑一直不为人所知,直到2003年海河改造拆迁房屋时,这座严谨美观的小洋楼才被发现,后经文物部门、文史专家的考证,证实此楼是当年奥匈帝国租界地内的俱乐部。2005年3月22日,奥匈俱乐部修复工程正式动工,施工人员将对其外檐进行打磨并进行主体加固,修复工作于2005年5月底完工。该建筑目前为重点保护等级历史风貌建筑。

9.2.3 体育场馆

(1) 回力球场

在我们游览新意街的过程中,大家一定被这些美轮美奂的西式建筑所吸引,更为一些建筑的恢弘气势所折服,请大家顺着我手指的方向看,这就是回力球场(图9-38)。

回力球馆坐落于天津意租界马可波罗路(今河北区民族路47号),兴建于1933年至1934年间。回力球馆由意大利商富马加里创办,是借回力球运动赌博的场所，内部还设有赛场、餐厅、休息室等，是当时华北地区最大的室内游乐场。现为马可波罗俱乐部，为重点保护等级历史风貌建筑。

不知道诸位有没有知道回力球的？这是一项什么样的运动，又为什么成为赌博的辅助工具呢？我们边游览边为大家揭晓答案。

回力球馆为意大利建筑师鲍乃弟和瑞士人凯思乐设计，由孟特劳克公司施工，是一座4层钢混结构、高达36米摩登式的塔楼建筑，其内部设有高15.6米，长53.9米的回力球赛场和大看台、彩票房、宴会厅、舞厅、健身房、休息室等设施。建筑外立面设计强调竖向构图，大门入口的门厅上方有八角形塔楼，该塔楼在1976年地震中损毁，于2008年恢复。檐部和窗台下方有以球赛运动为题材的带形浮雕。雄伟壮观的大楼，充分体现了意大利建筑的特色和南欧的建筑风格，堪称意租界的标志性建筑之一，是一座摩登造型的后现代建筑。室内球场北面为白色高墙，南面和西面为二层楼的看台。

图 9-38　回力球场

和回力球馆相连的是一座小楼，小楼大门的台阶处设有一排小窗口来出售号码和兑奖，赌客便在这里买号作为门票和赌票。赌票分为独赢、双独赢、位置票联猜券等种类，抗日战争胜利后才告停业。

1949年1月1日，中国人民解放军接管了意大利回力球馆，并拨给了天津市总工会。随后，天津总工会工人俱乐部在这里成立。1950年，天津市第一工人文化宫剪彩对外开放，成为全国第一家工人文化宫。周恩来总理赠予天津第一工人文化宫图书一部，时任天津市人民政府市长俞启威、天津市政协主席黄火青为其亲笔题词。1954年，第一届天津市人民代表大会就在此召开。1958年，天津市工会拨款200余万元，将原来占地3453平方米的建筑地基扩充到13400平方米并扩建了设有2400座位的剧场、图书馆和游艺厅。1994年，天津市第一工人文化宫改办一宫娱乐城。

2007年，马可波罗产业文化有限公司投入3000万元把原来的大剧场结构改造成75个KTV包间和一个可容纳1000人的演艺中心至今。

（2）武德殿

武德殿（图9-39）位于南京路228号，是一座保护完整的日本风格的建筑。该建筑是天津市内现存的唯一一座和风帝冠宫廷式建筑。

武德殿建于1941年的，又名演武馆，系日本武德会天津支部为日本驻军和日本侨民所建习武健身的场所。武德殿占地2800余平方

图 9-39 武德殿

米，建筑面积 2200 平方米。该建筑为二层砖木结构的和式建筑，建筑造型典雅大方，稳重舒展，强调传统建筑的对称构图。外檐为白色墙饰，用釉面瓷砖镶嵌，四坡青琉璃瓦顶，正脊黑布瓦，以黑、白为主色调。首层为公寓式住房，二楼为练武厅，内设柔道、击剑、拳击等健身习武设施。在长时间的使用过程中，建筑外檐出现了一定程度的损坏，经过 1976 年的地震，建筑顶部的重要装饰震损。2008 年奥运前夕对建筑损坏部分进行了整修，按照原有式样对建筑顶部的重要装饰进行了重新制作、更换修复，达到了"修旧如旧"的效果，恢复原貌的武德殿成为南京路上一处重要的景观。

1945 年日本投降后，武德殿由中国政府正式收回，美军曾进驻此建筑。后曾作为天津医科大学（老医科大学）图书馆（1956—1963 年），1963 年天津医科大学迁出（而后由谁使用不详）。在 20 世纪 80 年代后成为总医院幼儿园所在地，现为总医院图书馆。2005 年被天津市政府命名为特殊保护等级历史风貌建筑。

（3）民园体育场

各位朋友，接下来我们继续游览五大道中的重庆道。熟悉中国足球、天津足球的朋友们一定不会对民园体育场感到陌生，它对天津的体育事业特别是足球事业起到了举足轻重的作用，作为职业联赛中天津队的主场，它曾经留给了我们很多深刻的记忆。

民园体育场坐落于天津市和平区重庆道 83 号，1920 年，因开展体育活动的需要，天津旧英租界工部局（B.M.C）在租界地修建了一个规模较大、在当时也是比较先进的体育场，这就是民园体育场的雏形。民园体育场的改造模仿斯坦福桥球场（今切尔西主场），特别是在跑道结构、灯光设备、看台层次等方面在当时看来是具有世界先进水平的。民园体育场终于以全新的面貌成为当时在亚洲范围内首屈一指的综合性体育场。1929 年，民园体育场承办了旧英租界当局举办的万国田径运动会，运动会上奥运冠军英国人李爱锐参加了比赛，并战胜了 500 米世界纪录保持者德国选手阿图·费尔莎，夺得了本届运动会 400 米跑的金牌，这也是他运动生涯中得到的最后一枚金牌。

民园体育场在天津体育事业进入蓬勃发展的繁荣时期扮演着重要的角色。1957 年 4 月，14 名中国白队队员在领队王伯青和教练邵先凯的率领下落户天津，这同时标志着天津足球正式创建，而民园体育场也由此翻开了历史新的一页。这支以国家队队员为主要班底的天津足球队以全面的技术、泼辣的攻势打法,以及"不怕死"的硬朗作风闻名全国,在全运会、全国甲级联赛和全国足球锦标赛上共获五次冠军、五次亚军、五次第三名,成为中国足坛上一支名副其实的"王者之师"。这一代人也成就了天津足球雄厚的基础。中国足球进入职业化后,天津队的名字尽管一换再换,由立飞三星、由泰达顶新到泰达CEC再到康师傅,无一例外地选择民园体育场作为主场比赛的场地。直到2004中超元年,富丽堂皇的泰达足球场在天津塘沽开发区落成,天津队的部分主场也随之搬到了那里进行。

2012年6月,民园体育场改造方案公示,民园体育场拟定在2012年6月23日起开始拆除。相关部门将在原址上建设体育公园,发展体育相关产业。根据公示的改造方案,改造的总体思路是保留现有的建筑形式和风貌,留住"老民园"的"魂",同时打开河北路段形成开放的体育公园。目前,场内的看台功能已经"消失",内部结构老化,空间利用率低,此次改造将拆除南北看台,转而新建三层多功能建筑。此外还将新建地下二层空间。

改造后的"新民园"(图9-40),涵盖全新的功能板块,包括:市民健身板块21000平方米(室内6500平方米、室外14500平方米);文化演艺创意办公5640平方米;旅游服务6735平方米,商业配套21125平方米;地下停车库等21440平方米。此外,体育场北门也就是现在的足球纪念碑一带将变身欧式风格广场,建成民园地区的标志区和人流集散中心。改造后的民园体育场将成为集休闲、健身、商贸、旅游以及文化创意活动等多功能于一体的市民体育休闲公园,实现体育功能的日常化,从6点到24点,市民都能互动参与享受"新民园"的魅力。

图9-40 新民园

 补充阅读 火的战车

世界冠军李爱锐(1902—1945),原名埃里克·利迪尔,英国人,是一位出生在天津的奥运冠军。1907年,李爱锐随父母回国上小学,后进入苏格兰史达灵郡伦敦中学,大学时考入英国爱丁堡大学。他是一位苏格兰短跑名将,在1924年举行的第八届巴黎夏季奥运会上,他一举获得400米跑冠军,并打破世界纪录,成为英国著名的体育明星。他是一位优秀的教育家,1925年,他回到天津,在新学中学(现天津17中)任教近20年。抗日战争爆发后,他救治过抗日战士,他曾赴冀中支援抗日游击战争,1945年抗日战争行将胜利时,死于日寇潍坊集中营。李爱锐奥运夺魁的传奇人生在英国被改编成电影,名为《火的战车》,制片人和导演为国际著名的戴维·朴特南。这部电影在1987年的国际电影节上荣获奥斯卡原创剧本奖。

 补充阅读　奥运三问

一百年前,有个人问:中国,什么时候能够派一位运动员去参加奥运会?中国,什么时候能派一支队去参加奥运会?我们的国家什么时候能够举办奥运会?

一百年后的今天,公元2008年8月8日,三问皆有答案,奥运今朝梦圆。

国际奥委会主席罗格感慨万千:"这个首次在北京举办的盛会,将圆一个中国人———张伯苓先生一个世纪以前表达的梦想。"

张伯苓,最早将奥运概念带入中国的先驱人物,力促刘长春首个参赛奥运的主导人物,也因此被誉"中国奥运第一人"。

张伯苓关于奥运会的最早言论,是在1907年。那年的10月24日,张伯苓在天津第五届校际运动会颁奖仪式演讲"雅典的奥运会"时,明确建议"中国人应该加紧准备,在不久的将来也出现在奥运赛场上"。1909年春天,赴欧考察归来的张伯苓又用幻灯机给大学生放映了第4届奥运会的照片。"奥林匹克"一词开始在中国流传。

张伯苓还最早提出中国要加入国际奥林匹克大家庭,最早派出奥委会代表。1928年,张伯苓任名誉会长的"中华全国体育协进会",派代表出席了第9届国际奥林匹克委员会。张伯苓是我国奥林匹克运动的最早倡导者和奥林匹克精神的最早传播人,是著名的奥林匹克教育家。他对奥林匹克运动有六大贡献,堪称六个第一。

最早提出:中国要加入奥林匹克大家庭

最早参与:创建和组织"远东奥林匹克运动"

最早提倡:奥林匹克教育入课本

最早创建:中华全国体育协进会

最早促成:中国奥运健儿参赛

最早发起:中国举办奥运会

 **游程建议** "文化娱乐"游览行程

日期	行程	用餐	住宿
D1	早天津市区约定地点集合发车实地游览天津大学、南开大学,途径南开中学,感受天津近现代教育的辉煌成就,感受大学校园氛围。发车至五大道,游览天津外国语大学,五大道用午餐。下午车游五大道,沿途游览民园体育场、名人故居等,沿南京路车游耀华中学,金街商业街。下午五点结束游览返程。	○●○	
D2	早天津市内约定地点集合发车赴新意街,实地游览马可波罗广场、回力球场、梁启超故居、奥匈帝国俱乐部等,感受天津的意式风情。新意街用午餐。发车赴五大道,车游民园体育场、英国乡谊俱乐部、李爱锐旧居、张作相旧居,实地游庆王府。下午四点结束游览返程。	○●○	
D3	早天津市内约定地点集合发车赴古文化街,实地游览古文化街、天后宫。发车至鼓楼商业街,实地游览广东会馆,在鼓楼商业街用中餐。发车赴金街商业街,车游南京路沿线景观,游览金街商业街,实地游览劝业场八大天。下午五点结束游览返程。	○●○	

服务包含项目:

交通:空调旅游车　　　导游:地方优秀陪同导游　　　用餐:中餐
景点门票:行程所列景点门票　　保险:旅行社责任保险、人身意外伤害保险

 思考题

1. 天津近现代教育的杰出代表有哪些(中学、大学各举两例),这些学校现存的历史风貌建筑有哪些。
2. 广东会馆戏台的建筑特色以及木雕的寓意。
3. 天津现存的各国俱乐部有哪些,建筑的特色分别是什么。

第 10 章　军事工程

> **本章学习目标**
>
> **知识目标：**
> 1. 了解北洋水师大沽船坞、了解天津武备学堂历史概况；
> 2. 熟悉大沽口炮台景区概况及历史上的大沽口保卫战；
> 3. 熟悉天津原法国、原意大利、原美国兵营建筑特色；
> 4. 掌握黄崖关长城风景区主要景点。
>
> **能力目标：**
> 1. 能够在实地系统讲解黄崖关长城风景区；
> 2. 能够结合近代天津军事工程，编排旅游线路行程。

本章概要

　　天津自古以来就是军事要塞，明代开始在天津设卫。坐落于天津蓟县北部的黄崖关长城作为长城沿线的一部分，时刻散发其迷人气息。大沽口炮台是中华民族抵御外来入侵的写照，四次大沽口炮台保卫战使外敌认识到了中国将领、老百姓的英勇无畏。近代中国第一所培养陆军军官的军事院校天津武备学堂和大沽船坞的修建反映出清末乃至北洋政府时期，对于军事方面的重视。各国租界区内兵营的设立，凸显各帝国主义长期霸占中国领土的丑恶嘴脸。

　　为了全面介绍历史性建筑相关基础知识，本章中出现部分建筑（如：天津黄崖关长城）不在已经认定的《天津历史风貌建筑明细》中，为系统介绍天津近代军事工程，特将相关建筑进行罗列，以便读者对该主题有更为全面的了解。

　　本章黄崖关长城为精讲导游词。

10.1　天津现存著名军事工程

10.1.1　黄崖关长城

　　各位游客：

　　大家好！欢迎游览万里长城上重要的关隘——黄崖关（图 10-1）。

万里长城是中国古代劳动人民所创造的一个世界奇迹，它像一条巨龙飞腾在中国北方辽阔的土地上，成为耸立在人类文明史上的丰碑。黄崖关长城是万里长城的重要组成部分，1990年1月4日被天津市评定为"津门十景"之首。这段长城修筑在蓟县国家地质公园断层地貌的山脊之上，格外险峻。关城建在两山之间，封锁沟河河谷，古代是兵家必争之地。自1985年开放以来，已成为文化交流的纽带、增进友谊的桥梁。在关城内兴建了长寿园、碑林、博物馆、名联堂等高品位的文化景点，使它成为了一座集防御工程与军事构思共有，知识内涵与建筑艺术并重的"文化长城"。

首先映入我们眼帘的就是这座牌楼。我们可以看到它上面书写"蓟北雄关"四个大字，意思就是说此地乃蓟地的北大门，是控扼入关的一个重要关隘。现在我们来看一下牌楼的背面，牌楼的背面书写"金汤巩固"四个大字。金汤是金城汤池的缩语，巩固是坚固牢靠的意思。这里就是形容由八卦关城，主体城墙及城外孤峰顶上的高大的圆形哨楼组成的完整的防御工程体系，就像用金属浇铸一般，易守难攻，坚不可摧。所以称他为"金汤巩固"。

大家请看长城南城楼上镶嵌着"黄崖口关"（图10-2）四字匾额。为明代的著名抗倭将领戚继光将军题写。它为什么叫"黄崖口关"呢？请您随我的手势往远处看。因为这里的山石呈黄褐色，山上有黄崖，山下有雄关，故称黄崖关。沟河在此横切燕山，夺道南流，形势险峻，明朝在此修建了这座精心设计的八卦城，是黄崖关长城防御体系中唯一的通道，所以又叫"黄崖口关"。

图10-1（左）黄崖关长城概貌

图10-2（右）黄崖口关

（1）八卦关城

步入黄崖口关，我们已经进入了全国长城线上唯一的一座八卦关城。八卦关城又称"八卦迷魂阵"，是按八卦图形规律构筑的防御阵式。

这座关城始建于明天顺四年，总占地面积四万平方米。整体布局以提调公署为中心，由西北方向按顺时针分别为"乾坎艮震巽离坤兑"八个卦区，内设三关九门，纵横交错四十余条街道网络，有丁字形的，有回字形的，有的平行错位，有的通，有的不通，还有的似通非通，步入其中，如入迷津。但只有一条路能通出关城，这条路就在我们的南侧，请看。

在此大家不难发现，整个关城呈不规则的"刀把"形分布。关城西南角多出了一块，古时候这里是个空场，旁侧有高墙围着，里面竖着一个大旗杆，杏黄旗绣着"校场"二字。顾名思义它是习武练兵的地方。事实上它却是假的，里面是名副其实的"陷马坑"。各位再仔细看空场南墙有一小角门，它叫"生死门"，门槛上面安有翻板、转板、连环板，场内设有浮坑、陷坑和梅花坑。侥幸存活的残敌要出城，途经此地，在后有追兵，前有堵截的情况下，不知内情，势必会经过此门进入空场。这样，即使不被翻板翻掉，也会落入陷马坑被活捉，因而关城防御就形成了真正意义上的"金汤巩固"，易守难攻了。它究竟是否如我说的那么玄？请各位跟随我亲自去领略一下。

下面我们要参观的是坐落在"校场"内的八卦迷宫游乐园和台北碑苑。

八卦在我国历史上源远流长，最早于《易经》中有详细记载：相传为当年伏羲氏得"河图"和"洛书"而创。《易经》是一门古老的科学巨著，被尊为古代群经之首，古有伏羲创八卦是中国文字的雏形，文王演《周易》是中国文化的开端之说。《易经》所说的卦，是宇宙间的现象，是我们肉眼可以看见的现象，宇宙间共有八个基本的大现象，而宇宙间的万有、万事、万物，皆依这八个现象而变化，这就是八卦法则的起源。后来周文王又在精研伏羲八卦的基础上加以演变，初用于卜筮，后又将其用于军事，形成后天八卦。这座迷宫汲取了历代八卦阵法之精华，结构巧妙，格调新颖。数百道古式矮墙分隔成迂回曲折的街巷，置身其中给人以扑朔迷离之感。

我们旁侧的这座书法长廊就是台北碑苑。它是由台湾中华书法协会理事长刘炳南先生倡导修建的。邀集启功、沈鹏、刘秉森等十余位国内书法大家和台湾90余位书法家联袂而作。作品内容多为描绘中华文化历史和祖国锦绣山河，表达海外游子心向祖国的爱国情操，受到中央台办的高度评价。这些碑刻集楷、草、隶、篆、行等各种书体于一地，异彩纷呈。整个苑内环境优美，以小砖砌成的黄崖关微缩景园为中心，侧墙则以一个巨幅画卷的形式展示了碑刻作品。苑外的长城主墙回环相连，远山上绵延起伏的长城如巨龙横亘，形成了一个以长城为依托的文化景园。漫步其间，不觉使人感悟"长江、长城都是中国魂"的豪迈。

（2）长寿园

接下来，我们要参观的是坐落在"坤"卦区内的长寿园（图10-3）。

这座园区是一个以"寿"字为主题，全国第一座尊老、敬老的教育基地。现在您看到的墙壁上、梁枋上、柱头上共有一万零三种不重样的"寿"字，已被载入世界吉尼斯之最。

中华民族乃礼仪之邦，颂"寿"崇"寿"源远流长。"寿"字历史悠久（图10-4），基于它的特殊意义，就奠定它虽不是中国汉子中出现最早的一个，却是体态多变，字体字形最多的一个。一个字有一万多种手法，可以说，任何一个汉字都无法与之匹敌。"寿"字在中国已形成一种文化，中国人称它"寿"字文化。

图 10-3（左）长寿园

图 10-4（右）长寿园里的寿字

穿过"寿"字影壁，设计奇特的"长寿桥"给您耳目一新的感觉。在巨大的"万"字之中，用红色的砾石组成了巨大的"寿"字，红色砾石在水的浸润下显得格外喜庆吉祥。俗话讲的好："走过长寿桥，福寿乐逍遥。"请大家站在寿字中合影留念。

长寿桥两侧石雕像是院中的主建筑，这位笑容可掬的长者是谁，您能猜中吗？如果大家猜不中，我来告诉您，这就是"老寿星"彭祖。相传，彭祖是轩辕黄帝之孙颛顼的玄孙陆终的第三子。江苏省徐州人氏，生于夏，到殷商时已有 800 余岁，是中国古代带有神化色彩的传奇人物备受尊崇。中国历朝历代都称其为"老寿星"。朋友们仔细看，他的手势很奇特：一手低垂，扶鹤头向内，一手高抬抚须向外。经常有朋友们开玩笑说：手势向内的是在招呼您，您这个人积德，敬老，做了善事，高寿的行列有您，"来吧"；手势向外的是告诫那个人，说他不敬不孝，高寿者行列没有你，那你"去吧"！不过，各位终究是与彭祖有缘千里来相会，我衷心地在彭祖面前祝各位健康长寿！请大家拍照留影。

（3）提调公署

大家现已来到八卦城的中心——提调公署院内（图 10-5）。提调公署是明代镇守长城最高行政长官处理军务和民事的场所，是当时的指挥中心。1986 年 10 月，这里已辟为全国第一座长城历史博物馆。

请看前殿檐下悬挂的"天津黄崖关长城博物馆"匾额，为已故的原全国书协主席启功先生所题。院内中央矗立的白色大理石碑，正面刻"重修蓟县长城碑记"，字体为鸡毫汉隶，是天津市书协主席龚望先生手书。背面碑文为天津市书协副主席孙伯翔手书。上面记载了万里长城的历史沿革，蓟镇长城的始建和壮丽景色，同时还

图 10-5　原提调公署

记载了1985年以来，重修黄崖关长城，天津市各界踊跃捐资的盛举。

朋友们请看，东配殿里展出的是长城历史。为了防守，明政府在长城线上陈兵90余万，从东到西把长城分"九镇"（镇相当于现在的军区），每镇都派大将镇守，它们是：辽东镇、蓟镇、宣府镇、大同镇、山西镇、延绥镇、宁夏镇、固原镇、甘肃镇。

黄崖关长城隶属于蓟镇长城，它始建于北齐天保七年（556年），距今已有1400多年的历史，原为毛石垒砌，明朝隆庆年间，民族英雄戚继光任蓟镇总兵时，对这段长城进行了包砖和大修，整个军事防御体系日渐完善。黄崖关设有凤凰楼、主体城墙、八卦关城三道防线，一线：凤凰楼建于关城北2华里的馒头山上，山的西面和北面均为百米绝壁，易守难攻。凤凰楼的作用有三种：第一种，前沿阵地，如果敌兵人数不多，可以用来作战；第二种，如果敌兵入侵人数多，它就取代了烽火台，传递信号，主体长城接信号后，准备作战；第三种，当敌人攻打主城时，可以从背后包抄敌人，两面夹击，使敌人腹背受打击，从而减轻主城的压力。二线：长城主体城墙建于王帽顶和狐仙晃两山之间，城高墙厚，而且沟河穿城而过，形成险要的河谷。河上建有水关，易守难攻，大有"一夫当关，万夫莫开"之势。三线：八卦关城构造巧妙，闯关者九死一生。因而自明朝隆庆年后的历次争战，还未曾发现由此破关而入的记录，也就是说这里是明万里长城线上为数不多的一座没有被攻破过的关城。相传李自成抗清也曾来此，见这里地势险峻，林茂谷奇，颇似山西雁门关，就以此为御敌屏障，改黄崖关为"京东雁门关"，所以有"小雁门关"之称。

请朋友们参观"工"字形展厅内展出文物及相关展室。这座展厅重点展出了修复黄崖关长城的有关情况：1984年，邓小平同志提出了"爱我中华，修我长城"的号召后，天津市委、市政府倡首响应，在老市长李瑞环的带领下，社会各界踊跃捐资，于1985—1987年历时三载，大功告成。黄崖关长城恢复了昔日风采，焕发出勃勃生机。请大家自由参观博物馆。这座展馆坐落于黄崖关长城八卦城的中心位置，建筑规模虽然不大，但在全国是首家修建的长城博物馆，是天津市青少年教育基地、爱国主义教育基地、国防教育基地和市级重点文物保护单位。

到此，我们了解的黄崖关长城完成的军事设施、严密的防御体系，处处体现了华夏民族的勤劳智慧。然而，最伟大的却是中华民族不朽的创造精神和高尚的文明筑就的长城精神。

（4）百将百家碑林

下面我们就去参观体现这种长城精神的长城碑林。整个碑林设在八卦城的"乾"卦内，总面积2088平方米。院内迎面矗立的这块巨大石碑，取材于天津蓟县中上元古界国家标准地层剖面。距今已有十七亿年的历史。上面镌刻着邓小平同志"爱我中华，修我长城"亲笔题词。以此碑为中心，西侧为百将碑林，东侧为百家碑林。百将碑林是1987年为纪念全党建军60周年而建，为我国第一座百将碑林（图10-6）。在75米长的仿古回廊壁上镶嵌着108块白色大理石碑，展示出当时健在的两位元帅、两位大将、22位上将、74位中将、7位少将为黄崖关长城的题字碑刻。开国将帅挥毫寄语，惠赠墨宝，装点江山，不仅笔力苍劲，而且寓意深远，记辉煌伟业，谱正气新歌，实属后世宝贵爱国教材，永远激励人们爱国之情和报国之志。

图10-6　百将碑林

百将碑林建成后，又于1988年8月创建了这座专题颂扬长城文化的全国第一座百家碑林。在75米长的仿古回廊壁上镶嵌着105块白色大理石碑。百家碑林共展示出104位政治家、艺术家、画家、书法家和国际友人的墨宝。

2000平方米的空间内融汇百将与百家，以文东武西势分左右，并列于长城之下，文治武功，交相辉映，俊采星驰，堪称双璧，这些墨宝华章或浩歌怀颂历史之丰碑，或状物寄情抒民族之壮志。喻中华之腾飞，增蓟北之风光，具有很好的欣赏价值和丰富的文化内涵。

大家请进入大厅，这是于1991年10月建成的全国第一座以歌颂长城为题的篆刻碑林。共展示出114方篆刻精品，以30厘米见方的白色理石拓红制成。篆刻精品是从全国各省市、自治区和港、澳、台地区数百份作品中精选出的佳作，篆刻有秦汉印玺、虫篆、肖形，有花押、圆朱、有泥封、砖瓦等，形式多样，异彩纷呈。人们漫步其间，欣赏金石书法艺术精品，另有一番新奇感受。

（5）毛主席诗词墨迹碑林

现在我们来到了毛泽东诗词墨迹碑林（图10-7）院内。这座碑林是1992年10月为纪念毛泽东诞辰99周年修建的。请看，迎面这块长3.1米、高1.226米，厚0.5米的青花岗岩题名碑，正面雕刻着江泽民同志题写的"毛泽东诗词墨迹碑林"九个行书大字。碑林廊长138米，用高1.4米、宽0.9米的99块青花岗岩组成，雕刻着毛泽东同志从1923年—1964年间创作的28首诗词手稿。以《沁园春·雪》为主碑的毛泽东诗词墨迹碑林，艺术地再现了毛泽东同志在不同历史时期表

图10-7　毛主席诗词墨迹碑林

露的伟人胸怀和气魄。设计构思的 99 块碑石，寓意毛泽东同志诞辰 99 周年，整个碑林的诗词共 1893 个字恰与毛泽东同志生辰之年巧合，题名碑高 1.226 米，寓意毛泽东同志诞辰日为 12 月 26 日。

1993 年 10 月，为纪念毛泽东同志 100 周年诞辰，又在碑林院内中央塑立一尊 3.1 米高的毛泽东立身铜像，创造者是中国城市雕塑艺术委员会副主任潘鹤教授。塑造了毛泽东同志在硝烟弥漫的岁月，目视长城内外，豪情满怀迎风矗立的伟人身躯，再现了我党、我军和中华人民共和国的主要缔造者毛泽东同志运筹帷幄，决胜千里，指点江山，激扬文字的领袖风范和诗人风采。人们在此欣赏毛泽东同志卓绝的诗词和精湛的书法艺术，会油然升起对伟大领袖毛主席的缅怀情思，产生一种超越时空的历史遐想。我们在领略伟人的风采，饱览诗作艺术之余，别忘了适时拍照，留下这美妙的瞬间。

不知不觉我们即将走出八卦街，尽管八卦奥妙无穷，但假如您掌握卦诀，进出将易如反掌。现在我将八卦城的不传之秘诀传给各位。您可要听清楚，卦诀是：乾三连，坤六断，离中虚，坎中满，震仰盂，艮覆碗，兑上缺，巽下断。

（6）黄崖正关

现在我们来到了黄崖正关，城台上镶嵌的匾额"黄崖正关"四个大字是明代万历十五年原匾的复制品，真品收藏于博物馆内。

黄崖正关地处狐仙晃和王帽顶两座高山之间的峡谷中，它巧妙地与这陡峭的悬崖绝壁融为一体，形势极其险要。虽说是关，但却没有通行的门洞。这次按原貌修复的黄崖正关是一座长 31 米、宽 19 米、高 10.8 米的城台。台上建阁，面阔 3 间，九脊歇山顶，朱柱绿额、雕梁画栋，着明式大花旋式彩绘，绚丽夺目，雄伟壮观，名曰"北极阁"，俗称"玄武庙"，在全国长城线上是第一个修复起来的。

这座正关没有北门，为什么没有北门，下面建台，上面建阁呢？相传明成祖朱棣信奉道教，他自认为扫北获胜，继承帝位，皆因得到北神之助。按照道教的说法是四方四神各守一边，即东神青龙、西神白虎、南神朱雀、北神玄武。因为他尊崇和供奉北神玄武大帝，便在京东一带和他出兵打仗经过的地方大建玄武庙，为的是保佑他的江山稳固。为避免行人和车马通过而冲撞北神，故不设北门。《蓟县志》记载："蓟县有北极阁二县城一、黄崖关一"。北极阁不能设北门，主要原因还是为了防守。

北极阁城台，这里是当时重要的军事指挥中心之一，关城两侧山峦耸峙，泃河至此横切燕山，夺道南流，关城东侧形成险要河口，水关似彩虹飞架，横过泃河。津围古道从水路关隘之间穿过形成险要地势。古诗云："紫塞横空岚影秀，之字平分两刎山"，就是这里的生动描写。

请往北眺望，在千米之外的孤峰顶上，建有一座巨大的圆形空心敌楼，楼高 23 米，直径 16.5 米，上下两层，顶部建有铺房楼，这是万里长城沿线上最高大的一座圆形哨楼，名曰"凤凰楼"（图 10-8）。关于凤凰楼名字的由来有两种说法：一是相传有凤凰栖居于此故而得名；二是相传李自成抗清兵时，他的夫人观阵于楼上，凤凰楼因此而得名。

图 10-8　凤凰楼

请大家看，两侧这座似刀削斧劈的山峰，好似古代戏曲中王爷的官帽，我们给它起了个名字叫"王帽顶"山。在长城尽头的悬崖峭壁下有一幅天然的巨幅壁画，上有鸟、兽、虫、鱼等各种动物图形，名曰"百兽图"。在百兽图西侧有一座山沟叫小青蛇沟，与《白蛇传》有不解之缘。

各位游客，我们将在瓮城登车去太平寨。首先我们利用 10 分钟的时间参观一下瓮城内的文化精品——名人名联堂。

这座名联堂建于 1991 年 10 月，垂花门楼上的"黄崖关名联堂"六个篆书大字的匾额，为中国书协副主席、天津市书协主席王学仲先生亲笔手书，天津市著名书法家赵伯光先生镌刻。这是全国长城线上第一座名人名联堂，展示名人名联 105 幅。名联作品有毛泽东、周恩来等老一辈革命家的豪迈词句；有当代文豪鲁迅、郭沫若的妙语精文；有李白、苏轼、郑板桥等著名诗人和历史名人的佳作。书法选用了甲骨、大篆、小篆、汉隶、魏碑、楷、行、草等字体，兼容了颜、柳、欧、米等多种书法和流派以及印章形式，并且在制作上巧妙地使用了浅刻、深凿、阴雕、阳雕、点刻、留青、烙印、贴面等镌刻技术。在原作的书法和雕刻等艺术形式上进行了大胆的变形和创新，给人以耳目一新的感觉，这在全国也是不多见的。它凝聚了中华民族千百年来优秀文化的精粹，融楹联、书法、雕刻三大艺术于一体，堪称华夏艺术一绝。

（7）太平寨

太平寨（图 10-9）位于黄崖关东侧的小平安村北。现在我们来到了进入太平寨的太平路入口处。大家请看，这是 1996 年 5 月落成的木结构牌楼，它飞檐远眺，造型优美，上着明式彩绘，绚丽夺目。正面书写"紫塞凝云"四个大字，为天津市书法家协会副主席毕开文先生亲笔手书。牌楼背面书写"黄崖胜境"为天津市著名书法家赵伯光先生所写。

图 10-9　太平寨景区

穿过这座牌楼,沿弯曲的盘山公路前行5公里,便来到太平寨脚下,呈现在我们面前的这座建筑物是太平寨的牌坊,上书"太平寨"三个大字。过了牌坊,就进入了太平寨景区。

大家请看,迎面矗立的是戚继光石雕像(图10-10),像高8.4米,重90吨,选用32块山东泰安红花岗岩雕塑而成。

图10-10　戚继光雕像

隆庆二年(1568年),戚继光受蓟辽保总督谭纶的举荐,被任命为蓟镇总兵,在蓟州镇守十六年,对山海关、黄崖关、居庸关等段长城包砖大修,并创建了跨墙空心敌台楼。万历十一年被调往广东;离开蓟镇之时,全镇居民登府挽留,出境外几十里为其送行,罢市而泣。戚将军老泪纵横,题诗一首:"南北驱驰海色寒,孤臣与此望辰鸾;凡霜尽是心头血,洒向千峰秋叶丹。"表达了自己对蓟镇长城呕心沥血和对祖国大好河山的无限眷恋之情。万历十五年戚继光病逝。

为纪念这位威镇边塞十六年立下卓著功勋的民族英雄戚继光诞辰400周年,1987年10月特雕塑这尊巨像,他身着戎装,威武庄严,屹立于太平寨,以教育后人。

太平寨始建于明成化二年。遗址犹存,墙垣呈方形,边长近百米。

现在我们已来到太平寨长城的瓮城面前,请看门洞上方镶嵌着"太平寨"三个大字匾额,此字出自于明朝著名书法家董其昌之笔。

从瓮城便道登上长城,大家请往东看,眼前这座山峰叫半拉缸山。上矗敌楼,直插云天,使人望而生畏。半拉缸山海拔760米,岩石呈黄褐色,其山体造型为半环形。每当夕阳西下,晚霞光辉映照得山石金光灿烂,实为壮观。因此,形成了黄崖关长城的又一大奇观,即"黄崖夕照"。

现在我们来到了这座古朴的方形敌楼面前,它就是流传百世、众口皆碑的"寡妇楼"(图10-11)。几百年来,由于风雨侵蚀和人为的破坏,长城沿线大部分敌楼均已毁坏,唯独这座敌楼却完好的屹立于万山之中。这座寡妇楼为什么能得以保存呢?这要归功于当地百姓的自觉保护,他们说:"这座敌楼是用12位妇女的心血筑成的。"关于寡妇楼名称的由来,在当地百姓中流传着一个悲壮的故事。

在明朝隆庆年间,戚继光指挥包砖大修长城时,有一支河南籍士兵队

图10-11　寡妇楼

伍。其中 12 名士兵的妻子，见丈夫数年未归，便结伴到边关来寻夫。她们风餐露宿，跋山涉水，历尽千辛万苦，终于来到蓟镇长城。可是她们得知的消息是，他们的丈夫为修筑长城全部献出了生命。12 名妇女听到这一噩耗，悲痛欲绝，抱头痛哭。

戚继光巡视长城来到这里，见此情景，下马来到她们跟前，好言相劝，给她们讲修筑长城的意义，并给每人一笔丰厚的银两，劝她们回家后好好抚育儿女，赡养老人。

这天夜里，12 名寡妇抑制着悲痛，一起商量，决定献出银两，作为修筑长城的费用。并主动留下来，继承丈夫的遗志，投入到修筑长城的行列中，最后终于修起了这座敌楼。后来人们为了纪念她们这种深明大义、为国分忧的壮举，便把这座敌楼命名为"寡妇楼"。

一些文人撰文歌颂 12 位寡妇的高尚情操，称她们是"女中豪杰"，是"长城上的守护神"。其中有篇诗文这样写道："伟哉万里城，壮哉寡妇楼，千里寻夫不畏远，伉俪情变报国心。十二遗孀继夫志，前仆后继中华魂……"

1985 年重修长城，清基时，确实在长城遗址上发现了铜顶针、铜簪子、骨簪子等妇女用品。同时在出土河南营都司"鼎建碑"，碑文中专门记载了河南士兵修筑长城的情况，充分说明了这座敌楼确实是河南士兵修筑的，妇女是否参加了施工，虽无文字可考，但从清基时发现的妇女用品看，可证明当时河南营中确实有妇女居留。通过文物佐证，寡妇楼的传说故事具有一定的可信性。

各位游客，黄崖关长城的讲解到此结束，黄崖关长城会展开它博大的胸怀，来恭迎各位的再次光临。谢谢！

10.1.2 大沽口炮台

大沽口炮台位于塘沽东沽，原有五座炮台，现遗址仅开放一座炮台。大沽口炮台早期设防要追溯到明嘉靖三十五年，大规模设防修建炮台始于清代嘉庆二十一年，大沽口炮台在中国近代史上占有重要地位，是近代以来中国人民反抗帝国主义列强入侵中国的前哨阵地。南有虎门炮台，北有大沽口炮台，两座炮台曾共同捍卫着我国祖国的南北大门。大沽口炮台遗址（图 10-12）于 1988 年 1 月 13 日被国务院正式确定为第三批全国重点文物保护单位，1990 年又以"海门古塞"之誉列为天津市津门十景之一。

大沽口炮台遗址具有很高的历史文物价值。古往今来，无数的仁人志士

图 10-12 大沽口炮台遗址纪念馆

到此凭吊，激发心中的爱国主义热情。我们伟大领袖毛主席解放前后曾两次亲临大沽口炮台，1919年3月，毛主席送赴法勤工俭学的留学生去上海，由北京出发，专程到天津下车，到大沽口炮台参观凭吊，并和同志们畅谈祖国未来以及个人的远大理想。1954年4月23日，毛主席视察天津新港碱厂后再次来到大沽口炮台并留影纪念，体现了伟人对大沽口炮台的重视和关心。

1997年，在市、区两级政府的关怀下，大沽口炮台已建成为革命传统教育和爱国主义教育基地。大沽口炮台以其雄浑古朴的风姿迎来四面八方中外游客。

大沽口炮台遗址纪念馆以丰富的历史资料，其中包括：文字、图表、历史照片、实物（图10-13）赞美体现了大沽口炮台的历史过程。首先映入我们眼帘的是石牌坊上的"海门古塞"四个大字，它将把我们带到那遥远的战火纷飞的年代，让我们目睹帝国主义列强是怎样践踏分割祖国母亲的躯体，以及中华儿女是如何前赴后继，不怕牺牲，不畏列强，用自己血肉抵御外侮的英勇史迹和光荣传统。在四次大沽口保卫战中为国献身的英烈永垂不朽！

图10-13　大沽口炮台

（1）大沽口保卫战

第一次大沽口保卫战发生在1858年1月，英法联军占领广州，为迫使清政府签订新的不平等条约，侵略者公然叫嚣"现在只有一个办法取胜，即占领天津直接威胁北京"。5月份英法联军进攻大沽口炮台，将士奋起反抗，击沉敌舢板4只，毙敌近百名，法军炮艇"霰弹"号受重创，艇长被击毙。正当守台将士与敌人艰苦鏖战之际，手握兵权的直隶总督谭廷襄、布政使钱昕和却临阵脱逃，致使守军士气大挫。英法帝国主义乘机攻取大沽口炮台，第一次用大炮轰开了中国的北方大门，迫使清政府同沙俄、美国、法国签订了不平等的《天津条约》。

1859年6月，英、法、美三国公使借口到北京与清政府交换条约文本，率舰队到大沽口外，向清政府施加压力。清政府当即照会侵略军，换约可带少数随员由北塘登陆进京。但英法侵略者恃强成性，执意从大沽口登陆，武装护送公使进京，并于6月25日下午炮轰大沽口炮台，挑起第二次大沽口海战。中国军队被迫开炮自卫，新修建"威、镇、海、门、高"五字命名的炮台发挥了强大的威力，当地民众纷纷助战杀敌。结果进攻者完全失败。远征队只得退却，并且在战斗中损失三艘英国战舰，英军死伤464人、英军官死5人、伤23人。海军司令贺布也受了伤，这是第一次鸦片战争以来，中国军队抵抗外国侵略军所取得的最大一次胜利，也是当时英帝国主义在亚洲遭到的最惨重的失败。

在这次战役中，清军将领直隶提督史荣椿，大沽协副将龙汝元表现了高度的爱国热情。当时史荣椿守南岸中炮台，龙汝元守北岸前炮台。他们"奋勇先登，亲燃巨炮，击中夷舰。"不幸的是二位爱国将领先后中炮，为国捐躯。

1860年8月，英法两国又纠集了25000多名侵略军，第三次入侵大沽口。当地军民顽强反抗，敌军久攻不下，使从北塘乘虚登陆，包抄大沽口炮台。由于投降派出卖加之两面夹攻，致使大沽口炮台失陷。天津、通州也沦入敌手。9月，咸丰皇帝逃往热河；10月，英、法联军侵占北京圆明园，掠劫之后又放火焚烧了这座世上绝无仅有的壮丽宫殿和园林。英军在撤退时还掠走了大沽口炮台的两门大炮，其中一门铸有"神威将军"四字铭文。现这门大炮仍保存在英国伦敦，成为侵略者入侵中国的历史罪证。

时隔40年后的1900年，八国联军由大沽口炮台入侵中国，于是形成了第四次大沽口保卫战。此时大沽口炮台防御进攻设施相当先进，装备精良，守台将士虽经浴血奋战，但由于清统治者采取不抵抗政策，炮台后无援兵，寡不敌众，无数爱国军民为抗击侵略者壮烈献身，大沽口炮台终于落入侵略者的魔掌，导致清政府战前指挥官天津镇总兵罗荣光以身殉职。大沽口炮台的失陷，使清统治者第二次离京出逃，并在1901年9月7日与英、美、俄、德、意、奥、日、法、西、比、荷11国签订了丧权辱国的《辛丑条约》。大沽口炮台从此被拆毁，失去了抗击外来侵略者的能力。

（2）大沽口炮台遗址

现在能为外人看到的大沽口炮台是同治、光绪时期修建的，后经"庚子事变"遭到八国联军破坏而残存下来的遗址。大沽口炮台"威、镇、海、门、高"五座炮台之中的"威"字炮台，也是当时唯一的一座圆形炮台。道光二十一年（1841年），炮台高20余米，马道长57.5米，炮台顶面直径30余米。1997年香港回归之际进行修复。这里陈列的铁炮是第二次鸦片战争时期的前膛炮，火药从炮口填入，然后放入球形炮弹，用火种点燃，引信炮弹即打出，炮弹是实心的，打到目标只能砸一个洞。前面的四门铁炮是从炮台附近挖掘出来的，炮膛都已残缺，这是根据1901年《辛丑条约》第八款规定："拆毁大沽口炮台"而人为破坏的，它是帝国主义侵略中国的罪证。中间的大铁炮是根据历史资料重新仿制的。

至清代，嘉庆二十一年清政府在大沽口两岸各建炮台一座，南岸炮台位于东大沽以东，称南炮台。北岸炮台位于于家堡以南，称北炮台。两座炮台皆青砖砌就。炮台高5米，宽3米，进深2米。这就是大沽口最早的炮台。

1840年6月，第一次鸦片战争爆发。8月，英帝国主义军舰闯入大沽口，威胁大沽口海防，并下令加固、扩建大沽口炮台。在道光年间扩建后的大沽口炮台已形成较完整的防御体系。

1842年，第一次鸦片战争结束。根据丧权辱国的《南京条约》规定，大沽口炮台裁减兵员，此后炮台连年失修，大都丧失了战斗力。1858年，第二次鸦片战争期间，英法帝国主义炮轰大沽口炮台，使大沽口炮台遭到了严重破坏。

1858年7月，清咸丰皇帝派僧格林沁为钦差大臣镇守大沽口，派工部尚书瑞麟重修大沽口炮台。

这次修建炮台，吸取了英法联军第一次进攻大沽口炮台的经验和教训——用砖石修建炮台，砖石不外露。因为当时敌我双方的炮弹大都是实心的铁球、铁蛋等不开花炮弹，打在砖石建造的炮台上，造成砖石横飞，致使一部分士兵被砸死砸伤。这次修建炮台，内用砖石砌就，外用两尺多厚的三合土夯实。三合土就是石灰粉、黄土、粉碎的蛤蜊壳用糯米汁搅拌而成。炮弹打在炮台上只能打一个洞，而不会砖石乱飞。"威"字炮台上看到的炮台基础就是这样做成的。炮台两侧的围墙也是用三合土夯实的土坯砌成。目前共建大炮台5座，海口南岸3座，北岸2座，以"威、镇、海、门、高"五字命名。炮台建成后，由北京通州运至大炮10门，接收捐献的洋铁炮19门，从海里捞起洋人丢弃的洋铁炮4门，分别安设各炮台。

两岸5座炮台，设水师兵3000余人，每座炮台驻兵500余人。1860年8月英法联军侵入大沽口，使大沽口炮台遭到严重破坏。

清同治、光绪时期，清政府曾多次对大沽口炮台进行修建。据当时所绘的《大沽海口南北两岸炮台图》可以看出大沽海口两岸共建有五座营盘。大沽口南岸：南滩新营盘，内有滨海平炮台13座，安设大小后膛炮8尊，建有长墙18里直达小站盛军驻营处；草头沽营盘，由开花炮队营驻守，周围营墙安设大小前后膛炮51尊；南有营盘，有大炮4座，名"长炮台"、"威字南炮台"、"镇字中炮台"、"海字老炮台"。并有大小平炮台43座，安设大小后膛炮139尊，由记名提督、大沽协副将罗荣光协标练兵1800名，水雷营兵、水勇208名驻守台洞多处。大沽口北岸：北岸营盘，有大炮台两座，名"门字前炮台"、"高字后炮台"，并有大小炮台6座，安设大小前后膛炮53尊，由记名总兵刘琪带直字两营驻守台洞多处；石头缝营盘，安设大小前后膛炮43尊，由尽先副将史济源带领保定练军左营驻守台洞多处。这个时期的大沽口炮台已经有了发电所、电信局等先进设备，并在大沽海口布设水雷、碰雷、沉雷，在航道上有两道沉船障碍，两道拦江铁索。由此可见，在1900年"庚子事变"之前，大沽海口炮台的防御体系已达到鼎盛时期，海防设施可谓固若金汤。但是由于清政府腐败无能，仍使祖国的大好河山遭到帝国主义铁蹄的践踏。纵观大沽口炮台的历史，可以清楚地看到近百年，大沽口炮台饱经沧桑，几经兴废，它是帝国主义侵略中国的铁证。

10.2 天津近代军工厂和军事学校

10.2.1 北洋水师大沽船坞

北洋水师大沽船坞地处塘沽东南的东沽，与大沽口炮台相距仅1.5公里。它北靠海河，南临津沽公路。北洋水师大沽船坞占地22万平方米，沿海河岸线长500余米，始建于1880年，是北洋大臣李鸿章为便利北洋水师各种舰船的修理，以有利于海战需要而建。北洋水师大沽船坞也是在清政府的支持下，继福建马尾船政、上海江南船坞后中国第三所近代造船所，也是中国北方最早的船舶修建厂和重要的军火基地。它是中国北方近代工业的摇篮，培养了中国北方第一代产业工人。在震惊中外的甲午海战中，大沽船坞为抗击外来侵略、维护民族尊严，在维修舰船、保障后勤等方面做出了不可磨灭的贡献。

（1）行政写字区

进入大沽船坞的正门，对着正门的是行政写字区，这是占地面积2000余平方米的仿舰船形建筑，巨舰巍峨，头西尾东，似远航的舰艇胜利归来，与遗址纪念馆相呼应。舰船大楼分为三层，是进行餐饮、住宿、休闲、娱乐的绝好场所。

这里是于2000年10月建成的北洋水师大沽船坞遗址纪念馆，占地1200平方米。纪念馆前厅200平方米，展厅600平方米，实物展区200平方米，现有展板226块。纪念馆根据大沽船坞的原始资料，仿制了一些展品：有1892年生产的一磅后膛炮、双轮式马克沁重机枪、中国海军第一艘潜水艇模型，爱国将士丁汝昌的腰刀、佩剑、望远镜、清朝服和水兵服等。大沽船坞纪念馆内还珍藏着建坞初期的设备、工具等，具有一定的历史价值，主要文物如下：

1882年从德国购进的大型剪床，是剪、冲、截三用设备，该剪床购进后，直接参与了建造我国第一艘潜水艇和"飞艇"炮船及"遇顺"、"利顺"、"宝筏"等船的建造工作。1901年5月沙俄占领大沽船坞期间，曾欲想将剪床拆解后运回国内，后经工人们罢工和清政府干预，才得以保留。1949年后，工人们对剪床又重新调试和维修，在建造渔轮船的工作中继续发挥过积极作用。

保险箱，1893年产自英国伯明翰，曾放置在大沽船坞厂部机要室内，用于保存北洋水师提督署下的重要文件及所研制的德国一磅后膛炮的重要图纸及后期制造水雷的图纸等，为当时保护重要的文件、军工图纸起到了积极的作用。

暗轮模型。暗轮就是现今我们称的"潜水艇"。它是在1886年由大沽船坞制造，该艇总长120尺，型宽20尺，吃水8.5尺，航速12海里/小时，主机功率350匹马力。这艘潜水艇是1880年5月光绪皇帝朱批奏折开始研制，经过6年多的反复实验，终于在1886年中秋节下水试航，成为中国第一艘潜水艇。

整个展厅通过"北洋水师大沽船坞的建立"、"大沽船坞不可磨灭的贡献"、"大沽船坞的艰辛与曲折"、"大沽船坞的新生与发展"四个部分再现了百年船坞的历史风貌。

（2）铆焊加工区

铆焊加工区（图10-14）是修造舰船的主要区域，也是建坞初期的发源地。它占地1.1万平方米，自1880年5月到1885年，由东向西造船坞五座，分别为"甲、乙、丙、丁、戊"五字命名，现保存较好，仍在使用的是甲坞。原为木质坞门，土木结构，为板基坞，可容纳2000吨船舶。1974年大修后改造成长100米，宽17米，深6米，浮箱移动式坞门，钢筋混凝土结构的船坞。这个船坞最惊人之笔当属造出了中国第一艘潜水艇，维修过北洋水师的多艘舰船，在甲午海战中为抗击外来侵略发挥了重要作用，在中国船舶发展史上做出了不可磨灭的贡献。其他4座船坞，在八国联军入侵大沽口后，大沽船坞遭到严重破坏，各坞均坍塌淤塞。

在甲坞（图10-15）的西北角至今还保留着建坞初期残存的木桩码头，约30米，这是北洋水师舰船到这修理时的主要码头，由于长年河水冲刷，木桩腐蚀损坏严重，为尽量保存遗址，于1999年斥资对码头周围的原有土方缺损部分回填，现已基本恢复原貌。

图10-14（左）
大沽船坞遗址纪念馆

图10-15（右）
仍在使用的甲坞

甲坞的西侧是1880年5月建造的轮机厂房，1918年直隶督军曹锟又拨款重修扩建。

轮机厂房长55.6米，宽19.8米，顶部呈双脊形，在上脊下方沿房脊的走向有双排天窗，整个厂房采光通风良好。轮机厂房，是大沽船坞主要设备和零部件加工场所，在修船、造船和军火制造中起到了重要的作用，有一定的建筑美学观赏价值和历史研究价值。

出了轮机老厂房，可以看到两株直径在一米左右的古杨树。因渤海湾畔为退海之地，土地多盐碱，栽种树木都不易成活。然而，大沽船坞老厂房旁这两株古杨树却生长到现在，这里面还有一个动人的传说：大沽船厂建坞初期，有一对姓杨的夫妻从福建船政调到这里。他俩曾在国外留学，造船技术高超，来大沽船坞担任技师，积极投身船厂建设，废寝忘食，日夜操劳，连续多年未回福建家乡，后因积劳成疾，先后客死他乡。李鸿章为纪念这对年轻夫妇，亲自栽下两棵杨树。之所以种植杨树，取"颂扬"、"树立"典范之意蕴，以示其褒奖怀念之情。100多年两棵杨树枝繁叶茂，以其顽强的生命力傲然苍穹，近几年，树木的旁边还滋生出许多小杨树，拱卫着两棵树，一派绿意盎然。

轮机厂的西南角处，是闻名内外的大沽海神庙遗址。海神庙初建于明代。清康熙年间，沈阳锦州等地发生饥荒，清政府命学士陶岱用海船通过大沽口运粮到辽宁等地，十分顺利。康熙认为有海神相助，御批拨款重建大沽海神庙，庙中殿分三进，前为海神殿，中为观音阁，后为水母殿。

据载："大沽海神庙中观音阁见灯光照远近以便海船夜行。"1767年，乾隆亲临大沽海神庙，登观音阁观赏海口风光，为观音阁题匾额"紫解青莲"。后嘉庆帝也曾题额"析木安流"，道光帝题额"功照利济"。

第二次鸦片战争爆发后，海防要塞大沽，重兵云集，直隶总督谭延襄在此庙设帐督军，钦差大臣僧格林沁王奉旨来大沽炮台御敌，曾到庙内祈告神灵保佑，祈盼海神相助。僧格林沁在1859年果然大败英法联军。

1858—1860年，英法联军三次侵略大沽口，海神庙遭到严重破坏，1864年兵部侍郎通商大臣崇厚修大沽海神庙，重修后的观音阁高七丈，气势更加壮观。清末，大沽海神庙几次被外国侵略者占领，1892年一场大火毁掉了这座古庙，今天只能看到古庙遗址。

10.2.2　天津武备学堂

天津武备学堂原址在大光明桥东（图10-16）。1900年八国联军入侵，武备学堂的爱国教官和学员奋起抗击，战斗中90余名学员英勇牺牲。天津武备学堂又称北洋武备学堂，也称"老武备"。在天津海河下游东岸，大直沽以北，唐家口子以南。河对岸附近为海大道（大沽路）及英国租界紫竹林码头。

武备学堂在海河东岸辟地1000余亩，拨天津练军营兵，修筑方形大土城。土城墙上，筑有通道和女儿墙以为护墙。临海河一面的南北两城角处，并筑炮台两座，台内地下凿空作为贮存弹药的地下室。城墙外面挖壕堑引水形成护城河，并在河边遍植杨柳。城西面，临河开一营门；北面对唐家口子也开一营门，均设吊桥。城内中央为堂址，建旧式瓦房 500 间。北面有演武厅，东面有弹药军械库和氢气球房及马厩，南面为职员住宅。东南隅开大水池，引海河水流入，学生在此练习架设军用桥梁。水池中心有一小岛，上植花木，是学员游憩之地。池西留有一座民间庙宇名为"五圣庙"，旧时庙内曾有僧众。堂址西面有宽阔草地，是平时操练的大操场。学堂正门西向，六扇大门，门上绘有"神荼郁垒"彩色立像，如同旧式衙门。堂内六进，分六大部分。大门内左为卫队房，右为号令房、号房、杂物库房；第二进为办公室及大堂；三进为讲堂、中德教习室、仪器室；四进为饭厅，大、小厨房，剃头房，浴室；五进为学生宿舍和自习室；最后为步枪暂存室及修械室。

堂外大部分为大操场所占，放眼一观，非常开阔。学堂土城外以东附近辟有打靶场，为学生实弹射击练习的地方。土城北方距离老龙头火车站（旧东站）约 5 里，距东局子（北洋机器局）约 8 里，距北洋水师学堂也约 8 里。

武备学堂每期招生 500 人左右，全体学生编为 4 个大队，每大队 126 人，共编为步、马、炮、工、辎 5 科，每科 100 人，另有 18 人学习氢气球及修械。课程设置上，军事课设：基本战术、应用战术、图上战术、战略学、孙子兵法、管子兵法、沟垒学、弹道学、军制学、野外勤务、步兵操典、气球学等；文化课设：国文、算术、几何、三角、代数、地理、中外历史、政治学等（图 10-17）。

图 10-16（左）
1900 年被八国联军烧毁的景象图

图 10-17（右）
上课瞬间

1890 年德国克虏伯兵工厂派工程师包尔和瞿思图到天津武备学堂讲授铁路课程，到 1897 年堂内正式增设了铁路工程科，培养出中国第一批铁路工程人才。所以天津武备学堂还是中国最早的一所培养近代铁路人才的院校。

天津武备学堂培养出的大批军官，后来都成了北洋新军的骨干，佼佼者如冯国璋、段祺瑞、王士珍、段芝贵、李纯、陆建章、王占元、陈光远、鲍贵卿、张怀芝、李长泰、雷振春、阮忠枢等，他们在民国初年北洋军阀统治中国期间，大都是风云一时的人物，左右了那一特殊时期的历史与政局。这种现象，在近代中国的城市里是绝无仅有的。

 补充阅读　中国第一枚载人氢气球在海河畔冉冉升空

这是中法战争以后的事。

天津武备学堂建立后，曾经聘用了一批外国教官，其中有一名德国教官，于1885年从国外买到了一枚法军在中法战争中曾用于军事的废弃氢气球，自以为掌握了奇珍异宝，秘不示人；校方让他传授气球的制造技术和使用方法，他予以拒绝。然而，这名德国教官的军事技术垄断，很快就被一位著名的中国科学家华蘅芳打破了。

华蘅芳，字若汀，江苏无锡人。自青年时代起，即精研数理、地质、矿物等。鸦片战争后，又很快掌握了传入中国的西方科学技术，他曾参与筹办江南机器制造局，用水晶石自磨三棱镜分析光谱，到靶场亲自测量弹道的抛物线，与他人联合制造出中国第一艘轮船"黄鹄"号，并主持上海的格致书院。华蘅芳先后在上海生活了近四十年，翻译出有关算学、地质学的书籍共12种、160多卷。其间，他一度受聘到天津机器局指导枪支弹药的生产。一次，清王朝的驻德使馆买回一台最新式的电动子弹测速仪，拿到天津后没人会用；华蘅芳经过研究，很快就掌握了这台仪器的用法。不久，华蘅芳又到天津武备学堂任教，当他得知那名德国教官的顽劣态度时，立即组织中国工匠试制成功一枚直径五尺的气球，并用锸水制成氢气灌入球中，当场演放升空，使武备学堂的学员们受到极大的鼓舞，也受到了社会的普遍赞扬。1886年，华蘅芳又从外洋购得一枚可以载人的氢气球，放飞时北洋海军、盛字军以及各路防营的统领如期而至，附近群众闻讯也纷纷赶来观看，"观者倾巷"。登上这枚气球凌空的有北洋海军提督丁汝昌，右翼总兵刘步蟾等人，他们安坐在气球下的"篮舆"之中，升至数十丈，旋即鸣号落下。

不久，恰值醇亲王巡阅北洋海防，回京后将此事奏于慈禧太后。事隔7年，也就是1893年，慈禧太后兴会所至，忽然想起了这件事，遂问到了会办海军衙门的庆王奕劻，打算在颐和园附近宽敞地方演放。奕劻则通知了李鸿章，李鸿章办事谨慎，回函庆王，婉言拒绝："查津局所购氢气球，已历7年之久，油绸太薄，试放之时，最易出险。御园左近似非所宜。再四思维，实不敢冒昧从事。"结果这只气球没能到北京上空放飞。

10.3　天津原租界现存外国兵营

10.3.1　天津原美国兵营

建于 1910 年，占地 205 公顷，原属于德国租界地，第一次世界大战后改为美国兵营。兵营院内有大操场和十几座仿英式楼房，砖木结构，建筑各不相同，总建筑面积 3500 多平方米。天津原美国兵营坐落在现马场道和广东路交叉口处的天津第二医学院，该营盘西边是广东路，南边是浦口道，东边是九江路，北边是合肥道，四周有三米高的院墙。东、西、西南、东北各设一门，院墙内建有 3 幢造型怪异、混凝土结构的英式楼房，有枣红色的高脊瓦顶。主楼楼高 3 层，带地下室，大开间、大进深。立面突出半圆形，有塔楼、方窗、拱形门洞。墙壁为水泥浅灰色，开老虎窗。盔式屋顶，挑檐，整座建筑雄伟干练，结构严谨，有阳刚之美。院内楼群纵横交错，每层楼房都设有瞭望口和射击孔，如今院内老楼舍仍旧保持着原来的风貌。

在兵营对面，过了广东路，是一处建于 1920 年的美国军官宿舍，名为荣华里。这里共有 40 所 2 层砖木结构的英式小楼，形成组团格局。这里在 20 世纪 20 年代，是美国军官们家属的宿舍，建筑面积 7500 平方米。这些楼房砖木结构，2 层五脊大筒瓦顶，清水砖墙，乳白色的门窗。室内为菲律宾木地板、木楼梯。1 楼为客厅、餐厅、卫生间，2 楼为卧室、起居室。院落宽敞，中部有花坛。整所建筑整齐雅致，别具风格，设施齐全。说起这座"美国营盘"，还要从帝国主义列强在天津瓜分"租界"时谈起。

天津在历史上曾经有过九国租界，美租界就是其中之一。美租界毗邻英租界，其区域划分为：东临海河，西至海大道（今大沽路），北接英租界博目哩道（今彰德道），南至开滦胡同（今开封道东段），占地 131 亩。美国在天津侵占租界以后，由于国内政局动荡不安，始终未能对天津入侵的租界进行实际管理，只不过在形式上由美国领事行使对美租界的管辖权力。1880 年后，美国政府假惺惺地对清政府表示"亲善"，声称"放弃"在华租界，并与英国私相授受，于 1902 年 10 月 23 日将美租界划入英租界之内，昏庸无耻的清政府竟被迫接受了这一事实。故一般的说法，天津有八国租界。

美国放弃租界，但并不影响美国在天津的外交、军事、经济等各种机构的设立，其政治、经济、文化侵略活动却更加有恃无恐，为所欲为。更为奇怪的是，美租界虽然不存在了，但在天津还有驻军。最初"美国兵营"在英租界（即：大沽路与烟台道交叉路口副食商场附近的"平和大楼"）。民国六年（1917 年）迁到广东路新址。新址的房舍原是北洋政府海军总长刘冠雄的私宅，后转卖给英籍印度人泰莱悌，泰莱悌又租赁给美国驻军作营盘。"美国兵营"驻有官兵1000余人，分为12个队，均由英文作为代号，并按字母顺序排列。如：A队、B队、C队等。每队有士兵100余人，相当于连的编制。军种有海军陆战队（USMC）、海军（USN）以及宪兵（MP），对外号称一个团，番号是"第十五联队"。

当年，在美国兵营（图10-18），驻津美军第十五联队还雇用了100多名中国人从事各项勤杂工作，每个小队配备工役5人、厨师2人。除此之外，还在兵营周围建立了一些附属机构：如今的泰斗里一带是马号，广东路荣华里右侧是冷气房和锅炉房，有地下管道穿过广东路，由兵营西南角门通入礼堂地下室，再将暖气输送到各个住室。今广东路整流器厂是面包房，出兵营东北角门对过是军乐队，现医科大学附属医院住院部是美国军官家属宿舍。每个队还有一个洗衣房，均有工役赶着马车到兵营和家属宿舍送水。

图10-18 天津原美国兵营

美国驻军打着保护在津美侨和美商利益的旗号，干的却是对天津进行政治、军事、文化侵略的罪恶勾当。由于美国兵营占地面广，官兵人数很多，一些专为赚美国人钱而开设的粮食店、副食店、蔬菜店和西餐馆、酒吧店、洗染店、照相馆、电影院、跳舞厅、妓院等也应运而生，门面内外的装修也带有点洋味，营业人员大都能说几句简单的英语。随之，营盘周边的几条马路逐渐繁荣起来。美国兵酗酒滋事，坐人力车不给钱，殴打车夫，调戏过路妇女，自相殴斗，深夜不回营的事情时有发生，严重地影响了社会秩序。

1937年7月29日，日军入侵天津，美国在远东的势力逐渐衰落，无力与日军抗衡，驻津的美军逐步缩减。

日本投降后，美军卷土重来。1945年9月30日，美国海军陆战队第三军团司令骆基中将率第一师18000人在塘沽登陆；10月1日，美军4000人进入天津。原美国兵营收回后，已不敷使用，因此又占用了英国兵营、日本兵营和学校、仓库等多处。这些美军无恶不作，天津的老百姓对这些美国兵恨之入骨。

解放前夕，美军鉴于国民党政权日薄西山，中国人民革命力量势不可挡，终于灰溜溜地撤出了天津。解放后，人民政府接管了美国兵营。

在这里，成立了天津市总工会干部学校。五十年代中期，卫生学校又迁到了这里办公，其后该学校又不断地完善，改称天津市医学专科学校。如今，经过扩建校舍，充实了教学设备和师资队伍，在这里又成立了第二医学院，为我国医务界培养新人发挥了重要作用。

10.3.2 天津原法国兵营

走近海河法式风情区的和平区赤峰道1—5号，有一处典型的西方近代营盘式建筑映入了人们的眼帘，房檐上刻有"建于1915年"的字样，这就是天津"法国兵营"旧址（图10-19）。

该建筑是一处备战型的法兰西式兵营建筑，分为三个部分：一座三层营房、两座二层营房和两座二层小楼。其中，兵营的平面布局仿照大四合院形式，兵营院内设有操场。另设有五幢砖木混合结构楼房，顶部为红瓦坡顶，外立面为清水砖墙，正立面各层均出大跨度水泥浇筑檐廊，外跨的铁制楼梯连通上下，首层前立面以方形砖柱作支承，槽钢、扁铁作支架，上面筑有木质平台，形成上、下二层外廊，其中一端设有铁架木制楼梯直接通至二楼。它见证了天津近代历史的世事巨变，是帝国主义侵略中国的实物标本。

图10-19 天津原法国兵营

法国兵营亦称"紫竹林兵营"。它的前身为李鸿章于1879年设立的北洋水师营务处。1900年，八国联军侵华期间被法国军队占领。当时，法国在天津驻军约1400余人。1902年，在八国联军结束了对天津的占领时，经八国联军指挥官会议协商规定，又额外驻扎了1000余人。因此法国当局在天津实际驻扎达2000余人。由于"紫竹林兵营"容纳不了这么多的士兵，因此，法国军队强占了已毁于炮火的天津机器局，并辟为"东局子兵营"。

1915年，在天津法租界当局重建法国兵营的同时，还将法国远征军海军陆战队第16兵团司令部设在这里，当时的司令官为少将军衔。

天津法租界设立于英租界之后，其界址为：东、北临海河右岸（南、西岸），西南至海大道（今大沽路），东南与英租界毗邻。法租界划定后，即不断向西南方向扩张，先是扩张至墙子河（今南京路），此后又越过墙子河扩张至老西开。老西开亦称海光寺洼，本是旧城西南方由中国管辖的4000余亩洼地，法租界当局为吞并这片土地，先由法国天主教在这里强买土地盖主教府、教堂、办学校，随后擅自往老西开派巡捕。1915年，又强迫老西开居民向法租界纳税。于是，各界群众联合起来，组织了维持国权国土会，以抵制法国的侵略扩张野心。1916

年10月20日，法国驻津领事从法国兵营调兵将驻老西开的中国警察全部缴械，强占了老西开。法国的这一强盗行为，激起了天津人民的愤慨，当即举行了数千人的集会和游行示威。不久，天津商界又做出了抵制法货的决议。各界群众8000余人举行了公民大会，通电全国与法国断绝贸易关系。法租界中的华籍工人成立罢工团组织领导罢工斗争、学生罢课、商人罢市。不少居民和商店也由法租界迁出，华籍警员罢勤，使法租界完全陷入困境。这场斗争得到了天津各阶层人民群众的声援和物质支持，也得到了全国各地的响应和支援，声势越来越大，斗争持续半年后，终于，迫使法租界当局不得不放弃公开侵占老西开的企图，这就是天津历史上著名的"老西开事件"。"九一八"事变后，法国乘机逐步将老西开占领。经过不断扩张，使法租界的总面积达2860亩。

20世纪20年代，法租界当局在杜总领事路与福煦将军路（今滨江道的大沽北路至南京路段）的十字路口陆续建成了天津劝业场、天祥商场、泰康商场等商业设施，以及国民、惠中、交通三大旅馆和渤海大楼、浙江兴业银行等众多整齐美观的西式建筑，形成了天津最繁华的文化商业中心，使法租界成为帝国主义冒险家的乐园。

1945年抗日战争胜利后，天津法租界由中国政府正式收回。天津解放后，法国兵营改为天津市港务局宿舍。后来，逐渐被居民使用成为民宅。2005年，原天津法国兵营挂牌成为天津重点保护级别的历史风貌建筑。

如今，为使海河法式风情区现有历史风貌建筑得到更好的保护和开发利用，形成商业休闲、文化旅游等新功能、新业态，并按照对天津历史风貌建筑"修旧如旧"原则，启动了"法国兵营"保护修缮工程。在不改历史风貌建筑原貌前提下，突出了近代中西方文化碰撞与融合的建筑特色，形成了文化旅游的新景点和文化产业的新亮点。修复后的"法国兵营"将成为"近代中国看天津"旅游板块中最有活力、最具魅力、最有品位的文化旅游景区之一。让这片被高楼大厦环绕的历史风貌建筑在向世人静静讲述天津昨天的同时，将以别样的新姿迎接着来自四面八方的游客。

10.3.3　天津原意大利兵营

走近海河意式风情区的河北区光明道20号（中国人民解放军武装警察部队天津警备师司令部驻地），一座典型的西方近代营盘式建筑映入了人们的眼帘，这就是天津原意大利兵营旧址（图10-20）。

这座兵营由两幢三层坡顶楼组成，一高一低，呈"L"形；高楼为营房，首层是兵营的各种公用设施，二、三层为拱窗明廊的士兵宿舍；矮楼是指挥官的办公室和宿舍。两座楼前的空地是每天士兵们出操的操场。指挥官站在楼上，可以对士兵的操练情况一览无余。整个兵营结构紧凑，布局合理，占地不多，功能齐全。它见证了天津近代历史的世事巨变，是帝国主义侵略中国的实物标本。

图 10-20　天津原意大利兵营

天津自 1860 年开埠以来，在各种不平等条约的压迫下，帝国主义先后在这里开辟了英、美、法、德、意、日、俄、奥、比九国租界，总面积达 23350.5 亩，是天津旧城区的 8 倍。海河东岸从三岔口到大直沽，曾经是奥、意、俄、比四国的租界。1900 年义和团运动兴起，八国联军为控制入京铁路，攻下天津城、占领三岔口炮台，摆脱了猛烈炮火对老龙头车站的威胁，海河东岸至铁路间地区随即被俄、德军所占领。俄、意、奥、比便以"兴旺商业及各国均沾利益"为由，要求在河东建立租界。

清光绪二十八年（1902 年）5 月 2 日，天津海关道唐绍仪与新任意大利公使嘎里纳签订了《天津意国租界章程合同》，划定了意租界的范围为：东北自意、中交界之路（今兴隆街）沿京榆铁路（北京至山海关）至俄租界；西南临海河；西北沿意、奥交界路（今北安道）至兴隆街，其面积为 771 亩。意租界划定后，除了在大马路（今建国道）设立领事馆和驻扎军队的"意大利兵营"外，还在领事馆附近修建了一座两端有钟楼、正面有高柱前廊的古罗马式建筑——意大利工部局，成为意租界的最高行政机构（解放后，此处先改为铁路医院；"文革"前夕，临建国道一侧改为铁路公寓；临民生路一侧改为铁路法院；地震后，此楼拆除）。意租界初设时，租界内的一切行政权（包括警察权）由意大利政府特派的行政委员来行使。而实际上，行政长官这一职务一直由领事来兼任，领事掌握着意租界的全部行政权。据史料记载，意租界开辟时，"意大利兵营"有驻军 226 人，指挥官是陆军上校卡里奥；随着时间的推移，"意大利兵营"的驻军有一个混成营，官佐、士兵增至 999 人，其中派驻上海公共租界一个连，派驻山海关一个连，并定期换防，司令官分别是阿梅格里欧陆军中校和贝多蒙契海军上校。

与此同时，在意国领事馆、工部局和意国驻军的"庇护"下，当局还在租界内开设了闻名于天津的三大赌窟：一是在意租界与俄租界的交界处开设了"安乐宫"；二是在北西马路设立了"吉拉枪场"，也称"圆盘赌";三是在北西马路口开设了"回力球场";这三大赌窟藏污纳垢、聚赌贩毒,坑害得中国人倾家荡产。清末民初,政局多变,天津的租界就像磁石一样吸引着中国的官僚、政客、军阀、商人、买办和企业家、银行家们纷纷在这里购地造楼,营造"安乐窝",以寻求"治外法权"的保护。意租界出现了许多设计新颖的花园别墅,一时楼台突兀、风格各异,有的雄浑刚劲,有的俊秀典雅,可谓千姿百态、琳琅满目的凝固艺术佳作,使意租界成为旧中国达官显贵的避风港和高级住宅区。到这里落户的下野军阀、文人墨客和前清遗老遗少,他们的身份、政治背景及幕前幕后的活动,都或多或少地折射出旧中国的一段历史。人以楼贵,楼以人名,每一所宅院,每一幢楼房都像是一部史书,勾画出人世沧桑。

抗日战争爆发后,意大利因与日本、德国同为"轴心国",日本侵略者仅封锁了英、法租界,而意租界未受到任何影响。1941年12月8日,日本对美、英等国不宣而战。同一天,侵华日军也占领了天津英、法租界。1941年12月9日,重庆国民政府正式向日、德、意宣战,并宣布废除与日、德、意三国之间所订立的一切条约、协定、合同。据此,即刻收回意大利在中国的租界。但是,当时的天津仍在日寇的铁蹄之下,中国政府无法将意租界收回。1943年8月,意大利墨索里尼政府被推翻,天津的意租界被伪天津市政府强行"接收管理",改为"特管区"。1945年8月15日,日本投降。1945年11月24日,国民党政府外交部根据1941年12月9日《对意大利的声明》,正式公布了《接收租界及北平使馆的办法》,对意租界的财产进行了清理。至此,共存在43年之久的意租界正式被中国政府接收。此后,"意大利兵营"驻了一阵子美国兵,又驻了一阵子国民党军队,直到1949年1月15日天津解放后,才真正地回到了人民的手中。

时光飞逝,"意大利兵营"给后人留下的是外国殖民者侵略天津的痕迹,它既是对人们进行爱国主义教育的典型教材和阵地,又是对中外游客开展旅游活动的好去处。它以典型的人文景观和独特的建筑艺术魅力,吸引着《野火春风斗古城》等影视摄制组在这里摄影拍片,已成为海河意式风情区的一道靓丽的风景线。

 补充阅读　天津的美国兵营走出五位将军

(1) 儒雅上将马歇尔

美国兵营中最出名的人物,无疑是马歇尔。第二次世界大战时,此人是美国国防部的参谋总长,战后出任国务卿,为美国为数不多的五星上将之一。当他来到天津时,还只是驻津美军第十五步兵团副团长。

马歇尔出生于美国宾夕法尼亚州,童年时因淘气顽皮使希望他成为一名军官的父亲分外失望。但父亲还是把他送进了弗吉尼亚军事学院,不料马歇尔却以优异的成绩毕业,踏上了从军之路。第一次世界大战后期,他曾任美国远征军总司令潘兴的副官。一战结束后的1924年,他来到了天津,随行的还有他的夫人莉莉和岳母,她们暂时居住在美国大院里(现荣华里)。

当时,天津有个叫侯广禄的木匠,开了一家名为广泰木器铺的小店,由于活儿干得好,美国人经常找他帮忙修配家具,一来二去,就和马歇尔混熟了。1927年,马歇尔离开天津时,请侯广禄帮他做些东西留作纪念。侯广禄为马歇尔做了三件东西——第一件是中式炕上的被槅子,第二件是一个剃头挑子,第三件是卖乌豆的圆形挎桶。侯广禄特别用心,马歇尔很满意。1946年,马歇尔再次来到天津时已经是五星上将。他专门接待了侯广禄(一说侯广禄已经去世,接待了他的儿子侯振鹏),还用"五星上将专用笺"写信推荐侯振鹏到美国上学。

很多和马歇尔有过交往的人,都用类似"温文尔雅"这样的词来形容他。马歇尔的过人之处不在于"身先士卒",而是"决胜千里"。第二次世界大战期间,他陪同罗斯福周旋于世界各国之间,出席各种首脑会议,俨然罗斯福的"智囊",以至于他退休之后,罗斯福为调节国民党和共产党的关系请他出山。他为美国利益考虑,65岁时放弃了悠游自在的生活再度出山,开始了他的"军调岁月"。调停失败后,马歇尔于回国后出任国务卿,组织了北大西洋公约组织,实施了复兴欧洲的"马歇尔计划"。

1959年10月16日,马歇尔病逝。在马歇尔的葬礼上,已经卸任的杜鲁门称他为"我们这一时代伟人中的伟人"。在那之前,美国《时代》周刊曾称他为"祖国的托管者"、"不可或缺的人"。

(2) 史迪威五次来华

史迪威于1883年生于佛罗里达州,1904年毕业于西点军校。第一次世界大战期间,马歇尔任欧洲美国远征军第一集团军助理参谋长,史迪威便是他手下的第四军首席情报官。马歇尔来到天津后的第二年,史迪威被调到天津,在驻津美军第十五步兵团中担任营长。

其实早在1911年,史迪威就曾被选派到中国学习汉语,并于三年后归国,史迪威是他的汉名。他热爱中国历史和文化,给他的两个女儿南希和艾莉森,也起了中国名字,分别为史文思和史文森。1920年,他第二次来到中国继续学习。在天津期间,史迪威在美国兵营办公,但居住在马场道242号的一所房子里(现162号),他的第四个孩子本杰明就生于天津。

1927年,史迪威受美国驻华公使馆派遣,到徐州、南京、上海等地考察军情,随后因其出色的报告受到嘉奖,1928年即代理步兵第15

团参谋长，1929年回国。

因为史迪威精通汉语，于1935年和1942年两次受政府派遣来中国考察战况。1942年，史迪威已兼任中国战区最高统帅部的参谋长兼驻华美军总司令、中国陆军训练与作战司令部首脑和调拨物资等重要职务。1944年7月，史迪威被任命为四星上将，之前美国的四星上将只有马歇尔、艾森豪威尔、麦克阿瑟、阿诺德四人。1944年，史迪威因同情共产党而与蒋介石产生矛盾被调回国。1946年，史迪威因胃癌在美国去世。

与马歇尔相比，史迪威被传为人冷峻，事必躬亲，不太容易与人合作，有"尖刻的乔"之称。但他本人以这一绰号为荣。

（3）魏德迈、麦克鲁和包瑞德

接任史迪威中国战区统帅顾问及参谋长职务的魏德迈也曾为驻津美军。魏德迈1896年出生于美国内布拉斯加州的奥哈马城，和史迪威一样，也是西点军校毕业生。1929年，曾在驻津美军第十五步兵团服役，1931年调往菲律宾。第二次世界大战中魏德迈得到英国海军元帅巴顿将军赏识，被提升为盟军东南亚总部副总参谋长，此后不久奉调接替史迪威。

魏德迈接替史迪威后，担任其参谋长的麦克鲁也是当年在驻津美军第十五步兵团服役的军官，两人在那时起就已经结下了友谊。抗战胜利后，麦克鲁曾代表美军参加中国战区的日本受降仪式。

美国兵营里走过的第五位将军叫包瑞德，是位"儒将"。他毕业于科罗拉多大学，弃笔从戎。20世纪30年代初，包瑞德在驻津美军中担任情报官，之后接替史迪威任驻华武官。他曾于1944年率美军观察组去延安，晚年以此经历写成《狄克西使团：美军观察组在延安》，在母校的讲台上讲述此经历。同时，他还是该校首任斯拉夫及东方语言系主任。

补充阅读　天津原英国兵营

八国联军入侵后，经联军指挥官会议协商规定，英国在天津驻扎1400人，1902年八国联军结束占领时又议定可驻扎806人，另在塘沽驻扎76人，后驻军又有增加，至20世纪30年代达3000余人。驻军为旅的建制，司令官为少将衔。英国兵营位于英租界推广界内（现第一中学原址），俗称英国营盘，西临大北道（今贵州路），东临益世滨道（今柳州路），北临宝士徒道（今营口道），南接林莫克道（今沙市道），1937年被日军占据，1945年日本投降后，又由美军驻用。1947年在该址组建天津市立中学。建筑已不存在。太平洋战争爆发后，日美正式宣战，日军接管了美国兵营，并将美军官兵全部拘禁，转押于山东潍坊集中营，华籍员工均被遣散。

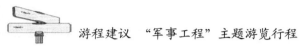
游程建议 "军事工程"主题游览行程

日期	行程	用餐	住宿
D1	早天津市内约定地点集合发车赴天津蓟县黄崖关长城游览参观，午餐后，发车返回市区参观，车游五大道景区，参观原美国兵营；后发车赴意大利风情区参观原意大利兵营。参观完毕送酒店住宿。	○●●	含
D2	早餐后发车赴塘沽参观大沽口炮台遗址公园参观游览；后发车赴大沽船坞造船厂遗址博物馆参观，午餐后发车返回市中心结束愉快旅程。	●●○	

服务包含项目：

交通：空调旅游车　　　　导游：地方优秀陪同导游
用餐：1早3正　　　　　　景点门票：行程所列景点门票
住宿：挂牌二星级标准　　保险：旅行社责任保险、人身意外伤害保险

思考题

1. 黄崖关长城"金汤巩固"、"黄崖口关"题字含义？
2. 历史上共发生几次大沽口保卫战，其中哪次战役中方取得了胜利？
3. 如何看待天津现存原外国兵营建筑？

第 11 章　市政设施

> **本章学习目标**
>
> **知识目标：**
> 1. 了解近代天津公共交通系统发展情况；
> 2. 了解旧天津电力、电报、电话概况，了解近代天津著名水厂；
> 3. 熟悉天津运营铁路发展情况，熟悉天津邮政事业发展历程和典型建筑物；
> 4. 掌握天津海河观光带上游典型桥梁概况介绍和建筑特色。
>
> **能力目标：**
> 1. 能够在实地为游客介绍天津海河观光带上游主要桥梁风貌；
> 2. 能够结合近代天津市政建筑，编排旅游线路行程。

本章概要

近代天津市政工程较为突出，桥梁建设、道路建设、铁路建设、公共交通系统、供电和供水、邮政事业和金融事业都取得了很大成就，很多方面也留存了许多极具代表性的历史风貌建筑。特别是以海河上游为主，各式桥梁建筑风格迥异，两岸风貌建筑众多，也为如今开发海河游览观光线路奠定了基础。透过这些建筑，真切感受到当年它们为天津市政建设所做的贡献。

为了全面介绍历史性建筑相关基础知识，本章中出现桥梁、交通设施、部分历史建筑等均不在已经认定的《天津历史风貌建筑明细》中，在此罗列旨在完善教材对于天津历史建筑各个组成部分的完善，使其包含的内容更加完整，使读者对于天津近代市政设施有更为全面的了解，更有利于深入掌握相关历史建筑知识。

本章中天津海河桥梁观光游览线为精讲导游词。

11.1　海河桥梁

各位游客朋友：

大家好！欢迎来到海滨城市天津乘船游览，今天我们即将要游览的是海河，一起来看看海河上的桥梁和海河两岸的景色。天津素有五河汇流处和九河下梢之说。五河即永定河、大清河、子牙河、南运河、北运河；九河是同属海河水系的五河上游的九支河流。海河从源头至入海口全长 1090 公里，流域面积 22 平方公里，是中国第六条大河。海河这名字起得十分独特而又贴切，它一头系着九河，一头连着大海。海河水系的源头呈扇面状在天津的南、北、西三面展开，在天津三岔河口汇流后像条扇把儿甩动着的穗子，九曲十八弯地宣泄入海。

　　海河是天津的象征，是天津的母亲河，是天津政治、经济、文化和旅游发展的轴线，哺育着津沽大地 1100 万儿女，培育了这美丽壮观的城市。伴随历史的年轮宛如一幅长长的画卷，把天津装扮得楚楚动人，原九国租界留下的幢幢洋楼与现代建筑交织在一起，充分体现了古今及中西文化的对撞与融合，造型风格各异的桥梁把海河两岸连在一起，成为海河一景。入夜华灯初上、喷泉齐放，那两岸若明若暗的灯光倒映水中，宛如绚丽的彩霞，缓缓的流水又把一道道彩霞送向遥遥的远方，此情此景美不胜收，人在水上游，船在画中行。1989 年，海河被评为天津十景之一，雅号"沽水流霞"。

　　天津早期跨越主要河流的交通都是靠渡船来解决，一般只能通过行人。据记载，最早出现的官办渡口是在明万历十六年（1588 年），至清乾隆年间废除官办渡口，出现义渡，即基于修桥补路的封建道德观念所设立的渡口，存废无定。1860 年以后天津开港，由于工商业日渐发达，逐渐有了私营渡口，较大的渡口则多由官方架设浮桥。1900 年以后，随着水陆交通的迅速发展，又陆续将浮桥改建为钢桥及新型开启桥，天津遂成为我国开启桥最多的一个城市。

　　为了"弘扬海河文化，打造世界名河"，天津正在进行历史上最大规模的治理海河行动，在总体规划中，计划投资 1800 亿元，将海河建成独具特色、国际一流的服务型经济带、文化带和旅游观光带。从历史文化、产业经济、环境景观、生态建设、道路交通、旅游休闲六个方面确定了海河综合开发改造的六个主流目标，以及先期实施的水体治理、堤岸改造、道路交通、桥梁隧道、通航、绿化广场、环境景观、灯光效果、公共建筑、整修置换等十大基础工程。

11.1.1　解放桥

　　我们行船的前方是解放桥（图 11-1），它位于天津火车站（东站）与解放北路之间的海河上，是一座全钢结构可开启的桥梁，初建于 1902 年，于 1923 年重建，1927 年正式建成。它不仅是天津的标志性建筑物之一，也是连接河北、河东、和平三区，沟通天津站地区的枢纽桥梁。

图 11-1　解放桥全貌

解放桥原名"万国桥",即国际桥之意,因当时的天津有英、法、俄、美、德、日、意、奥、比9国租界,故得此名。而此桥位于法租界入口处,又是由法租界工部局主持建造的,所以当时天津民众更愿意称它为"法国桥"。抗日战争胜利后当时的国民政府以蒋介石的名字命名此桥,将"万国桥"改为"中正桥"。1949年后此桥正式更名为"解放桥",并沿用至今。

解放桥建桥任务由法租界工部局主持,海河工程局曾于审标时参与若干意见。当时投标者计有17家,而设计方案竟多达31种,几经审查之后,决定交由达德与施奈尔公司承包,因其标价较低,且优点较多。桥梁原定主桥工程费用为70万两白银,拆除老龙头旧桥及拆迁安置费养桥费等共30万两白银,后经当时北京政府核定以100万两为限。开工以后,造价大为提高,主桥增至152万两白银,拆除旧桥等增至39万两白银,共计190万两白银,成为海河上造价最高的一座桥梁。

解放桥是一座双叶立转式开启式钢结构大桥(图11-2),桥长97.64米,桥面宽19.50米,桥身分为3孔,中孔为开户跨。开户跨为双叶立转式,在桁架下弦近引桥部分背贴一固定轨道,开桥时活叶桁架沿轨道移动开启,以便让开更大的通航净空。合则走车,开则过船,"万国桥下过大船"曾经是海河一景。

图11-2 解放桥开启瞬间

该桥在1949年前由海河工程局设专人管理,对桥梁开启设备的维护工作比较重视,但对桥梁结构的防止锈蚀问题则不够注意。据了解,在解放天津的战役中,开启叶右岸上游的一根斜杆曾遭受炮击,当即由海河工程局进行抢修。但由于受施工条件所限,补强的杆件采用手工铆接,同时未经调整变形,致使原结构略有损伤。1956年由天津大学杨天祥教授主持,对解放桥进行了验算,并做了荷载试验,结果验证该桥结构性能尚属完好。后因陆运交通量的增大,且海河市区段已无通航巨轮的要求,不再安排试开桥工作。近期改造后的解放桥恢复原有可开启功能,站在海河岸边就可以欣赏到解放桥重新开启的壮观场景。

 补充阅读 天津站 世纪钟 大沽桥

我们行船的右侧就是天津站。它是全国最老的火车站之一,原名老龙头火车站。始建于光绪十四年。如今的天津站是1988年改建的新站,建筑设计既新颖别致、使用合理,站容站貌宏伟壮观,服务设施齐全,环境优美舒适,80米高的钢架塔楼直冲天宇,隽秀挺拔,塔身通体圆形、尖顶,远看如同一支待放射的白色火箭,造型独特生动,塔楼前面"天津站"三个大字是邓小平所书,在阳光照耀下,烁烁生辉,天津站的整体建筑庄重、朴实、简洁、大方,充分显示了蓬勃向上的力度和强烈的时代感,体现了天津人的奋发向上团结拼搏的精神。

我们行船的右侧是2000年为迎接新世纪的到来构筑的大型标志性城雕建筑——世纪钟,世纪钟全部由金属制成,分钟盘、摆架和基座三部分,高40米,重约170吨,石英钟盘面积为154平方米,表盘的侧面是一巨大的钟摆,摆架为"S"形,厚重的锻铜底座上布满大小齿轮、链条、巨大的螺丝和铆钉与古老的解放桥三相映衬,象征着中国近代工业的起始地。

我们行船的前方是新建的大沽桥(图11-3),建于2004年,大沽桥全长154米,桥面宽30米—59米,机动车道宽24米,两侧均有5.5米的镂空部分,大沽桥的设计为日月双拱,由两个不对称的拱圈构成,大拱圈面向东方象征着太阳,小拱圈面向西方象征着月亮,大拱圈弧长140米,向外倾斜18度,小拱圈向外倾斜22度,它们由88根吊杆系于桥的两侧,与桥外伸出的半圆观景平台相对,形成日月同辉的美丽景观。

图 11-3(左)大沽桥

图 11-4(右)北安桥

11.1.2 北安桥

我们行船的前方是改造后的北安桥(图11-4)。北安桥始建于1939年,桥梁位于和平区与河北区的交界处,是连接天津市河北区胜利路与和平区福安大街的跨海河桥。北安桥原来是座木桥,建成后称"新桥"、"日本桥";1945年抗战胜利后,"日本桥"拆除,改建为水泥灌注桩木桥,因当时连接胜利路而更名为胜利桥。1975年,胜利路改名为北安道,胜利桥也于同年改建并更名为北安桥。

2004年,按照海河综合开发改造规划和通航要求,北安桥抬升1.5米,并在两侧各新建一座9米宽的新桥,其中6米用于非机动车行驶,3米为人行道。顶升后的北安桥老桥专用于机动车行驶,新建桥梁的河中主跨的跨径布置与原桥相同,同时考虑行人的通行和海河西路下沉式路面的跨越,增加桥跨布置。现在的北安桥全桥三跨,跨经为93米,桥跨为 23.8 米，体现古典式建筑风格。桥头雕塑采用西洋古典表现形式，吸取中国传统，青龙、白虎、朱雀、玄武，寓意东南西北四方平安；桥墩雕像为青铜正面装饰盘龙；桥栏柱基上为四尊舞姿各异的乐女，金光闪闪，造型高贵典雅，手中分别抱着不同的乐器，阮、排箫、琵琶和笙。人行道与非机动车道路面为花岗岩铺装、宝瓶式石材栏杆。改造后的北安桥是古典与时尚的完美结合体，以其特有的风格，成为海河上的又一亮点。

 补充阅读　亲水平台

在我们行船的两侧大家可以看到海河堤岸由亲水平台、水边散步区、沿岸绿化带、退坡扩岸、下沉游览路等组成，错落有致的立体观景空间，做到既有近景可观，又有远景可赏，动静结合，形成富有整体韵律的亲水岸线，使海河完全融入城市景观之中。

海河两岸拥有目前国内最长的亲水平台，总面积六千余平方米。大家脚下的这些木条，是从马来西亚进口的水柚木，每平方米一万五千余元。由于古时候三岔河口这里是规模最大的码头，所以这些木材就是仿码头的样式铺装的。亲水平台的高程 2 米，距水面仅 0.5 米，使人们在休憩的同时最大限度的接触水，满足人们对水的渴望，还海河于市民。

亲水平台的设计与周边的环境相融合，根据海河两岸的不同地理位置和自然景观，采用多种堤岸结构设计形式，多种材料建成，横向上，点线结合，避免了千篇一律的混凝土似的单调，使平台充满生机、各具特色。

11.1.3　金汤桥

我们行船的前方是金汤桥（图 11-5），位于建国道西端与水阁大街之间的海河上，是天津最早、也是目前国内仅存的三跨平转式开启的钢结构桥梁（图 11-6），桥名金汤是取"固若金汤"之意。金汤桥旧址上原有一座浮梁舟桥，由 13 条木船连缀而成，桥面铺设活动木板，初名盐关浮桥，俗称东浮桥。清雍正八年（1730 年）由青州分司孟周衍详请盐院郑禅宝营造，故又称孟公桥。到 1906 年（光绪三十二年）10 月，因铺设从东浮桥至东站有轨电车路轨，由津海关道和奥、意租界领事署及比商天津电车电灯公司合资改建成为全长 76.4 米、用电力启动的永久性钢桥。建桥耗银 20 万两，桥面宽 10 米，用其中的 4 米铺设单轨电车道。沿岸一时车水马龙，繁华异常。

金汤桥第一次大修约在 1935 年间，因主桁架紧邻车道边缘部分长年积土，严重锈蚀，桥体出现倾斜，危及行车安全，遂由当时的工务局约请桥梁工程师蔡君简专任该桥整修设计事宜，维修费用 2.5 万元，主要工程内容为采用电焊法补强，这在当时确属先进工艺。第二次大修工程于 1970 年完成。因原桥面高度太低，故在停止使用开启跨以后，形成了航道上的唯一卡口，每遇洪水年则经常淹没，造成闷孔现象，但因该桥早已严重锈蚀，存废难定，所以一直拖延达 20 年之久，最后决定再次大修。此次维修工程包括：将全桥顶升 1.2 米，废除开启设备，将木桥面板更换为钢筋混凝土板，对于锈蚀严重的弦杆、腹杆、纵横梁均进行补修，并增设下平联及保持桁架稳定的加强钢板、门形框架等。维修后的人行道拓宽至 1.5 米，车道荷载标准可达 10 吨。

图 11-5（左）今日金汤桥

图 11-6（右）金汤桥开启瞬间

说到金汤桥，在解放战争时期，有一件大事不得不提。1949 年 1 月 2 日，东北野战军天津前线指挥部召开了作战会议，根据天津的地形和守敌布防特点，前线总指挥刘亚楼部署了"东西对进，拦腰切断，先南后北，先割后围，各个击破"的作战方针。东西对进的会师地点就是以金汤桥为中心的海河上下游地区。1949 年 1 月 14 日上午 10 时，人民解放军从东西南三个方向向国民党守军发起总攻击，打响了解放天津的战役号角。经过一番激战，在突破外围城防后，于 15 日凌晨 5 时 30 分，东西对进的人民解放军在金汤桥会师，鲜艳的红旗插上了桥头，完成了"拦腰斩断"作战目标，切断了国民党守军的南北联系，打乱了其作战部署，彻底动摇了国民党守军的信心。人民解放军胜利会师于金汤桥成为全歼守敌的关键，金汤桥就此成为了天津获得新生的起点，成为象征天津解放的标志性建筑。

2003 年天津市按照海河综合开发的整体要求，金汤桥在恢复设计原貌的基础上进行加固整容，原有的开启功能完全恢复，并且提高了通航标准，在桥两头新建了钢结构的玻璃引桥，在两岸建设了主题性公园——会师公园。整修后的金汤桥成为供人们通行和游玩的步行桥，车辆不能通行。百年金汤桥的功能在某种意义上已经发生了极大的变化，最早的浮桥和钢桥，主要连接海河两岸的交通；而现在的金汤桥已经成为集观光旅游和纪念天津解放于一体的步行桥。在不失原汁原味的钢桥基础上，辅以声、光、电及水景，今天的金汤桥已焕然一新，在碧水上屹立着，成为海河上靓丽的一景。

11.1.4 狮子林桥

我们行船的前方是狮子林桥（图 11-7），位于南开区、红桥区与河北区交界处的海河之上，是中国公路桥梁建设上最早采用预应力混凝土悬臂技术的一座桥梁，因狮子林渡口而得名。桥梁景观以风格各异的狮子雕塑为主。有句歇后语叫"卢沟桥的狮子数也数不清"，实际上卢沟桥上的狮子只有 485 只，而狮子林桥上的狮子一共有 1181 只，是名副其实的"狮子林"，光是"站"在桥栏柱上的 70 只铜狮就有 70 种神态，绝不重样（图 11-8）。

图 11-7（左）
狮子林桥全景

图 11-8（右）
狮子林桥上形式各异的狮子

狮子林桥横跨海河始建于 1954 年，最初为海河上的一座木桥。1974 年，天津市人民政府将其改建为预应力钢筋混凝土桥。1994 年，天津市人民政府在狮子林老桥上游和下游每侧各修建了一座新桥，新桥的桥宽为 9.3 米，重达 4200 吨，实际上狮子林桥由结构不同的 3 座桥组成。

2003 年 8 月，在海河综合开发改造中，因旧桥净空不满足海河通航的要求，由天津城建设计院完成了狮子林桥的整体顶升设计，在国内首次把顶升平移技术成功应用于桥梁改造领域，实现了国内桥梁改造技术的一大突破。该工程由天津城建集团总承包公司实施，运用计算机控制技术，对桥体成功实施了整体抬升 1.271 米。桥体抬高后桥墩、桥台不加高，只将原支座拆除，并在原位浇筑钢管砼支座垫石。整体抬升一方面不损坏原有桥梁结构，另一方面经济合理。根据工程概算，抬升旧桥的总投资约为 1532.3 万元，比拆除重建所需的 4196.5 万元节约投资 2663.2 万元。整体抬升旧桥工期仅用不足 2 个月，大大减轻交通阻塞压力。

11.1.5 金钢桥

金钢桥的前身为"窑洼木浮桥"，1901 年，袁世凯任直隶总督兼北洋通商大臣之后，于 1902 年将原驻保定的直隶总督衙门搬移至天津并兴建河北新区。1903 年，为了加强河北新区与海河对岸天津老城的沟通和联系，原木浮桥被改建为双叶承梁式钢架桥，并称其为"金钢桥"（图 11-9），共耗银 35 万两，由直隶库款开支。桥梁设计系由英、日两国技师承担，桥长 76.20 米，宽为 6.45 米，中跨长为 11.60 米，桥身下部分为三孔。桥台用条石砌筑，桥面铺设有木板，可开启，中孔为双叶承梁式开启跨，仅能通航一般木船，两边跨为下承式钢桁架，桥台为条石砌筑，至今完好如初。

后因旧桥破坏不堪，且行人甚多，异常危险，于1922年开始在桥下游18米处另建一座大型钢梁双叶立转式电力开启新桥，1924年，新金刚桥竣工。桥长85.80米，宽17米，两旁各有2米宽的人行道。桥墩为钢筋混凝土结构，插入河底，距桥面23.4米，可以从中间用电力操纵吊起开成八字形行船。在当时，金钢桥的优美外形曾给人们留下深刻的印象。如果从正面和侧面看金钢桥，它有柔有刚，有虚有实；桥孔有张有歙，有疏有密；视线有起有落，有滞有流。装饰在桥头及栏杆上的粗犷图案，是当时海河上的重要标志。当时，从北站通过宽阔的大经路、金钢桥，直达海河对岸各地，交通方便至极。

建新金钢桥后，旧金钢桥即成便桥，1927年因待修停用。日寇侵华时期，1942年将桥梁拆除制造军火，仅余下四座桥墩。1981年，为了解决交通拥挤现象，减少新金钢桥的压力，利用旧桥基架设装配式临时性钢桥一座，以便通过行人及自行车。

1996年金钢桥重建（图11-10），为双层拱桥，下层留用旧桥桥墩改进为三孔钢与混凝土混合的箱梁桥，在行道宽14米，上层采用三孔中承式无推力拱桥结构，全长600米，宽15米。改建完成后的金钢桥造型新颖、壮丽，犹如一道飞跨海河两岸的"彩虹"，新颖、美观、壮丽，具有与现代国际大都市风貌相匹配的时代建筑感，为海河又新添一宏伟壮观的新景。

图11-9（左）旧金钢桥

图11-10（右）新金钢桥

 补充阅读　三岔河口与永乐桥

三岔河口是子牙河、南运河与海河的交汇之处，是海河的起点。这片地区是天津的发祥地和近代工商业发展的摇篮，曾是天津的政治、文化、教育和经济中心，具有丰富的历史积淀。

三岔河口与"天津"名称的由来有着直接的关系。朱元璋做了明代皇帝后，分封诸子为王，驻守全国各地，第四个儿子朱棣被封为燕王，驻守北平（今北京）。1399年，朱棣与继承朱元璋皇位的侄子朱允炆争夺皇位，率领大军从北平出发，一度在三岔河口渡河，之后突袭沧州打了胜仗。1403年，朱棣即位后，赐名将"直沽"改为"天津"，意为"天子渡津之地"，并在北大关渡口建"龙飞""渡跸"牌坊。1404年，傍河修筑了天津城。故有"先有三岔口，后有天津卫"之说。

三岔河口（图11-11）是天津最早的居民聚居点之一。隋炀帝开凿的京杭大运河成为贯通南北的水路交通动脉之后，三岔河口地区逐渐有了以捕鱼、晒盐为生的人家。至北宋中叶，这里形成了天津最早的居民聚居地。

三岔河口是天津最早的商品集散地。明、清以来，随着天津漕运和制盐业的不断发展，南北运河与海河交汇处的三岔河口迅速发展成为天津航运中心。大批船只来来往往、熙熙攘攘。当时的侯家后、单街子、北门外一带，商贾云集，车水马龙。货栈、银号、店铺交易火爆、买卖兴旺。"三岔口停船口，南北运河海河口，货船拉着盐粮来，货船拉着金银走，九河下梢天津卫，风水都在船上头。"这首歌谣只有六行，却真实地反映了三岔河口曾是南北漕运的中转枢纽，昔日漕运的繁忙景象。

面带慈祥笑容的妇女，怀抱婴儿，左手伸掌托天，面向海河，注视水面，似乎在凝思着海河的今昔，位于三岔河口的这座被称作"送水妈妈"的塑像与引滦入津工程纪念碑，共同记录着天津人民饮水思源的感恩情怀。高耸的引滦入津工程纪念碑置放在三角形的大理石碑座上，碑座上，依稀可以看出1986年8月20日，邓小平同志亲笔题写的"引滦入津工程纪念碑"9个大字。在碑的背后，离碑座十多步远的半圆形水泥围墙上，记载着党中央、国务院对天津人民的关怀和引滦入津建设者的丰功伟绩。

我们行船的前方就是新建的永乐桥。它是海河上技术难度最大的一座跨河桥梁，位于三岔河口，横跨子牙河，桥中间矗立一座直径100余米的巨型摩天轮，可同时承载384人。距离地面的高度可达到120米左右，相当于35层楼的高度，摩天轮旋转一周所需时间为30分钟，到达最高处时，人们可以欣赏到方圆40公里以内的景致，是名副其实的"天津之眼"。

图11-11 三岔河口景观

11.1.6 新旧大红桥

旧大红桥（图 11-12）位于海河水系子牙河、北运河汇流处，河北区北营门外大街北口与北河口之间，在现今的吊桥桥位以东约一里处。此桥原为木桥，光绪十三年（1887 年）以后改建为钢桥，系单孔拱式结构，由四根拱肋组成的空腹式拱架。结构具体尺寸已无文字记载，粗略估计，其跨径约为 50 米。旧大红桥因考虑桥下通航净空要求，桥面很高，纵坡很陡，因此车辆过桥时必须前后推挽，非常吃力。由于桥面系高悬空中，颇似长虹架空，故曾有"虹桥"之称。据考证，此桥名系套用古代的汴河虹桥（这座古桥型的全貌是 1953 年从《清明上河图》里发现的，使人们对具有独创性的古代拱桥结构加深了认识）。古虹桥系以木构件纵横相架自成稳定的木拱结构，而旧大红桥为近代的钢拱桥，因此可见当时的命名显然是以桥梁建筑外形为依据的。

旧大红桥两岸桥台用条石砌筑，由于路径过小，不能适应泄洪要求，因此于 1924 年大洪水时首先冲毁护岸及桥台，致使钢拱架全部沉没，以后几经打捞，仍有半数以上的残骸沉入河底淤泥之中。在钢桥倒塌之后的十余年中，过河交通只能依靠临时浮桥代替。

图 11-12（左）老大红桥

图 11-13（右）新大红桥

旧大红桥倒塌以后，于 1933 年始筹建新大红桥（图 11-13），又称西河新桥，1965 年改称大红桥，是天津红桥区区名的由来，也是红桥区标志性建筑物，具有重要的文物价值。

新大红桥建桥资金来源由当时的津海关的附加捐税提取，即按海关税收的十分之一作为建桥费用。那时中国海关及海河水系的重要工程均由外国人管理，为此当时的天津市政府组织了一个西河建桥委员会，统一管理建桥事宜。该桥初步设计系由李吟秋主持，全部设计约于 1935 年完成，经报财政部批准后于 1936 年招标兴建。桥梁工程由英商东方铁工厂得标，总工程投资约 50 万元，其中桥梁工程为 26 万元，所余款项为修建左岸冲刷河段大型护岸工程之需。从桥梁主体工程造价来看，远比下游几座大桥低廉。该工程于 1937 年夏季全部竣工，因适值"七七事变"，天津沦陷，因而没有举行通车典礼。

新大红桥共分三孔，主体选用系杆拱结构，右岸有一孔为人力启闭的单叶立转开启桥跨。桥长较旧桥增加约 20 余米，吸取了旧桥因孔径过小而冲毁的教训。桥面总宽度为 12.5 米，其中车道宽 5.5 米，人行及非机动车道均在拱架外侧，分别为 1 米及 1.5 米。桥面板除主跨车道之外均为木板，下部结构基础采用美松木桩，长 10 米，断面为 30 厘米见方，台身及墩身则均采用钢筋混凝土结构，后曾对拱架钢材进行检验，其含碳量属中碳钢范围，硫磷含量完全符合国定标准，材质较好。根据设计主持人回忆，原设计选材为低合金钢种。

11.2 旧天津的交通设施

11.2.1 天津道路建设

天津早期的道路都是土路。使用新法修建道路，大约始于光绪初年修建的沿河马路。据有关史料记载，早期天津城内外街道狭窄，"行旅居民均苦不便，沿河泊岸倾纪，船舶往来起卸甚形艰险"。因此，在清光绪八至九年间（1882 年至 1883 年），由天津海关道周馥呈请直隶总督李鸿章批准，在新关抽收华商码头捐税修筑道路。天津修建的第一条道路是从院门口浮桥到紫竹林（今老铁桥大街—马家口）一段沿河马路，系用铁轴压实的碎石路。光绪十年（1884 年）以后，又陆续修建厂城内街道及城外的针市街、估衣街和单街子等路。1900 年八国联军之役，天津城墙被迫拆除，在旧城基上修建了环城马路。同时，随着各国租界的开辟，首先于光绪十三年（1887 年），在帝国主义分子、英租界董事长德璀琳门前修建了天津第一条碴石路，1914 年意租界在大马路（今建国道）修建了天津第一条沥青路，1918 年法租界在中街（今解放北路营口道至解放桥段）修建天津第一条沥青混凝土路。以后，英租界于 1926 年开始使用沥青混凝土搅拌机，普遍修建沥青混凝土路，其他各国租界竞相仿效。

天津市的旧有道路存在着许多问题，突出的表现在以下两个方面：

第一，旧有道路不成系统。旧天津有九国租界，各国租界道路自成系统，互不衔接。如英、法租界毗邻，但由于彼此利害不同，所以两个租界的分界线——营口道，与南北向道路相交时，不是互相交错，就是弯曲不立，或是形成南北不通的"T"字路。如解放路、建设路、新华路等，从旧法租界进入旧英租界犬牙交错；吉林路、河南路等，从旧法租界进入旧英租界形成堵头，无路可通。其他各国租界之间，以及各国租界与其他地区之间的道路衔接也存在类似情况。

第二，旧时道路多半是为封建统治阶级和为帝国主义服务的。如天津修建的第一条马路——沿河马路，就是从李鸿章的行辕门口直通马家渡口的一条道路。清政府在天津修建的道路主要是在旧城内北部（一些官衙所在地）和旧城以北沿南运河一带的繁华市区。而帝国主义在租界内大肆修桥筑路，则是为了繁华租界，实现掠夺中国财富的目的。另外，一些帝国主义分子和依附于帝国主义的达官显贵，为了满足他们的荒淫无耻生活，还专门修建了一些为他们服务的道路。如英租界为跑马场修建了一条马场道；意租界围绕首领事馆、兵营和从事赌博的回力球场，修建了几条沥青路；后来东马路、华安大街等相继修建了沥青路面。1949年前天津市高级道路十之八九都在几个旧租界内，广大的劳动人民居住区，如河东地道外、红桥的西头、南开的西广开、河北的堤头等，没有一条像样的道路，不要说车辆通行有困难，就是步行也很不方便。

 补充阅读　五大道

　　五大道并非一个正式的地名，只是流传甚广的俗称。它坐落在和平区体育馆街，地域范围是马场道以北，成都道以南，西康路以东，马场道和南京路交口以西。五大道位于原先的英租界内。它最吸引人的，就是那些风格各异的欧陆风情小洋楼，这里汇聚着英、法、意、德、西班牙等国各式风貌建筑230多幢，名人名宅50余座，使这里成为"万国建筑博览会"。天津"五大道"驰名海内外，但具体指哪五条道，说法不一。一种说法，指马场道、睦南道、大理道、常德道、重庆道。另一种说法，指马场道、睦南道、大理道、重庆道、成都道。五大道地区，作为天津租界市政园林和民居建筑的典型代表而别具特色：第一，它形成了姿态万千的西式建筑群体景观；第二，建筑的私密性构成了深幽寂静的街市风格；第三，近代许多政客买办、达官显贵居于此，使五大道成为近代名人荟萃之地。

　　在19世纪末、20世纪初，五大道地区原是天津城南的一片坑洼塘淀。在这片荒芜的土地上，散落着一些窝棚式的简陋民居，当时有"二十间房"、"六十间房"、"八十间房"等似是而非的地名，后划为英租界。从1919年至1926年，在这七年间，英租界工部局利用疏浚海河的淤泥填垫洼地修建道路。重庆道于1922年建成，当时名爱丁堡道、剑桥道；1929年，大理道、睦南道、常德道、重庆道、成都道先后建成；但当时却被命名为英国街名：大理道当时叫新加坡路，睦南道当时叫香港道，常德道当时叫科伦坡道，重庆道当时叫爱丁堡道，成都道当时叫伦敦路。

　　五大道全是高级住宅，而且五大道是一个独立的生活和文化空间。由于天津本土城区开发在前，租界开辟在后，再加上地势上西北高而东南低,天津人曾俗称老城内外为"上边",五大道一带为"下边"。这上下两个地域却如同两个世界,不仅很少往来,连说话语调也截然不同,五大道的居民不说天津话。从文化角度看,五大道是近代中国中西文化冲突而又融合的一个典型,是天津近代发展史的一个琳琅满目的博物馆。它是以西式建筑学定位,到这里落户的有军阀、政客及清朝的遗老遗少,他们的身份、政治背景及幕前幕后的活动,都折射出旧中国的一段历史。因此,五大道又有它深刻的政治和文化内涵,也是天津近代史的见证。

11.2.2 天津公共交通系统

有轨电车最早出现是1879年在德国柏林举办的工业展览会上。当时它只是一辆以直流电驱动的"概念车"。1884年在加拿大多伦多农业展览会上,美国人范德波尔把那"概念车"变成了一辆不大的"实验车",在场地周围载客试行,意在告诉人们这是一种可以变为现实的交通工具。那时欧洲的一些城市,例如罗马,已有一种带有两条轨道的交通工具,但那是一种马拉的轿车。

直到1888年,经另一名美国人斯波拉格的反复努力,他把电机的功率发展到足以驱动一辆承载二三十人的车辆后,才把有轨电车推向实用。1897年,当法国青年路易·雷诺还在研制世界上第一辆带有驾驶室的汽车时,世界第一辆有轨电车已在罗马投入商业使用。尽管当时有轨电车存有许多缺陷,但还是很快就淘汰了曾经风光一时的有轨马车。自1898年起,罗马10年内铺设了20条有轨电车的线路,几乎覆盖了整个城区,罗马的经济迅速繁荣,有轨电车功不可没。

19世纪,欧洲盛行有轨电车时,天津街头的交通工具还在以马车为主,独轮车、人力车随处可见。当时在津的比利时商人从中发现了商机,抢先把有轨电车强行引进中国。

1900年,八国联军攻占北京,清政府被迫与包括比利时在内的英、美、俄等十一个国家签订《辛丑条约》,在所谓谈判的过程中,各国公使纷纷要求清政府为本国在华通商大开方便之门,比利时公使提出的其中一个条件,就是要求允许该国商人在津开办经营电车和电灯的公司。

1901年,为了彻底解除天津卫对外的防御能力,八国联军的代表们强令被他们控制的都统衙门,拆除了天津卫修建了数百年的城墙,将之改建成东西南北四条宽阔的马路。比利时商人看上了这四条马路,决定把有轨电车建在这四条马路上。

同年11月,比商世昌洋行出面,经天津海关协助,还联合了当时在津的一些洋人,组建了一个电车电灯公司董事会,开始筹建有轨电车。后因多种原因,一直到1904年4月26日,正式的"天津电车电灯公司"(图11-14)才成立。当时经直隶总督兼北洋大臣袁世凯批准，该公司获准在以城内鼓楼为中心，周边不超过3公里的地域内开展业务，期限为50年。比利时商人从此开始投资引进设备，并在四条马路上挖槽铺设铁轨。

1906年6月2日，有轨电车"围城转"（图11-15）的线路完工，长5.16公里，只能单向运行。即使这样，当第一辆看上去非常简陋的有轨电车叽里咣当地开在铁轨上时，仍轰动了整个津城。

图11-14（左）
比商天津电车电灯公司

图11-15（右）
环城白牌电车

随后，比利时商人不断扩展有轨电车的线路，仅用五年时间，他们就收回了投资，然后就是坐收渔利。但是，他们也做了一件好事——有轨电车的引入，结束了中国城市没有公交的历史，让中国人较早地接触到了欧洲的工业文明。继天津之后，香港、北京、大连、鞍山等城市才陆续兴建了有轨电车。可以说是天津首开了中国创办公交系统的先河。

天津第一条有轨电车路线也是中国第一条公交线路——单轨"白牌"电车正式开通运行。该线路长5.16公里，刚开始运行时是单行轨道，1907年建成双行轨道，其线路从北大关起，分别驶向东、西两面，沿天津老城马路环行，俗称"白牌"。上海收藏家胡幼文曾向天津市提供了珍藏多年的两张"1907年有轨电车票"。车票上印有20处站点：北门、商会、考工厂、北海楼、东北角、崇仁宫、东门、马棚胡同、东南角、广益大街、荣业大街、县衙门、南门、南门里、西南角、西门、西门北、西北角、福建会馆、县公署等站。

此后，天津电车电灯公司陆续开辟"红牌"、"黄牌"、"蓝牌"三种电车线路，线路起点均为北大关。其中，"红牌"经北马路、东北角、沿河马路，过金汤桥（东浮桥），经建国路至天津火车站。"黄牌"经北马路、东北角、东马路、东南角、中原公司、四面钟、劝业场，至天津海关（今赤峰道与大沽北路交口）。"蓝牌"前段与"黄牌"共线运行，至劝业场后拐向滨江道，过万国桥（今解放桥）至天津火车站。1921年，天津有轨电车增设"绿牌"，从当时天津法租界老西开（今国际商场一带）沿滨江道，过万国桥至天津火车站。直至1921年，天津共有5条电车路线修成通车。1927年底，天津有轨电车增设"花牌"，由东北角至天津海关。至此，天津有轨电车六条线路全长21.63公里，共有电车55辆，运行区域覆盖了天津华界、天津奥租界、天津意租界、天津日租界、天津法租界以及部分天津俄租界。1946年，国民政府拆除海大道（大沽北路）至天津海关、天津站的一段电车线路，修建了金钢桥经元纬路、日纬路至天津北站的单轨线路，于1947年3月开始通车，定名为紫牌。当年又因为金汤桥年久失修，红牌电车分两段运行，北大关至金汤桥段，金汤桥至天津站段。当时，天津的电车线路增至了八条。

日本帝国主义入侵后，于1938年接收了私营公共汽车公司，成立了"华北汽车公司天津公共汽车部"，后又改称"天津交通股份有限公司"。1943年日本占领军又接收了"天津电车电灯公司"，改称"军管理天津电车电灯公司"，1944年电车与电灯分开经营，成立了"天津电车公司"，同年并入"天津交通股份有限公司"统称"天津交通公司"。

1945年日本投降后，由国民党政府公用局接收了"天津交通公司"，改称为"天津市政府公用局电汽车临时管理处"。在此期间，比利时商人曾以与清政府所订合同期限未满为由，要求收回电车继续经营。由于电车职工发动了抗交运动，此事才算作罢。1948年1月，电、汽车分开经营，分别成立"天津市电车管理处"和"天津市汽车管理处"。

到了1949年前夕，天津公共汽车已到了濒临瘫痪境地。1949年1月15日天津解放。16日，天津市军管会接管部公用局接管组接管了"天津市公用局电车临时管理处"，改为"天津市人民政府公用局电车管理处"，同时成立了"天津市人民政府公用局公共汽车管理处"。天津解放的第二天，公共汽车公司的司乘人员就把他们通过护厂斗争保存的大客车开上了罗斯福路（现和平路），庆祝古老城市的新生。1月17日，白牌围城电车首先恢复运营。10天后各条有轨电车线路相继通车运营。这不仅解决了市内交通的迫切需要，对促进生产的恢复和稳定社会秩序也起到积极的作用。

11.2.3 天津运营铁路

（1）中国铁路发展史

中国铁路的起步，源自于天津近在咫尺的唐山，也就是开平煤矿的所在地。鸦片战争后，处于蒸汽机时代的天津近代工业发展迅速，需要大量优质煤炭做燃料。为了使天津得到质优价廉的煤炭，清光绪六年，也就是1880年，开平矿务局开始动工修筑从开平煤矿到胥各庄的铁路。

1881年，中国最早的货运铁路唐胥铁路（图11-16）建成竣工。该铁路全长9.7公里，采用了每米15公斤的钢轨和国际标准轨距3.85英尺（1435毫米），这

图11-16 唐胥铁路第一台用废旧锅炉和井架制成的火车头

个标准至今为中国的铁路系统所沿用,而且到现在这条铁路仍是北京到沈阳铁路的一段。与此同时,还用废旧锅炉和井架制成了第一个火车头——"中国火箭号"。火车头的命名日和铁路开通日,都选在了同一天,即1881年6月9日。从此,这条9.7公里长的铁路便成为中国近代铁路运输系统中最先建成的一条。通过唐胥铁路,开平的优质煤炭被运到丰润县的胥各庄,然后再通过从胥各庄到天津芦台的运河,将煤炭装船运送到天津。

当时修建铁路需要冲破重重阻碍。比如,开平到胥各庄的铁路开通之始,清王朝以火车行驶震动皇陵为由,禁用车头牵引,最后只得用骡马拽引车厢;直到1882年才改用机车牵引。

(2) 天津铁路发展史

中法战争后,清朝政府开始认识到铁路对于国防的重要性,于是在清光绪十四年,即1888年决定将唐胥铁路扩展到天津。而就在这一年,我国铁路奠基人詹天佑从美国留学归来,他到天津铁路公司任工程师,专门负责唐山到天津铁路的施工筑路工作。

在詹天佑的带领下,工人们日夜奋战,只用了八十天的时间,唐津铁路就竣工通车了。而作为中国自办铁路中的第一个商埠车站——老龙头火车站也由此而生,当时的位置就在今天河东区旺道庄大街与石墙大街丁字口处的旺道庄。天津火车站是客货运输的特等站,它的建成是天津步入近代工商业城的重要标志。铁路的建成,大大带动了天津工业的发展,同时也奠定了天津在我国近代北方工业的重要地位。而工业的崛起又促进了我国以天津为中心的铁路网的形成与发展。

唐津铁路通车之后,从天津到山海关的津渝铁路,也于清光绪二十一年,即1895年建成通车。两年以后,天津至北京卢沟桥的津卢铁路建成通车,这是由天津为起点的我国最早的一条复线铁路。一百多年来,这段铁路维系着京津两大城市,联络着京山、津浦两大铁路干线,成为名副其实的铁路大动脉。1910年,从天津至浦口的津浦铁路开始修建。1911年,大清朝的年号由光绪改为宣统的第三年,津浦路和北京到沈阳的京奉路在天津接轨。至此,以天津为中心的中国第一个铁路运输网基本形成,进一步沟通了天津与外埠的联系,大大促进了天津城市的经济发展。而天津的老龙头火车站就像一位时代老人,在那里见证着天津的发展与变迁。

(3) 天津火车站

天津火车站始建于1888年,初站址建于"旺道庄",后将该站西移约500余米至季家楼、火神庙两村附近,因该地位于海河东岸"老龙头"地区(即原"马家口"至"老龙头渡口"今广场桥至解放桥下游一带),故俗称"老龙头"火车站。进入20世纪初,因"庚子兵变"车站被毁,翌年(1902年)原址重建了更加完善的车站,并曾在车站广场中央构筑"老龙头"纪念碑一座。进入三四十年代，因时局动乱，车站没有较大的发展。直至新中国成立后的第二年扩建，1988年天津站改建。

天津新客站（图11-17）位于天津市河东、河北两区的交界处，与著名的原"万国桥"（今解放桥）遥遥相对，面对海河湾道，蜿蜒挺拔，气势磅礴，为满足建筑站房平行铁路，同时又照顾与海河弯道的关系，将主站房平面做成"Y"字三翼形式，形成前、后广场的建筑空间，并与海河形成环抱之势。三翼交汇于直径40米的中央圆厅，是主要人流入口。大厅穹顶吸取了罗马式巴洛克艺术风格，美术家以中国古代神话"精卫填海"为题材，绘制出巨幅穹顶油画。

主站房是车站的主体建筑，高23.75米，总建筑面积62674平方米，中央大厅顶部建有80米高的钟塔楼。建筑外饰面采用花岗岩蘑菇石和水泥剁斧，呈现自然灰色，使整体造型雄浑凝重而不失明快（图11-18），既体现天津地域文化的印记，又富有时代特色；既借鉴了城市的固有风格，又创造出城市景观的新颖形象，同时也丰富了海河沿岸的城市轮廓，成为天津城市的一个象征。

图 11-17（左）今日天津站

图 11-18（右）《精卫填海》油画

（4）天津西客站

天津西站（旧称西车站）（图11-19），位于天津城西红桥区子牙河与南运河之间。始建于1909年8月，1910年12月14日投入运营，建筑风格为德式新古典主义，总建筑面积约70万平方米，曾经是津浦铁路的起点，因为1969年延伸线建成，后改为京沪铁路中间站。现为天津市重点保护单位，为红桥区百年标志性建筑。

津浦铁路全长1009公里，与京广铁路联袂成为沟通南北的交通动脉。其北段自京奉铁路（北京至沈阳）天津总站（今北站）以南两路接轨处起，至山东韩庄，长626公里；其南段自韩庄至浦口，长383公里。两段分别于1908年7月和1909年1月开工，1911年9月接轨。1913年全线通车。

图 11-19 天津老西站站房

1898年9月，英、德资本集团在伦敦举行会议，擅自决定由中国出钱在中国修建津镇铁路（天津至镇江）。清政府屈服于压力，于1899年5月签订了借款草约，1908年签订了借款合同，并将津镇铁路改为津浦（浦口）铁路。当时津浦铁路北段从设计线路的半截腰开始施工，即从今静海良王庄向天津市内方向修筑，之所以如此，是因为最初这条铁路天津起点的具体地址始终不能确定。后来才确定在河北赵家场（"河北赵家场"，实指今红桥区北营门至南运河一带，由于当时南运河还未裁弯改直，而赵家场坐落在南运河北岸，旧称"河北赵家场"）进行建造，即今红桥区北营门至南运河一带，距今之天津西站约500米。于是，赵家场车站的标志——一座雍容巍峨的德式小洋楼高矗在周边斜阳草树、寻常巷陌的环境之中，宛如鹤立鸡群，成为一道绮丽的风景线。

西站老候车楼是全国铁路枢纽站中修建最早、保留最完整、规模最大的哥特式建筑，主站楼为砖木混合结构的二层建筑。主站楼坐北朝南，正立面中部前凸，呈凸字形。建筑整体坐南朝北，立面强调对称式构图，造型丰富。建筑顶部为红瓦坡顶，开有老虎窗和烟囱，外立面为清水砖墙，窗套、立柱、花饰及入口台阶均为石材，上雕有南极仙翁仙鹤还有龙嘴的图案与西洋风味的洋楼相配可谓中西合璧，窗式和窗套变化多样，属典型的折中主义建筑风格。该楼东西长37.24米，南北宽31.42米，高约25米，建筑总重量约为5500吨。

2009年9月24日，天津西站候车楼采用滑动摩擦平移方法平移至新址，这是天津市首例木结构建筑的平移工程，第一阶段向南平移135米。10月23日，第二阶段向东平移40米。11月9日上午11时天津西站候车楼完成平移，到达新址地基所在地终点。2010年5月4日西站候车楼改造进入整体抬升阶段，工程设计由98个千斤顶将候车楼抬升3.6米。平移完成后的西站小洋楼作为铁路博物馆永久保留，并与西沽公园共同构成天津西站地区城市副中心的两大景观（图11-20）。此次整修的原则是"修旧如故,有机更新"。依照候车楼的老照片和历史档案，恢复原有的老虎窗和烟囱，墙体外立面上安装的排水管、空调等室外设施将被遮蔽住。

图11-20 新天津西站候车大厅

2009年2月4日，京沪高速铁路天津西站正式动工建设，西站经历了百年沧桑后迎来了一次全新的变化。新西站作为京沪高铁五大始发站已经于2011年6月30日启用，京津城际、京沪、津保、津秦四条高速铁路在新西站交会，铁路、公交、地铁、出租、长途客运实现"零换乘"，地下直径线将天津西站与天津站紧密相连，形成包括客运专线、快速铁路、城市轨道和道路交通等多种交通方式有机衔接的现代化大型综合交通枢纽。

（5）天津北站

天津北站（图11-21）坐落在中山路东端的津浦线、京山线交汇处，也是津浦线的起点站。其始建年代为1903年，是清末北洋新政的产物，也是天津近代化经济发展的助推器之一。当时，天津城区仅有1888年开站的老龙头车站（今天津站），八国联军占领天津后，该站地处俄租界内。1902年驻津的直隶总督兼北洋大臣袁世凯是封疆大吏，出入讲求排场，不仅有仪仗马队，鸣锣开道，车轿迎送还要鸣炮，仪式烦冗。而俄租界当局却禁止全副武装的袁世凯护卫进入车站，更不准鸣炮。此等限制使袁世凯感到没有面子。另外，出入车站还要途经意租界、奥租界，看洋人脸色，这对清政府的主权是很大的挑战。为解决京津间交通往来的"诸多障碍"问题。在规划河北新区时，他把另建新车站作为重点考虑的内容。新车站选址在新开河南岸，金钟河北岸之间。同时，新辟一条连接车站和直隶总督衙门的大马路，还建跨海河铁桥与城厢相通。这就是北站，中山路及金钢桥的大致来历。

新车站于光绪廿九年（1903）正月初二建成，初名新开河火车站，后改称天津城火车站、天津新站。1910年11月18日，京奉铁路与津浦铁路在天津新站举行联轨典礼。1912年，津浦线全线建成后，该站更名为天津总站，成两路共管共用的公共站，但分别核算，各派站长。根据当时双方签订的公共车站联络轨线合同，京奉路局负责扩建工程，由津浦路方面租用。一号、二号、三号轨道为津浦线铁路列车使用，其余由京奉线铁路使用。而三座旅客站台中，津浦线使用第一条。三座旅客站台之间，建成方便旅客上下火车的天桥。这就是北站老天桥的来历。

图11-21（左）天津北站

图11-22（右）天津北站老天桥

北站老天桥（图11-22）如今的格局是在二十世纪二三十年代形成的。"七七事变"后天津总站沦为敌手，于1938年始称天津北站。抗战期间，天桥得以改建后，建筑格局此后未改。其长52.2米，宽

2.8 米，高 6 米，从一站台至三站台之间的跨度为 52.8 米，投影面积 690 平方米。天桥主体为钢结构，桥身为钢桁架，阶梯为钢筋混凝土结构，桥面则为木结构。但这座天桥一直为露天式。1978 年，加盖天桥防雨罩棚，后又增设站台雨篷。由于年代较早、保存完整、造型古朴、风格独具，该天桥近年来成为拍摄近代题材影视剧的理想外景地。《冒险王》、《马三立》、《天与地》、《上海探戈》、《风雪夜归人》等电影、电视剧的剧组均曾青睐于此。刘德华、李连杰等许多知名演员在此拍摄过外景。目前正在实施的京沪铁路电气化工程，是国家发改委批准立项的重点工程。为满足电气化列车挂网需要，北站也将开通双层集装箱通道，该天桥拆除重建后，高 7.8 米，仍为罩棚式，旅客上下车将更舒适。

 补充阅读 袁世凯、盛宣怀精心布置的慈禧太后"回銮"火车

1902 年慈禧太后和光绪皇帝决定从西安回銮，由正定府改乘火车至永定门，太后卧车为盛宣怀所办。车厢一式两辆，车内壁幔黄绒，内衬白毡，入门为玻璃屏风，宝座居中，地铺五色洋毯。宝座后有左右门，进左门为内室，一切装修中西合璧，备极豪华，英国人濮兰德所著《慈禧外记》引当时《泰晤士报》记载说，内室卧床为一欧式卧榻，且备有鸦片烟具；床侧一门，内有"如意桶"（恭桶），底铺黄沙，上贮水银，便溺落水银中，没入无迹。这就是有名的"花车"。翌年，慈禧与光绪乘火车恭谒西陵，直隶总督袁世凯，芦汉铁路督办盛宣怀，竞相挥霍整饰此车以买宠，车内烂然满目的古董挂屏，皆由北京地安门一家古玩铺承办，布置完毕，盛宣怀与袁世凯登车验视，先以每小时 50 公里的速度行走 2 小时，满车陈设，浑然一体；复经总管太监李莲英阅视认可，共耗银 15 万余两。慈禧太后登车见状，对盛宣怀说："何可如此！"盛叩头说："家藏薄物，非由价购，恳求赏收。"此车后来为民初的政要所专用；1928 年 6 月 4 日，张作霖在沈阳皇姑屯被炸，所乘即是该车。

11.3 旧天津的水、电与邮政

11.3.1 旧天津的水

芥园水厂位于芥园道 30 号，芥园道西段北侧，始建于清光绪二十四年（1898 年），初名为济安自来水股份公司（图 11-23）。1950 年改称今名，在历史与著名的上海杨树浦水厂齐名。

芥园水厂坐北朝南，北至南运河，西至中环线，东至米兰花园，南至芥园道。1903 年 3 月建成。当时只在旧城的 4 个城门口及东北角、西北角等六处供水。进、送水泵均采用蒸汽复式水泵，以煤为动力。主要产水设施有三个沉淀罐、两座慢滤池、一座清水库（图 11-24）。另外，在西北城角建有水塔一座，塔高 130 英尺（36.6 米），水罐容量 453.5 立方米。供水管道长 1.6 万米。日产水能力 6 万加仑（272.7 立方米）。消毒剂用漂白粉。

图 11-23（左）
今保存的济安水厂办公楼

图 11-24（右）
昔日芥园水厂混凝池

芥园水厂初期水源取自南运河。后由于南运河汛期水体浊度高，1921 年开辟西河（子牙河）为第二水源，兴建西河泵站。将河水抽至预沉池后，通过 22 英寸（约 55 厘米）和 24 英寸（约 60 厘米）两条管道引入芥园水厂进行净化。

而芥园水厂的原址，为津沽名园水西庄。水西庄是清雍正年间天津大盐商查日乾建造的私家园林，位于城西北三里南运河畔，占地百亩，景色绝佳。既有南园之秀，又有北国之雄。今日芥园水厂供水范围包括红桥、南开、和平三个区及西青区、北辰区一部分，供水面积达 130 多平方公里。2007 年 6 月 19 日，由中美合作、中国中铁一局市政环保公司承建的天津芥园水厂综合净化车间工程竣工，标志着具有国际先进水平、目前世界最大的气浮净化车间工程正式通水，工程被美国建设工程杂志 ENR 评为"世界十大水务工程之一"，百年水厂继续为天津老百姓提供杰出的供水服务。

天津济安自来水股份有限公司营业初期，市民不习惯饮用"机器水"，甚至有人认为喝了"机器水"会影响生育。公司为此进行广泛宣传，免费敞开供应。还有不少居民对这种经水厂消毒加工的饮用水心存疑虑，把它叫作"洋胰子水"。当市民尝到"机器水"的好处后，公司在马路边增设若干井口卖票售水，每挑水价 6 文。由于用河水作为水源，水质较好，公司的售水量迅速增加，到 1904 年 7 月，日平均售水量 5454 立方米，供水区域扩大到城厢内外及法、奥、意、俄等租界。1903 年 8 月 5 日《大公报》称，当年天津老城传染病发病率大为下降，"因居民多半饮用自来水之故"。

补充阅读　天津的水厂

据天津地方志介绍，继旅顺、上海兴建自来水厂之后，天津于清光绪二十三年（1897年）由英商仁记洋行在英租界内创办"天津自来水厂"，到1935年特一区自来水厂建成，全市形成四大供水系统：天津自来水厂、天津济安自来水股份有限公司、日租界居留民团水道课、特一区自来水厂。1945年日本投降，全市供水归并成民营天津济安自来水股份有限公司和官营的天津市自来水厂两个系统。这种状况一直维持到1949年天津解放。

天津自来水厂。在创建水厂之前，天津居民的饮用水均取自坑水、河水和浅井水。1898年，英商仁记洋行在英租界创建"天津自来水厂"，为天津自来水之开始。该厂以海河水为水源，取水口设于宝顺道（今太原道），净水厂设于巴克斯道（今保定道）与达文波道（今建设路）转角处。初期供水仅限于英法租界的部分区域，除供应轮船、消防及各洋行用水外，有水表的生活用水户仅20余户，多为外国人。后将供水范围扩大到德租界。

芥园自来水厂。即济安自来水公司水厂，1901年创办，厂址便是芥园水厂原址，于1903年3月通水。该厂为天津最大的自来水厂，最先给天津老城的4个城门地区及东北角、西北角供水。后逐渐供应城厢内外和海河沿岸租界区。供水范围除英、法、德租界部分区域外，几乎遍及全市。

特一区自来水厂。由英商仁记洋行创办的"天津自来水公司"一直为德租界（今河西下瓦房大营门一带）供水，1917年中国政府收回德租界，改名特一区，但"天津自来水公司"因用水量增加，无余力再为特一区供水。1933年底天津市政府决定在特一区建自来水厂，但建成后，该厂经营不善，遂于1937年初，济安自来水公司正式接管特一区自来水厂，成为该公司分厂。

日租界居留民团水道课。日租界管理供水业务的机构是留民团水道课。1902年济安自来水股份有限公司成立后，日租界居留民团为解决日租界的供水问题，于1904年10月与济安自来水股份有限公司签订了供水合同。第一次合同有效期为十年，此后至1934年连续四次签订供水合同，由于日租界的不断发展，用水户连年增加，因此不断铺设新管道。输水干管长度为23.928米，用户3793户。因供水量逐年增大，每年用于铺设管道的投资均超过全年收入。直到日本投降时止，日租界用水一直由济安自来水公司供给。

11.3.2 旧天津的"电"

（1）电力

1888年（清光绪十四年），德商世昌洋行为天津绒毛加工厂安装了一台小型直流发电机，天津亮起了第一盏电灯，天津电力史由此开始。1894年，李鸿章在北洋水师大沽船厂安装了两台47.5千瓦直流发电机，天津民族电业开始起步。清光绪二十九年（1903年），在英商仁记洋行内，英工部局建立了"天津使馆界发电所"，但发电能力只能勉强供给使馆照明。清光绪三十二年（1906年），仁记洋行受英租界当局委托，在伦敦路（今成都道）建立了小规模的直流发电厂，基本保证了英租界的供电。扩充租界后，迁到盛茂道（今河北路）。1904年，比利时通用财团组建比商天津电车电灯股份有限公司，1906年该公司在天津市河北区金家窑建成第一座交流发电厂（即第三发电所），安装了两台1500千瓦汽轮发电机组。在天津电力史上，该厂占了三个第一：第一台汽轮机、第一台交流发电机、单机容量在华北地区第一。

（2）电报

清光绪五年（1879年），李鸿章出于军事上的需要，在天津鱼雷学堂教习贝德斯的协助下，在天津至北塘海口炮台之间架设了第一条长达60公里的电报架空明线，试通军报。光绪七年（1881年）又架设了从天津经山东到上海的全国第一条长途电报干线，全长3075里，技术工作系由丹麦挪威、英、俄等国商人合营的大北电报公司承包。此后又开辟了天津至通州、北塘至山海关、天津至保定等有线电报干线。清光绪三十一年（1905年），天津开始建立无线传输电报，使用意大利马可尼式收发信机，分装于行营与军舰，以此来通军报。20世纪以后，先后建立长波无线电台与短波电台，成为天津对外通信的主要传输手段。天津电报局最先设在法租界紫竹林，后在法租界丰领事路建成新的电报总局大楼。此外还有两家外商电报公司，一是英商大东电报公司，一是丹麦商大北电报公司，都设在法租界。

（3）电话

清光绪五年（1879年），轮船招商局由大沽码头架设电话线至紫竹林码头，是天津最早出现的电话线。清光绪二十一年（1895年），在直隶总督衙门与李鸿章官邸之间装设了电话，此时电话尚未在社会上普遍应用。清光绪二十五年（1899年），丹麦人璞尔生（H. D. Poulsen）在英租界成立电铃公司，是天津第一家经营电话通信的企业。该公司除供应天津的电话用户外，还开辟了天津至北京的长途电话线路。清光绪三十一年（1905年），清政府以5万两白银的价款接管了电铃公司，改由中国经营。

补充阅读　英租界成为天津最早"亮起来"的地段

1920年4月，英租界工部局成立了电务处，直接经营管理电厂，并将电厂改为交流供电。1923年，电厂进行了扩建，并且建立了高林洋行、隆茂有限公司和 Electricity Works 分电站。发电厂从英国维克司厂进口了三台发电机：一台由米特罗维格斯厂生产容量为 2500 千瓦的电机，两台 Howden-G.E.C 电机，每台容量为 1250 千瓦，总装机容量为 5000 千瓦。1925年，输电系统实现了所有分支高压向低压转变设备的统一，在春节、圣诞节等用电高峰时段，保证了该系统各部分良好的衔接配合，不出任何故障。

当年还采用了"无烟燃烧"措施，电务处有专人"持续认真地燃烧检查，以保证发电厂产生的排烟量达到最少化"。可见，当时的英租界发电厂就已经有了较强的环保意识。

由于人们对电力的需求越来越大，耗电量也在逐年增长。据英租界工部局1925年年度报告称：这样的耗电量已经超过了当时英国和中国其他各大城市。进入20世纪30年代后，在英租界，私人夜间照明开始兴起，有没有高标准的照明也成为出租房屋的一个重要标准。因为房屋租户认为：有良好的照明，一是为家人出行和亲友来访提供方便，二是夜间可以防止窃贼。

英租界的各条道路上基本上都安装了路灯。早期的路灯没有灯罩，只是设有一个反光器，在"灰尘及极端气候下，路灯反光器的效果不是很好"。于是，他们先为维多利亚道（今解放北路）上的路灯安装了灯罩，效果很好，随后便在各街道普遍推广使用灯罩。当年的灯罩五花八门：有内白外绿呈椭圆形的特大灯罩，有白瓷灯罩，也有金属灯罩。两灯之间的距离通常为27米，灯与地面距离约为6米。在电力照明方面，天津英租界在20世纪20年代发展极为迅速，已经超过了上海、南京等各大城市，甚至整个远东地区的街道照明设备也不能与之相比。

1936年，英租界发电厂再次增容，装机容量已达7000千瓦。抗战时期，日伪华北电业公司成立后，着手统一全市的电业管理，1943年发电厂被华北电业公司收购，改称"华北电业公司天津兴亚二区出张所"。

这个时期，天津公用电厂和电力销售完全由外商经营，绝大部分百姓居住区没有电。

11.3.3　旧天津的邮政

原大清邮政津局（图11-25）位于和平区解放北路103—111号，天津市文物保护单位，特殊保护等级历史风貌建筑，建于十九世纪末，现为办公、居住、商业用房混用。大清邮政津局前身为 1878 年建成通邮的天津海关书信馆，1897 年改为大清邮政津局。1878 年，发行了中国第一套以蟠龙为图案和印有"大清邮政局"字样的 1 分银、3 分银和 5 分银三种面值的大龙邮票（图 11-26）。该建筑为二层砖木结构楼房（设有地下室），青砖墙面，并配有精美砖雕，拱形门窗，体现了欧洲古典主义建筑风格和中国传统砖雕工艺的完美结合。

图 11-25（左）
大清邮政津局

图 11-26（右）
大龙邮票

中国的近代邮政事业萌芽于第二次鸦片战争之后。根据中英《天津条约》，各国公使及属员可在中国自设邮政专差，往来北京、天津，中国应予以保护。每年冬季，天津海口封冻，则改由马差往来至镇江寄发。不久，英、法等国即感到自设邮政专差很是不便，于是改由总理衙门代收、代寄各国的信件。1866 年总理衙门委托总税务司赫德在总税务司衙门里设立"邮政部"，按照西方邮政模式，代管北京、天津和上海之间的邮件递送，北京、天津、上海、镇江各海关均设立了邮务办事处，都制定了封发邮件时刻表与邮资标准，并在天津、北京间开办了骑差邮路，逐日开班，行程 17 小时。当时一般人的信件虽不予邮寄，但天津租界里的外国人可以利用这条邮路，把信件寄往上海，再转寄回国。

1878 年总理衙门指派天津海关税务司德璀琳，以天津为中心，"仿西国通行例式"，在天津、北京、烟台、牛庄、上海五处试办"海关书信馆"，各海关邮政业务，汇总由津海关税务司办理。从这一年的 3 月 23 日起，天津海关书信馆对公众开放，收寄华洋信件。这一天，是中国近代邮政的创办日。天津海关为此于当年 7 月发行了中国第一套以蟠龙为图案和印有"大清邮政局"字样的一分银、三分银、五分银三种面值的"大龙邮票"，中国近代邮政事业开始在天津诞生。

1879 年总税务司赫德委托天津海关税务司德璀琳管理海关邮政司，建立"海关拨驷达局"；同时将各地的"海关书信馆"一律改为"拨驷达书信馆"。"拨驷达"就是英语"post（邮政）"的音译。在李鸿章的支持下，天津一度成为中国近代邮政的总汇之地，当时，除了以天津为中心的轮船邮路之外，还建立了天津、北京、大沽间，天津、烟台间，天津、镇江间的各条陆路邮班。直到1896年清王朝正式开办国家邮政，第二年，天津"海关拨驷达局"改为"大清邮政津局"，天津在全国的邮政枢纽地位才开始变化。

 游程建议 "市政设施"主题游览行程

日期	行程	用餐	住宿
D1	早天津市内约定地点集合发车赴解放北路，步行参观解放北路金融一条街、大清邮政津局；解放桥码头乘船游览海河观光带（船票包含），欣赏天津站、解放桥、世纪钟、八仙过海景观、大沽桥、北安桥、金汤桥、狮子林桥、金钢桥、永乐桥等。乘车赴食品街用中餐。下午乘车前往东北角，车游官银号，车行北马路，聆听昔日天津电车的故事。前往芥园道，参观原芥园水厂办公楼。结束愉快旅程。	○●○	

服务包含项目：

交通：空调旅游车　　导游：地方优秀陪同导游
用餐：1正　　景点门票：行程所列景点门票
住宿：无　　保险：旅行社责任保险、人身意外伤害保险

 思考题

1. 请分析天津海河上游各开启桥梁建筑特点？
2. 以大清邮政津局为例，请结合所学，罗列几个解放北路上的历史风貌建筑？
3. 请查阅资料，搜集袁世凯对天津城市发展客观上所起到的作用。

参考文献

[1] 中国人民政治协商会议天津市委员会文史资料研究委员会．天津文史资料选辑（第 24 辑）．天津：天津人民出版社，1983．

[2] 郭凤岐．天津建卫 600 周年——天津的城市发展．天津：天津古籍出版社，2004．

[3] 卢绳．卢绳与中国古建筑研究．北京：知识产权出版社，2007．

[4] 罗澍伟．近代天津城市史．北京：中国社会科学出版社，1993．

[5] 周俊旗．民国天津社会生活史．天津：天津社会科学院出版社，2004．

[6] 孟繁兴，陈国莹，孟琦．中国古建筑文化之旅——河北·天津．北京：知识产权出版社，2003．

[7] 中国人民政治协商会议天津市委员会文史资料研究委员会．天津文史资料选辑（2004 年第 1 期）．天津：天津人民出版社，2004．

[8] 窦忠如．大匠踪迹——中国近现代经典建筑掠影．天津：百花文艺出版社，2006．

[9] 当代天津城市建设编辑室．当代天津城市建设．天津：天津人民出版社，1987．

[10] 王述祖，航鹰．近代中国看天津——百项中国第一．天津：天津人民出版社，2007．

[11] 天津市地方志编修委员会办公室．天津市地方志网 http://www.tjdfz.org.cn/．

[12] 杨大辛．天津的九国租界．天津：天津古籍出版社．2013 年．

[13] 祁英涛．中国古代建筑的保护与维修．文物出版社，1986．

[14] 马炳坚．中国古建筑的构造特点、损毁规律及保护修缮方法．古建园林技术，2006（3）．

[15] 中国文物研究所．蓟县独乐寺维修工程．中华文化遗产，2004(3)．

[16] 费雅楠，王同立．天津文庙大修中"退廊"问题探讨．中国名城，2011（11）．

[17] 祁英涛．关于古建筑修缮中的几个问题．文物保护技术，1981(1)．

[18] 王岩．走过十字街的回望——天津老城厢地区更新改造问题研究探索．天津大学建筑学院，2007．

[19] 梁雪．从北京庄王府到天津李纯祠堂——对民居整体性搬迁的思考．建筑师，2008（2）．

[20] 刘瑞光，韩振勇．天津西站主站楼异地保护设计．天津建设科技，2011（2）．

[21] 全国注册建筑师与工程师管理委员会．全国一级注册建筑师执业资格考试辅导教材．湖北：华中科技大学出版社，2009．

[22] 天津市保护风貌建筑领导小组办公室．历史风貌建筑为天津发展注入活力．中国房地产，2004(12)．

[23] 路红．天津历史风貌建筑可持续保护利用研究探索．中国房地产，2010（1）．

[24] 天津市人民代表大会．天津市历史风貌建筑保护条例，2005．

[25] 王明浩，李小羽．保护历史传统建筑保持天津城市特色．城市，2006（4）．

[26] 徐连和．天津历史风貌建筑的保护与整修．天津建设科技，2006（16）．

[27] 侯国英．五大道损毁洋房花园研究．天津：天津大学建筑学院，2010．

[28] 天津历史风貌建筑网 http://www.fmjz.cn．

[29] 天津市国土资源和房屋管理局．天津市历史风貌建筑保护工作情况介绍，2014．

[30] 罗澍伟．百年风云丛书——沽上春秋．天津：天津教育出版社，1994．

[31] 天津城市建设丛书编写委员会．天津古代建筑．天津：天津科学技术出版社，1989．

[32] 杨新．中国古代建筑—蓟县独乐寺．北京：文物出版社，2007．

[33] 来新夏，郭凤岐．天津的城市发展．天津：天津古籍出版社，2004．

[34] 贾长华．六百岁的天津．天津：天津教育出版社，2004．

[35] 罗澍伟．百年中国看天津．天津：天津人民出版社，2005．

[36] 天津市旅游局．天津导游手册．北京：中国旅游出版社，2008．

[37] 天津市政协文史资料研究委员会．近代天津图志．天津：天津古籍出版社，2004．

[38] 郭蕴静．天津古代城市发展史．天津：天津古籍出版社，1989．

[39] 郭凤岐．天津文化通览．天津：天津社会科学院出版社，2000．

[40] 张建星．城市细节与言行（天津600年）．天津：天津古籍出版社，2004．

[41] 天津档案网 http://www.tjdag.gov.cn/．

[42] 天津大悲禅院主页 http://www.tjdabeiyuan.com/main.asp．

[43] 西开教堂主页 http://www.tj-church.org/．

[44] 人民网天津视窗 http://www.022net.com/2008/6-26/46232336278574.html．

[45] 冯林．重新认识百年中国——近代史热点问题研究与争鸣（下册）．北京：改革出版社，1998．

[46] 王继平．近代中国与近代文化．北京：中国社会科学出版社，2003．

[47] 中国人民政治协商会议天津市委员会文史资料研究委员会. 天津文史资料选辑（2003 年第 2 期）. 天津：天津人民出版社，2003.
[48] 宫桂桐，韩志勇. 杨柳青石家大院. 天津：新蕾出版社，2007.
[49] 罗文华. 城市文化丛书：七十二沽花共水. 江苏：南京师范大学出版社，2007.
[50] 龚书铎. 中国近代文化概论. 北京：北京师范大学出版社，2010.
[51] 李正中. 闻名遐迩的天津小白楼. 吉林：延边大学出版社，2005.
[52] 天津文化信息网 http://www.tjwh.gov.cn/shwh/lywh/mrgj/MRGJ.htm.
[53] 崔世昌. 天津小洋楼. 天津：天津科学技术出版社，1995.
[54] 天津市人民政府. 天津历史风貌建筑. 天津：天津大学出版社，2010.
[55] 滕绍华等. 天津建筑风格. 北京：中国建筑工业出版社，2002.
[56] 新浪网天津建卫 600 周年纪念 http://news.sina.com.cn/z/tj600/index.shtml.
[57] 荆其敏，荆浩. 天津的建筑文化. 北京：机械工业出版社，2011.
[58] 高大鹏，高平. 天津老银行. 天津：天津大学出版社，2008.
[59] 沈振森. 沈理源. 中国建筑名师丛书. 北京：中国建筑工业出版社，2012.
[60] 天津近代建筑编写组. 天津近代建筑. 天津：天津科学技术出版社，1990.
[61] 杨昌鸣，兰巍. 基于历史建筑价值特征的保护修复设计——以天津原金城银行大楼为例. 建筑学报. 2011（5）.
[62] 天津历史风貌建筑保护委员会办公室，天津市国土资源和房屋管理局. 天津风貌建筑图志. 天津：天津大学出版社，2013.
[63] 李正中. 近代天津名人故居. 天津：天津人民出版社，2009.
[64] 李正中，索玉华. 近代天津知名工商业. 天津：天津人民出版社，2004.
[65] 宋美云，张环. 近代天津工业与企业制度. 天津：天津社会科学院出版社，2005.
[66] 李正中. 近代天津知名工商业. 天津：天津人民出版社，2004.
[67] 孙大千. 天津经济史话. 天津：天津社会科学院出版社，1989.
[68] 陈久生. 天津历史风貌建筑. 天津：天津古籍出版社，2005.
[69] 津门胜迹编委会. 津门胜迹. 天津：天津古籍出版社，1989.
[70] 路红，夏青. 天津历史风貌建筑. 北京：中国建筑工业出版社，2007.
[71] 沈铸伦. 津门故里印记. 天津：天津科学技术出版社，2008.
[72] 天津市委宣传部，天津市旅游局，天津市文明办. "看家乡新貌，促天津发展"重点景观介绍. 天津：天津人民出版社，2009.

[73] 天津市政协文史资料研究委员会. 天津——一个城市的崛起. 天津：天津人民出版社，1990.
[74] 周利成，周雅男. 天津老戏园. 天津：天津人民出版社，2005.
[75] 罗澍伟. 引领近代文明——百年中国看天津. 天津：天津人民出版社，2009.
[76] 郭长久. 意式街风情. 天津：百花文艺出版社，2001.
[77] 张博. 近代中国的奥运记忆. 天津：天津古籍出版社，2008.
[78] 安宝聚. 天津广东会馆与近代传统建筑的变化与发展. 中国名城，2010（11）.
[79] 高旺. 长城访古万里行. 北京：中国广播电视出版社，1991.
[80] 席龙飞. 中国造船史. 湖北：湖北教育出版社，2000.
[81] 高立. 名胜古迹精选999. 山东：山东人民出版社，1998.
[82] 李时岳、胡滨. 从闭关到开放——晚清"洋务"热透视. 北京：人民出版社，1988.
[83] 周利成、王勇则. 外国人在旧天津. 天津：天津人民出版社，2007.
[84] 中国当代期刊总览编辑组. 中国当代期刊总览（上下册）. 黑龙江：黑龙江人民出版社，1987.
[85] 段传俊. 天津通志. 天津：天津人民出版社，2002.
[86] 乔虹. 天津通志·城市建设志（上册）. 天津：天津社会科学院出版社，1996.